国家出版基金项目
NATIONAL PUBLICATION FOUNDATION

田野中国·当代民俗学术文库

礼俗互动：中国社会与文化的整合

赵世瑜 张士闪 主编

齊魯書社

图书在版编目（CIP）数据

礼俗互动：中国社会与文化的整合 / 赵世瑜，张士闪主编. -- 济南 ：齐鲁书社，2019.12
（田野中国·当代民俗学术文库）
ISBN 978-7-5333-4256-2

Ⅰ.①礼… Ⅱ.①赵… ②张… Ⅲ.①风俗习惯－中国－文集 Ⅳ.①K892-53

中国版本图书馆CIP数据核字(2019)第292624号

礼俗互动：中国社会与文化的整合

赵世瑜 张士闪 主编

主管单位	山东出版传媒股份有限公司
出版发行	齐鲁书社
社　　址	济南市英雄山路189号
邮　　编	250002
网　　址	www.qlss.com.cn
电子邮箱	qilupress@126.com
营销中心	（0531）82098521　82098519
印　　刷	山东临沂新华印刷物流集团有限责任公司
开　　本	710mm×1000mm　1/16
印　　张	24.25
插　　页	3
字　　数	385千
版　　次	2019年12月第1版
印　　次	2019年12月第1次印刷
印　　数	1-1000
标准书号	ISBN 978-7-5333-4256-2
定　　价	98.00元

在田野中理解中国（总序）

张士闪

近年来学界劲吹“田野风”，行走田野成为时尚。田野调查并不专属于哪一学科，讲究的是深入民间，以参与式观察获得实证材料，当下能有红火气象，诚然可喜。田野调查在我国有着悠久传统，西周时期就已有“问俗知政”制度，专设负责采风的官员即“行人”，到民间搜集歌谣，供当政者了解民情风俗，考察政治得失。据说《诗经》中《国风》和《小雅》的部分诗篇，其由来便与此有关。“礼失求诸野”这句话是否真为孔子所说，一直存有争议，但它赋予“田野”的那种沉甸甸的神圣感，至今还能感受到。

不过，“田野”究竟意味着什么呢？这是我一直萦绕于心的问题。

一

我所理解的“田野”，就是我等众生于其中生老病死的日常生活世界。田野是人类知识的本原，是人类总体行为的发生场所。套用柯林武德的话来说，即生活是“自我—授权”① 的。如果仅依据书面材料分析人性乃至人类，就既高估了人类的理性能力，也低估了日常生活世界的复杂程度。

日常生活是琐碎、模糊的，它当然也会受到国家制度的巨大影响，虽

① ［英］R. G. 柯林武德著，何兆武、张文杰译：《历史的观念》，中国社会科学出版社 1986 年版，第 331 页。

然后者并不见得总是直接发挥作用。① 我们都在日常生活中，视听言行皆为日常，但常被选择性地赋予不同价值，导致我们身在其中却忘了我们在学术视野中的“日常”之理。田野研究作为方法，首要之义就是需要警觉与反思人之常情的缺失。

在现代西方文化研究转向中，日常生活被提升到空前高度予以关注。胡塞尔强调的对“生活世界”的回归，海德格尔的“日常共在”观念，维特根斯坦的“生活形式”分析，福柯关于“规训”的微观性权力的分析等，都是产生了巨大影响的思想。晚近的布迪厄则以人的“习性”为关键性概念，通过对其历史养成与现实运用的观察，试图理解日常生活实践。②在他看来，“习性”研究的特别意义，在于它代表了一种相对稳定的社会行为规范，在日常生活与社会运行之间提供了一条便捷的阐释路径。

许多著名思想家都惊叹于日常生活力量的不可低估，如黄遵宪说：

> 风俗之端始于至微，搏之而无物，察之而无形，听之而无声，然一二人倡之，千百人和之，人与人相接，人与人相续，又踵而行之。及其既成，虽其极陋甚弊者，举国之人习以为然，上智所不能察，大力所不能挽，严刑峻法所不能变。夫事有是有非，有美有恶，旁观者或一览而知之，而彼国称之为礼，沿之为俗，乃至举国之人，展转沉

---

① 张士闪：“毫无疑问，国家制度‘深深地影响着乡村社会的日常生活’，但在乡村社会语境中，‘国家制度’又经常被视作一种可供谈论、交流、改装或化用的‘文化文本’。”（张士闪：《礼俗互动与中国社会研究》，载《民俗研究》2016 年第 6 期）在民间，这一文本或许会被漠视或忽略，也许会在不断的强化中嵌入地方传统之中，甚或在新语境的诱发之下衍生出新意与价值。从本原的意义上，国家制度是世俗化的产物，而国家制度的实施又在社会中形成新的常识，这亦可视为世俗化的过程。刘铁梁曾提及村落中一种散漫的、冲击着国家想象的“民俗现象”的存在，认为它是任何国家力量也无法消除的，“任何大一统的文化到了民间，都有一个民间化的过程，而这个民间化过程是紧密联系其社区自身存在和发展的需要”，这可视为对上述现象的自下而上的论证。参见王铭铭、刘铁梁：《村落研究二人谈》，载《民俗研究》2003 年第 1 期。

② ［法］皮埃尔·布迪厄著，蒋梓骅译：《实践感》，译林出版社 2012 年版，第 79 页。

锢于其中，而莫能少越，则习之囿人也大矣！①

詹姆斯·C. 斯科特也说：

> 正如成千上万的珊瑚虫杂乱无章地形成的珊瑚礁一样，成千上万的以个体形式出现的不服从与逃避行动构建了其自身的政治或经济屏障……当国家的航船搁浅在这些礁石上时，人们的注意力被典型地吸引到船只失事本身，而不会看到正是这些微不足道的行动的大量聚集才是造成失事的原因。②

黄遵宪认为民众“习俗”是自行其是的，因此以“习之囿人也大”推导变法维新思想的合法性，而斯科特则关注“微不足道的行动的大量聚集”对于国家权力的侵蚀，认为应从日常生活政治理解社会变迁。二人的共同之处，则是都将日常生活与国家命运相提并论。类似思想，早在两千多年前的《史记》中即有表达：

> 鲁公伯禽之初受封之鲁，三年而后报政周公。周公曰：“何迟也？”伯禽曰：“变其俗，革其礼，丧三年然后除之，故迟。”太公亦封于齐，五月而报政周公。周公曰：“何疾也？”曰：“吾简其君臣礼，从其俗为也。”及后闻伯禽报政迟，乃叹曰：“呜呼，鲁后世其北面事齐矣！夫政不简不易，民不有近；平易近民，民必归之。”③

在这则案例中，君王对于民众日常生活的态度（或者说“民俗政策”），对于王朝命运的影响是如此巨大而直接，难怪被后世视为治国之鉴。其中反复述及的“礼”“俗”话语，既是对中国传统社会形态

① 〔清〕黄遵宪：《日本国志·礼俗志一》。

② ［美］詹姆斯·C. 斯科特著，郑广怀等译：《弱者的武器》，译林出版社2007年版，第43页。

③ 《史记》卷三三《鲁周公世家》。

的化约表述，又表征着颇富弹性的中国传统政治模式。源远流长的中国传统政治，绝非近代以来西方学者所谓“东方专制主义”一语所能盖棺论定的。

二

在我的家乡鲁中山区洼子村，村民至今有讲礼论俗的传统。村里老人也知道，他们的生活本身是“民俗”，却在分家、葬礼等一些重要场合，依然拿“礼”或“老礼”说事。面对已有或潜存的世俗纠纷，“礼”（而非“理”）是管用的。再看遍及全国各地的庙会节庆、冠婚丧祭、修志续谱、传统游艺等活动，在看似不同的文化表达中，都体现出“礼治社会”的共同特征。如民间祭祀中“天地君亲师”牌位的摆设，乡村巡游时“普天同庆”“天下太平”等旗号的彰显，庙碑家谱中“礼曰”“诗云”的征引，民间口头传统中“圣人言”“老人言”“老礼”“老话”的强调等，都在借用国家权威（礼）而建立地方秩序，却在持续的仪式活动实践中，经由形式模仿而逐渐嵌套于国家政治格局之中，形成了各地同中有异的“家国一体化”传统。我们意识到，民间之“礼”固然是含混的，但这正是民众参与国家礼制建构所留下的文化印迹，并已成为中国传统文化完整谱系中不可或缺的部分。

我还注意到，为各地民众所运用的“礼”“俗”话语，既与国家历史进程中的教化实践有关，也对应于乡村日常生活本身的复杂性质。在乡村社会中，也会出现家庭内部的分化或分工的问题。兄长可能是讲究礼仪、在乡里素有声望的人士，瞧不上“时俗”；兄弟却喜好参与地方信仰仪式、乡民游艺之类的热闹活动。当国家致力于“礼仪下行”之时，对这类家族造成的影响可能就是分裂，最终在地方社会中形成既有分治又有整合的状态。每逢灾乱年头，民众挣扎于生存底线，也会使得社会上“礼”与“俗”的裂缝加大，国家行政难以贯彻基层。这已是每次大的社会灾乱过后，历代王朝总要“整顿风俗”的根本原因，并成为中华文明逐渐建构、整合和传承的有机部分。

我相信，中国传统社会的良性运转，正在于礼俗互动的政治制度框架与弹性实践机制的设计：在社会理念上，国家讲究礼制而不至于脱离俗情，民众以贴近国家正统为正途；在国家政治层面，倡导“为政必先究风俗”“居官以正风俗为先”等民俗政治原则，注重因俗制礼与以礼化俗相结合的社会实践，冀望通过礼仪教化达致礼俗融合的社会理想状态。

当然，村民的讲礼论俗，与国家制度或文化典籍中的礼俗话语并不一致，亦不见得是要谋求上层社会的支持，而重在自树影响，以强调传统伦理、化解民间纠纷或动员公益事务等。但更重要的是，这种民间之“礼”虽与国家礼制有异，却又以贴近国家礼仪正统自命，并自觉调适于国家一统进程中。村民为什么要将自身“民俗”的一部分界定为“礼”？他们在援引“礼”的话语时，如何确信就是（或符合）国家之“礼”？这就是田野研究一展身手的地方了。

田野研究的一大优势，是可以直接碰触已在民间存在久远、至今仍在发挥作用的一些知识和思想，无论它们是以怎样的形式存在（如村志、族谱、庙碑、俗语、节庆、礼仪等），还可以持续观察它们为民众继续使用的过程与样态。这些知识和思想并不见得就完全属于民间，因而与一般意义上的“中国原理”相联系。长期行走田野的学者，都曾有类似经历：有时候偶然听到一两句俗语，忽然就对国家一统进程中积淀一方民众的某种心态心领神会。哈布瓦赫认为“言语的习俗构成了集体记忆最基本同时又是最稳定的框架”①，那么为村民频繁使用的俗语，就可以视为理解地方社会生活的一种捷径。重要历史事件和影响较大的社会观念，必然会在俗语中有所表达。还有些流行更广泛的俗语，如“不经一事，不长一智”“谋事在人，成事在天”等，则代表了中华民族更普遍的文化心性。前者是说人类个体“成人”的过程离不开社会历练，而后者则在激发一种积极奋发精神的同时，并不否认社会条件的制约性。

何谓“下田野”？即指学者走进民众的日常生活，以具体的人和事为研究对象，发现其背后的“人情世故”及其文化意义的过程。古往今来，

① ［法］莫里斯·哈布瓦赫著，毕然、郭金华译：《论集体记忆》，上海人民出版社2002年版，第80页。

无论是古代文人的采风问俗实践，还是现代史上知识分子“向民间去”的社会运动，都具有某种“下田野”的色彩。但这些活动往往因为忽视民众的自我表达，难以对民众的日常生活有充分认知。我以为，田野调查之要义，是一种特定的人际交往方式和文化互动实践。民众口述所表达的知识（田野资料）与口述本身所代表的交流行为（田野关系），其实都是具有学术意义的素材。比如一位村民讲同一件事，面对家人、邻居或陌生人的表述肯定会有所不同。不同的社会语境，影响了他的知识表达。

田野研究既以民众日常生活为研究对象，首先就要关注“野”，就是探究以人与自然的互动为基础而形成的人地关系，即“非社会”状态。人总是宿命般地存在于自然环境之中，自然环境是人与社会的共同起点。自然环境凭借其物质构成，不仅为人们提供生计资源，还是人类情感、意志及广泛意义上的实践行为的投射对象，并以意象的方式参与人类心智结构的发育。自然环境通过人的生计劳动，再转化为合乎人需要的物，而富有人文气息的“田野”亦由此生成，这就是更广泛意义上的“文化”发生的过程。譬如那些以凤凰、凤翅、龙头、卧龙、回龙等命名的地理地貌或人工建筑，就是人们附会宏大历史或赋予吉祥寓意所营造的族群认同符号。人与自然环境之间的交互作用看似微不足道，却坚韧地影响着整体社会系统的运行与变迁。因此，马克思曾将“市民社会”界定为“物质的生活关系的总和”①，并认为它是“全部历史的真正发源地和舞台”②。

按照赖特·米尔斯的说法，社会科学应“探讨个人生活历程、历史和它们在社会结构中交织的问题”③，这需要研究者贴近日常生活，体察民众感受，并以田野的眼光理解个人所处的社会结构与历史传统。虽然，生活总如流水般不断逝去，但承载流水的河床还在，田野研究便有章可循。

---

① 《马克思恩格斯选集》第二卷，人民出版社 2012 年版，第 2 页。

② 《马克思恩格斯选集》第一卷，人民出版社 2012 年版，第 167 页。

③ ［美］C. 赖特·米尔斯著，陈强、张永强译：《社会学的想像力》，生活·读书·新知三联书店 2001 年版，第 158 页。

三

田野研究的学术共识，是从地方生活细节入手，在民间与国家的相互建构中理解中国政治传统。如果说“地方性知识”（克利福德·格尔兹语）是人类文化的起点与载体，那么我们常说的“文化传统”无非是稳定化了的文化，而“传统文化”则是做大做强了的“文化传统”。文化的意义在于为生活提供价值，但对于文化的价值判断，却长期来自政治系统、学术系统，而非占据人类绝大多数的芸芸众生的生活系统，诚为咄咄怪事。久而久之，人们甚至会淡忘“生活是文化之根”的常识，以至于需要一种“眼光向下”的学问，长期在田野中观察民众生活系统，做相关的价值辨别及清理工作，提醒整个社会不要忽略或淡忘来自民众生活系统的文化判断。

中华民族是众多族群的集合，中华传统文化是在对多元地方文化的融会、提炼中形成的，而与礼俗相关的话语形式与社会实践，涉及中华民族自古及今持续的思想构成与社会运作，因而成为理解这一过程的重要路径。历经波澜起伏的近现代社会变迁，其精髓仍在当今社会生活中潜在传承。近年来，已有不少学者以田野调查为基础，对国家之“礼”与民间之“俗”之间复杂的互动关系进行研究，显示出“在田野中理解中国”的广阔前景。

长期在中国做田野调查的科大卫教授，将地方信仰、祖先祭祀、社区节诞、民众文字传统、庙宇建筑等视作“有意义的礼仪标签”，试图以此“重建地方社会整合到中华帝国的过程”①。近年来，他又提出“国家对地

---

① 科大卫、刘志伟：“在不同时间不同空间，尽管人们都同样追求大一统，但他们用来定义大一统的标签往往不一定相同。在把地方传统纳入大一统范畴的过程中，尽管他们总是会努力把对自我的认知与对大一统认知之间的距离拉近，他们建构的大一统样式与其他人建构的大一统样式在概念和行为上仍然可以有很大的差异，问题不在于这种差异有多大，而在于他们对正统的理解和定义是否有规律可循。”见氏著《“标准化”还是“正统化”？——从民间信仰与礼仪看中国文化的大一统》，载《历史人类学学刊》2008 年 10 月第一、二期合刊。

方社会的影响，不一定是控制，也可以是地方社会很主动、很巧妙地把国家制度引入来处理地方上的问题。所谓地方整合到国家，就是一种认同的过程”，因为“我们在田野考察的基础上注意到，这种认同跟地方社会与国家机构打交道的形式很有关系”①。在他看来，国家政治建构与地方社会发展之间的互动过程，即“形成中国的历史”，而在这一互动过程中形成的“礼仪标签”，就是“理解中国”的关键。无独有偶，在历代王朝“礼下庶人”的教化过程中，刘志伟、孙歌看到的却是“礼俗互动”的基层政治实践，“读书人在民间推行士人之‘礼’的过程，常常是通过把原来民间社会秩序中的‘俗’纳入‘礼’的体系之中来实现的……礼教在民间的渗透推广，并不是一个自上而下的过程，而是读书人和士大夫阶层自觉地把民间的社会秩序之‘俗’纳入礼的规范中来的过程”②。或许正鉴于此，郑振满将历史人类学的研究范式归结为“注重民间文献，注重田野调查，力求回到历史现场，从民俗研究历史”③，我相信这一理念也适用于更多的学科。

如此，以田野的眼光看文献，以历史的眼光看民俗，就在“礼”“俗”之间看到了“俗化之礼”“礼化之俗”等所谓“礼俗相交”的社会状态。其实，南宋思想家吕祖谦本来就说得很是清楚：“礼俗不可分为两事，制而用之谓之礼，习而安之谓之俗。”④ 历代县志中常见的“俗成民化”之说，是地方官普遍设定的社会治理目标，“俗成”即社会风气明显好转，“民化”则指民众经由教化达致“礼仪自觉”，彻底成为“化内之民”。

再看国家之“礼”，也并非成于一时、定于一尊，其本身即屡经重建、多元复合的产物。在不同的历史时期，所谓“礼制”并未由儒学所垄断，

① 科大卫、张士闪：《“大一统”与差异化——历史人类学视野下的中国社会研究——科大卫教授访谈录》，载《民俗研究》2016年第2期。

② 刘志伟、孙歌：《在历史中寻找中国——关于区域史研究认识论的对话》，香港大家良友书局有限公司2014年版，第115～117页。

③ 郑振满：《华南学者的历史人类学：传承与互动》，载《开放时代》2016年第4期。

④ 〔宋〕王应麟：《困学纪闻》卷四。

佛道之学对于“礼”的建构也各有绵延的传统。譬如在春秋战国时期，有楚礼也有夷礼，礼的相对性极为明显。在元朝时期，全真教曾力压儒、佛而以“国家之礼”自居，一度在众多地区担当起社会教化与组织的职责，成为沟通王朝政治与地方社会的重要方式。时过境迁，历史上国家礼制的多元建构却依然会对地方社会持续发生影响。我们在田野中见到的多种民间文献，如族谱、碑刻、契约文书、诉讼文书、日用类书、民间礼仪本、宗教科仪书、宝卷、善书、唱本、剧本、账本、杂记等，就生动地显示出了这一点。

赵世瑜曾为田野研究树立了一个宏大目标：

> 我们要研究的，就不只是中国文化的“大一统”的结构本身，而是形成其结构的复杂历史过程，尤其需要对不同地域历史演变作比较的研究……中国社会秩序是以“礼仪”为核心，建筑形式、行政制度、产权代表、武装力量等都是礼仪的表征，因此可以作为理解统一性的切入点。①

当然，这需要无数田野个案的长期累积和以小见大的层进拓展。

四

在田野中遭逢的一切，既是现实，也是历史，足可展开绵密而深邃的思考。钟敬文说“一滴水的意义是不能低估的”②，罗志田说“历史的共性完全可以展现在个人的经历和体验之中”③，都说的是个案研究之长。不过在田野研究中，现实的多重面相与人性纠结需要辨析，历史的杂乱堆积与回环嵌套也需要厘清，因而抱持一种谦卑心态是必要的，因为“历史留

① 赵世瑜、申斌：《从社会史到中国社会的历史人类学》，载日本中国史学会《中国史学》第25卷，2015年10月。

② 钟敬文：《民间美术与民间文化问题——在山东高密民间艺术展览座谈会上的讲话》，载《民间工艺》创刊号，1984年10月。

③ 罗志田：《知人论世：回归以人为主体的历史》，载《读书》2019年第11期。

给后人的本来就不可能是一个完整的图像，本来就都是些‘碎片’，关键在于人们如何发现它们之间的联系及其意义，把它们连缀起来”①。在田野中搜集“碎片”的工作固然辛苦，而在纷然“碎片”中发现和建立关联则尤费斟酌，这需要有足够的想象力。我曾试图这样概括我的田野研究思路：

> 一是注重人地互动的关系，从人与自然之间长时段的相互塑造关系来理解民俗传统；二是注重中国社会发展进程中礼俗互动的关系，从乡村生活实践中观察整个社会的礼俗互动态势，梳理其价值演化的脉络、机制与逻辑；三是关注田野调查中的人际互动关系，将田野访谈视作一种特定的人际交往方式和文化互动实践。②

这样的表达并不完整，但是有感而发，意在提醒田野同道们应兼顾多维思考。就上述三种互动关系而论，任何一维的些许变化又都会影响其他，并在复杂联动中将这一微变放大或削弱，从而影响整个社会系统的运行和演化。比如人际关系固然是在人地关系的基础上发展起来，但既同为社会性的存在，人地关系又可视为人际关系的延伸，并连同在长期礼俗互动中凝结而成的社会结构，一起汇作我们当下正在观察的社会关系整体。

我相信，就学术方法而言，唯有置身于田野之中，才能真正理解一种地方传统的约定俗成，并在更长时段、更广阔区域被传承，乃至与国家政治形成因应互动的关系。换句话说，当我们在田野中亲密接触一个个活生生的人，体会“芸芸众生”内部的千差万别，内心就有了五味杂陈。在田野故事多种版本的背后，映照的恰是人情世故众生相。田野研究是凸显“人的实践”的研究模式，贯穿于整个工作过程的，应是那种持之以恒地探究个体日常生活的好奇心。海外学者萧凤霞曾说：

---

① 赵世瑜等：《走向多元开放的社会史——中国社会史研究 30 年的回顾与前瞻（超越名实之辨的社会史）》，载《光明日报》2009 年 3 月 24 日。

② 张清俐：《“深描”中国村落文化变迁》，载《中国社会科学报》2017 年 7 月 10 日。

> 我着力研究在田野考察过程中碰到的一个个人，我探讨某些事物为什么对他们那么重要，尝试了解他们的选择和取向，是经过一个怎样复杂的历史过程而形成的。……像中国这样庞大的政治实体，不论在帝国时期还是在现代，有那么大的地区文化差异，又经过那么繁复的兴衰周期，它是怎样维系着人民共同的想象的呢？①

这席话是对田野研究目标的绝好概括。我们在田野中所接触的民众生活文化，与长期高居庙堂的儒家经义，以及道、法、墨等百家之学，同是秉承于中华民族古老的精神血脉，而各有损益，多元相通，并非势同水火，因此才会有“礼失求诸野”的说法。“呦呦鹿鸣，食野之苹。”我们真希望能有更多怀有学术良心与善意的人走进田野，联起手来，俯下身去，一步一步共同实现“在田野中理解中国”的宏愿。

---

① 萧凤霞：《廿载华南研究之旅》，载《清华社会学评论》2001 年第 1 期。

序 言[①]

赵世瑜

从费孝通的“乡土中国”说起

“乡土中国”是费先生著作 *Earthbound China* 的中文译名，从英文来看，我们其实很难误会这个“乡土”仅指与城市相对应的乡村。任何一种文化都是植根于它所在的大地之中的，不理解这块热土就无法理解这种文化，这是费先生对他的“马老师”以本地人研究本地文化的主张的践行，无须赘述，而更值得注意的是，两位前辈都提出了人类学或社会学与历史学结合的田野研究问题。[②] 他们认为，人类学家研究现状，是把现状当作活的历史，因此可以透过现在看到过去，用费先生的话说就是“今中之昔”。这其实是更好地理解 earthbound 的意义的途径，甚至可以说是无法逾越的，因为这个 earthbound 是一个历史的生成，是一个漫长的过程，而且恰恰因此是一条很难斩断的纽带。

问题在于，对于关注人类学研究的历史学家来说，二者之间的差异已经不像费先生当年所指出的那样了，历史学家也并不一定刻意强调今与昔之间的界线，而在于二者如何面对各自的经验材料（文献/田野）和在同

---

① 本文的前两部分系我在中国文化论坛第二届年度论坛上的发言文字，曾发表于黄平主编：《乡土中国与文化自觉》，生活·读书·新知三联书店 2007 年版。

② 费孝通：《重读〈江村经济·序言〉》，见马戎、周星主编：《田野工作与文化自觉》（上），群言出版社 1998 年版，第 27～28 页。

一“历史记忆”上的差异，在于这两类材料是如何分别被产生出来并构成历史（或“事实”）。这实际上便牵扯“文化自觉”的问题。

费先生所谓的“文化自觉”，“只是指生活在一定文化中的人对其文化有‘自知之明’，明白它的来历，形成过程，所具的特色和它发展的趋向”，既不表示要“文化回归”，也不主张“全盘他化”。[①] 这个定义似乎更像是人类学的还是历史学的，此不赘论，而这样的论题之提出并躬行实践，虽然在西方人类学那里似自20世纪30年代始，但其实在中国“五四”时期就已成为人们讨论的中心。

我们可以想象，这样的问题提出的类似语境，并不是第一次出现。任何一个人或一种文化都植根于乡土，在面对强势的异文化支配的时候，也都会产生类似“文化自觉”的呼声。譬如清朝的雍正皇帝在撰写《大义觉迷录》的时候，他只是在质疑汉族文人的“华夷之辨”论，只是在为自身的文明身份寻找合法性，但是并不会太多考虑，当两千多年“胡人”南下牧马的历史被彻底扭转，大批汉族人涌入内蒙古、青海、新疆甚至东北的时候，那些当地人做何感想。或者更早一点，10世纪到12世纪，云南的大理国——他们不是湘黔的苗族人，也不是海南的黎族人，而是建立了自己的政权并拥有深厚之佛教文化传统的群体——在面对外来文化的挑战时，究竟采取了何种应变的态度？我们甚至还可以追溯至春秋战国“南夷与北狄交，中国不绝若线”的时代，秦汉修灵渠、开辟西南夷的时代等。

对主题概念的反思，也可以证明费先生的“今中之昔”，或者反过来说，是“昔中之今”。

关于“国之大事，在祀与戎”

“国之大事，在祀与戎”，语出《左传·成公十三年》，当时中原诸侯集合起来要去攻打秦国，成肃公祭社接受祭肉的时候有了不敬的表现，刘

---

① 费孝通：《反思·对话·文化自觉》，见马戎、周星主编：《田野工作与文化自觉》（上），群言出版社1998年版，第52~53页。

康公就批评说，无论是祀还是戎都有献受祭肉的礼仪，这对君子的敬神来说是很重要的。成肃公这样不恭敬，对他自己没什么好处。果然两个月后成肃公就死了。

如果今天把祀与戎理解为祭祀和战争，不能说不对，但还是略嫌偏狭。“国之大事，在祀与戎”，在我看来，就是“物质文明和精神文明两手都要抓，两手都要硬”。打仗从来都不仅仅是个军事行动，它的目的或者是占地盘，或者是攫取人口和财货，因此可以称为暴力性的生产活动，也是物质文明的一部分，越在上古，这种方式占的比例越大。过去我们的历史关怀，对戎事比较感兴趣，因为它们是改朝换代的直接工具，而对改朝换代的历史感兴趣，本来就是“帝王之学”，后来我们也将其概括为“中国古代政治史”的主要特点。

巩固政权的漫漫长路就要靠“祀”，士大夫后来将其规范为“礼仪”，其实就是我们今天所谓的“秩序”，或者费先生著名的“差序格局”。当然维系秩序的还有法，但传统中国的“法”与后来引进的西方法律不一样，在中国刑律用来对付罪犯，而日常的规矩方圆，更多靠的是礼仪。

对于历史上的礼仪，我们远不如对战争那样熟悉。其实我们的earthbound China，就是一个 ritual - bound China。① 对于研究史学的人来说，20 世纪初给我们带来震撼的甲骨文是礼仪的产品，敦煌卷子中也有很多是礼仪的产品，比如那些变文，对于文学家来说可能是通俗文学，但它们就像后来的迎神赛社的会簿和道教科仪书一样，都是礼仪的一部分。一些学者不理解我们，不明白我们为什么经常跑去寺庙、祠堂，甚至墓地，因为他们没有真正地好好想想，除了正史和官方档案以外，为什么留下来的都是这些礼仪的东西。最近不断出土的简帛、近年来研究隋唐史大量使用的墓志，多是礼仪的东西，是属于“祀”的部分。因为礼仪是当时生活中很重要的内容，所以寺庙、祠堂之类，就是社会生活史中的“国史馆”和“档案馆”。

这种不理解，我基本上认为是20 世纪初以后的产物，出于一种近代科

① 杜维明先生在会上建议我将英文的对译改为 civilian - bound China。

学的语境。因为“祀”这样的东西曾经被简单地定义为“宗教”，甚至被错误地认定是“迷信”。久而久之，过去比较容易理解的东西，比如墓碑上的“乾山巽向”几个字，或者房屋大梁上那一行字，现在就需要专家去解释了。

如果能理解这一点，费先生或其马老师的 *Earthbound China* 被翻译为“乡土中国”，虽不单指乡村，却能跨越朝野，或即他所谓穿越文野之别，就好理解了。山西代县有个鹿蹄涧村，那是著名的杨家将的老家。那里的祠堂保留着一些自元以来的碑刻，个中精彩故事，另外再讲。那里一个姓杨的子孙，明朝万历年间在京中做官，结果住在今天四川、贵州一带的播州杨氏跑来，希望和他联宗，但他没有答应。熟悉明史的人都知道，万历年间爆发了播州土司杨应龙的叛乱，那是一个大历史事件。联宗这个礼仪如果做了，可能就会成为这个大历史事件的一部分。

还有两个更大的大历史事件，一件是明朝嘉靖初的“大礼议”，另一件是清朝乾隆末年的马戛尔尼来华或曰“礼仪之争”。前一件事是嘉靖皇帝不愿意尊自己的伯父、伯母为考妣而尊自己的亲生父母为叔考叔妣，龙颜震怒，把一大群拼死抗议的臣子加以重罚；后一件事是乾隆皇帝非要英国的特使双膝跪地，否则一切免谈。就前者而言，皇帝和犯颜直谏的大臣都不是疯子，因为这个继嗣和祭祀的礼仪一旦改变，会引起社会制度的一系列变动；就后者而言，乾隆皇帝此举恰恰不是表明他的盲目自大，而是对世界的颇有所知，由于根本无法考虑英国人提出的那些要求，而故意找个对方无法接受的条件，其聪明如此，并非我等后人寻常可以体会。

由此，我们便比较容易理解从孔子到明代人们称社会的剧烈变动或者失序为“礼崩乐坏”的缘故。

再说“礼失求诸野”

“礼失求诸野”这话，似乎是孔子说的，但大家都不讲出处，似乎是人云亦云的。查清人孙星衍《孔子集语》卷五，有“《汉书·艺文志》：仲尼有言：礼失而求诸野”条。再查《汉书·艺文志》，发现班固引此话不过是打个比方。班固认为，战国时诸子的言论，是为了投列国争霸之所好，虽各有优劣，但也是六经的支流，遇到明白的君主，可以择善而从。其时距离上古圣人之道已很久远，孔子讲都邑中如果不知礼了，可于外野求之，难道诸子九家还不如这个外野吗？按他的理解，孔子的原话是退而求其次的意思，我们不了解孔子原话的语境（context），不知道它是否具有这样的贬义。

无论这话是不是孔子说的，也无论其是否对“野”含有贬义，这个野显然是与都邑相对而言的，即指城邦以外的广大地区。对我们历史学家来说，它和人类学家的 field 一样，指的是传世文献中记载的历史以外的、更广阔的天地间发生的历史。所谓“礼失求诸野”，就不仅是去田野中寻找新的历史，而是，也许更重要的是，在田野中去对那些传世文献记载的历史加以理解和重新理解，再进一步发现两种历史、两种历史情境之间的配合与张力。这也许就是历史学家和人类学家田野工作的区别之一，也是历史学家相对于其他以现状研究为对象的学科的“文化自觉”。

记得《华阳国志》里记载武王伐纣的时候，说巴人最为勇敢，所谓“巴师勇锐，歌舞以凌殷人”（《华阳国志·巴志》），这种视死如归的浪漫态度给我留下深刻的印象，但总觉得载歌载舞地杀人陷阵是件很难想象的事。后来读书多了，包括看了傩和各种鼓乐的表演，我才知道这是战场上的仪式，是祈求神灵保护他们战胜的手段。所以《旧唐书》说，音乐“施之于邦国，则朝廷序；施之于天下，则神祇格；施之于宾宴，则君臣和；施之于战阵，则士民勇”①。《破阵乐》便是打仗时的军乐。到了现代的战场之上，只剩下呐喊和冲锋号声作为其流风余韵，连金鼓齐鸣之类都没有了。

在今天山西的阳高，那里的乐班分成阴阳和鼓匠两部分人，阴阳自称道士，属于正一派，使用的乐器以笙管类为主，而且比较“保守”；鼓匠表演场合比较宽泛，演出程序不那么固定，乐器则包括唢呐等吹打乐器。老百姓一般称“请阴阳”“雇鼓匠”。在流传至今的乐曲中，阴阳经常演奏的有《普庵咒》《驻马听》《鱼闹莲》《山坡羊》等，鼓匠则经常演奏《将

① 〔后晋〕刘昫等：《旧唐书》，中华书局1975年版，第1039页。

军令》、《上桥楼》（应为“谯楼”）、《水龙吟》、《百河宴》、《大雁落》等。① 从今天所谓“音乐”的角度去观察，固然有其价值，但真正要理解它们的存在，则必须回到地方历史的脉络。

我们知道，这个阳高县在明代叫阳和卫，是长城边上的一个军事重镇，到清代才改卫为县，所以这里在明代基本上是军队的系统，到了清代以后才有了民政的系统，而且居民还多是军队的后代。于是我们知道，这里可能留下两套系统的痕迹。从音乐的角度看，一套是军队礼仪系统的东西，南方遗留的“军傩”就属于这一类，所以他们有唢呐这类响器，军队礼仪中的乐器是很强调号角这一类的，由鼓匠传承下来，到现在他们熟练演奏的乐曲还是军乐，只不过放到红白喜事上去演奏了；另一套是州县礼仪系统的东西，就是那些礼生、阴阳生做的事情，在山西几年前发现的明朝万历年间的迎神赛会的礼簿，也是由礼生传承控制的，这些人虽然属于官府的系统，但只是官府有事的时候才用他们，平时还是自谋生路，后来民国的官府不设这套东西，就成为纯粹的民间的了，这也就是这些阴阳生的来历。他们之所以在乐器方面、演出场合方面比较保守，就是原来他们有一套礼仪的规矩。听听这些音乐，再听听云南丽江所谓“纳西古乐”的某些曲子，就知道它们都是明朝以来汉人官府常见的礼仪音乐。

关于正史礼志中的军礼，不知道有没有专家研究。据说唐朝的《破阵乐》之所以能保存至今，我们可以一饱耳福，是因为传到了日本。我们不好说这就是“礼失求诸野”的例子，但无论是明朝卫所系统的礼仪还是州县系统的礼仪，还是有可能在田野中得到一些余绪。对我们来说，这还不是最重要的，最重要的是透过这两套礼仪系统去思考这两套管理系统对社会的控驭，或者反过来说，为什么这些管理系统早已灰飞烟灭，而礼仪（或其部分）还留了下来，依然对人们的生活发挥着作用?

至于为什么这些礼仪保留在远离统治中心的“野”（这应该正是孔子的“野”的本意），我想恰恰是因为礼仪对于统治的重要性，恰恰说明了祀与戎可以并列的道理，也恰恰说明了我们为什么会“进村找庙”：当一

---

① 参见吴凡：《阴阳鼓匠——在秩序的空间中》，文化艺术出版社 2007 年版。

个新的王朝或帝国取代了旧王朝、旧帝国的时候，这些礼仪就要遭到清除（包括历法），而在那些与法统的争夺没有多大关系的地方，它们或者全部或者部分就会被保留下来，因为它们只是生活的一部分。

礼俗互动和中国社会与文化的整合

20 世纪 20 年代，顾颉刚曾与同事一起去妙峰山调查，由此开始了历史学者做田野调查的先河。尽管顾先生在其《〈古史辨〉第一册 · 自序》中专门讲到其动机，但这件在今日颇受民俗学者重视的事情，受到了历史学者的冷遇，的确是件值得玩味的事情。

顾先生说："乡村祭神的结会，迎神送祟的赛会，朝顶进香的香会，都是社会的变相。我见到了这一层，所以很想领略现在的社会的风味，希望在里边得到一些古代的社祀的暗示。"① 他的意思是，上古的社祀看不到了，可以从现实的祭祀仪式受到启发，这在传统的历史研究看来，充其量不过是"启发"而已，不能作为认识上古社祀的证据。这当然是对的。不过，现实的祭祀仪式也不纯粹是"现实"的，它本身就是一个历史过程的展现。由于对这一点认识不足，历史学学者与民俗学学者（或人类学学者）之间就形成了某种分工上的默契：前者是研究过去的，后者是研究当下的；前者是研究上层人士的，后者是研究普通民众的。这在我们看来，是一种僵化的二分法。

本书的作者包括了历史学学者、民俗学学者和人类学学者，从文章来看，多少存在上述那样的学科分工。这除了学科划分造成的知识谱系的原因外，也有事实方面的因素。古人说"礼不下庶人"，就是表示礼是用来规范上层社会的，而俗才属于百姓。但是，我们也看到了各方力图打破这个藩篱的努力：历史学学者努力探索国家礼仪在地方的实践，以及地方生活实践如何改造国家礼仪；民俗学学者则努力在现实民俗中发现后者的礼仪源流以及礼仪的影响。科大卫提出"礼仪标签"的概念，其具体所指，

① 顾颉刚编著：《古史辨》第一册，景山书社 1926 年版，《自序》第 73 页。

大体都是民俗学所谓的俗。通过彭牧的学术史和概念梳理，以及岳永逸等人的讨论，我们看出，人类学或历史人类学所使用的“礼仪”概念涵盖了许多乡村的民俗实践——当然，也有许多乡村的民俗实践，并不在这个“礼仪”里面——换句话说，属于礼仪的乡村民俗实践，基本上是体现在岁时节日和婚丧嫁娶等人生仪礼方面的，是乡村生活中规范人们行为的、最重要的、可以被称为“制度”的那些方面，而这些方面，恰好是儒家士大夫和乡村生活实践不断互动的结果。

正是因为这个原因，“礼仪标签”可以成为一个讨论中国的社会和文化的整合性机制的切入点。

为什么要讨论中国社会与文化的整合性机制呢？自从20世纪下半叶以来，无论是人类学、民俗学还是历史学、宗教学研究，都在对传统研究进行反思的基础上，更加关注“小传统”，关注社会、文化的多样性和差异性。时至今日，此类研究已经不可胜数。在这个过程中，也有许多学者注意到上下互动的问题，知道上层文化与大众文化并非截然二分，比如华生通过对天后信仰的研究讨论民间信仰的正统化问题，又比如日本和中国学者对士绅的研究，思考他们在国家与社会之间的中介角色，等等。在社会史学者中，区域研究也不再只是“眼光向下”。故此，在大量差异性个案的基础上——其重要性毋庸赘言，因为这是对传统的整体性研究命题进行全新解释的前提——对多元的中国如何成为一体进行重释，就成为摆在我们面前的重要任务。

所谓整合性机制，就是造成某种意义或某种程度上的社会—文化整合的机制（mechanism），它通过人的行为或人的创造呈现出来。科大卫的“礼仪标签”是指地方成员认为最重要的那些礼仪传统的标志物，无论它们表现为寺庙、祠堂、坟墓等建筑，榕树、槐树、石头等被赋予神圣意义的自然物，还是香炉、神像、仪仗、族谱、碑刻、科仪书、钟鼎等具体器物，甚至包括个体或群体的仪式行为、神话、传说和故事等非物质表现，都是可被观察、分析和解释的。这些东西往往比许多政治性或经济性的产品更持久地留存于世，说明它们是被不同区域的社会—文化传统所看重的，被不同身份、等级的人们所认可的，即被共享的。因此，它们可以成为认识地方之间、官民之间在何种程度、何种意义上达至认同，社会—文化传统如何形成整合的切入点。

费孝通先生从关注“文野之别”，到提出“各美其美，美人之美，美美与共，天下大同”的理想，可以说就是对上述学术史梳理和我们的问题意识的概括。当然后者并不仅是一种理想，也是一个历史过程。我们希望做的，就是揭示和描述这个历史过程，并且挖掘其背后的深层动因和机制。本书将不同学科的学者联合起来，便是对这一目标做出的初步尝试。

目 录

在田野中理解中国(总序) …………………………………… 张士闪（1）
序 言 …………………………………………………………… 赵世瑜（1）

理念、概念与方法

“大一统”与差异化——历史人类学视野下
的中国社会研究——科大卫教授访谈录 ………… 科大卫、张士闪（1）
俗与制：历史上基层设置与记载的“大率”特性 …………… 罗志田（6）
枝杈社会与乡土社会的文化转型 ……………………………… 赵旭东（14）
同异之间：礼与仪式 ……………………………………………… 彭 牧（25）
革“弊”？中国人—神敬拜的礼俗辩证 ……………………… 岳永逸（43）

区域历史的视角

一而二，二而一：晋祠与礼俗分合 …………………………… 赵世瑜（53）
地方历史的民俗学视角：从深圳赤湾天后庙谈起 …………… 刘志伟（59）
从乡厉到无祀：闽西四保的个案 ……………………………… 刘永华（62）
习惯（俗）的确认与生成：从诉讼档案到历史人类学……… 杜正贞（68）

“奶奶”的庙：女神信仰的世变与势变
——以鲁西区域社会为中心的研究 …………………… 吴 欣（86）
礼俗互动与民间信仰内涵置换的逻辑
——“孝女”的曹娥和“水神”的曹娥 ……………… 陈志勤（103）
“义岩别祭”：个体经验·国家认同·历史认识 …………… 赵彦民（114）
孙膑崇拜的正统化脉络与地方化过程
——以山东潍北地区瓦城大庙为个案 ……………… 李海云（126）
公益与共益：从日本的“社会性”传统再构成
看国家与民众 ………………………………………… 菅 丰（144）

地方民俗实践

民间武术的“礼治”传统及运作
——冀南广宗乡村地区梅花拳文场考察 ……………… 张士闪（154）
多元祭祀与礼俗互动：对山东家堂画的再认识
——基于对杨家埠明清家堂画的分析 ……………… 龙 圣（166）
庙会献戏与村民生活的表达
——以安国药王庙会为个案 ………………………… 李向振（184）
地方礼俗教化权利的分享与边界
——以清前期士绅赵执信《礼俗权衡》为例 ………… 任雅萱（200）
乡村梅花拳的公益观念与生活实践
——冀南广宗县北杨庄梅花拳调查 ………………… 张兴宇（214）
“礼”与“事儿”：信仰体系与实践的存在机制探析
——以鲁中洼子村为例 ……………………………… 张 帅（230）
神像：民间信仰的象征与实践
——基于冀南洗马村的田野考察 …………………… 李生柱（252）

南洋华人的清明节：承先礼而成其理 ………………………… 王琛发（271）

专 题 研 究

教化与象征：中国古代耕织图意义探释 ……………………… 王加华（287）
礼俗融会的书院文化空间 ……………………………… 肖永明、郑明星（314）
礼俗互动传统中的徐复观农本政治观 ………………………… 耿　波（331）

附　录

“礼俗互动与近现代中国社会变迁”
三人谈 …………………………………… 赵世瑜、李　松、刘铁梁（345）

后　记 ………………………………………………………… 张士闪（360）

理念、概念与方法

"大一统"与差异化——历史人类学视野下的中国社会研究

——科大卫教授访谈录

张士闪：科大卫教授，您主持的中华人民共和国香港特别行政区大学教育资助委员会"第五轮卓越学科领域计划"（AoE）资助项目"中国社会的历史人类学研究"，已进入第六个年头。您当初是怎么想到要主持这样一个时空跨度大、头绪繁多的大型研究计划的？

科大卫：我们一群在香港和内地的研究者，已经合作了很多年。"中国社会的历史人类学研究"是这么多年合作的共同思路。

张士闪：与弗里德曼的宗族模式和施坚雅的区域市场模式相比，您是从怎样的出发点来理解中国社会的？

科大卫：弗里德曼和施坚雅对中国近代社会史的研究，都有很重大的贡献。弗里德曼之前，对华南宗族的研究已经不少，但主要是把宗族看成扩大的家庭。弗里德曼指出，家庭与宗族是两码事，有不同的作用、不同的思维，没有互相演变的成分。再者，宗族不是血缘而是以血缘为依据的地缘制度。这些都是颠覆性的概念。施坚雅也是一个富有创见的研究者，他的三篇论文非常了不起。区域市场的概念可以从两方面来看：首先，在大家都忘记了中国广大农民是生活在有非常强烈的地缘关系的社会的时候，他提出市场网络对地缘的作用。其次，他以为可以根据市场网络的划分，把整个中国分成不同（但是互动）的经济区域。虽然这对有关地方性异同的问题能解决多少还不好说，但是施坚雅的大前提是有道理的。他认为中国实在太大，很多时候地区的经历与整体的经历不一定相同。我们去研究中国"大一统"的历史，也需要关注地方上的经历。

张士闪：中国领土广袤，历史悠久，文字系统发达，在"大一统"的国家结构与差异显著的地方社会之间进行阐释，是很有挑战性的。

科大卫：当然。

张士闪：历史上，国家在地理空间的扩张与文化影响的扩大，促成地方社会文化变迁方面扮演了什么角色？

科大卫：应该说有很多方面吧，但是归根究底，在中国悠久的历史上，不同时候的朝代有不同的特色。从宋以来，北宋、南宋、元、明初、明中期到清中期、清后期、民国初期、20 世纪 30—40 年代，都是不同形态的，有不同的制度，不同的统治理念，不同的宗教和礼仪。在这些不同的时代，版图不一样，在版图之内的渗透也不一样。再者，国家对地方社会的影响，不一定是控制，也可以是地方社会很主动、很巧妙地把国家制度引入来处理地方上的问题。所谓地方整合到国家，就是一种认同的过程。我们在田野考察的基础上注意到，这种认同跟地方社会与国家机构打交道的形式很有关系。在华南地区，简单地说，明朝初年国家以地方官管辖的社会，都自认为是"民"，也就是清代的"汉族人"；所有土司管辖的社会，都变成我们今天的壮族居住地域；没有地方官也没有土司的社会，就是我们今天的瑶族居住地域。

张士闪：您曾说过，地方文化的塑造取决于地方社会整合到国家的时机和当时的国家理论。是否可以断言——从某种程度上说，一部中国历史就是地方社会整合到国家的历程？

科大卫：您问的问题，关乎这是谁的历史。我从两方面来回答。第一，我们研究历史的人都知道，历史是多种声音混合的结果，有些声音大，有些声音小。有的历史学学者听觉比较灵敏，也有的历史学学者对个别的声音听而不闻。我相信，假如中国历史是中国人的历史的话，它需要包括不同的人参与这个历史的经验。第二，我们研究历史的人也知道，一直到近代，我们的基本参考资料都是以国家上层的利益为核心。也就是说，我们一直以来，不是不把地方的历史放到国家的历史之内，而是认为在没有官方记录下的地方历史，根本不是历史。所以，我们需要了解地方的历史，需要重新学习，把没有在我们传统历史记录中发声的人的历史也放进去。

张士闪：我注意到您近年来在研究中经常使用的“礼仪标签”的提法，很是生动形象，这在您所倡导的历史人类学研究中有什么特别含义？

科大卫：我在田野调查中，注意到地方社会中有些具有个性特征的礼仪传统表达，我称之为“礼仪标签”，认为这是历史人类学探讨历史的一个重要渠道。这些礼仪的实践，建立在“正统”的概念之上。当不同的“正统”传统碰撞的时候，就会形成礼仪的重叠。有一次在福建调查，我看到妇女进庙时需要在腰部戴上围裙。这就奇怪了！腰部已经被衣服所遮盖，为什么还要戴上围裙呢？我由此怀疑这一带妇女——在文献上称为“惠安女”——以前的穿衣习惯是裸露腰部，可能有一个时期，这被看成不雅的，所以就形成了拜庙时戴围裙的习惯。当衣着改变后，已经不需要这样做了，但是礼仪的要求并没有改变，所以围裙和衣服就重叠了。这些礼仪标签，还包括建筑的特征、与地方祖先祭祀紧密联系的文字传统、地方神祇的故事、村民自己或和尚道士所演绎的乡村仪式等，它们对于我们探讨地方历史的演变，以及地方社会如何接受并整合到一个“大一统”的文化的历史，很有意义。

张士闪：在历史人类学的视野中，您觉得应该如何看待族谱这类民间文献？

科大卫：一般来说，历史学学者习惯看文献记录，人类学学者习惯去实地考察。历史人类学讲究对文献资料与实地考察的结合，对社会历史进行研究。就族谱来说，一般研究者往往把族谱当成一本本的“书”，仅仅从中抽取其谱系记录，来收集历史研究的文献材料，却没有把这种文献放入历史发生的具体时空中进行解读。但正如传说的研究需要从它建构的历史开始，比谱系本身更重要的是编纂谱系的人的历史。编纂族谱的历史，往往就是地方宗族的历史。历史人类学的眼光，是将族谱看作活的记录，随每一代人的需要而改变，而不是收集在图书馆里的死文字。其实也不只是族谱，历史学学者所使用的文献，都需要放回历史现场去了解。

张士闪：今年5月，您在山东大学做的“历史人类学与中国乡村社会研究”讲座上，曾经表达过“族谱中的说法和族谱的历史是两回事”这样的意思，大家很受启发。您能否就此再略加阐发？

科大卫：相信这是你们民俗学习惯的概念。比如孟姜女故事的内容，可以有不同的版本，分别比较这些版本，我们可以了解这个故事的流传，从而了解流传这个故事的人的历史。正如民俗学需要训练一样，读族谱也需要训练。头一课应该让读者知道族谱不是一本书，而是个档案。一本族谱的内容包括不同的文件，读者需要辨认出这些文件的来源。但是在很多时候，这些文件也是通过多次的收集，才放到您手上拿着的这一份文本之内。每一本族谱都有它的历史，这个历史跟编纂族谱的人们的历史都有很大关系。我们很多同行，以“开矿”的心理去读族谱，只会抄录一两段描述性的资料，太可惜了。

张士闪：田野资料的理解和使用，是民俗学、人类学年轻学者们很关心的，您在这方面有什么体会？

科大卫：历史上的乡村老百姓，绝大部分是不识字的人，他们的历史并不是靠书写来记录，而是通过祭祀礼仪表演等活动一代一代地传下来。这些田野资料，是不能以“可信”“不可信”的标准来判断的；以为“可信”就可以抄用，以为“不可信”就可以不理会，这恰恰是不懂历史的表现。所有的历史材料，包括口头史料，都有它的来源、传播的方法与理由，并经过了持有者的不止一次的修改，但是通过恰当的处理方法就可以了解历史。地方文献、物质遗物、礼仪表演和口头访问等材料，都可以作为历史人类学研究的重要资料。比如说，在做口头访问时，往往一句话是怎样说的比这句话的字面内容还要重要。口述访谈是个学习的过程，访谈人需要以谦虚和诚恳的态度，了解被访者的词汇、感受与思路。

张士闪：大约在十几年前，您发表过一个“告别华南研究”的演讲，学界现在还不时有人提及。我知道，您这些年在华北地区跑了很多地方，有什么新的感悟吗?

科大卫:我知道有些朋友对我的研究一直关注。新的体会是很多的,但是把它们表达出来还需要一段时间。

张士闪:当代社会变化急剧,一方面是信息获得空前便捷的所谓“大数据时代”,一方面是大量珍贵的田野资料因为种种原因而损毁严重,这对于历史人类学的研究影响巨大。

科大卫:每一代人都会面对这个问题。世界永远在变,我们需要把握机会把我们还可以接触到的历史事物记录下来。保留田野材料的最好办法,就是去了解产生这些材料的世界。

张士闪:从某种意义上来说,田野研究是讲究“慢工出细活”的,这对面临现实生存和各种职业考评压力的当代青年学者来说很是不易。

科大卫:我同意这一点。现在学校用处理理工科研究发表的标准来处理人文学科,既不对也有反效果。不对的地方,是理工科面临的是迅速变化的学术环境,大部分理工科的研究,如果在几年之内没有人读,以后也不会有人去读。人文学科是不一样的,变化比较慢,一本好书在出版后几十年还可能有人去读。人文学科最重要的成果形式还是写书,而不是写论文。我补充一句,文集不能算是书,我们很多人现在连这个道理都不知道了!所以,在目前的学术环境下,我们的年轻学者想下功夫做好的研究是很困难的。但是,“慢工出细活”并不只是适用在田野研究。我们所有人文学科的研究都是“慢工出细活”。“慢工”才有时间去读书,才有时间去思考,现在有多少年轻学者真正去读前辈甚至同行的著作?您这句话反过来说可能更对——“快工出大话”!现在很多研究质量并不高。

(科大卫,香港中文大学伟伦讲座教授;张士闪,山东大学教授。本文原载《民俗研究》2016 年第 2 期,收入本书时有修改)

俗与制：历史上基层设置与记载的“大率”特性[*]

在中国历史上，礼与法几乎是一体两面，如司马迁所说：“礼禁未然之前，法施已然之后。”① 陈寅恪进而论汉晋以后“法律与《礼经》并称”的现象说，中国“政治社会一切公私行动，莫不与法典相关。而法典为儒家学说具体之实现。故二千年来华夏民族所受儒家学说之影响，最深最巨者，实在制度法律公私生活之方面”②。

陈先生将礼、法、制度和公私生活并论，可见不仅礼与法是一体两面，法也与制度相通，甚或可以是制度的通称，而皆与生活相关。故法与俗的关联互动，大体也在“礼俗互动”的范围之中。直到近代修订新刑律，修律大臣沈家本所申明的宗旨，仍是“折衷各国大同之良规，兼采近世最新之学说，而仍不戾乎我国历世相沿之礼教、民情”③。他把“礼教民情”视为修订刑律的本土思想资源和制度基础，并强调其“历世相沿”的一面，最能体现礼、法、俗的相互关联性在历史进程中形成，也维系于历史之中。

---

* 本文据在山东大学民俗学研究所举办的“礼俗互动：历史学与民俗学的对话”学术研讨会上的发言修改而成，与会学者特别是赵旭东教授的评议有助于本文的修改，特致谢忱！同时，本文的一些看法，在拙文《隋废乡官再思》（载《社会科学研究》2015 年第 1 期）中已附带提到，谨此说明。

① 〔汉〕司马迁：《史记》，中华书局 1959 年版，第 3298 页。

② 陈寅恪：《冯友兰〈中国哲学史〉下册审查报告》，《陈寅恪集·金明馆丛稿二编》，生活·读书·新知三联书店 2001 年版，第 283 页。

③ 《中国近代法制史资料选辑》第 2 辑，西北政法学院法制史教研室编印，1985 年，第 23 页。

另一方面，在中国文化传统中，成文的制度从来以指导意义为主。有法不一定依，执法不那么严，在今日甚遭诟病，却是昔年的常态。盖法之前还有“禁于未然”的礼，法之上还有指导一切的“道”。因为有“道”的存在，“法”在中国社会中从未到很高的地位；因为有“人情”的存在，“规矩”同样不那么严格。或许“人情”本身就是“规矩”，故“法外施恩”不仅是戏曲里的唱词，它也长期存在于现实社会，尤其是官吏对案件的审断之中。例如，晚清樊增祥的《樊山政书》之中，便颇多不严格按律审断的案例。重要的是樊氏正以此自豪，觉其可为他人范例，而该书也的确被视为“官箴书”，为其他州县官所参考。①

当然，成文规则是绝不能忽视的，毕竟所有调适性的“权宜之计”，都建立在既存规矩的基础之上。但规则的条文并不等同于其实施，也是不言而喻的。据条文说历史，更多得到的是一种理想的或设计中的状况，与实际总有相当程度的差异，且还有各时各地的不同。在昔人不甚注重的地方（以及动荡的时代），规则条文本身及其实施，又更为松散。

一

如果把法视为广义的制度，《宋书·百官志》在追溯秦汉以来县令及以下官吏时，曾说到“其余众职，或此县有而彼县无，各有旧俗，无定制也”②。这是一个非常重要的表述，不仅提示出一种明确的信息，即县以下层级的各类设施并不深受重视；同时更揭示了一个长期存在的现象，在这一层级的职位和人员设置方面，“旧俗”往往超越“定制”。

《宋书》的概括虽后出，但从周代到明清，都多少可见类似的现象。

---

① 本文参看的《樊山政书》为宣统刊本，未署出版地。此书除强调在“道”的面前为官者人人是独立的自我，作为个体直接面对着“道”以外，“法外施恩”的主要目的，是执法的社会效果，而不是是否适用律条。关于州县的审断，更详细的讨论可参见里赞：《晚清州县诉讼中的审断问题：侧重四川南部县的实践》，法律出版社2010年版。

② 〔梁〕沈约：《宋书》，中华书局1974年版，第1258页。

例如，《周礼》中设置了大量的乡官①，然王夫之注意到，《周礼》中“乡则比、闾、族、党，遂则邻、里、酂、鄙，各有长司其教令”，却“未详其使何人为之”，盖“《周礼》但记其职名，而所从授者无得而考”。②

《汉书·百官公卿表》更明言：县以下“大率十里一亭，亭有长。十亭一乡，乡有三老（有秩）、啬夫、游徼”③。此用“大率”，已表明这是一个抽象性的概括表述，其细节当时人或也未必很清楚，述史者对此有清楚的自我意识。惜后之研究制度者，往往想要考证出一个精确无误的结果，这虽是任何研究者都想做也一直在做的，他们有意无意间却不够注意述史者特意使用的“大率”两字。

例如，学界多有辨析“十里一亭”和“十亭一乡”的关系，王毓铨先生较早提出乡、里与亭是不同性质的不同行政系统，后来学者尽管对“亭”的具体指谓有争议，但大体皆沿此思路探讨。后林甘泉先生又提出“十里一乡”和“十里一亭”是并存的两个基层行政系统。④ 目前多数人的共识是“十里一亭”的“里”是里程的“里”，而不是一个聚落之“里”。但这样《汉书》

① 袁世凯在清末便指出，“周制，六官之数约五万余人，而乡遂之官多至三万七千八百有奇”。见《北洋大臣袁世凯奏天津试办地方自治情形折》，故宫博物院明清档案部编：《清末筹备立宪档案史料》（下册），中华书局1979年版，第719页。

② 〔清〕王夫之：《读通鉴论·隋文帝》，《船山全书》第10册，岳麓书社1988年版，第705页。

③ 〔汉〕班固：《汉书》，中华书局1964年版，第742页。按，学界一般多将“有秩”视为一种特定的乡官名称，这一见解得到出土的尹湾汉简之《东海郡吏员簿》（张显成、周群丽：《尹湾汉墓简牍校理》，天津古籍出版社2011年版，第7~16页）的有力支持。然窃以为就《汉书》言《汉书》，仍以把“有秩”视为一种泛称而非专称更觉妥帖。当然，即使视为泛称的定语，此句亦可标点为“乡有三老、有秩啬夫、游徼”（郑实即曾这样主张，参见郑实：《啬夫考》，载《文物》1978年第2期）。但后来出土的《东海郡吏员簿》中同时出现有秩和啬夫，各有官、乡之分，非常不支持这样的标点。此事非一言可了，当另文考证。

④ 王毓铨：《汉代“亭”与“乡”“里”不同性质不同行政系统说》，载《历史研究》1954年第2期；张春树：《汉代边地上乡和里的结构——居延汉简集论之二》，载《大陆杂志》32卷3期（1966年），后收入氏著《汉代边疆史论集》一书（张春树：《汉代边疆史论集》，台湾食货出版社1977年版，第131~142页）；林甘泉：《秦汉帝国的民间社区和民间组织》，见侯仁之、周一良主编：《燕京学报》（新8期），北京大学出版社2000年版，第63~66页。日本学者的相关研究也不少（此承侯旭东兄示知）。

就漏掉了作为乡以下行政单位的“里”，也与接续的“十亭一乡”不甚协调。尽管《续汉书·百官志》注引应劭《风俗通义》也说到“国家制度，大率十里一乡”，但《汉书》中并无这样的表述。换言之，不论我们是否接受这些后出研究的认识，它们都与《汉书》本书的表述不够契合。

同样，严耕望先生所辑的汉代乡官和乡亭吏（他将二者区别处理），种类已远远超出《汉书·百官公卿表》所言。① 若据出土的尹湾汉简之《东海郡吏员簿》（见前注），则《汉书》此表未列而严先生也未辑者还有许多种。我并不赞同据一二出土材料否定基本史籍，若注意到原有的“大率”两字，则有些异同的存在，本亦当在意中。同时也证明《汉书》这一“大率”正是述实之语，应引起我们的进一步重视。

而对前引《宋书》论断最直接的支持，就是史称“隋废乡官”一事。乡官本当是汉代三老、力田、游徼一类，但至少从北齐开始，一些人也把州刺史自辟之僚属称为乡官，这类称谓似沿及隋代。于是隋所废“乡官”究何所指，便有两说，各有所据，也各有所阙。若仔细考察，相关情形的记载仍处于一种此处有而彼处无的“大率”状态之中。那些内容在多大程度上体现了当日实情，尚须斟酌，似不必一定要得出一个非此即彼的准确结论不可。②

从《周礼》的缺乏执行“细则”，到《汉书》“大率”，再到《宋书》“各有旧俗，无定制”的概括，可知乡里设置的记载向所欠缺，往往点到为止，语焉不详。这一特点渊源甚早，长期存在。既可逆推前代，亦延续到后代。如明清的保甲、里甲，在体制设计上有明确分工，也有一些学者对其进行辨析，然而到操作层面则发现，两者在各地从名称到实际作用均非一律，常相混淆，大致仍是一种各依“旧俗”而无“定制”的状态。③ 或可以说，历代基层乡官的设置，从称谓到职掌，都往往处于一种既有规

① 严耕望：《中国地方行政制度史·甲部·秦汉地方行政制度》，《“中研院”历史语言研究所专刊》，1990 年，第 237 ~ 251 页。

② 详见罗志田：《隋废乡官再思》，载《社会科学研究》2015 年第 1 期。

③ 参见刘铮云：《乡地保甲与州县科派——清代的基层社会治理》，见黄宽重主编：《中国史新论——基层社会分册》，台湾联经出版事业股份有限公司 2009 年版，第 373 ~ 421 页。

则又容许伸缩的波动状态之中。若套用《宋书》的表述，就是此处有而彼处无、此处名为甲而彼处名为乙，有明显的“大率”特色。

这样一种看似轻视的特色，意味却极为深长。在某种程度上或可以说，中国历代政权所追求的，就是在“天威”象征性存在的同时，又使国（state）与民相忘，不必时时向老百姓提醒“国家”的存在。① 胡思敬在1910年也曾指出，在清末新政未兴之前，中国各地是“不必张树地方自治之帜”，而“隐然具一自治之规”。② 地方自治这一外来的新术语向我们提示出，“国家”允许旧俗突破定制，恐怕是一种有意的“放任”。陈独秀便曾把中国传统社会的“与众不同”概括为“上面是极专制的政府，下面是极放任的人民”。盖“除了诉讼和纳税以外，政府和人民几乎不生关系”，而人民自己“却有种种类乎自治团体的联合”。③ 在他看来，这就是中国实行民治的历史基础。

二

另一方面，这里还有一个史料产生的问题。我们今日据以研究的史料，往往带有傅斯年所谓“电报语法”④ 的特色，惜墨如金。甚至昔人看重的官制，也常点到为止，而不详记其变迁。刘咸炘认为：“《左传》所载周室官名，或不同于《周官》；《汉书》所载官名，多不见于《百官表》。盖典要之书，及史志所载，止大纲而未详细目，止定制而未及变例，止一时而不该后来。加以文书所用，俗人所称，每有异名不同，今典举近事以明之。”⑤ 就像近代“府县正堂之称，局所兼差之目，皆不得见于《会

---

① 详见罗志田：《国进民退：清季兴起的一个持续倾向》，载《四川大学学报（哲学社会科学版）》2012 年第 5 期。

② 胡思敬：《请免江西加征并缓办地方自治折》，《退庐全集·退庐疏稿》，台湾文海出版社 1970 年版，第 918 ~919 页。

③ 陈独秀：《实行民治的基础》，载《新青年》1919 年 7 卷 1 号。

④ 傅斯年：《中国古代文学史讲义·泛论》，《傅斯年全集》第 2 卷，湖南教育出版社 2003 年版，第 20 页。

⑤ 刘咸炘：《推十书·增补全书丙辑贰》，上海科学技术文献出版社 2009 年版，第 518 页。

典》，亦无征于史宬”①。

一般官制记载尚且如此，若乡官一类昔人本不甚注重的地方，就更可能有出入。在“以人为本”的纪传体史书中，如梁启超所总结的，“旧史除国家法制外，余事皆附人以传”，乡里“自治非一人之畸行，则无述也固宜”，盖乡治虽“可称述者颇多，特其乡未必有文学之士，有之亦习焉不察，莫或记载。史家更不注意及此，故一切无得而传”。② 所谓“一切无得而传”或有些过，但昔年乡间设置状况的记载，也带几分随意，既要当地有文学之士，还要他们愿意观察、记载，其可称述者才得以流传。

这类史料形成的特点使问题进一步复杂化，即我们所见史料中基层设置的“大率”特性，既可能是本身就存在的，也可能是由于记载较为随意，还可能是两皆有之。这样多重的叠加，更增强了乡间设置的模糊性，解读时应予充分的重视。若“以不知为不有”③，或“以不见不知为不存不在”④，以及史本大率而必使精准，皆史学之大忌。可惜的是，上述记载方面的特点，常被忽视。刘咸炘就说，他指出的史载官制多是“止大纲而未详细目，止定制而未及变例，止一时而不该后来”的特点，便为“考据家”所“不知”，导致很多困惑。⑤

如果昔人的设置和记载不以精详为追求，我们研究中的处理恐怕也要有相应的“对策”——史籍若止有大纲，我们就不一定据其他文籍（含出土史料）的细目而反驳甚或否定大纲；史籍若止言定制，我们就不一定据其他文籍的变例反驳甚或否定定制；史籍若止言一时，我们就不一定据其

---

① 刘咸炘：《史学述林·考石文论》，《推十书》第2册，成都古籍书店1996年版，第1500页。

② 梁启超：《中国文化史·社会组织篇》，《饮冰室合集·专集之八十六》，中华书局1989年版，第57～58页。

③ 傅斯年：《战国子家叙论》，《傅斯年全集》第2卷，湖南教育出版社2003年版，第265页。

④ 傅斯年：《性命古训辨证》，《傅斯年全集》第2卷，湖南教育出版社2003年版，第592页。

⑤ 刘咸炘的原话是：“考据家不知此，则所多惑矣。”见刘咸炘：《史学述林·考石文论》，《推十书》第2册，成都古籍书店1996年版，第1500页。

他文籍的“后来”反驳甚或否定“一时”。换言之，我们完全可以努力去探寻和完善各类官制的细目、变例和“后来”，却必须允许并接受大纲与细目、定制与变例及“一时”与“后来”之间的紧张。

尤其对于往昔史家所不注意而一般士人亦习焉不察者，后之研究者若必以“刻舟求剑”的方式一一精准落实，或“以不知为不有”，或记载不详不确就使之确切，记载有冲突即仅取其一，都可能出现问题。或不免如刘咸炘所说的“考据家”，徒然自寻烦恼。

“刻舟求剑”是傅斯年的用语，他曾经提醒顾颉刚，治上古史不要“凡事好为之找一实地的根据，而不大管传说之越国远行”。由于存在“传说走路”的现象，“如必为一事找它的理性的、事实的根据，每如刻舟求剑，舟已行矣，而剑不行，凿矣”①。上古如此，后世亦然。有时候，规则实施的过程比条文更重要。若放弃事事“求其是”，而通过“求其古”，在展现历史进程的同时，或许便能“近其是”甚或“得其是”。

晚清顾复初曾说，李商隐的诗本“幽约隐僻，所以不能确诂。后人极意窥测，往往有求近而反远者，故当以大略观之”。同样，温庭筠的《菩萨蛮》也“当随意领取，则处处皆活，字字皆虚；一为逐迹寻根，便堕入云雾”②。盖虚即虚解，反而活络；一旦落“实”，便可能堕入云雾，求近而反远。缪钺师也曾说，作诗用辞，有时与古人巧合，而作者并无用古之意。后世注诗者若“根据‘无一字无来历’之标准，一定要为每一句诗都寻找出处者，有时未免刻舟求剑，未必得古作者之用心”③。

简言之，“大率”的表述，不妨以“大率”解之。而《宋书》所说的旧俗可以超越定制，更是一个重要的启发。它提示了田野经验的重要，有

---

① 傅斯年：《评〈秦汉统一之由来和战国人对于世界的想像〉》，《傅斯年全集》第1卷，湖南教育出版社2003年版，第477页。

② 转引自吴虞：《爱智庐随笔》，《国民公报》（成都）1917年3月16日。

③ 参见缪钺：《冰茧庵札记·作诗用辞与古人巧合》，《缪钺全集》第7、8合卷，河北教育出版社2004年版，第208页。

时若不了解当地的情况，就可能看不懂地方文献。[1] 过去的研究，确实更多从全国视角观察和思考问题。其实梁启超早就提出，中国从很早开始，“已渐为地方的发展”，故欲“了解整个的中国”，必须“一地一地分开来研究”，尽可能“把乡土的历史、风俗、事故、人情考察明白”。[2]

不仅是地方文献，别的文献恐怕也在不同程度上蕴含着俗与制的关联（甚或紧张）。对于任何文献，都不妨实行开放的解读：首先是地方文献的在地解读，却也不排除地方文献的全国的甚或世界的解读；同时还要有全国性文献的在地解读，以理解旧俗与定制的关联互动。在此基础上，不仅从大局看一个个地方，而更从一个个地方去看大局；则昔人以“大率”表述的乡间设置（包括其以“大率”表述的方式），同样可以揭示出更长远的整体政治结构和政治文化的宏观问题。

（罗志田，四川大学教授。本文原载《民俗研究》2015 年第 4 期，收入本书时有修改）

---

① 刘志伟教授在“礼俗互动：历史学与民俗学的对话”学术研讨会上的发言便特别强调了这一点。

② 梁启超：《中国历史研究法》，《饮冰室合集·专集之七十三》，中华书局 1989 年版，第 14 页；梁启超：《中学国史教本改造案并目录》，《饮冰室合集·文集之三十八》，中华书局 1989 年版，第 27 页；梁启超：《中国历史研究法（补编）》，《饮冰室合集·专集之九十九》，中华书局 1989 年版，第 34～35 页。

枝权社会与乡土社会的文化转型*

文化转型是我最近一直在思考的问题。面对这个世界纷繁复杂的变化，作为人类学研究的对象，即人类的文化，它将向哪里转向？这与我们这次“礼俗互动”会议主题之间有一定关系。至少，当礼和俗之间都在承受着一些根本性的转变之时，它们之间的互动关系也一定是会发生一些改变或者转型的。

一、循环社会与乡土社会

首先，我们来探讨一下循环社会和乡土社会的问题。我认为礼俗互动是可以发生在枝权社会之前的社会中的，这个之前的社会我称之为循环社会，之所以用“循环”两个字来称谓传统社会，其含义是很容易理解的，即它所构成的要素都是可以进行一种内部的自我循环，这也就是费孝通所说的乡土社会，至少乡土社会是循环社会的一种类型。乡土社会中的人，其生老病死都在这个社会里做一种周而复始的流转。我之所以不用“乡土社会”这个概念，而是改用“循环社会”概念，是想使其外延可以有所扩展，并以此去对照在今天日益突出的体现出一种节外生枝的枝权社会的特征。在传统的循环社会中，由于其所构成的社会以及文化的诸要素具有可以自我周期性循环的特征，选用“循环社会”这个词，就可以更为准确地描述以及去对应当今这个越来越不能够实现自我循环的社会，即我这里所

---

* 此文依据2014年11月28日在山东大学举办的“礼俗互动：历史学与民俗学的对话”学术研讨会上同一题目的会议报告补充整理而成，特别感谢张士闪教授的会议召集以及赵世瑜教授的评议。

命名的枝杈社会。

真正做过乡村社会田野研究的人，都应该清楚循环社会这个概念的真正含义，我在此先用以前做过的乡村研究来简单地加以说明。这种循环社会有一些基本的特征，简言之就是其周期性、节律性以及其内部的匀速运转。但是，要去理解今天的世界和社会，最重要的可能就是“速度”的提升以及“加速度”这两个概念，很显然，这两个概念原来无非是物理学家从实验室里专门测量或定义出来的概念，现在已经变成我们生活中非常普遍的概念了。

一百年前的中国人，是不会用速度越来越快的“加速度”概念来思考社会问题的，这个概念根本不会在我们的语言中发生实际的影响。在循环社会之中，人们每天按照太阳和月亮的起起落落安排自己的生活，“日出而作，日入而息，帝力于我何有哉”。他们拉着牛车，耕作小块的土地，日复一日，年复一年；如果着急了，种子播种不下去，懒散迟缓就会带来一种错过自然的节律，没有了实际的收成；只要是风调雨顺，顺应匀速运转的天时，人们就可以得到自然的赐予，反之就一无所获。这便是循环社会的一些特征。

今天所谓枝杈社会的出现，是与生活世界的速度的提速有直接关系的。可以说，恰恰是有周期性、节律性以及匀速的运转，才使得传统社会有了一种自我的不断循环。在我所调查的一个河北村落里有一种扫堂仪式，通过这种仪式我们会发现，在儿童期的生命中，12 年是一个循环。换言之，刚出生并不算是一个真正可以融入社会里的人，背后也许是害怕小孩子因病因灾而突然夭折，但这种想法是否正确并不重要，重要的是在当地习俗里，大家坚信不论是男孩子还是女孩子，生下来就要顺从这种习俗而把孩子在名义上“寄存”到庙里来，举行一个挂名的仪式。等到小孩子长到 12 岁则要做一个扫堂仪式，意思是从这村庙的庙堂中把一个成熟的人“扫”出去，经过这一扫，此人便进入社会中，即已经成长为一个有能力抵御外界影响的成熟起来的社会人，不再是因自然灾病而活不过去的儿童。

二、互惠与循环

有关循环社会及其社会形态，人类学从很多方面都谈得很多，最经典的是英国功能论派人类学的鼻祖之一马林诺夫斯基所谈论的“库拉圈”概念。尽管在《西太平洋的航海者》这本书中，马林诺夫斯基用了几百页的文字细致描述各种库拉圈交易，但真正要理解库拉圈实际并不难，这个圈的含义很明确，即在一种社会之中先要有一种朋友关系，即库拉伙伴，库拉伙伴是可以交谈的，这是在实际的物品交易之先就要循环起来的一种近乎兄弟一般的关系，然后才有一种私底下的所谓金钱或者货物交易关系的发生。

我用一个案例观察，进一步说明可以使得循环社会发挥作用的互惠问题。在这方面最接近的一个例子，是中国乡村社会里年度性举行的庙会活动。很多年以来，我一直在跟踪做有关北方庙会的观察和研究，特别是河北赵县范庄村的龙牌庙会。① 我很清晰地观察到，在这个村——当然其他许多村也都是一样的模式——村庙的庙会上有一种外村来祭祀本村神灵的仪式性舞蹈。首先是在村口，本村的迎接者跟外来祭祀者之间有一种面对面礼物交换的舞蹈，兴高采烈的舞蹈结束后是礼物交换的开始。这很明显地体现出，两村之间相互奉送礼物的礼仪互惠关系，是类似库拉圈的中国基层社会交换网络形成的基础。

每年范庄村龙牌会过会的那一天，所有来到这村上香的人都要留下“香油钱”，特别是外村的人，还要专门记下他们的名字和“香油钱”的数目，然后在来年那个村子过庙会的时候这个村的人再把同样多的“香油钱”返回去。每年都会张贴在墙上的那个访客列表，就是用来记录究竟是哪个村的人来过，送来多少“香油钱”，然后以此来提醒本村庙会组织要按时去参加那个村的庙会，并把“香油钱”送回去。② 通过设计一个有关

---

① 赵旭东：《中心的消解：一个华北乡村庙会中的平权与等级》，载《社会科学》2006 年第 6 期。

② 赵旭东：《从交流到认同——华北村落庙会的文化社会学考察》，载《文化艺术研究》2011 年第 4 期。

送“香油钱”的村子距离本村的距离和方位朝向的表格，可以清晰地画出在这个区域中人们相互交往的互惠圈的范围。这种交往关系会年复一年地持续下去，如果有一年某个村子不去了，也就意味着不在这个圈子里了，不再进入这个社会的循环了，所以在这样送“香油钱”的背后，又有通过仪式性表演的方式来强化这样的循环互惠关系的用意。这种进村前的舞蹈表演仪式清楚地表明，村外人要想进入本村是很困难的，必须通过预定的跳舞仪式才能进入，借助舞蹈这种仪式性的表演，实际要结成的乃是一种相互之间有接有送的融洽关系。这种关系的生成和维护，便是马林诺夫斯基所提出的“库拉圈”的真正含义所在。

很显然，庙会上所循环往复表演的这种迎接外来人的仪式性的舞蹈表演，它真正的社会意义是一种化陌生人为熟人的转化性礼仪，同时又体现出相互之间本已存在的库拉伙伴关系。有些学者简单地将村落社会同质化地看成是一个向来就是如此的熟人社会，进入田野调查，看到或听到老百姓说陌生人越来越多了，就想当然地称其为半熟人社会，甚至是相互没有一点关系的“原子化社会”。实际上，在那里一直存在并发挥作用的是一种结构性的“生”与“熟”关系的仪式性的转化，不论是熟人还是陌生人的概念，在传统的乡村以及现代的都市都是同样存在的，只是在乡村社会这种从生到熟的转化关系体现得更为完整和频繁。

在城市之中，这种转化变得困难，甚至因界限分隔过于明确而难以真正转化，所谓生人就是生人，熟人就是熟人，空间上分化得很厉害，社会又不能够提供更多的带有创新性的生与熟的关系转化机制。在我调查的乡村区域，当地人把这样的转化关系形象地称为“串通”或者“串换”，据说这是一个很古老的词汇，尤其是后面的说法更为形象。通过串换，大家相互联系在了一起。借助这样一种相互串通联系的传统，人与人之间的生与熟的僵硬界限一下子就被打破了，大家都相互联系在了一起。在华北平原上能够明显看到这种串通的逻辑，实际上是一种互惠的逻辑，在这种互惠的逻辑背后，体现出循环社会的典型特色，那就是对彼此之间关系的看重，而并不是在乎生产的积累或者财富的线性累加。

在美国西北海岸土著印第安人社会中，夸富宴可谓是人类学中最为著名的互惠逻辑的体现，即大家在比拼财富的同时也在转化性地获得一种社会声望。财富确实失去了，但社会荣誉因此而获得，在这一社会中便不存在真正意义上的贫富悬殊，因为富有者的财富可能就在这夸富宴的一瞬间被大家疯狂地消耗掉了，所有人的生活又似乎回到了原点①，一切又都从头再来，这就是循环社会的最为核心的特征，不强调生产和积累，真正强调或者在乎的是让与和分享。很多的例证可以说明这种循环社会的特征，在这方面有无数的材料可以去发掘，因为我们人类离开循环社会的时间也并没有多久，可以说一百年都不到甚至更短，但人类有文化的历史已经有成千上万年了。在这以前，绝大多数的人类社会都在营造一种循环社会的生活方式。

三、风险意识与枝杈社会

今天的社会之所以可称为枝杈社会，是因为充满了不确定性、不可测度性、突发性以及不安定性，因此有社会学家称之为“风险社会”。但我不太愿意用这个概念，因为这很难说是纯粹的风险存在，风险中也蕴含着一些新的机会。中国人在说到危机时是具有两面性的，古语“塞翁失马，焉知非福”，就是指这种生活的朴素辩证法。

当然，风险在今天社会中的确存在着，之所以有这样一种明显的风险意识，是跟今天的知识创造体系相互紧密地联系在一起的。至少是自笛卡尔的时代以来，我们便已经将我们的知识完全地建立在了一种不确定性的反思观念上，科学要研究的和正在研究的都只可能是一些不完善的问题，即便一时看不出来有什么不完善之处，那也需要去花些时间通过推测和检验而发现其不完善之处，因此一种知识也就没有正确与否的问题，只有在不断进取的研究和不断修复中接近完善。结果，在这种知识的怀疑论之下，所有的存在都只能处在一种不确定性的氛围之中。在这个意义上，创造性也不过是一种不确定性的知识来源而已，总是通过不断完善来使结果

---

① 赵旭东：《文化的表达——人类学的视野》，中国人民大学出版社 2009 年版，第 175 页。

接近完美，但实际上这种完美只是一种理想，并不能够真正实现。具体到科学的应用问题上，就是指一种不完善的知识用在实际生活中的风险问题，比如现在十分热门的食品安全问题，更多的是来自不完善的科学知识的片面应用，而且会有越来越多的跟食品有关的风险出现，等待着人们去观察和化解。还有我们称之为“专家系统”的那种风险，现在每个人都有钱存到银行里，甚至根本不用存储，银行间的挪来挪去不过是键盘上的一个操作而已。今天面对电脑银行，甚至互联网银行，谁也不知道自己的钱在银行里究竟会有怎样的运作。今天的银行系统实际上是一个抽象的体系，我们大多数人都可能会期望并相信存在银行里的钱会保值，却不知道是否会发生金融危机，今天连普通百姓都听得懂的“资金链断裂”的概念，也更多是跟银行的运行紧密联系在一起的。实际上，你辛苦挣来的钱一下子融进贷款的洪流，不知道会在哪里冲破堤岸，出现可怕的金融危机，在银行里的钱瞬间就可能流失或蒸发掉。这样的损失最终受害的还是普通大众，风险不能说不可能存在。

在此有必要指出的是，西方的人类学分析是有其自身的理论背景和脉络的，它是建立在一种现代性的概念之上。所谓现代性的概念，其核心就是要从两个本来没有关系的事件中分出一个前后的距离来，在时间和空间上分出阶段，找出前后顺序。比如“进步”的观念，西方人借此把自己的社会说成是进步中的先进，而把西方以外的世界都说成是一种进步中的落后，人为地造就出一种距离感，这种距离感本身就蕴含着价值判断，使得进步中的落后有了一种比拼和赶上先进的冲动。当然，这是永远也赶不上的，因为制造出距离差异的逻辑才是现代性的根本。

人类学家最初的工作，就是把原来希望通过时间概念来解决进化先后的问题，转变成从空间上去理解，所以西方人类学家会说一时找不到英国人最原始的状态究竟是怎么样的，因为那个时间发生的事情没有记载，因此历史性事件的谱系问题就一下子中断了，没办法去解决。于是英国早期人类学家想出来一个办法，认为人类的活动还有一个空间分布的存在，如果看不到自己的过去，可以到世界上被认为是最为原始的地方去看，他们真切地相信看起来在生产方式或文化上过着最为粗陋生活的人可能就是他们的祖先，从而将之标注为“原始的”或“蛮荒的”。在进化论者的人类学词典里，可能包容有初民生活得或许比我们好的猜想，而这恰恰就是西方人最初发明人类学时的一种极为天真的想法，并将之付诸人类学实践，他们不假思索地把一种要由时间来解决的问题转化为空间问题来解决。于是，伴随着殖民者的脚步，西方人类学者离开西方的本土社会，而到西方以外的异域空间去做一种时间上的排比，由此在时间上排出先后顺序，这可能就是最早期的进化论话语占主导的一种西方人类学的发展形态。这种进化论人类学的概念，实际上影响到后来包括如何去看待社会经济发展等方面。有张刊载在一百多年前一份美国流行杂志上的图片显示，当时中国人的形象在多大程度上被丑化，那时清朝子民的脑袋后面都拖着一根辫子，美国人发挥想象力，借用“达尔文理论的解释”，将副标题称之为“中国人和猪的创造”。这背后蕴含着深度的进化偏见，着实影响到西方人怎么看待我们和我们怎么看待自己。我们显然被安排在经济发展极端落后的阶梯下端，我们只能强迫自己迎头赶上。

四、分离技术与差序格局的颠倒

下面我要讲的是分离技术所带来的一种差序格局的颠倒或扭转。现代科技造就的一种分离效应，并不是一样无中生有的东西。实际上，人在一开始发明并掌握一种工具之时，人和自然之间的分离就开始了。到了启蒙时代以后，现代科技的概念是在加速度使得人与他周围的所有存在分离，最后就只可能是人和自己之间的分离，并且这种分离已经变得司空见惯。比如说，某家著名医院的医生通过诊断，确诊你患有严重胃部疾病，建议做切除治疗。你如果不做这一切除手术，那就可能有多少的概率会死。由于害怕可能有的死亡的来临，你一定是会去做的，因为这个时候你想到更多的不是自己的胃属不属于你自己的问题，而是更为重要的你想活着的问题，或者说能活着对这时的你而言已经变成唯一重要的事情了。结果，你只能眼睁睁地看着自己的胃和自己身体之间的分离。如果谁有心可以去医院做每天的切除手术的统计，那个数字一定会让我们惊讶不已的。

还有一个例子是电饭锅，我曾在一篇文章中讨论过。[①] 20 世纪 50 年代，世界上开始有电饭锅的发明，家庭生活因此而在很大程度上发生改变。这里最值得分析的是，因为电饭锅的发明以及普及而带来的母亲角色的转变。母亲不再是灶台上的一个家庭主妇，虽然她曾以这样的角色而为全家人提供香甜可口且极为安全的饭食。但是，当她的小孩子都能够通过按电饭锅的按钮而做出香喷喷的米饭的时候，“母亲”这个家庭中极为重要的角色实际上已经从象征的意义上被移出了厨房，因为电饭锅已经代替了她作为母亲和主妇的角色。母亲一旦被移出了厨房，那她去做什么呢？她就可以抽出更多的时间去加强家庭教师的角色。实际上，今天的家长无非就是家庭教育中担任小学老师的那个角色，她甚至比正式学校里的老师还要辛苦很多。我们做家庭教育研究的人，如果在这方面花些时间去研究一下这些母亲老师所具有的独特教育功能，一定会有些新的发现。总而言之，电饭锅作为一种新技术在日常生活中应用，家庭和教育因之而发生了一些改变。

手机当然就更不用说了，它引起的变革可能是最具根本性的。我们经常会看到，两个人刚进地铁时还是手拉手的一对亲热情侣，但当他们找到一个固定位置之后，就开始各自用手机和遥远的朋友聊天，无暇再顾及彼此和周边的人。此时，他们相互之间不再有所谓亲密的交流，看起来就像是互不相干的陌路人。换言之，手机使得他们之间相互“分离”开来了。

这里再简单地说一下费孝通在《乡土中国》一书中所说的“差序格局”，在面对今天的现实时如何有一种颠倒效应的发生。在费孝通的叙述中，人是以和自己在社会空间意义上的关系的亲疏远近来划分人际关系的距离的。一般而言，与自己相距越远的，相互关系也越疏远，来往也就越少；与自己越近的人，关系也就越近，交流也同样会越多。这便是传统社会差序格局中的社会关系。但在今天，一些新的技术尤其是数字移动通信技术和媒介的发展，在影响着这种差序格局模式的发展。

---

① 赵旭东：《家庭、教育与分离的技术——文化转型人类学的一种视角》，载《民族教育研究》2014 年第 4 期。

在已拥有6.23亿网民（截至2014年11月的数据）的当今中国，绝对可以感受到这种新技术影响的威力所在。很可惜的是，尽管网络是以把世界上的所有人都连接在一起的初衷而被发明出来的，却成了一种最具世界性影响力的分离技术，它的发明使得人在减少甚至拒斥面对面交流的机会。人们都会感觉到，在通信手段如此发达的当下，与父母、亲属以及家里人聊天的机会却越来越少，反倒是和外面的人交流得如此频繁且密切。借助现代技术，本来亲近的亲属关系被分离开来，一家三口人可能分别在三个房间里上网、刷微博、发微信，各做自己的事情。这样，本来应该是最亲近的人变得很疏远，本来最疏远的却变得很亲近，这就是我所谓的"颠倒的差序格局效应"。在这样一个网络化的时代里，文化如何发生转型应该成为我们日常关注的一个重要视角。

五、手机与文化转型

下面我们谈一下文化转型的问题。首先我们必须去重新面对当下的文化及那些根本性的转变，这种转变无疑是跟技术空间不断向社会生活空间的扩张有着一种紧密联系。列维－斯特劳斯曾经论及过冷和热的社会之间的差异，所谓冷的社会就是没有太大突发性变化的社会，而所谓热的社会就是不断地发生变化尤其是技术革新的社会，这样的社会呈现出一种加速度的发展态势。①

还是举手机的例子吧。最近有统计数字说明，在中国的大城市中，北京、西安和上海三个城市是白领使用手机时间最长的，大概每天使用时间达到6个小时，而作为第一名的北京，白领每天平均使用手机时间是6.72个小时。这些白领平均每天6个小时左右的时间都分配在哪里呢？大概有70%的用在晚上睡觉前，有40%的是早晨一睁眼就看手机，还有差不多43%的时间是用在厕所里，有55%的人是在公共交通上，而有60%多的人

① 〔法〕克洛德·列维－斯特劳斯著，张祖建译：《结构人类学》（2），中国人民大学出版社2006年版，第496页。

报告自己因为有手机而减少了与身边的人见面沟通的机会。[①] 想一想，如果这些朝九晚五上班的年轻人，回家之后处理完其他事情再玩几个小时手机，他们的睡眠势必会受到影响，现在很多年轻人说睡眠不好，实际上是和这方面有关系的。与此同时，他们的生活方式也在发生着改变。在这段差不多占去一整天四分之一的玩手机时间，他们究竟做了些什么呢？我们全不知道，可能是一些看起来很琐碎的事情吧，比如发帖子、刷微博或是秒杀购物之类的。这些生活的改变，是否在打破原来可以由早至晚的循环的日常生活呢？很显然，这种改变是在悄然进行之中了。

2013 年秋，我曾让选修《社会学概论》的中国人民大学本科生做了一个课程作业，他们自愿分成了两组，一组是从早上 8 点开始关掉手机，一组不关手机。结果发现，到第二天早上 8 点，第一组的学生几乎快崩溃了，他们满脸愁容，担忧他们的母亲在满世界地找他们，因为以前只要有一天不联系，他母亲可能就会坐飞机到北京来。还好没有出什么大事。大家在没有开手机的这一天，写下了很多颇具感受性的话语，甚至相信这一天会发生世界末日，有的人还出现幻觉，觉得奶奶在这天是不是去世了，自己却不能参加告别仪式等，很多轻微抑郁症和躁狂症的反应似乎都出现了。还有学生观察到，当一个人吃饭的时候，手机的利用率是很高的，即便是四个朋友一桌吃饭的时候，大家也都在各自玩手机，虽然距离近，但他们最关心的不是眼前的亲近而是远方的往来，这种颠倒效应真正体现出了当代年轻人的真实生活处境。

六、余　论

当然，社会自有其调解能力。这里要问的是，面对日益发展起来的枝权社会，是不是有一种不断出现的对于枝权社会的阻断可能，或是恢复原来循环社会的可能呢？仔细观察发生在周边的老百姓的世俗生活，可能是一个重要的理解途径。现在很多城市街区，都有人聚集在一起打扑克牌、跳广场舞，这可能是单位制社会被打破之后，人们在感受到空间和情感上

---

① https：//business. sohu. com/20130522/n376830589. shtml.

的疏离之后另寻出来的交流空间，并通过这样的方式而相互聚集在了一起。其基础是传统的循环社会的逻辑，是相互有交流并有互惠的社会往来，这是一种可以循环起来的社会构成形态。这无疑是阻断枝杈社会过度蔓延的一种民间力量。

最后要说的是一件刚刚发生的事情，即关于故宫的“龙壮壮和凤美美”的报道。这是故宫博物院的吉祥物，样子看起来是很萌的，当然这东西不一定就是90后所设计的，却无疑是要有意迎合新一代人的口味。新闻报道里说，“‘壮’体现龙特有的力量，以形容明清紫禁城这座当今世界上现存规模最大、最宏伟、保存最完整的皇家建筑群给人们心理上的震撼感受”。而“‘凤’则是中国传统文化中‘美’的体现，代表‘美中之美，结合众美’，象征着故宫博物院所藏的180多万件古代艺术珍品所传达的中国传统美学内涵”。很多网民迅速在网上吐槽，认为这两个名字太俗。

我们的社会正在发生着一种转型，同时我们的文化也在发生着转变。可以说，这种转型至少带动着整个社会向着一种不确定的枝杈社会进发，与此同时，一些传统的文化观念，包括一些被丢弃的传统价值，以及新的被形形色色的“网民”所创造出来的价值，都在通过恢复和保持自身的活力而帮助这个社会阻断这种枝杈化的发展势头，使之尽可能地恢复到一种让人的生活变得更为安详的循环社会的匀速运转中去。我们需要将当下生活进行陌生化处理，才能真正跳出生活所给予我们的麻痹，认清这种转型的真正意义所在。

（赵旭东，中国人民大学教授。本文原载《民俗研究》2015年第4期，收入本书时有修改）

同异之间：礼与仪式*

中国是礼仪之邦，这既是自我指认，也来自他者评价。礼，作为儒家的基本概念及中国文化与社会的核心观念，很早就被介绍到了西方。西方学者如孟德斯鸠和韦伯也曾从不同角度认为礼定义了中国的文化身份。〔参见［法］孟德斯鸠著，张雁深译：《论法的精神》（上），商务印书馆2002年版，第312～316页，原书出版于1748年。［德］马克斯·韦伯著，康乐、简惠美译：《中国的宗教　宗教与世界》，广西师范大学出版社2004年版，第225～226页，原书出版于1915年。〕礼的英译多种多样，如ritual（仪式）、ceremony（庆典）、propriety（合宜）、etiquette（礼节）、moral conduct（道德操行）、correctness（正确性）等，反映了西方人对其不同的诠释。

在当代西方学术传统中，大部分社会学家和人类学家沿用英国人类学家拉德克里夫－布朗（A. R. Radcliffe－Brown）的观点，把礼翻译成ritual，因此也就按照ritual来研究中国的礼。而在宗教研究中，涂尔干对宗教的信仰和仪式的二元划分始终被奉为圭臬，因此对西方学者的相关研究来说，礼就成了中国宗教的一部分。［参见A. R. Radcliffe－Brown, "Religion and Society," in *The Social Anthropology of Radcliffe－Brown*, ed. Adam Kuper, London, Henley and Boston（Routledge & Kegan Paul, 1977）, 108. 并参见Catherine Bell, "Acting Ritually: Evidence from the Social Life of Chinese Rites," in *The Blackwell Companion to Sociology of Religion*, ed. Richard K. Fenn（Oxford, UK; Malden, Mass: Blackwell Publishers, 2001）, 371－

* 本文的写作得到席文（Nathan Sivin）、大卫·哈弗德（David Hufford）、丹·本－阿莫斯（Dan Ben－Amos）等教授的诸多指点与鼓励，在此深表谢意。

387. Wei – ming Tu, “The Creative Tension between Jen and Li,” *Philosophy East and West*, Vol. 18, No. 1/2 (January – April 1968): 29. James L. Watson and Evelyn S. Rawski, “Preface,” in *Death Ritual in Late Imperial and Modern China*, ed. James L. Watson and Evelyn S. Rawski (Berkeley: University of California Press, 1988), ix. Patricia Buckley Ebrey, *Confucianism and Family Rituals in Imperial China: a Social History of Writing about Rites* (Princeton: Princeton University Press, 1991), 3 – 4. Roger T. Ames, “Rites as Rights: The Confucian Alternative,” in *Human Rights and the World's Religions*, ed. Leroy S. Rouner (Notre Dame: University of Nortre Dame Press, 1988), 199. Richard J. Smith, “Ritual in Ch'ing Culture,” in *Orthodoxy in Late Imperial* China, ed. Kwang – Ching Liu (Berkeley: University of California Press, 1990), 284. Cho – yun Hsu, “Foreword,” in *Li: Rites and Propriety in Literature and Life: A Perspective for a Cultural History of Ancient China*, ed. Noah Edward Fehl (Hong Kong: The Chinese University of Hong Kong, 1971), ix. 李安宅：《仪礼与礼记之社会学的研究》，四川人民出版社1990年版，第9页。彭林：《中国古代礼仪文明》，中华书局2004年版，第1～3页。邹昌林：《中国礼文化》，社会科学文献出版社2000年版，第15页。］研究中国民间信仰的西方学者大都注意到了礼的重要性，但是按照仪式概念来研究礼往往引发很多问题，如以美国人类学家华生（James Watson）为代表所提出的，近来中西学界所热衷讨论的中国宗教是实践正统（orthopraxy）还是信仰正统（orthodoxy）的问题。①

---

① 参见 James L. Watson, “The Structure of Chinese Funerary Rites: Elementary Forms, Ritual Sequence, and the Primacy of Performance,” in *Death Ritual in Late Imperial and Modern China*, ed. James L. Watson and Evelyn S. Rawski (Berkeley: University of California Press, 1988), 3 – 19. Donald S. Sutton, “Ritual, Cultural Standardization, and Orthopraxy in China: Reconsidering James L. Watson's Ideas”, *Modern China*, Vol. 33, No. 1 (January 2007).［英］科大卫、刘志伟：《“标准化”还是“正统化”？——从民间信仰与礼仪看中国文化的大一统》，载《历史人类学学刊》2008年第6卷第1、2期合刊。［美］苏堂栋：《明清时期的文化一体性、差异性与国家——对标准化与正统实践的讨论之延伸》，载《历史人类学学刊》2009年第7卷第2期。

另一方面，在中国话语传统中，关于礼有悠久而深厚的学术传统，亦即礼学。这主要是关于“三礼”（《礼记》《仪礼》《周礼》）的文本阐释、考据之学，它随着儒家的兴盛而发展成丰厚的学术文化传统。“三礼”中，《礼记》和《仪礼》为所有的人生仪礼如冠礼、婚礼、丧礼等，提供了详尽的规范和相应阐释，虽然开始主要涉及贵族礼仪，但宋以后礼下庶人，其仪节在社会中影响深远。①

令人玩味的是，在现代书面语中，ritual 被汉译为仪式，意指一个普遍的学术范畴，它和中国特有的礼并无对应关系。译名的对应与差异，ritual、仪式和礼的交叉和区别，意味着不同的学术视角和历史传统，提示我们在中西不同的学术传统中，礼和 ritual 是有交叉重叠但并不完全相同的一对概念。因此我们用西方的研究范式考察中国文化时，需要反思西方 religion（宗教）和 ritual 概念作为研究范畴的适用性及其引发的问题。② 本文把礼置于 ritual 和西方宗教学研究范式中，比较礼和 ritual 的同与异，由此探讨中国宗教研究的基本出发点。

让我们首先来看看 ritual 这个学术范畴在现代学术话语中的构建。

Ritual 的现代构建：文本、情感与修行

尽管学者们对 ritual 下了众多的定义，但正如美国宗教学家凯瑟琳·贝尔（Catherine Bell）和塔拉尔·阿萨德（Talal Asad）在其各自的学术史梳理中所揭示的，和学者们使用的大多数现代概念一样，目前学界所公认的所谓仪式是一种象征行为的界定，实际上是西方现代学术话语构建的结果。③

贝尔明确指出，深藏于不同学科中仪式的现代概念背后的，是一个最

---

① 参见彭林：《中国古代礼仪文明》，中华书局 2004 年版，第 60～96 页。杨志刚：《中国礼仪制度研究》，华东师范大学出版社 2001 年版，第 177～210 页。

② 关于 religion 和“宗教”这一对中西概念的差别与异同，请参见拙文《Religion 与宗教：分析范畴与本土概念》，载《世界宗教文化》2010 年第 5 期。

③ Catherine Bell, *Ritual Theory, Ritual Practice* (New York, Oxford: Oxford University Press, 1992). Talal Asad, *Genealogies of Religion: Discipline and Reasons of Power in Christianity and Islam* (Baltimore and London: The Johns Hopkins University Press, 1993).

基本、最持久的共同前提，也即行动与思想的二元对立与区分。学者把仪式视为一种行动，这不仅把仪式与宗教的观念部分如信仰、象征和神话等方面相互对立从而区分了开来，而且仪式被认为“用行动表达、表现或表演出这些观念性的倾向”，是表现它们的载体。因此，行动和思想的二元对立从一开始就预设着一种不平等的关系，即“行动从属于思想”①。信仰第一，仪式第二。这种不平等的二元对立，我以为从根本上还是源于西方思想文化传统中历史悠久的二元对立论（dualism），即创造根源与创造物的不平等对立。一个典型体现就是身心（mind and body）的二元对立，其中心灵永远独立于身体且可以控制身体。② 与之相应，仪式，因为主要依赖身体为媒介，所以只是信仰观念外在化、具体化的结果而已。

以此而言，华生所提出的中国宗教是实践正统还是信仰正统的问题，从根本上亦不出仪式和信仰二分的话语传统所规定的前提假设。可以说，研究范式和范畴的内在规则与前提假设从根本上决定了学者的视角及其得以提出和思考的问题。那么，我们是否还可能在另外的理论框架下思考仪式和“礼”？

启发来自比较礼与成为普适性范畴之前的仪式概念的含义。阿萨德曾详尽地考察了仪式的词义在西方的历史变化。他发现，直到1771年，《大英百科全书》还把仪式定义为“在特定教堂、教区、神职人群等当中庆祝宗教庆典和做礼拜时指导秩序与规范的书”。但随着殖民时代对异文化知识与经验的积累，到了一百多年后的1910年，《大英百科全书》的仪式词条发生了根本变化。仪式不再是文本，不再是基督教特有的，而是每一种宗教都有的，是“一种象征或表达其他事物的惯例行为（routine behavior），由此与个体意识和社会组织分别相连”③。有意思的是，当仪式扩展为一种普适的范畴时，原来规范行为的文本变成了行为本身，仅仅成

---

① Catherine Bell, *Ritual Theory, Ritual Practice* (New York, Oxford: Oxford University Press, 1992), 6, 19, 49.

② 参见［美］安乐哲著，陈霞等译：《古典中国哲学中身体的意义》，载《世界哲学》2006年第5期。

③ Talal Asad, *Genealogies of Religion: Discipline and Reasons of Power in Christianity and Islam* (Baltimore and London: The Johns Hopkins University Press, 1993), 56, 57.

为表达更重要东西的载体。

仪式与文本看似不经意的分离意味深长，它导致的变化是决定性的。在西方传统中，在思想的各种表达媒介中，书面文字的地位仅次于口语而与思想相连。这样，当仪式意指指南性文本时，它依然和背后的思想密切相连，但是当它从行动指南变成了行动本身时，仪式和文本之间的关联就发生了微妙的断裂。这一断裂看似不起眼，但其实抹去了仪式与思想之间的关联，使仪式的意义不再是内在的，而在很大程度上依赖于其所象征的观念。

阿萨德揭示的仪式与文本的关系颇有启发性，因为礼的传统基本上是以文本为核心的。学者们大多认为儒家的“三礼”一方面文本化、固定化了前代的礼仪实践，另一方面成为后代礼仪实践的基础。① 当然，礼的发展也不只限于经典文本本身，在漫长的历史中，文本化的礼始终和它的根基，也就是具体的礼仪实践，保持一种复杂的互动融合的关系，对此我将在后文详细论及。

除了礼与文本体现出的紧密关联，与西方相比，在中国文化与仪式实践传统中，神话的地位和意义也是一个值得玩味的问题。西方学者虽然提出了种种不同的理论来解释神话与仪式的关系，但大多认为两者基本上是一对彼此相连的概念。在涂尔干的解释框架中，神话就是以叙事形式表达的神圣信仰，这样就把信仰和行动的二元对立转化为神话和仪式的二元对立。②

但礼和神话的关系让学者们颇为困惑。中国学者不承认中国神话贫乏的观点，但是也无法否认汉族神话不仅没有发展出希腊、罗马体

---

① Marcel Granet, *The Religion of the Chinese People*, trans. Maurice Freedman (New York: Harper & Row, 1975). Grant Hardy, "The Reconstruction of Ritual: Capping in Ancient China," *Journal of Ritual Studies*, Vol. 7, No. 2 (Summer 1993): 83. 陈来《古代宗教与伦理：儒家思想的根源》，生活·读书·新知三联书店 1996 年版，第六章。邹昌林：《中国礼文化》，社会科学文献出版社 2000 年版，第 25～33 页。彭林：《中国古代礼仪文明》，中华书局 2004 年版，第 9～20 页。杨志刚：《中国礼仪制度研究》，华东师范大学出版社 2001 年版，第 1～13 页。

② 参见 W. S. F. Pickering, *Durkheim's Sociology of Religion: Themes and Theories* (London: Routledge & Kegan Paul, 1984), 362－379.

系化的神话，而且其文本始终没有进入儒家尊崇的“经”① 的序列，只是作为奇谈怪论而支离破碎地散见于各类书中，在文化中始终没有获得西方那样的神圣地位。为什么神话在中国古代不受重视，没有获得体系化和神圣化？更为重要的是，最为强调礼的儒家，事实上也是反对神话最强有力的。由此神话和仪式看似普适的二元相关在中国是断裂的甚至是禁止的。

另一方面，礼从一开始就不需要这些神奇的故事来体现或表达信仰。礼已经有了很丰富、完善、精确的文本阐释系统“三礼”了，为什么还需要不精确的叙事来传达？如果按照涂尔干的二元区分，那么礼的传统本身，既包括文本也包括实践，也就同时包容了信仰和行动。无须用故事叙事来阐述微言大义，礼的文本阐释传统本身就已表述清楚。那么什么样的信仰和观念只用平直的语言就可以表达而不必借助神话动人的叙事魅力？

让我们再来看看仪式的现代概念构建过程中抹去的另外一些因素。阿萨德发现，现代的仪式概念中缺少两个非常显著的因素：行为与气质中体现出的情感和自我约束（emotion and self - discipline）。他指出，在中世纪欧洲的修道院中，仪式还是一套有组织的修行实践，旨在达至基督教美德。“所有规定的修行行为，无论是关乎正确的吃饭、睡觉、工作或祈祷方式，还是正确的道德气质和精神态度，其目的都在于修炼出美德来侍奉上帝。”② 可见，在中世纪，仪式还不是毫无情感而不断重复的惯例行为，其反复实践旨在使修行者，特别是他们的身体表达出、体现出基督教美德。通过自我约束的修行实践，使修行者心灵和身体都发生变化，最终通过身体历练和自我控制而达到某种道德水准与精神境界。

既然自我约束性的仪式实践并不因为多次重复、习惯成自然而就变得麻木而毫无个人动机，它们就仍然和情感有紧密联系。与此相反，后来的

---

① 《山海经》虽然在名称上有经字，但在具体的分类中从未被划入经史子集中的经类。《隋书·经籍志》把它看作地理书，划入史类，而《四库全书》把它归入子类的小说中。

② Talal Asad, *Genealogies of Religion: Discipline and Reasons of Power in Christianity and Islam* (Baltimore and London: The Johns Hopkins University Press, 1993), 63.

人类学家却断言“仪式和情感是互相排斥的，仪式是一种易被情感破坏的智力构建”①。因此在人类学传统中，仪式的个人情感与动机这些难以把握、分析的因素就被抹去，仪式被构建为一种惯例性的、可以辨识的公开行为，从而得以置于学者审视与辨析的目光之下。

文本性、自我约束和情感，是阿萨德所指出的现代仪式概念构建中被抹去的因素。我们已看到礼和文本的密切相关，那么其他因素呢？

礼：自然人情与天地之道

从词源上看，礼指祭神致福。② 后世学者多依据“三礼”文本来做阐释与发挥，我们也从这里来看看礼的起源和意义：

> 故圣王修义之柄、礼之序，以治人情。故人情者，圣王之田也，修礼以耕之，陈义以种之，讲学以耨之，本仁以聚之，播乐以安之。
>
> 子云：“小人贫斯约，富斯骄。约斯盗，骄斯乱。礼者，因人之情而为之节文，以为民坊者也。故圣人之制富贵也，使民富不足以骄，贫不至于约，贵不慊于上，故乱益亡。”③

很明显，礼起源于人情，是为了教化、节制和规范人情而设置的。因此人情既是礼产生的基础，又是礼所节制、规范的对象。儒家的礼仪实践旨在体现出“文”化与美化的人情，而所谓礼仪之邦正在于把自然人情赋予文化的、礼的形式。值得注意的是，在中国传统中，形式和内容并非二元对立而总是彼此相关、相辅相成。④典雅庄重的礼仪实践不仅表达了人情

---

① Talal Asad, *Genealogies of Religion: Discipline and Reasons of Power in Christianity and Islam* (Baltimore and London: The Johns Hopkins University Press, 1993), 72.

② 王力主编：《王力古汉语字典》，中华书局2000年版，第836页。

③ 李学勤主编：《十三经注疏·礼记正义》（上中下），北京大学出版社1999年版，第709、1400页。

④ 针对西方的二元对立论，西方学者如郝大维（David Hall）和安乐哲（Roger Ames）提出中国哲学的基本前提是两极相关论（polarism），参见［美］安乐哲著，陈霞等译：《古典中国哲学中身体的意义》，载《世界哲学》2006年第5期。

而且表达得优雅而节制。通过礼的实践，自然的人类情感被赋予了典雅的表达方式与渠道，在节制而优雅的形式下体现出人性，礼因此是重要的修身养性的方式，它体现出内容和形式、身与心的高度统一与融合。以此而言，华生对中国仪式的研究虽然敏锐地意识到了礼的重要性，认为它是维持中华文化统一性的重要因素之一，但是他的西方视角使他自然地把形式和内容对立起来，纠结于实践正统与信仰正统的两难选择，使他最终难以全面地把握礼。①

借此，作为儒家的核心概念，礼的意义远大于简单的仪式过程与仪节。荀子这样论述了礼的意义：

> 礼者，治辨之极也，强国之本也，威行之道也，功名之总也。
>
> 凡礼，始乎棁，成乎文，终乎悦校。故至备，情文俱尽；其次，情文代胜；其下，复情以归大一也。
>
> 故曰：性者，本始材朴也；伪者，文理隆盛也。无性则伪之无所加，无伪则性不能自美。性伪合，然后圣人之名一，天下之功于是就也。故曰：天地合而万物生，阴阳接而变化起，性伪合而天下治。②

很显然，礼是文化对自然人性、人情的加工、琢磨与修饰，其结果体现着儒家理解的自然世界和人类社会的根本秩序与理想，而对这种秩序与理想的追求通过不断的礼的具体实践才得以呈现出来。换言之，礼的实践既是修身养性的方式亦是其结果，反复锤炼的礼的践行体现出对秩序和理想的无尽追求。

可以看出，儒家的礼包含了文本、情感和自我约束这些因素的深刻关联与互动，而现代的仪式概念正基于对这三者的分离与排斥之上，那么如

---

① 见 James L. Watson, "The Structure of Chinese Funerary Rites: Elementary Forms, Ritual Sequence, and the Primacy of Performance," in *Death Ritual in Late Imperial and Modern China*, eds. James L. Watson and Evelyn S. Rawski (Berkeley: University of California Press, 1988), 3 – 19.

② 〔清〕王先谦：《荀子集解》，中华书局 1988 年版，第 281、355、366 页。

果简单地套用西方的仪式概念来分析把握中国的礼仪实践自然是削足适履了。更为重要的是，礼的另一个特质使它区别于其他仪式，这就是礼的世俗取向，而这也是学界对儒家是不是宗教争论不休的原因。

与其他仪式传统不同，礼取法于圣人而非某种超越一切的外在力量。大多数礼关注人与人的关系，其对象是人，无论是生者还是逝者。礼仪实践的修行目的不是反社会、反人性，不是为了脱离、超越此世，而是为了美化人情与人性，是为了获得更好的俗世生活，其理想是通过不断使个人周围所有的人际关系和谐来追求实现完美的人性。正如心理人类学家 George De Vos（乔治·德福斯）所言，“儒家的修身养性超越了超自然的对象。对儒者来说，修身养性的修行是为了自我发展与增加自尊，而不是一种取悦神灵的祈求方式”①。

更何况中国传统的宇宙观中并没有现代所谓超自然的概念——能有什么不在自然之中呢？对儒家来说，最重要的社会关系与家庭血缘纽带相关。喜怒哀乐等基本的情绪、情感从根本上源于自然情感和家庭关系。礼的人情源于每个人自然的亲情和家庭关系，其基础是父母与子女之间天然的亲情。在所有的社会关系中，儒家强调“报本反始”，也即在不断的互惠关系中尊崇、回报源头与开创者②，而礼的根源和意义就在于赋予报本反始之情以固定化的祭祀仪轨。

> 礼有三本：天地者，生之本也；先祖者，类之本也；君师者，治之本也。无天地恶生？无先祖恶出？无君师恶治？三者偏亡焉，无安人。故礼上事天，下事地，尊先祖而隆君师，是礼之三本也。③

---

① George A. De Vos, “Confucian Family Socialization: The Religion, Morality, and Aesthetic of Propriety,” in *Confucianism and the Family*, eds. Walter H. Slote and George A. DeVos (Albany: State University of New York Press, 1998), 370.

② 参见冯友兰：《儒家对于婚丧祭礼之理论》，《三松堂全集》第11卷，河南人民出版社2000年版，第161页。

③ 〔清〕王先谦：《荀子集解》，中华书局1988年版，第349页。

荀子所言之“礼之三本”，清楚地表明了礼仪实践的目的与意义在于报答最初的源头，也即个体和群体生命的起源。我以为，这也是儒家强调丧礼、重视祭祖的深层动机，无论在后来的历史长河中，儒家对此如何不断阐释，其具体礼仪实践又如何变化，这一点并未发生根本改变。更进一步，礼所表达的，并不仅仅是对个体或小团体具体的生命给予的感恩，更是对贯穿宇宙的秩序——天地之道的深深敬畏。个体的生命，正如荀子所说，只是贯穿宇宙天地与人生的道的一种显现。因此，从根本上说，礼所追求并希望通过其具体的礼仪实践所体现的秩序，其实是贯穿天地、自然、人世的道，是气的流转运行，是阴阳的和谐变化。如宗教学家太史文（Stephen Teiser）所言：

> （中国）人神之间没有不可逾越的界限，善神和恶魔之间也是一样。所有的一切都同样地由气这种基本因素所构成，在本质上没有什么差别。人类生来就有可能修炼变化成为中国万神殿中的一员。①

最令人深思的是，人类社会和自然宇宙的连绵一体排除了任何超越自然或人世的可能性，也就排除了超越一切的神的可能。这种宇宙的统一性与无所不在的道体现了中国人所理解的神圣。这种神圣感不仅关乎最终的宇宙秩序，而且与世俗世界有着深刻的关联。可以说，贯穿于神圣和世俗的，是同样的道。因此，西方意义的超自然，正如德福斯所主张的，中国人也许并不需要：

> 敬（reverence）与畏（awe）的感觉与深厚的爱戴和感恩（deep love and gratitude）的经历对很多人来说意味着某种超自然的原因或者与神的意旨相关。但是其他一些人经历这样的情感时不

---

① Stephen F. Teiser, “The Spirits of Chinese Religion,” in *Religions of China in Practice*, ed. Donald S. Lopez, Jr. (Princeton: Princeton University Press, 1996), 35. 参见 Tu Wei – ming. “The Continuity of Being: Chinese Vision of Nature,” in *Nature in Asian Traditions of Thoughts: Essays in Environmental Philosophy*, eds. J. Baird Callicott and Roger T. Ames (Albany: State University of New York Press, 1989), 67 – 78.

用借助于超越自然的存在领域或超越于人类的关系。在我看来，一位践行的儒者的宗教感和印度教徒、佛教徒、穆斯林、犹太教徒和基督徒一样完满。①

关于礼是否允许祭祀死者魂灵或其他精灵，学者有不同的看法。如贝尔就认为“礼基本上和祭祀神没有关系”②。而彭林、邹昌林、杨志刚等都认为礼中的吉礼就包括三类祭祀对象：天神、地祇和人鬼。③

儒家对于鬼神采取存而不论、敬而远之的态度，所谓“敬鬼神而远之”，“祭如在，祭神如神在”。那么祭祀时如何面对祭祀的对象是否存在的问题呢？荀子给出了著名的回答，事实上默许了对于祭祀可以有不同的理解和态度。

故曰：祭者，志意思慕之情也，忠信爱敬之至矣，礼节文貌之盛矣，苟非圣人，莫之能知也。圣人明知之，士君子安行之，官人以为守，百姓以成俗。其在君子，以为人道也；其在百姓，以为鬼事也。④

对荀子来说，祭祀是人们表达对逝者思慕之情的方式，是忠信爱敬之德表现的极致，是礼节文饰的极盛，圣人自然理解其中的精义所在。所以圣人非常明白祭祀的意义，士君子安心地去实行它，祭祀之官以之为职守，百姓以之为习俗。对士人君子而言，祭祀是治理人间社会的方式，但

---

① George A. De Vos and Takao Sofue, *Religion and the Family in East Asia* (Berkeley: University of California Press, 1986), 329 – 330.

② Catherine Bell, “Acting Ritually: Evidence from the Social Life of Chinese Rites,” in The *Blackwell Companion to Sociology of Religion*, ed. Richard K. Fenn (Oxford, UK; Malden, Mass: Blackwell Publishers, 2001), 376.

③ 彭林：《中国古代礼仪文明》，中华书局2004年版，第21～26页。邹昌林：《中国礼文化》，社会科学文献出版社2000年版，第164页。杨志刚：《中国礼仪制度研究》，华东师范大学出版社2001年版，第257页。

④〔清〕王先谦：《荀子集解》，中华书局1988年版，第376页。

百姓则以为这是侍奉鬼神。礼仪实践由此对士君子来说是有意识的道德历练，而对普通民众来说，则是顺从的习俗。

毋庸置疑，荀子的论述影响深远。在这里，他不仅默许了对鬼神存在不同的阐释和观念，而且公开地承认了这一点。当然，作为上层知识分子的一员，荀子以为所有的普通民众对鬼神都只有一种态度也是非常简单化的。但是可以看到，礼从一开始就不像西方宗教那样要求认同某种统一的信条，而是对多种角度与看法宽容开放。礼的意义关乎宇宙根本，但也基于普通人的日常人情和理解，也许正是这样的原因，它可以直接诉诸平直的语言，而无须借助神话叙事来传承。与西方形成鲜明对照的是，在荀子对礼的践行者的分类中，相信鬼神存在的人位列最低，他们不能明白礼仪实践的精义，只不过是盲目从俗而已。仿佛不经意中，荀子指出了与礼一直保持张力而密切相关的文化实践——俗。正是俗，使民间的日常实践最终和儒家的礼连在了一起。

礼与俗：文本与实践

正如上文所指出的，尽管礼以“三礼”文本为中心，但礼是从俗发展变化而来的。“三礼”本身就是对前代习俗进行高度提纯与精炼的文本化的结果。① 儒家成为正统以来，国家逐渐使礼的文本上升成为经典。经典化以后，文本化的礼和当时、后来的习俗实践的关系如何呢?

从一开始，“三礼”的文本就并非为了指导普通民众的日常实践。恰恰相反，礼的践行本身是贵族士绅身份和社会地位的象征与体现。可以实行礼的，只有士以上的阶层。庶人不可以遵行礼，而是一直奉行他们的风俗习惯，这些往往被贵族、知识分子斥为陋俗而嗤之以鼻。但是礼与俗并非毫不相关。事实上，如荀子所言，礼与俗代表了不同社会等级阶层中彼此平行而并行不悖的社会实践行为。贵族士绅阶层之所以鄙视俗，正是出于保证礼的纯洁与正统的目的，因为俗很容易影响到礼。

正如美国历史学家伊沛霞（Patricia Ebrey）所注意到的，与其他很多宗

① 杨志刚：《中国礼仪制度研究》，华东师范大学出版社 2001 年版，第 109 页。

教的经典都自称来自神的启示而具有不可更改的神圣性不同，儒家学者则强调礼是圣人为了满足人们的需求而创制的，它会随时代的不同而发生变化，需要改变旧的形式以便更好地达到践行礼的目的，而儒家的礼学专家也与西方宗教或伊斯兰教不同，不是那些被赋予了特殊权力的教士们。① 礼因此不是一个被文本化的经典所完全固定化了的传统，也就没有与其源头——俗彻底分割开来。当然，只要中国社会的等级秩序存在，儒家理想化的礼仪规范和具体的日常习俗实践的鸿沟就会越来越深。

随着社会生活的变化，修订与新颁定的礼的文本出现了，如唐代就有官修的《大唐开元礼》。到了宋代，礼制发生了一个重大变化，即“礼下庶人”。礼下庶人实际上是隋唐以来庶人政治、经济社会地位日益重要，士庶差别逐渐模糊，社会阶层变迁的结果。当门阀制度在宋代彻底终结之时，标志社会各阶层身份地位的礼也需要有相应的改变，实现士庶通礼。为适应时代的变化，宋代不仅出现了不少官修的新礼书，也出现了私人修的礼书。官修的《政和五礼新仪》专门就庶人的婚、丧、冠礼做出了礼仪规定，但由于这一礼书远离百姓的实际生活，只实行了七年便废止了。真正对后来的中国社会、民间生活产生深远影响的，则是司马光的《书仪》和朱熹的《家礼》。② 就为普通人提供合适的家礼规范而言，《书仪》还是初步的尝试，虽然提出“从俗”“从众”，并结合当时的社会生活习俗对古礼做了一些变通，但还是去古不远，而《家礼》则达到成熟，它以《书仪》为底本，为人们提供了一本真正具有可操作性、可以践行的家礼指南。朱熹抱着“崇化导民”的目的，对古礼的更新更为自觉，针对当时平民百姓的生活实际，对古礼做了大幅的删减，如婚礼六礼减为三礼，丧礼

---

① Patricia Buckley Ebrey, *Chu Hsi's Family Rituals*: A Twelfth - century Chinese Manual for the Performance of Cappings, Weddings, Funerals, and Ancestral Rites (Princeton: Princeton University Press, 1991), xvii; Patricia Buckley Ebrey, *Confucianism and Family Rituals in Imperial China: a Social History of Writing about Rites* (Princeton: Princeton University Press, 1991), 7. 并参见同上页注释①，第107页。

② 关于《家礼》是否由朱熹所做学界仍有争议，参见彭林：《中国古代礼仪文明》，中华书局2004年版，第281页；杨志刚：《中国礼仪制度研究》，华东师范大学出版社2001年版，第193～195页。

也从《书仪》的卅七节减为廿一节，使礼可以在现实中被实际遵行。①

可以说，在宋代礼下庶人的变迁中，礼与俗之间长期以来充满张力的动态关系，清晰地浮出了水面。这些私修礼书代表了当时的儒家知识分子对抗佛教、道教等渗透改变社会礼仪风气的努力。他们正视现实，对儒家古礼删繁就简，融合当时习俗，以使儒家之礼顺应时代变迁，得以切合普通人的生活实际。② 要使儒家礼仪还能在日常实践中占有一席之地，就要克服繁文缛节的古礼与现实习俗实践之间越来越大的鸿沟，为此有见识的宋儒不得不吸收、融合俗来改变礼，但修订、变革礼仍然是为了以礼化俗、崇化导民。以此言之，宋儒礼书的产生正是礼俗之间不断互动而又保持紧张的结果。儒家知识分子哲学化、理想化的礼希望能够顺应时代习俗的变化，与时俱变，但同时又要与不断变化的流行风习保持距离而有所区别。

朱熹《家礼》对中国民间社会影响异常深远。明清时期，文人乡绅不仅刊行了大量有关《家礼》的注本，而且在各地出现了许多更为通俗简易的礼书，书名往往有“家礼”二字而依托于家礼名下流传。这些注本和传本的广泛传播，再加上官方有意识的推崇，《家礼》逐渐成为民间通用礼，使礼深入地影响到了地方社会与民众的日常生活。③ 台湾人类学家陈奕麟（Allen Chun）先生在仔细地对比分析了《家礼》与地方各种礼仪书后提出：

> 在这两种文本中，礼仪（etiquette）指的是很不相同的东西，而这种差异最终指向的是“ritual”实践中所涉及的礼与俗之间的概念边

---

① 关于礼下庶人的详细分析，请参见杨志刚：《中国礼仪制度研究》，华东师范大学出版社 2001 年版，第 195～210 页。

② 宋代程颢、程颐、张载等也曾在家中实践儒家的礼仪规范以表明自己的立场，但没有成书，参见彭林：《中国古代礼仪文明》，中华书局 2004 年版，第 277 页。Patricia Buckley Ebrey, *Confucianism and Family Rituals in Imperial China: a Social History of Writing about Rites* (Princeton: Princeton University Press, 1991), 100, 142, 228.

③ 参见杨志刚：《中国礼仪制度研究》，华东师范大学出版社 2001 年版，第 238～242页。仅伊沛霞就列出了 66 种书名包含家礼二字的家礼的注本与传本，见 Patricia Buckley Ebrey, *Confucianism and Family Rituals in Imperial China: a Social History of Writing about Rites* (Princeton: Princeton University Press, 1991), 202－203.

> 界问题。换言之，这些不同的文本并不是反映出社会不同阶层的人们所践行的各种仪节（rites）的内容各不相同，相反，这两种文本反映的是仪节的两个完全不同的维度。这两个维度一个是礼，一个是俗，而无论什么样的社会阶层，在实际的仪式实践中，这两个维度总是同时存在，而这两个维度通常也都被包含在西方的ritual概念之中。①

可见到了明清时期，尽管官员文人仍然在不断地排斥各种地方陋俗，但在具体的实践中，礼与俗之间的界限实际上是越来越难以把握了。更重要的是，虽然就具体文本体现的观念而言，这些通俗礼书或近儒家哲学或近民间实践而各不相同，但它们在民间的广泛流传，都使礼的概念深深地渗入了民间社会，虽然它们的词义可能和文人儒士的理解相去甚远。地方知识分子把礼当作一个包容性的概念或一种修辞手段，来涵盖各种各样的俗及其不同的阐释，因为朱熹就“把（礼）的核心因素和细枝末节合法地区分开来，这样就为同样的文本对不同人有不同的阐释铺平了道路，也使变化和差异被看成连续和一致”②。可以说，宋儒对古礼的改变使礼试图包容俗，也包容礼仪实践的多样性。以此而言，甚至华生所着力的天后在宋以后如何作为地方神为国家所承认的个案研究，实际上也代表了礼和俗之间深刻的互动与融合。正如华生自己所言，“国家既引导大众也顺应民间压力；它既自己推崇某些神也敕封民间推选的神”③。

---

① Allen Chun, “The Practice of Tradition in the Writing of Custom, or Chinese Marriage from Li to Su,” *Late Imperial China*, Vol. 13, No. 2 (December 1992): 88.

② Patricia Buckley Ebrey, *Confucianism and Family Rituals in Imperial China: a Social History of Writing about Rites* (Princeton: Princeton University Press, 1991), 202 – 203. 参见 Donald S. Sutton, “Death Rites and Chinese Culture: Standardization and Variation in Ming and Qing Times,” *Modern China*, Vol. 33, No. 1 (January 2007): 136 – 139.

③ James L. Watson, “Standardizing the Gods: the Promotion of T'ienHou (‘Empress of Heaven’) along the south China coast, 960—1960,” in *Popular Culture in Late Imperial China*, eds. David Johnson and Andrew J. Nathan and Evelyn S. Rawski (Berkeley: University of California Press, 1985), 323.

与华生的田野经验类似，我在湖南茶陵农村近一年的田野调查中发现①，“礼”也是村落生活中的常用语，比如丧礼灵堂布置中一个常见的横批就是“葬之以礼”。我的访谈对象们从未提及孔子或朱熹的思想，我也没有碰到当地的礼书本子，虽然这在几十年前很有可能存在过。但是我的所有访谈人都对他们生活中需要遵行的礼了然于心。与华生的观察一致，对当地人来说，礼“不是一个抽象的哲学概念，而是普通的日常观念，有非常具体的所指”②。在茶陵的日常对话中，礼通常指的是人们交往互动和日常行为中视为理所当然而共同遵循的规范与准则，而在很多场合中，礼和俗两个概念大致同义而可以替换使用。

但另一方面，与其他很多地方相似，茶陵的婚礼、丧礼和祭祖仪式在很多方面明显受到儒家礼文本的影响。③ 民间的礼也和儒家思想有相似的关注点，如强调情感、人际关系与互相交往，关注人生礼仪等，但这并不意味着民间的礼就完全源自上层。事实上，我以为，俗并非单纯由礼下庶人而到民间（野），而有其独立的发展轨迹和脉络。当代的民间礼仪是地方风俗传统和相关礼仪在长期的历史过程中为了生存而彼此斗争、互动融合的产物，而儒家的礼亦源于俗，所以俗与礼实际上是共生的二元结构。换言之，正如陈奕麟上引所言，礼和俗代表了仪式实践中内在的两个不可分割的维度，只有将礼和俗结合起来整体地看，我们才能有一个全面的把握。礼和俗构成了中国仪式实践的两个并行不悖、相辅相成、不断互动的系统。④ 在当代，尽管儒家的礼不再拥有仪式权威的地位，上层和民间的

① 关于我2005年、2006年和2010年在湖南茶陵做田野调查的详细过程和经历，请见拙文《模仿、身体与感觉：民间手艺的传承与实践》，载《中国科技史杂志》第32卷，2011年增刊，第75～89页。

② James L. Watson, “Rites or Beliefs? The Construction of a Unified Culture in Late Imperial China,” in *China's Quest for National Identity*, eds. Lowell Dittmer and Samuel S. Kim (Ithaca, NY: Cornell University Press, 1993), 99.

③ 例如在茶陵丧礼的家祭和路祭中，仪式主持者的很多用语有明显的文本来源，如把三次祭祀分别称为“初献”、“亚献”和“三献”，这是《仪礼》中的用词，但是日常口语很少会用。

④ 杨志刚亦提出中国文化是礼俗复合系统，参见其《中国礼仪制度研究》，华东师范大学出版社2001年版，第559～567页。

互动也始终在延续。在民间生活中，俗不仅依当地的变化而变化，而且对上层的礼仪方式十分敏感。例如在茶陵一些村落的丧礼中，除了有传统的儒释道各方人士参与的仪式过程，也会加入由村委会所主持的“追悼会”这样一个环节。

余论：礼、俗和民间信仰实践

源于俗的儒家之礼是抽象化、理想化、哲学化和文本化的结果，其从本质上象征着道，象征着身心合一。但对普通人来说，礼基本上是日常生活经验和情感中产生和不断加强的实践传统。地方礼仪实践和文本中的礼不一致是非常自然的。而且礼对民众主要体现为人生仪礼和节日仪式中的地方传统，也即地方的俗。不论人们知道或认可文本中礼的意义和价值与否，他们在生活实践中都要符合当地习俗。文本中的礼永远是理想化的，实际存在的其实只有地方层次的礼，也即那些体现为俗的礼。

我这里强调礼的实践层面并不意味着认可实践正统。如果和欧美宗教中对信仰（belief）的优先强调相比，我同意华生的观点，认为仪式是中国文化身份认同形成的基本要素。但正像很多学者指出的那样，像华生那样把信仰和仪式分开其实只是理论上的假设而已。事实上，我以为，中国文化身份认同形成中所依赖的“成套的仪节”（sets of rites）如丧礼和婚礼并不仅是华生所说的“外在的形式”（external forms），它们是一整套实践传统，是既成惯例的礼俗，它们在不断的实践中，同时生产并再生产着信仰和行动。① 文本中的礼抽象化这一传统，代表其理论与结构的层次，也就略去了它各种意义复杂的细枝末节。实践中的礼则在践行的层次上，体现

---

① James L. Watson, “Rites or Beliefs? The Construction of a Unified Culture in Late Imperial China,” in *China's Quest for National Identity*, eds. Lowell Dittmer and Samuel S. Kim (Ithaca, NY: Cornell University Press, 1993), 102. 参见 Evelyn S. Rawski, “A Historian's Approach to Chinese Death Ritual,” in *Death Ritual in Late Imperial and Modern China*, eds. James L. Watson and Evelyn S. Rawski (Berkeley: University of California Press, 1988), 22–23, 28; Donald S. Sutton, “Death Rites and Chinese Culture: Standardization and Variation in Ming and Qing Times,” *Modern China*, Vol. 33, No. 1 (January 2007): 146.

为俗，根据具体场合、目的和地位的不同，充分地容纳各种不同的阐释和行为。历史上的礼不仅产生、提炼于俗，而且始终与俗的实践传统密切互动。而俗和现实生活、具体实践密切相关，敏于变化，又为礼提供了根本的动力。可以说，两者在彼此的对立和紧张中依存发展。

如上所述，礼不能完全纳入现代西方宗教研究或 ritual 概念既有的研究框架之中，它们之间相同之处很多，但分歧也很明显。对研究者而言，文本与实践、礼与俗构成两个相辅相成、互动融合的传统，只有对两者都有充分的把握，才能使中国民间信仰的研究走向全面深入。

（彭牧，北京师范大学副教授。本文原载《民俗研究》2014 年第 3 期，收入本书时有修改）

革“弊”？中国人—神敬拜的礼俗辩证

一、人神一体的辩证法

全面抗战爆发后至新中国成立前，在北平坚守的辅仁大学和燕京大学两所教会学校成了中国民间文学、民俗学稳步发展的重镇。就乡土信仰①的研究而言，出现了对一个地区的庙宇进行历史地理学的宏观调研和对某种敬拜微观细描的两种倾向。辅仁大学的贺登崧及其团队持续对大同、张家口、宣化一带的乡村庙宇展开了地毯式的调查，使今人能够明了那个年代大同、宣化、万全等中国北方村庄的庙宇的大致分布、供奉的神灵及其渊源。② 在杨堃的指导下，燕京大学的李慰祖和陈永龄立足于信众、村庄，对北平郊区的信仰生活分别以“四大门”③ 和“庙宇宗教”④

① 岳永逸：《行好：乡土的逻辑与庙会》，浙江大学出版社2014年版，第51～53页。

② Willem A Grootaers， “Les temples villageois de la région au, Sudest de Tat'ong (Chansi Nord), leurs inscriptions et leur histoire,” *Folklore Studies*, Vol. 4 (1945): 161－212; “Catholic University Expedition to Hsüanhua (South Chahar) ‘Preliminary Report’,” *Folklore Studies*, Vol. 7 (1948): 135－138; Willem A Grootaers with Li Shih－yü 李世瑜 and Chang Chi－wen 张冀文， “Temples and History of Wan Ch'üan 万全 (Chahar): The Geographical Method Applied to Folklore,” *Monumenta Serica*, Vol. 13 (1948): 209－316; Willem A. Grootaers, 李世瑜 and 王辅世, “Rural Temples around Hsüan－Hua (South Chahar), Their Iconography and Their History,” *Folklore Studies*, Vol. 10, No. 1 (1951): 1－116.

③ 李慰祖：《四大门》，燕京大学法学院社会学系1941年学士毕业论文。

④ 陈永龄：《平郊村的庙宇宗教》，燕京大学法学院社会学系1941年学士毕业论文。

为核心展开了我观和他观有机结合的浓描。马树茂的研究则直接以一个乡村医生的生命史为重心，描画了巫医、西医、中医在那个年代北平郊区的升降沉浮、犬牙差互的生态学。①

这些可取的科学研究延续了顾颉刚②、禄是遒③等中外学者合力开创的研究中国乡土信仰的传统，把以参与观察和访谈为基本方法的田野调查落到实处，将对乡土信仰的认知推向纵深。但是，他们未探究乡土信仰何以成为可能，何以生生不息。而且，因为有进化论以及一神教，尤其是基督教的总体规训，这些乡土信仰也在相当意义上被视为早晚都要走向理性、科学而终究是要衰亡的。④

新近的研究表明，家庙让渡的辩证法与人神一体的辩证法是乡土信仰生生不息的双核。就人神一体的辩证法而言，它包括奉人为神和奉神为人的双向互动。奉神为人一方面指在观念世界中，神的习性如同人一样，有着喜怒哀乐、七情六欲，甚至要抽烟喝酒看戏，要成双成对，还睚眦必报，另一方面指在敬拜实践层面，人们通过神话、传说等口头叙事，庙宇、雕塑、圣画像等视觉符号，勒石刻碑、修庙塑像等体化实践和锦旗牌匾等可感可触的灵验符码“将神具化，亲情化为人”。奉人为神一方面指人皆有可能成神，不仅仅是帝王将相、先祖圣贤、大德高僧、异士奇人，只要有好的德行、心地善良，行好者皆有可能被人供奉而成神，另一方面指凡夫俗子基于“人皆成神”而对“自己也是神”的想象或者说幻觉。⑤

---

① 马树茂：《一个乡村的医生》，燕京大学法学院社会学系 1949 年学士毕业论文。

② 顾颉刚编：《妙峰山》，国立中山大学语言历史学研究所，1928 年。

③ ［法］禄是遒著，高洪兴等译：《中国民间崇拜》，上海科学技术文献出版社 2009 年版。

④ 岳永逸：《行好：乡土的逻辑与庙会》，浙江大学出版社 2014 年版，第 4 ~ 12、307 ~ 310 页。

⑤ 岳永逸：《行好：乡土的逻辑与庙会》，浙江大学出版社 2014 年版，第 166 ~ 170 页。

无论是变迁之神①、道与庶道②、亦神亦祖③等学术命名，还是关于临水夫人④、叶法善⑤、南部太行山区的帝王/雨神、仙女/孝女、清官/神灵等祠神⑥和当下山西洪洞二郎神⑦等个案研究，人神一体的辩证法都有着鲜明的体现。本文要强调的是，人神一体这一层出不穷、万变不离其宗的造神、敬拜逻辑，也与变动不居的日常生活世界中的礼—俗有着对应关系，并有着多重互动。

二、文物化祠堂的俗化

在漠河，因应发展地方经济而大力培植旅游业的需要，奉旨到漠河胭脂沟（金沟）开办金矿的李金镛（1835—1890）重演了人神一体的辩证法。2005 年，黑龙江省人民政府将曾经有的李金镛祠堂批准为省级文物保护单位，并于 2010 年在漠河胭脂沟这个打造中的旅游景点立碑明示。因为有了省级文物保护单位之名，2007 年漠河县人民政府迅速扩建了李金镛祠堂。在这个省级文物保护碑碑阴，铭刻着下述文字：

李金镛祠堂，位于漠河县金沟林场场址西侧北山坡上，占地一万

---

① Valerie Hansen, *Changing Gods in Medieval China, 1127 - 1276* (*Princeton: Princeton University Press, 1990*).

② Robert Hymes, *Way and Byway: Taoism, Local Religion, and Models of Divinity in Sung and Modern China* (Berkeley: University of California Press, 2002).

③ 贺喜：《亦神亦祖：粤西南信仰构建的社会史》，生活·读书·新知三联书店 2011 年版。

④ Brigitte Baptandier, "The Lady Linshui: How a Woman Became a Goddess," in *Unruly Gods: Divinity and Society in China*, eds. Meir Shahar and Robert P. Weller (Honolulu: University of Hawai'i Press, 1996), 105 - 149.

⑤ 吴真：《为神性加注：唐宋叶法善崇拜的造成史》，中国社会科学出版社 2012 年版。

⑥ 宋燕鹏：《南部太行山区祠神信仰研究：618—1368》，中国社会科学出版社 2015 年版。

⑦ 王尧：《地方性神灵的生长机制——以山西洪洞地区的二郎传说与信仰为对象》，北京大学 2014 年博士学位论文。

> 五千平方米，重点保护区一万平方米。该祠始建于清宣统元年（一九零九年），架木为之，至民国末年被毁。为纪念这位漠河采金鼻祖，一九九七年漠河县人民政府在原址上重建祠堂，风格为明清仿古式，后又设立金圣碑和石狮。该祠堂铭记着百年前李金镛奉命率众人穿密林，越高山，涉激流，历尽艰辛，创办了漠河金矿，乃至把自己神魂永远留在他的最后驿站——漠河。

在漠河县县政府扩建祠堂同时树立的“金圣”碑碑阴，刻写的碑文对祠堂的毁建有了更具体的考证、描述：

> 李金镛（公元一八三五—一八九零），字秋亭，号翼御，江苏无锡人，清二品衔吉林候补道，督理黑龙江等处矿务观察使，后诏赠内阁学士，国史馆立传，建专祠享祭。漠河李金镛专祠准立于光绪二十四年（公元一八九八），一九三五年颓毁，同年七月漠河村民集资重建，一九六六年“文革”时期被毁，一九九七年漠河县再建于胭脂沟，二零零七年扩建。

漠河地广人稀，金矿也早就荒废。1935 年 7 月，究竟是哪些漠河村民集资重修祠堂，并无实据可考。对祠堂的重修、扩建和封赠的“文物”“漠河采金鼻祖”“金圣”等名号，李氏后裔表示了真诚的谢意，并愿意将他们的先祖贡献出来供远近游人膜拜。为此，仍在当地生活的两位李氏后人于 2008 年题写了感谢地方政府的对联：“颂名人北极伟业，励华夏后代千秋。”从祠堂、塑像、碑铭等可视物象看，对李金镛这个人的纪念还大致停留在“礼”的层面。当这些可视物有序地陈列在同一空间——旅游点，并供游客展览参观从而为地方创收增收时，由相对客观的“漠河采金鼻祖”升华而来的“金圣”这一被碑刻固化的谥号、封号自然就有了旅游观光业的延伸产品——“金圣发财香”：

> 金圣发财香源于胭脂沟采金鼻祖——金圣李金镛。清光绪年间，

李金镛奉命到漠河胭脂沟开办金矿，每次下矿前都要点香祭拜，祭拜后，黄金产量与日俱增，金圣发财香由此而来，并传至今日。

作为主持、筹办金矿的权臣，李金镛当年是否亲自下矿？当年黄金产量的增长是否源自他的祭拜？“金圣”祭拜的又是何方神圣？在祠堂前树立的招引游客上供、捐功德许愿的“金圣发财香”展示牌上，上引文字对这些问题都没有清楚说明。金圣发财香的模糊性、含混性增添了其神秘性，进而由真人李金镛而来的“金圣”传说故事衍生成为可以信赖的神话。这样，通过金圣发财香这一“传统—俗”的发明和游客、香客的敬拜实践，原本出于缅怀先贤的“祠堂—文物—礼”实现了向“庙宇—香火—俗”的转型。

三、历时性的礼俗回转

在华北国家4A级旅游景区苍岩山，有国家级文物保护单位福庆寺（圆觉殿）和大、小桥楼殿等文物。历时性观之，这里主祀神三皇姑的敬拜就在礼俗之间起伏回转。虽然一直有着质疑，但因为有儒、释、道的依托[①]，被百姓顶礼膜拜的由多种传说（俗）而来并渐趋“标准化”的舍手眼救父亲隋炀帝的三皇姑——南阳公主也不同程度地得到历代文人的称颂。与此同步，这些言语叙事也具化为庙宇殿堂、塑像、凤冠霞帔、銮驾、出土文物和以许愿还愿为核心的大大小小的朝山会、杠会、驾会、神通会等敬拜庆典和“物流”。[②] 那个文人、士绅叫作南阳公主的姑娘三皇姑，太行山东、西两侧信众俗称娘娘、妞妞、姑姑的三皇姑，也有了苍山圣母、苍山老母以及慈佑菩萨等不同系统的制度性命名——官名。“俗”

---

① 岳永逸：《行好：乡土的逻辑与庙会》，浙江大学出版社2014年版，第252～254页；赵倩、岳永逸：《华北三皇姑的传说体系与层累生成》，载《民俗研究》2014年第6期。

② 岳永逸：《民族国家、承包制与香火经济：景区化圣山庙会的政治—经济学》，见《中国乡村研究》第13辑，福建教育出版社2016年版；岳永逸、王雅宏：《掺乎、神圣与世俗：庙会中物的流转与辩证法》，载《世界宗教文化》2015年第3期。

中浸透着繁多的“礼”。

历史上，白莲教在井陉信众广布。同治九年（1870），白莲教徒黄老和、李秀祯等起义声势颇盛。虽然“赖邑绅等办理团练，居民尚未骚动”，但起义者仍“占据蛮驾山，推演教义，迷惑乡愚，敛财聚众，大兴土木”①。到光绪元年（1875），此次起义才被平定。

因应此次起义，紧邻蛮驾山的苍岩山三皇姑信仰受到很大冲击。现存于桥楼殿旁，光绪二年（1876）《为奉本县常公面谕，上宪札文，命毁拆北坡新庙，变价充公及驱逐邪僧之寺规，以振风化碑》和光绪三年（1877）《革弊碑》都记载了宁晋李修正来山削发，拜贪利的元妙为师，在苍岩山创修全归寺敛财、蛊惑人心、不服地方士绅管理，最终被缉拿和拆毁寺庙等事项。李修正被缉拿后，福庆寺僧便着手重立福庆寺寺规，以重整苍岩山的日常秩序。光绪二年的“以振风化碑”云：“一、如直面主可疑，行踪诡秘之人，腰缠丰富，不准隐藏在寺。一、住持僧人不准贪恋鸦片、嫖娼、嗜酒、赌博。一、寺中地土不准典当。一、不准不告乡地密留外徒。一、年过十二，不准收为徒弟。”

嘉庆年间大规模的白莲教起义，使得朝廷加大了对白莲教的打压力度。这深远地影响到了地方的宗教生态。为了清除白莲教的影响，固化地方，苍岩山地方士绅以及僧众一度曾将三皇姑等同于无生老母，并将山腰的圣母殿（三皇姑真容殿，俗称三皇姑正殿）改造成为伏魔大帝殿，三皇姑被关帝取代。光绪年间《续修井陉县志》中的《苍岩山妙阳公主考》提到了这一特意为之的更替：“道光十四年，禁止朝山者，则以无生老母邪教祖师惑世诬民，通行禁止。世俗不察，改为关帝庙，遂滋讼端。不知无生老母有禁，妙阳公主固未尝禁也。”② 但是，代表礼的士绅等的人为改变并未得到民众（俗）的认可，三皇姑敬拜始终红火，以至于“遂滋讼端”。为了地方的安宁，平息民怨，在“李匪”之后重整地方社会，地方士绅一

---

① 王用舟等修，傅汝凤等纂：《井陉县志料》，台湾成文出版社有限公司 1976 年版，第 498、962、935 页。

② 〔清〕常善修，〔清〕赵文濂纂：《续修井陉县志》，台湾成文出版社有限公司 1976 年版，第 14～15 页。

反以前的更替之举，群策群力地包装三皇姑，运用既有碑铭、传说以及《隋书》等正史的记载为三皇姑正名。

光绪二十二年（1896），时任井陉县知事言家驹撰写的《苍岩山神隋南阳公主奉敕封慈佑记》对地方士绅的努力有详细记载：第一，将苍岩山祭祀与一般佛教观音道场相区分，指明苍岩山非世俗所谓的“香山”。第二，通过历史考证，使三皇姑不再是传说中无从稽考的“妙阳公主”，而变身为《隋书》中确有其人的南阳公主。第三，强调南阳公主的节孝，以符合儒家伦理。第四，大书特书三皇姑护佑一方的灵迹，所谓“民有疾病疴痛、水旱灾祲，祈祷灵应”，并列举光绪四年、十四年、十七年的灵应降雨止旱和光绪十六年夏应居民请求立晴而止淫雨的事例佐证。第五，选定八大名医和赵元楷妻崔氏、裴伦妻柳氏等隋代节烈妇女为从祀。

地方士绅的努力得到了朝廷的肯定和嘉许。光绪十九年（1893），朝廷认可了地方士绅包装出来的三皇姑，敕封其为“慈佑菩萨”。至此，“俗”正式荣升为有着皇家、朝廷威严的“官礼”，跻身官祭、正祀。如同文昌帝君、关圣帝君和妈祖一样，三皇姑也从民间之神、官方之鬼晋升为官方之神。① 但是，随着西学的兴起，“科学”观念的传入，20世纪以来的三皇姑敬拜实践再次陷入礼—俗的博弈之中。

改革开放以来，因为十套民间文艺集成的文化工程、保护民族民间文化遗产的呐喊，尤其是非物质文化遗产保护，再加之以文化发展地方经济、文化产业化的催化，三皇姑敬拜又日渐成为不同群体要彰显的“礼”，至少再次表现出了向“礼”提升的努力。不但山腰圣母殿外的妙法莲华经宝塔是文物，殿内右侧墙壁上明代工匠绘制的“礼仪、落难、削发、修道、显灵、敕封、佑民、行雨”三皇姑修行得道壁画，以及左侧墙壁上于光绪十九年绘制的“奏讨敕封”等壁画也都成为文物，严厉禁止香客、游客拍照。正如在苍岩山能买到的《苍岩山的传说》② 小册子那样，在民间

---

① 岳永逸：《灵验·磕头·传说：民众信仰的阴面与阳面》，生活·读书·新知三联书店2010年版，第243～252页；岳永逸：《行好：乡土的逻辑与庙会》，浙江大学出版社2014年版，第291～302页。

② 石家庄市文联编：《苍岩山的传说》（内部资料），1985年。

口耳相传的三皇姑系列传说被文本化、书面化、标准化，一再印制、传播，成为当下苍岩山旅游解说词、地方政府网站文化宣传的脚本。① 同样是关于三皇姑的文字，与意在辨真假、明是非的傅汝凤纂的《井陉县志料》（1934 年）的彷徨、纠结不同，1986 年新编的《井陉县志》② 明显多了认同与自豪。在多方参与下，敬拜三皇姑的苍岩山庙会以“井陉苍岩山福庆寺庙会”之名在 2005 年就名列石家庄市首批非物质文化遗产代表作名录。

后来，以三皇姑为核心的苍岩山旅游和庙会为其行政所属的井陉县带来巨大收益。苍岩山、苍岩山庙会，尤其是三皇姑成为张扬井陉地方历史文化的一个重要“象征符号”。不仅井陉县旅游局、文物管理所管辖的苍岩山核心景区的建设以三皇姑为核心，山脚、山顶民间新修的庙院也同样以三皇姑为魂魄。山门外的龙岩寺内有三皇姑骑虎殿、三皇姑殿和三皇姑修行宫。山顶有了南阳公主庙、公主坟、三皇姑修行宫，菩萨顶内也有了与山腰圣母殿同名的庙殿。在这些庙殿内，三皇姑的塑像、三皇姑修行得道的基本情节被一再复制、具化、活化。

2001 年树立在南阳公主庙庙门外的《南阳公主庙重修碑》碑阳有下述文字：

> 南阳公主庙是苍岩山景区的主要景点，原址始建于隋唐，是隋炀帝之女南阳公主出家修行之地。清光绪元年（一八七五年）《续修井陉县志》和《隋书·南阳公主传》中记载，南阳公主出生皇宫，目睹父皇暴敛横征，看破红尘，愤极出家，削发为尼，修行六十二载，静禅林，扶危济贫，德在四方。光绪十九年（一八九三年）九月二十五日，敕封南阳公主为“慈佑菩萨”，公主圆寂后，葬于南阳公主庙后的公主墓内。南阳公主庙历经风雨，殿宇倾圮，为保护文物古迹，对

① 赵倩、岳永逸：《华北三皇姑的传说体系与层累生成》，载《民俗研究》2014 年第 6 期。

② 《井陉县志》编纂委员会：《井陉县志》，河北人民出版社 1986 年版。

南阳公主庙进行重修。

在山顶游客、香客可以免费入内的三皇姑修行宫中，修建管理者将三皇姑修行得道的经典情节以泥塑彩绘的方式，呈现在殿内玻璃柜中，依次为：宫中生活、撒黍撑船、苦劝父王、三难公主、火烧百草寺、跨虎登山、智占苍山、造桥修殿、众尼降灾、修成正果、舍献黎民、普度众生。如同南阳公主庙前的碑铭落脚于文物，这些泥塑的说明文字不容置疑地将三皇姑这个神灵南阳公主化。如：

> 一千四百年前，隋炀帝杨广在位，荒淫残暴……居然想出了撒黍撑船的招数。他让美女们赤身裸体，在撒满黍米的地上拉着他乘坐龙舟……炀帝的三女儿南阳公主自幼深居宫廷，知书达理。她看到父王整日不理朝政，沉于酒色，到内宫劝说父王，应勤政爱民，安邦治国。然炀帝却勃然大怒，一意孤行，公主苦劝无望，看破红尘，决意出家……

在这些当代的反复书写和图像叙事学中，三皇姑这个传统意味浓厚的“俗”成了地方可以展示、馈赠给他者的“礼”——历史文物和地方文化。如同同期妙峰山香会由“皇会”向非物质文化遗产转化那样①，在苍岩山，传统敕封的“礼”也实现了向文物、非物质文化遗产等现代之“礼”的过渡，乡土信仰成为旅游资源，有了观与被观的“休闲”色彩。

四、礼俗的让渡

胭脂沟的金圣发财香之俗是文物化祠堂这一礼的主动下沉，当然还有着旅游业的驱动。如果考虑到这里地处祖国北疆，不时有边境之危，那么对李金镛这个真实历史人物如“人祖”“始祖”般率众“穿密林，越高

---

① 岳永逸主编：《中国节日志·妙峰山庙会》，光明日报出版社2014年版，第29～32、278～294页。

山，涉激流，历尽艰辛，创办了漠河金矿”的伟业以文物方式的缅怀与祠祭，就有着某种宣誓国家主权的意涵。事实上，各级政府当下对李金镛这个历史人物的基本定位和称颂都是因其主导下的所作所为暗合了现代民族国家的边界意识，即祠堂内李金镛塑像上方牌匾刻写的“兴利实边”四个醒目的大字。在民众—游客践行的祈福等民俗活动中，金圣发财香将民族国家边疆这一意识附带熔铸到了每个到此一游的民众心中。“俗”反而成为“礼”，或者说至少具有了礼的意味与政治文化的合法性。

主要因应地方社会的稳定和经济发展，一百多年来的苍岩山三皇姑敬拜在礼俗之间历时性地回转，时而为俗，时而为礼。如今，因应文物保护、非物质文化遗产运动和旅游经济，三皇姑这一“俗”——光绪皇帝敕封之礼加速演化的“俗”——最终成为代表地方优美的自然景观、悠久的历史文化和经济繁荣的关键的象征符号，成为地方政府乃至国家的“礼”。

从这两个古今互文、交错并存的经验事实可知，在中国文化的长河中，在日常生活世界中，在官以及民眼中，礼俗之间并无楚河汉界，二者之间始终是一种变化通融让渡的辩证关系。如果将优秀的传统文化简单地与官方、雅文化关联更紧密的“礼”对等，那显然是对优秀传统文化的一种极大的误读。

（岳永逸，北京师范大学教授。本文原载《民俗研究》2016 年第 4 期，收入本书时有修改）

区域历史的视角

一而二，二而一：晋祠与礼俗分合

本文以山西太原晋祠为例，具体阐释礼与俗的分合关系。关于晋祠的历史，传说是周成王小时候开玩笑，把弟弟叔虞封在唐地（当然唐国和晋国原来都不在今天太原这个地方，而在晋南），再下一代就改名为晋，即所谓的晋国。晋国或者唐的先祖即叔虞，晋祠开始出现于文献记载，就是叔虞祠。所以在北朝的时候就有在这里祭祀唐叔虞这个地方的诸侯合不合“礼”的争论。

千百年来，晋祠从一个单独的庙逐渐扩展，现在发展成为一处面积很大的寺庙群，甚至围绕晋祠形成了一个比较大的聚落，就是晋祠镇。当然这里的聚落是很古老的，在“三家分晋”那个年代，赵简子开始营建太原的前身（晋阳城）时，在这一带建立了赵国的势力中心。所以在晋祠争水故事中很有名的金胜村，考古发现了规模很大的赵简子的墓，还有很多隋唐时期的墓葬。

当然，在先秦时代，文献中并没有关于晋祠的记录，晋祠首先出现于传世文献，始于郦道元的《水经注》。因此，对唐叔虞的祭祀有可能出现于北朝，也有可能出现在北朝以前，我们关心的是，这个唐叔虞祠当时到底是个什么庙。我基本倾向于认为，叔虞祠以前是作为晋国或者赵国的国社跨越秦汉悄然存在于此的，后来北朝时期晋阳地区进行大规模营建，叔虞祠得以被“再发现”。到唐代，叔虞祠或晋祠是个官方认可的祈雨的所在，所以它一定是在礼制之内的。当然，这并不等于说，这里不是民间祈雨的所在，当国家将民间的社纳入礼制系统之后，对国家来说它是礼制之内的社，对于民众来说它还是日常生活中的社。

晋祠旁边有个村子叫赤桥。到了晚清民国初，赤桥出了一个人物刘大鹏，他留下的《退想斋日记》已被研究者所熟悉。刘大鹏对家乡的历史很有感情，编写过《晋祠志》《晋水志》等书，让后人对晋祠这个寺庙群和周围村落的历史有了比较全面的了解。通过他的记录，我们可以知道，除了主体建筑圣母祠、叔虞祠、水母楼以外，晋祠周围还有一系列比较小的寺庙。后来，晋祠周围的围墙把各种各样的寺庙圈起来，形成了一处寺庙群，它们属于一体。当然在刘大鹏的时代之前，晋祠并不完全是这样的，从北宋开始，原来单一的叔虞祠变成了一个二元的格局。

晋祠里面有两个主要的庙，分别代表了两个不同的传统：一个叫叔虞祠，一个叫圣母殿。这两个庙的背后体现了这里讨论的礼与俗的关系。宋太宗在打下太原后重修过晋祠，碑文中说，“晋祠者，唐叔虞之神也……乃眷灵祠，旧制仍陋，宜命有司，俾新大之”。这时的晋祠仍是祭祀唐叔虞的叔虞祠。宋真宗时，唐叔虞祠因地震摧毁。“真宗大中祥符四年四月诏，平晋县唐叔虞祠，庙宇摧圮，池沼湮塞，彼方之人，春秋常所飨祭。宜令本州完葺。”①

但就是在这个时期，晋祠发生了变化，圣母殿的地位开始超过叔虞祠。北宋以前的叔虞祠本来也是人们用来祈雨的，不仅是地方民众，就是中央朝廷也是这样看和这样做的。我们不是很确定圣母殿或者它前身的庙是什么时候出现的，有人说它的前身叫女郎庙，也有人说是叔虞祠被改造成了圣母殿，但到熙宁十年（1077），朝廷就敕封晋水源神为“昭济圣母”，说明这个水神在民间有较大的影响已经有了不短的时间，因为国家不会给一个默默无名的地方神灵封赐的。奇怪的是，目前也没有材料让我们了解圣母殿的“前史”。可以确定的是，从建筑格局来看，大约在半个世纪的时间里，圣母已经取代叔虞，成为晋祠的主神。

---

① 〔清〕徐松辑：《宋会要辑稿》第1册，中华书局1957年版，第175页。

在正对着圣母殿的莲花台上，铸有四尊“金人”，三尊都是北宋时期铸造，由民间捐献的。其中一尊身上的铭文是：“大宋太原府甲午□□社赵和等特敬□□舍净财铸铁人一……昭济圣母永充供养……神侍……永古舆情。俗……于长年，咸仰昭明……佑。绍圣五年……”① 另外，在圣母殿中圣母塑像的座椅背后书有题记：“元祐二年四月十日献上圣母，太原府人在府金龙社人吕吉等，今月赛晋祠昭济圣母殿，缴柱龙六条，今再赛给圣母坐物椅。”②

可见，自熙宁、元丰年间晋祠主神由唐叔虞变为昭济圣母之后，晋祠已成为太原地区民间赛社的重要场所。之所以出现这种情况，是因为晋祠主神昭济圣母与当地百姓的日常生活具有更直接的联系，具体来说，就是与这一地区的水利有直接联系。以前叔虞祠也是祈雨的场所，不能说与百姓的生活无关，因此也必然相沿成俗。但到北宋时期，政府大力推行水利建设，从被动地祈雨或靠天吃饭，变成主动地利用水资源，所以圣母所代表的晋源水神就更具象征意义了。

在这里，我们很难说是否民间之俗导致晋源水神成为国家正祀，即进入礼制；因为根据宋代这里的碑刻，本来这里的老百姓对晋祠水利是不感兴趣的，从目前的文献看，晋祠水利是国家主导的，所以在我看来，圣母在北宋时期开始与唐叔虞分庭抗礼，甚至逐渐超越后者，政府是首倡者，是大力推动者。只是水利事业搞起来以后，一系列水利制度的建设与维持使民众需要圣母这个象征性资源，因此也逐渐形成各种民俗传统。从表面的意义上说，这又是由礼入俗。所以，国家和民众在圣母的塑造上，对这个资源是共享的。在此之前，唐叔虞对于民众来说也具有同样的意义，只是到了宋代以后，一方面由于水利灌溉的原因，晋水神圣母的象征意义更为凸显；另一方面，唐叔虞的身份逐渐被塑造成为儒家士大夫的圣王，与普通民众的生活世界渐行渐远。

至此，晋祠主神遂呈二元状态。

---

① 文见晋祠中铁像身上的铭文。

② 文见晋祠圣母殿圣母塑像座椅背后。

这一变化让后来的文人很奇怪，也很不满。金人元好问在《惠远庙新建外门记》中写道："晋溪神曰昭济，祠曰惠远，自宋以来云然。然晋祠本以祠唐侯，乃今以昭济主之，名实之紊久矣！不必置论。"就是说虽然道理很清楚，但是也改变不了。此后叔虞祠就更无人问津了，元至元《重修汾东王庙记》中说："居民利其出入之便，又当圣母殿开道而东，置三门焉，王之祠日就颓圮而弗修，祀事废坠而弗奉。"与民俗有关的祭祀超越了与礼制有关的祭祀，甚至与民俗有关的祭祀也被贴上了国家的礼仪标签。

这种情形一直延续到明代。据嘉靖《重修唐叔虞祠记》："自至元迄今二百余年，栋梁摧折，不蔽风雨，神失所栖，祀事弗虔。其旁所谓圣母祠者，香火日极崇奉，而唐叔虞之祠，顾寂寞水滨，不知为正神。"两边的对比极为强烈。虽然嘉靖年间对唐叔虞祠进行了重修，但无法扭转此消彼长的趋势，于是士大夫对此纷纷表示不满，如万历时苏惟霖质问道："何以不祀唐叔而祀母？母且为谁？则以祠？……所负之山曰悬瓮，绵亘数十里，山下出泉，灌溉环邑，土人以为惠出于母，尸祝之耳，何知唐叔？"顾炎武也感慨："今人但知圣母，而不知叔虞，不其然乎？"

怎样处置这样的困境呢？士大夫们无力改变民众对于崇祀水神的热衷，而且从明朝洪武年间国家也一再以水神的身份封赐圣母，于是士大夫们只好另谋出路。清初著名学者阎若璩想出个办法，证明圣母实际上是唐叔虞的母亲邑姜，之所以圣母殿为正殿，叔虞祠为偏殿，是"子为母屈者也"。他还找出一块宋代的残碑，中有"惟圣母之发祥兮，肇晋室而开基；王有文之在手兮，其神灵之可知"一句，以此来作为他的佐证。清人沈巍皆进一步论证，宋代宣和年间的这块碑文上来就说"致祭于显灵昭济圣母汾东王之祠"，是"已合二庙为一，以圣母领叔虞矣"。刘大鹏也接受了这个说法，认为人们多以为圣母为晋源水神，"误矣"。①

阎若璩把他的考证结果报告给了地方官，希望上报到朝廷，改变洪武年间礼制的错误，但没有人理睬。这说明清代士大夫把圣母改变为邑姜的

---

①　以上引文均可参见刘大鹏的《晋祠志》。

努力基本上是失败的。据《晋祠志》记载，直至清末光绪年间礼部仍称："据原奏内阳曲县冽石口窦侯庙、太原县晋祠镇圣母庙，历朝祷雨辄应，又水母庙建自前明，祷雨灵应，均为士民所崇信。"圣母是与另两位水神相提并论的。其实无论圣母最初是水神还是邑姜，在北宋以来的百姓看来，她就是水神，而且因此受到比唐叔虞更为热烈的崇祀。

晋祠最初以唐叔虞为主神的时候，曾有人质疑说，祭祀一个地方的诸侯是否合适。实际上，北魏和北齐修叔虞祠（或晋王祠），正是表明他们建立的地方政权恰恰像西周时期的唐或晋国一样，属于正统的苗裔。唐代李世民写《晋祠碑铭》，也表明他们从这个地方出发夺取天下，同样是源于正统。到宋代以后变了，太原成为一个边塞重镇，这里的农业开发非常重要，所以无论是从水利的角度还是从"神道设教"的角度，水神的地位都需要获得极大的抬升。我们不知道作为水神的圣母是不是以前就存在于"女郎祠"，但她应该不是突然冒出来的，应该是以前就存在的、为百姓崇奉的俗神，只不过被国家重视的叔虞祠遮盖住了。

当然，从宋到明，国家也对圣母这个出自民间的女性水神进行了封赐，尽管一些士大夫仍不认可，但毕竟"俗"也进入了"礼"，就是华生（James Watson）讲的"正统化"。不过，尽管圣母与唐叔虞都在朝廷的祀典之中，他们还是非常不同的。前者的生命力仍是通过民俗来延续的，因为其信众大多是普通民众，特别是本社区的普通民众；而后者的生命力存续只依赖于少数士大夫，所以很难不日益式微。相反，前者在得到了国家的封赐之后，等于民众的"淫祀"或者"野祀"得到了认可，原来已然旺盛的生命力变得更加旺盛。来自"俗"的"礼"仍可体现为"俗"，即一种可以共享、亦可分享的文化。

最后需要补充的是，我们将晋祠的信仰简化为"二元"，只是就其主流而言，历代文人的讨论也主要针对叔虞与圣母这两大表征。其实在社区居民那里，晋祠既是多元的，也是统一的。晋祠自明代以后，除了水母楼，还兴建了苗裔堂、台骀庙、东岳祠、三清祠、关帝庙、三圣祠、鲁班庙、文昌宫等，其背后或是不同的村落，或是不同的家族，或是其他势力，所以晋祠也是一个充满竞争的场所，体现了周围几十个村落不同人群之间错综复杂的关系。但他们又处于同一个空间，都属于晋祠镇或者晋祠堡，都属于一个水利社区，因此也具有一定的认同。社区的居民未必像士大夫或者外来的游人那样看待晋祠内部的差异，而是把它们都看成是自己生活的一部分。

（赵世瑜，北京大学历史学系教授。本文原载《民俗研究》2015 年第 4 期，收入本书时有修改）

地方历史的民俗学视角：从深圳赤湾天后庙谈起

民俗学对历史研究来说意义何在？我们对历史的理解，很多都是在民俗中获得的。我们到很多地方做田野调查，向民俗学家学习，更向民众学习，这对我们理解历史有很大的帮助。我相信，要写一部新的历史，首先要从了解民俗开始，其次需要学习民俗学家的工作方式。

为什么这么说呢？我先从一个民俗学研究的经验说起。与香港隔海湾相望的深圳赤湾天后庙非常著名，现存所见庙宇大概是20年前重建的。重建之前，这是边防部队驻军的地方，原来的天后庙在20世纪60年代被当地驻军拆掉了。20世纪90年代中期，深圳市南山区接管此地，重建起来。重建庙宇后，又为庙中的天后娘娘添加了一个具有正统性象征的命名，叫作“中华海神”。庙宇建筑的基调是蓝色的，据说是因为天后是海神，而大海是蓝色的。对于我们这些看惯了乡村庙宇的人来说，一看这个蓝色的庙，感觉好像是个怪物。不过，建筑师的这种现代设计，并没有改变当地民众的信仰。对于当地民众来说，天后神是其自身日常生活中的神灵。

举办新庙建成仪式的时候，我到了现场，看到很多人在祭拜，不同的人在同一场合做着不同的仪式。从外地佛寺、道观请来的僧人、道士，各自按照规范在演示自己的礼仪。最引起我注意的是，当地老百姓在庙堂内外做着各种各样的仪式，甚至还有人在庙里奉上一尊很漂亮的现代观音像。相关仪式完成后，当地民众成群结队而来，拿着红榜，上面写有这群人的名字，在天后面前念了一遍，再把红榜烧化，然后祭拜。到了晚间，庙里聚集的人群更多了，场面更为热闹，庙里活动似乎只剩下了民俗活动。一连几个晚上，我们在庙里看到的都是“俗”的演示。

当我们来到这样一座庙宇，置身于多种仪式之中，毫无疑问就是进入了一个“礼俗互动”的现场中，礼和俗都以很显著的表达方式行事，但并非互不关联。

赤湾天后庙作为一座官方庙宇，经历了很多阶段的变化。它之所以被看作官庙，是因为它一开始就是由明朝派遣到东南亚地区的使臣建立的。明初以来，朝廷多次派遣使臣前往东南亚各个朝贡国，往往从这里乘船出发，从南海一直到今马来西亚、泰国等地。这些使臣起航时要在这里举行一个仪式，叫作“辞沙”，弄一头牛在海滩上拜祭，把肉挖出后填上东西，拜祭完毕扔进大海。明代嘉靖以后，这座庙宇越来越受到本地官府的重视。因为从这个地方向南的海域有很多岛屿，包括香港在内，在明代中期以前还有很多未入明王朝版籍的人口，被明王朝视为叛乱力量。嘉靖年间，明王朝派军队前往平定，打了胜仗，便来此庆祝，于是很多地方官员捐资重修了天后庙，扩大了庙宇的规模，此时它具有了更多的王朝地方统治的象征。它最直接的官庙身份，可从清初平南王尚可喜时期算起。当时，虽然清朝实行海禁，但平南王尚可喜有上千艘船活跃在海上做生意，所以他非常重视这个庙，出了很多钱把庙修建得特别大。到清代中期，它便列入新安县的祀典之中。

这一案例，牵涉到我们如何理解文献所建立起来的历史认识问题。从文献中了解历史，是历史学者的本事，通过阅读地方文献而形成一种历史解释。但是，不管这个文献怎么在地方上获得，文献本身所呈现的历史其实是缺了很多历史事实的。就深圳赤湾天后庙而言，尽管我们在文献记录中看到，这座庙宇一再被官方建构为官方仪式场所，但文献没有呈现出来的，就是我们在现在的仪式中所看到的民众祭祀活动及时空规定性。我们如今赶到这里，如果仅仅参加完正式的官方仪式就匆匆离开，也不会了解那些到了夜晚才会举行的以乡村妇女为主体的祭祀活动，而这些活动对于我们理解这座庙宇来说是非常重要的。

就我的田野观察而言，这些在夜晚举行祭祀活动的乡村妇女，来自非常广大的一个地区，超越了乡村，也超越了县域。她们的活动并非指向

“中华海神”，而是与其日常生活中经常操持的杂神信仰有关，其实更接近一种民俗活动。面对同一座庙宇，官方仪式与民间仪式谁更具有延续性？我们看到，官方仪式的意义设置和具体做法，往往会因应着社会环境和政治情景的改变而改变，但本地民众的仪式因为与日常生活紧密相连，有着稳定延续的传统。就此而言，如果仅仅将之理解为所谓“大传统”和“小传统”的分异，似乎是不足够的。我们在地方上看到的这些礼俗活动，其实有一种更开阔、更稳定的社会与文化结构。在这一结构中，民众会不断地利用朝廷、士大夫能够接受的方式，加入官方制造的礼仪空间，或者包装成符合官方礼仪的俗。这样，他们即使不能够得到官方的承认，也可以在王朝体制下营造自己的空间。认识到这一点，对于我们解释宏大的王朝历史与民间文化空间的共生关系，是大有启发的。

（刘志伟，中山大学教授）

从乡厉到无祀：闽西四保的个案

我在闽西四保做田野调查的过程中，接触到了有关“厉”的一些很有趣的民俗现象。调查结束后，我通过查找文献，追溯这种习俗的起源及其进入乡村的历史过程。我认识到，这一过程乃是中国近世“礼下庶人”或“礼仪下乡”过程的一个缩影。

在田野调查过程中，当地老人频频跟我提起一种习俗，在立夏或者是中元，村民拜祭一种超自然的对象，他们称之为“无祀”。后来在他们的礼仪手册“祭文本”里，我找到了一些文字，是祭祀“无祀坛”时使用的祭文，这让我们了解到当地对“无祀”的祭祀状况。在当地民众的指引下，我在村外找到了“无祀坛”，它看上去像一个坟墓，建于山坡之上，中间立一块碑。“无祀坛”每个村都有，有的村还不止一个，三五个是常见情形。对制度史有所了解的历史学学者大都知晓，这样一种祭祀场所，文献中称为“厉坛”。

“厉坛”的历史渊源较早，我们先简单介绍一下。中国人的“厉”的观念和对“厉”的祭祀，可以追溯到先秦时期。在春秋战国时期，人们认为非正常死亡者的魂魄会通过一些外在的方法表达其怨恨和不满，对人间的活动进行干预，它们被称为“厉”。最著名的例子就是《左传·昭公七年》记载的伯有的故事。在子产与赵景子的对话中，子产解释了“厉”产生的原因。伯有是春秋时期郑国的大夫，因为是横死的，死后制造了很多麻烦，子产就讲述了一套伯有之所以作祟的原理。这个故事体现了春秋时期“厉”的观念。

至于“祭厉”的传统，大家比较熟悉的可能是《礼记·祭法》里面提到的说法。书中提到，对“厉”的祭祀是“七祀”之一，而“七祀”是贵族祭祀的超自然对象之一类。在《礼记》所述封建体制中，祭祀的对象和数量是与祭祀主体的等级相关的，王的祭祀对象共有七种，诸侯是五种，大夫三种，它们分别被称为“七祀”、“五祀”和“三祀”，而“厉”是其中之一，由于祭祀主体的不同，它分别被称为“泰厉”、“公厉”和“族厉”。大夫之下的士和庶人，没有对“厉”的专门祭祀，因此跟“祭厉”本来是没有关系的。

秦汉以降，朝廷对“祭厉”的态度是有变化的。根据《晋书·礼志》的记载，“厉祭”似乎不在祀典之列。唐代以后，“厉”才比较固定地成为祀典的所列祭祀对象之一。据《唐六典》记载，包括“厉”在内的七祀，被列为祠部郎中、员外郎的职掌之一。这一制度大致为后代所沿袭。但应该指出的是，历史上首次将对“厉”的祭祀推行到乡村，是自明代才开始的。

除了朝廷之外，我们还可以看到佛教对“厉”的处理。自唐宋以来，每到中元，不少地区的佛教寺院都会举行“盂兰盆会”。“盂兰盆”是“解倒悬之苦”的意思。举办这种活动的宗旨之一，就是安抚无人奉祀的孤魂野鬼。今天许多地区的佛教法事中，都还会举行一个“放焰口”的仪式，有些地方称作“度孤”，也叫“祭幽”，其本意和盂兰盆会相似，都在于祭祀无主孤魂。

我想重点讨论的是两个问题：明清时期的“厉坛”祭祀制度是如何被创设起来的？这些制度又是如何在地方上被实践的？

第一个问题的答案比较清楚。我们知道在洪武三年的时候，朝廷提出了祭祀“厉坛”的基本原则，对“厉”的祭祀进行制度化。这里面有几个问题需要讨论。首先应该指出的是，“厉坛”的祭祀原则与《礼记》所述相似，亦即祭祀主体与祭祀对象的等级应是对等的，与不同级别的“厉坛”相对应的，是不同的行政等级。在这个等级的顶端，是朝廷对“泰厉”的祭祀。在它的末端，是以里长为首的里甲职役对“乡厉坛”的祭祀。“乡厉坛”祭祀，正是在“乡厉坛”制度的实践过程中，礼俗之间产生了互动。其次是朱元璋推动“厉坛”祭祀的历史背景。明初对“厉”的祭祀，有个值得注意的特点，就是明初朝廷在乡村推广对“厉”的祭祀。其原因何在？对前代制度的因袭提供了一种解释。也就是说，历代王朝对“厉”的祭祀，虽然存在时断时续的情形，但自唐代以降，“厉祭”比较稳定地成为王朝祀典之一。明初在设计祭祀制度时，肯定考虑到了这一制度的延续性问题。正因为如此，在洪武三年推行这一制度时，朝廷引述了《礼记》等典籍的说法，言下之意是，朝廷做的这个事情背后是有法理依据的。

第二个问题是明初推广“厉坛”祭祀与佛教的关系。唐代以后的佛教仪式，尤其是围绕观音信仰产生的相关信仰与仪式，与对孤魂的处理有不容忽视的关系，这一传统可能对明初“厉坛”祭祀制度的创设产生了影响。细读明初朝廷颁布的“厉坛”祭文，我发现这个祭文在文字修辞的层面有一个特点，祭文中罗列了许多非正常死亡的“死法”。这和中古佛教经文（尤其以观音为核心的密教经文）中罗列各种非正常“死法”的做法相类似，考虑到朱元璋的出身及明代流传的有关其梦境的掌故，我倾向于认为这一做法与明初“厉坛”祭祀制度之间是有一定关联的。

当然，明初之所以把“厉坛”推广到乡村，还有一个很重要的背景，那就是唐代中叶以后由朝廷和士大夫推动的礼仪变革。这一社会文化史过程与朝廷、士大夫对礼仪理解的变化有关，也跟政治秩序、社会秩序建构形态的变化有关。概括地说，一方面，从唐中叶起，尤其是从北宋末开始，基于政治、社会方面的变动，朝廷开始为庶人制礼。另一方面，随着王安石变法的失败，士大夫的经世理念发生了变化，从原来倚重通过帝王推广政治理念，转而侧重通过改造民众来实践政治理念。在这个过程中，他们对普通民众的习俗产生了兴趣，并开始考虑借助礼仪的推广来改造民众的象征生活，“乡厉坛”的建立与这一背景应该是有关系的。明初将“厉坛”祭祀推广到乡村，还与朝廷对民间进行意识形态控制有关，这一点稍后详谈。

我们知道，明初设计的“乡厉坛”制度，是在全国各地都曾推行过的，这一点从各地的方志可以找到证据。笔者整理了弘治《八闽通志》的相关记载，将福建汀州府明代里甲、里社坛与“乡厉坛”的设置详情编制成下表：

县份	明初里数	1473 年里数	明初图数	1473 年图数	1472 年里社坛、乡厉坛数
长汀	10	10	51	51	10
宁化	12	12	51	51	14
清流	9	7	79	56	6
上杭	10	7	92	40	9
武平	7	7	23	19	6
连城	6	6	32	32	6
归化	–	7	–	45	7
永定	–	5	–	19	5

从上表可以看出，汀州府属八县的“乡厉坛”数，是与里而不是图相关的。大致做法是，每里各建“厉坛”一所，这与明初朝廷设计的制度是一致的。不过，现今的闽西四保地区实际上有许多“厉坛”，这究竟是怎么回事？

这里提到的闽西四保地区，是位于汀州府属长汀、清流、宁化、连城四县毗邻地区的一个村落群。从地域范围推断，明代政府在四保境内应该立有两个“乡厉坛”，即分属长汀县四保里和清流县四保里的“乡厉坛”，可是现在仅原属长汀县四保里的地域就有几十个“厉坛”，几乎是村村有“厉坛”。这种格局是如何形成的？郑振满教授在研究福建里社坛时，发现明清福建里社坛曾出现过分社的过程，其结果是一社分为数社。我在四保调查过程中，也曾在当地谱牒、碑铭中发现了类似现象。其中清流县四保里的“乡厉坛”，可能到清代乾隆后期至嘉庆年间才出现分坛的过程。不管如何，到了晚清、民国时期，所有的四保村落都修建了一个乃至多个“厉坛”。一个本是贵族和朝廷专属的祭祀礼仪，至此最终普及当地所有乡村，成为当地民俗的一个组成部分。

在“厉坛”祭祀的民俗化过程中，“厉坛”本身的意义也发生了一些变化。明初设计的“乡厉坛”祭祀制度，属于明代乡村统治的一个基本构成部分，具有较为明显的意识形态控制面向。“乡厉坛”祭祀制度有三点值得注意。其一，“乡厉坛”祭祀是整个明王朝祭祀等级制度的一个部分，仅就“厉坛”祭祀而言，明王朝就建立了与上自都城、府，下至州、县、里的各行政级别相对应的“厉坛”祭祀体系。其背后的主要用意，在于建立一种等级分明的礼仪秩序。其二，举行“乡厉坛”祭祀时，必须“请城隍”，其意图在于对前来接受供奉的无祀鬼神进行监督。其三，体现在“乡厉坛”祭文中的一套理念。祭文要求接受供奉的无祀鬼神肩负监督民众的责任：

> 凡我一里之中，百家之内，倘有忤逆不孝，不敬六亲者；有奸盗诈伪，不畏公法者；有拗曲作直，欺压良善者；有躲避差徭，靠损贫户者。似此顽恶奸邪不良之徒，神必报于城隍，发露其事，使遭官府。轻则笞决杖断，不得号为良民；重则徒流绞斩，不得生还乡里。若事未发露，必遭阴谴，使举家并染瘟疫，六畜田蚕不利。如有孝顺父母、和睦亲族、畏惧官府、遵守礼法、不作非为、良善正直之人，神必达之城隍，阴加护佑，使其家道安和、农事顺序、父母妻子、保守乡里。我等阖府官吏等，如有上欺朝廷、下枉良善、贪财作弊、蠹政害民者，灵必无私，一体昭报。

也就是说，如果一里之中谁做了坏事，“厉”要向城隍汇报，揭发其恶行。如果没有揭发，也应该使其遭受“阴谴”。但如有良善之人，则应暗中加以护佑。

在“乡厉坛”进入乡村的过程中，王朝礼制被植入乡民生活之中。但与此同时，“厉坛”的意义发生了转换。在民间的运作过程中，“厉坛”祭祀中原有的礼仪秩序建构和意识形态控制的面向，被另一套意义系统所取代。在明王朝设计的“厉坛”祭祀制度中，具备不同职位的行政官员对级别相对应的厉坛进行祭祀，在里这一级，主导祭祀的应该是里长。但在民间的实践过程中，担任主祭的不是官方指派的里甲职役，而是四保当地所谓的“多子多福”“福寿双全”之人。这样一来，朝廷设计的礼仪秩序就被以“福”为核心的民间观念所取代。

同时，明王朝设计的“乡厉坛”祭祀制度，也包含了社会秩序建构的面向，亦即与里社坛祭祀制度配合，在仪式上建构一个道德共同体。这个面向在民间的运作过程中，也发生了一些值得注意的变动。四保的“厉坛”祭祀，一方面保存了社区性的面向，明清时期的多数“厉坛”，就是由某一乡村或某一宗族或某一房支建立的。不过同时还可看到，当地也出现了围绕“厉坛”祭祀而建立的自愿性会社。四保人说，这是由一些“想喝酒”的人建立的，跟宗族、村落没有直接的对应关系。这种自愿结成的会社，背后是一个“股份”的理念，也就是说，相关会社的“股份”是可以让渡的，借助当地一些文书就可发现“厉坛”会社让渡的现象。

总之，在闽西四保“厉坛”祭祀的个案中，我们可以观察到一种朝廷礼制在乡村实践过程中产生意义的转换，最终被融入民间习俗的过程，亦即礼化为俗的过程，为理解中国历史上的礼俗互动问题提供了线索。同时，在明初创设“厉坛”祭祀制度的过程中，来自佛教的背景可能产生了一定影响，这意味着在考虑礼、俗二元关系的同时，还应关注到佛、道等第三方因素的影响——当然就“厉坛”而言，这一点还有待于我们进行更为细致的考证。

（刘永华，复旦大学教授。本文原载《民俗研究》2015 年第 6 期，收入本书时有修改）

习惯（俗）[①] 的确认与生成：从诉讼档案到历史人类学

近十年来，我因处理一批民国年间的地方诉讼档案，开始学习法律史。在法律史中，“习惯法”是一个经典的问题，即法律作为一种特殊的规则系统，与没有经过国家确认、没有法典化的各种社会规则、习惯、习俗之间的关系究竟如何？应该如何？[②] 因为中国传统法律的性质以及它们在户婚田土和商业等方面的条款相对简陋，“习惯法”的问题尤其受到学者的重视。滋贺秀三、寺田浩明、梁治平、黄宗智等学者围绕清代法律和诉讼的研究、争论，奠定了中国古代习惯法研究领域的基本理论框架。[③] 在近代中国法律史的研究中，习惯法又成为讨论西法移植、民事习惯调查

---

① 习惯、习俗这两个概念，心理学一般将“习惯”作为个人后天养成的一种在一定情况下自动去进行某种动作的特殊倾向。社会学和经济学中两个词语有时是通用的，在区分这两个概念时，一般将习惯作为个人的重复行为，而将习俗作为社会群体的重复行为，如康芒斯认为的“它是引起个人习惯的社会习惯”（［美］康芒斯著，赵睿译：《制度经济学》，华夏出版社 2013 年版，第 50 页）。“习惯法”概念中的“习惯”相当于社会习惯，即习俗。本文主要讨论社会习惯，即习俗，在文中，这两个词语通用。在涉及个人习惯时，就用“个人习惯”作为区分。

② 习惯法的界定有很多种，在本文中取国内学界通常认为的，即以是否具有国家意志作为习惯法与法的分界。

③ ［日］滋贺秀三著，张建国、李力译：《中国家族法原理》，法律出版社 2003 年版。［日］寺田浩明著，王亚新等译：《权利与冤抑：寺田浩明中国法史论集》，清华大学出版社 2012 年版。［日］滋贺秀三等著，王亚新、梁治平编：《明清时期的民事审判与民间契约》，法律出版社 1998 年版。黄宗智：《法典、习俗与司法实践：清代与民国的比较》，上海书店出版社 2003 年版。梁治平：《清代习惯法：社会与国家》，中国政法大学出版社 1996 年版。……

和民法制定等问题时的重要概念。① 而地方诉讼档案因为记录了大量习惯（俗）与法律在诉讼实践中的遭遇和交锋，成为讨论上述问题的一手资料。

但如果我们稍稍离开法律史的领域，将考察的直接对象从"法"转向"人"，诉讼档案就不仅是"法"与"习惯"关系的记录，还是包含了社会经济关系、人的行为、观念和表达的综合性史料。法官、两造当事人、涉事人之间的对话，围绕着他们对于习惯（俗）和法律的认知、诠释和利用展开。理解这些诉讼中的对话，超越了狭义法律史的范畴，它不仅涉及"习惯法""法律移植"等问题，同时也涉及心理学、社会学、人类学、经济学等诸多学科对"习惯""习俗"的讨论。② 概括来说，这些讨论涉及个人习惯的生成机制、社会习惯、习俗的形成和变化，社会规则的分类体系，人们对习俗有策略、选择性的实践等。当我们再将上述学科的讨论放回到具体的历史情境和历史过程中的时候，诉讼档案中各方围绕习惯（俗）和法的争论背后，往往就包含着一个社会经济结构、观念和语言的变迁史。诉讼档案研究中的"习惯"（俗），也就因此成为沟通法律史料与社会史或历史人类学研究的核心概念。

一、诉讼实践中的习惯认定

民国十四年（1925）四月十七日，一个叫作蔡炳成的人向浙江龙泉县

---

① 俞江：《民事习惯调查与中国民法典编纂》，见《中国法学文档》第1辑，法律出版社2005年版。苗鸣宇：《民事习惯与民法典的互动——近代民事习惯调查研究》，中国人民公安大学出版社2008年版。刘昕杰：《民法典如何实现：民国新繁县司法实践中的权利与习惯（1935—1949）》，中国政法大学出版社2011年版。高其才：《民法典编纂与民事习惯研究》，中国政法大学出版社2017年版。李启成：《外来规则与固有习惯：祭田法制的近代转型》，北京大学出版社2014年版。

② ［美］W. James原著，唐钺译述：《论习惯》，商务印书馆1944年版。［美］康芒斯著，赵睿译：《制度经济学》第2章第3节，华夏出版社2013年版。［英］弗里德利希·冯·哈耶克著，邓正来等译：《法律、立法与自由》第1卷，中国大百科全书出版社2000年版。韦森：《习俗的本质与生发机制探源》，载《中国社会科学》2000年第5期。张镭：《论习惯与法律——两种规则体系及其关系研究》，南京师范大学出版社2008年版。

公署呈递了一张民事诉状。[①] 蔡的祖父在清光绪年间从李姓人手里买得一处山场。民国五年（1916），李姓又向蔡炳成领垦其间的一处荒坪。现在，蔡炳成告李姓“噬租吞垦”，李姓则以蔡炳成“截契揞赎”等情辩诉。

该案的关键是一张光绪年间的卖山契。这张契约的抄件由原告蔡炳成随状上呈。蔡姓强调，该契约在清代即已经交纳契税，真实有效。[②] 李姓被告则称，当年的契约并非“杜卖”而是“杜当”，蔡炳成出具的山契末尾本有一行准赎批字，“契内书明，仲资钱六百文。契尾批载：递年冬成，交纳白米二石，与蔡边为利。不论年月远近，李边办得原价仲资取赎，蔡边不得执留等字”。至民国十四年间，李姓备价回赎，问蔡家捡寻契约，却发现契尾批载取赎一段文字被完全截毁。为了证明这张契的确是被截去加批的杜当契，被告提出两项理由，一是要求传讯当年的立契人；二是该契虽然契尾批载被截去，但留有“仲资钱六百文”的字样，而活业取赎才加批“仲资”，即中资钱，这是龙泉地方的“书契习惯”。[③]

这里牵涉至少两项当地的契约习惯问题。首先，在事实为活卖的情况下，是否习惯以杜绝清契加批回赎的方式立契？其次，是否“活业取赎加批仲资”，杜绝清契则不必写明中资钱？

民国十五年（1926）一月二十日龙泉县的判决并没有采信被告的辩诉，而倾向于取信契约的书面意思，由于契约订立年代已经超过《清理不动产典当办法》中的典当期限不过十年的规定，所以龙泉县的判决对“活业取赎加批仲资”的习惯，也没有多加注意。

李姓上诉至浙江永嘉地方法院。永嘉地方法院致函龙泉县署，要求调查“活业取赎加批仲资”是否确为龙泉习惯。[④] 龙泉县县长随即命令验契

---

① “民国十四年蔡炳成等与李顺玉等山租纠葛案”，该案收录于《龙泉司法档案选编（第二辑 1912—1927）》第 38 册，中华书局 2014 年版，第 830 ~ 974 页。

② 《龙泉民国法院民刑档案卷（1912—1949）》，卷宗号：M003 - 01 - 4753，第 33 ~ 38 页、第 41 页，浙江省龙泉市档案馆藏。

③ 《龙泉民国法院民刑档案卷（1912—1949）》，卷宗号：M003 - 01 - 4753，第 10 ~ 18 页、第 23 页，浙江省龙泉市档案馆藏。

④ 《龙泉民国法院民刑档案卷（1912—1949）》，卷宗号：M003 - 01 - 8514，第 27 ~ 29 页，浙江省龙泉市档案馆藏。

处主任进行调查和回复。验契处主任的回复非常含混：

职处素日所收各种新旧典买契据，于中资一项均有批载，不尽限于沽契一种。然此种批载亦非每契所必备，大约不过居十之一二而已。……盖中资字样于验契及税契上均属风马无关。是以职于呈验各契就中资一项，不甚注重。究竟有无前项习惯，似非周咨博访，询诸土著耆民，采集地方舆论，则事难贯澈。①

相反，写契人的供词却明白地说，“龙邑习惯，杜绝卖契，则不书仲资，活契则将仲资载明契内，以便回赎并算”②。但龙泉县回复永嘉地方法院的信函，只录取了验契处主任报告中的前半段，否认加批中资是活买契独有的特征。写契人的供词则没有被上报。永嘉地方法院于是驳斥了李姓的上诉。李姓再上诉至浙江高等审判厅，浙江高等审判厅废弃原判，发回永嘉地方审判厅更为审判。据民国十八年（1929）六月蔡炳成诉状，永嘉地方审判厅仍判定驳斥李姓上诉。至此，该案中当事人对于活卖加批中资的“习惯”声称，可以说被彻底否决了。

这是一件平常的案件。在诉讼中有很多地方习惯、习俗的申诉。例如，山佃得无偿使用、砍伐、贩卖山上杂柴，“垫本客货，换客不换行”，白契管业等，常常被称为“本地习惯”或“本邑惯例”。但同时，另一方当事人也时常反驳这种对习惯的声称。不论是在明清还是在民国，法官对“习惯”或“习俗”都不能轻易地置之不理。但是就像上述案例显示的那样，当“习惯”出现在诉讼场合时，法官不仅面临国家法与“习惯”之间的矛盾和争议，更为棘手的问题常常是“习惯”本身的认定。地方社会并没有一套确认“习惯”的正式机制。尽管在晚清和民国有过几次为立法而进行的民事习惯调查，但得到立法或被大理院、最高法院确认的习惯仍然

① 《龙泉民国法院民刑档案卷（1912—1949）》，卷宗号：M003－01－8514，第32～34页，浙江省龙泉市档案馆藏。

② 《龙泉民国法院民刑档案卷（1912—1949）》，卷宗号：M003－01－3614，第5～7页，浙江省龙泉市档案馆藏。

只是很小的一部分。而且由于习俗、习惯的地方性特点，民事诉讼中的“习惯”仍然需要个别认定。

法学家和法律史学者在论述作为法源的“习惯”和“习惯法”时，无一不强调所谓习惯的“反复性”和“确信性”。① 但是，在诉讼中，就像上述案例表现的那样，习惯的确定性常常充满争议。E. P. 汤普森在解说英国的“习惯”时甚至说：

> 在18世纪，习惯几乎是对任何权利的要求、使用和实施的合法性的辩解之辞。从此，未编成法典的，甚至编成法典的习惯处于不断的变动中。“传统”一词使人联想的内容远不是持久不变的，习惯是一个变动的充满争论的领域，是对立的利益提出冲突的要求的竞争场所。②

寺田浩明分析过中国土地秩序中惯例的形成和民众对惯例的使用，他也说：

> 清代的民事惯例，无论对于当时地方社会的官员还是民众来说，都不是一种包含着稳定结构的或者客观存在的规范样式。
>
> 在清代民事秩序中，官民双方基本上都缺乏使社会规范得以“成文化、制度化”的机制及程序。……结果就是惯例成为一种事实上极易受各种影响而变异，始终在社会空间中漂浮移动而难以把握之物。③

---

① 如1913年大理院上字第三号判例：“凡习惯法之成立要件有四：（1）有内部要素，即人人有确信以为法之心；（2）有外部要素，即于一定期间内，就同一事项，反复为同一之行为；（3）系法令所未规定之事项；（4）无背于公共之秩序及利益。”郭卫编《大理院判决例全书》，上字第三号，第29页。胡长清：“习惯云者，即于一定期间内就同一事项，反复同一为之之习俗也。”《中国民法总论》，中国政法大学出版社1997年版，第30页。

② ［英］爱德华·汤普森著，沈汉、王加丰译：《共有的习惯》，上海人民出版社2002年版，第5页。

③ ［日］寺田浩明著，王亚新等译：《权利与冤抑：寺田浩明中国法史论集》，清华大学出版社2012年版，第109～110页。

他也和 E. P. 汤普森一样强调“惯例”作为争辩的理由、论据而被灵活使用的一面：“所谓‘惯例’并非以制度化的程序为担保而具有所谓客观性的规范，惯例体现在一个个主体在社会交往中提出或陈述的正当化理由之中，也体现为包括种种实力行使在内的多样行动的过程和结果总体。”①

在诉讼场合，法官必须区分社会经济生活中实际存在的习惯、习俗和在纠纷争论中作为“辩解之辞”的习惯。法官启动调查的程序，但整个调查和认定的过程中充斥着话语权的争夺。例如，在上述案例中，是验契处主任的报告和县知事带有选择性的汇报，而不是地方人士、契约书写人的证词，成为决定地方“习惯”是否得到官方确认的关键。

不论是社会学、人类学还是法学都强调，相较于法律，“习惯”“习俗”无须权威认定，而被大部分人所承认，或者具有被无意识遵循的“自然”特征。马克斯·韦伯正是在强制性的程度和方式上，区分“习俗”、“惯例”和“习惯法”的。他认为，“习俗（Sitte）指的是一种在常规状态下的典型的一贯性活动，因为人们只是‘习惯’于这样做，并且始终是不假思索地模仿着做。这是一种集体性的行动方式（Massenhandeln），没有任何人在任何意义上‘要求’个人保持它的恒定性”；习惯法“其效力在很大程度上就在于一个强制机器会采取行动加以实施，尽管那只是由于共识而不是因为制定了规范。相反，惯例的特征就是没有任何强制机器，就是说，没有任何——至少是相对明确地划分出来的——一部分人群能够随时持续地采用物理或心理手段承担法律强制这一特殊任务”。② 但是，那些存在于地方社会经济生活中的“习惯”“习俗”，不仅没有强制性的机制，而且也因此处于某种“不确定”的状态，只有当人们需要将它们说出来（或记录下来），关注到它们的时候，它们才获得了确定性。而这种“关注”本身，就是一种权力的作用。一旦被关注，其背后就有一种强制力存

① ［日］寺田浩明著，王亚新等译：《权利与冤抑：寺田浩明中国法史论集》，清华大学出版社 2012 年版，第 105 页。

② ［德］马克斯·韦伯著，阎克文译：《经济与社会》第 1 卷，上海人民出版社 2010 年版，第 438 页。

在，不论关注是来自国家机构，还是来自民间社会或学术界。

二、习俗在民间的确认实践

前一个来自诉讼档案的例子，呈现了一种所谓的地方习惯，被官方关注，进而被确认或否认的过程。进入诉讼场合或者被法律关注的习惯，当然只是其中极少的部分，习惯更多是在社会中实践，并且在某些情况下被特定的人群关注和确认。

在法律系统之外，习惯的“确认”，不论是经由语言宣示或文字表达，同样是一系列权力操作的结果。对于相当依赖文献史料的历史学研究来说，习惯的成文法，是一个至关重要的时间点和事件。不管记录的作者是谁，记录本身就是一种重要而明确的确认行为。我们也许会想当然地认为，在这些行为没有被记述为文字之前，一定早已在这个地方上相当普遍地存在，文字只是将这些客观的存在描述下来；记录并不会改变这些行为、观念客观存在的事实。但其实并不如此，语言文字本身并不是对行为的简单陈述或记录，在陈述记录中，包含了关注、确认、选择、归类、定型等一系列的动作。

习俗的一种确认方式，是士人在史志、笔记中的记录。清代的《龙泉县志》中有一则记载：

> 寒食节，土著大族家各有祠，祠各有祀产。每岁以次轮收值祭。祭之日，先持牲醴、挂纸钱于墓，继会于祠，男妇毕集燕饮。出嫁之女及婿与甥，皆得与焉。犹有古人萃涣之义。若侨居未久，族单无祠者，仅扫墓挂纸而已（黄续志）。①

清明时节的墓祭或祠祭，办祭会饮，在不同地区的具体做法可能有差异，但有关记载都司空见惯地出现在明清各地方志的风俗、节俗部分，这

---

① 〔清〕顾国诏等修：光绪《龙泉县志》，台湾成文出版社有限公司 1975 年版，第 749 页。

看起来像是一种地方的“共识”，或者说一种“传统”。然而，正是共识、传统这一类词汇本身，让我们常常轻视了其中包含着的权力关系。即使韦伯比较强调习俗的非强制特性，他也不能不承认，习俗作为一种传统，而“凡是传统上沿袭下来的事物，都是终于具备了强制力的事物的重要源泉”①，不去适应习俗的人，很容易陷入或大或小的不便和烦恼。不遵循这些做法带来的不快或不利，这背后也是某种权力的支配。

例如“办祭”，这个被赞美为“古人萃涣之义”的传统习俗，其实是包含着激烈竞争关系的宗族利益分配制度的一部分。循例操办清明节的同族聚餐，甚至是争夺祭田轮值权利的一种手段。在光绪三十四年（1908）至宣统元年（1909）的一场争祭纠纷中，原被两造互控对方抢贴祭田，被告在辩诉中说：“节届清明，身应照簿办祭，割串完粮，谁知瞿林炎狡串瞿□□措留祭簿，复又教唆自旺抢割粮串。俟身祭无可办，粮无可完。揣其心，莫非于庭讯之日，以身祭未办、粮未完为词，而冒祖夺祭，易如反掌矣。”②“办祭”和“完粮”纳赋一样，两者都是拥有祭田轮值权利的附带义务，但同时又是拥有祭田轮值权利的重要证明。出席这样的聚会，也是族人身份的宣示。该案被告反诉原告冒认同宗，其中的一项理由就是，以往“递岁三节赴席，未见自旺（即原告）来祠”③。获得“族人”或“嗣子”的身份，不仅需要立嗣书、族谱、祭簿等证明文件，还需要当事人年复一年地参与各种有关的“习俗”来证明和维持。

“办祭”和会饮，绝不只是一种增进族人情感的美俗，操办和参加这项“习俗”都是一种排他性的权利。这类“习俗”的实践是一种权力（利），同时也是一种获得权力（利）的方式。在梁治平的定义中，这类与分配权利、义务功能相关的习惯，就是习惯法：“普通习惯只是生活的常

---

① ［德］马克斯·韦伯著，阎克文译：《经济与社会》第1卷，上海人民出版社2010年版，第120页。

② 《龙泉民国法院民刑档案卷（1912—1949）》，卷宗号：M003－01－10516，第18页，浙江省龙泉市档案馆藏。

③ 《龙泉民国法院民刑档案卷（1912—1949）》，卷宗号：M003－01－10516，第7页，浙江省龙泉市档案馆藏。

规化，行为的模式化，习惯法则特别关系权利与义务的分配，关系彼此冲突之利益的调整。”① 从法学的学理的角度，做这样的区分是合理和严谨的。在社会实践的层面上，乡民们没有习惯和习惯法的概念分别，但他们也关心哪些做法被确认为俗例，哪些俗例能获得各个层面权力的支持，因为这与他们的权利息息相关。

乡规民约、族规谱例的制定过程中也往往伴随着一些习俗行为的确认。在法学中，乡规民约、族规谱例通常被认为是典型的“习惯法”，主要讨论立法和司法是否以及如何吸纳这些“习惯”等问题。但是回到族规、乡约的形成过程，哪些行为、观念，如何被选择、确认为是族规乡约？并在变成文字的时候固定化、抽象化？再反过来影响到人们的行为实践？这一系列问题，更吸引历史学家的兴趣。我曾经考察过族规谱例的制定过程。② 在这些研究中，我特别选择那些真正被实践的、具有生命力的族规谱例，而不是那些仅仅躺在纸面上的条文。诉讼档案和族谱都显示，族规谱例中有关继嗣的规则，是最频繁被使用的，也是最频繁被修改的。这些族规谱例，有的条款是与国法相配合的，而其中与国法相违背或在国法中没有明确规定的条款内容，就会被说成是习俗或旧例。比如，准许异姓承嗣、异姓入谱。但是这些被称为习俗或旧例的条文，显然不是简单的对一种地方惯常做法的文字记录。例如所谓的“异姓承嗣”，最初是一些家庭养异姓子的行为，在某些地区经历了宗族庶民化之后，被官府、士大夫、日益强大的宗族组织所“关注”，被禁止或被规范、认可，才被定义为一种叫作“异姓承嗣”的“乡俗”或“乡例”。换言之，“习俗”的确认，往往是一部分人对某些行为进行选择、赋予意义或者加以否认和批评的过程，这一过程的发生往往有其特定的历史背景和利益诉求。

嘉庆年间浙江遂昌县俞氏族人重修宗谱，这份新谱和老谱不同，有一

---

① 梁治平：《清代习惯法：社会与国家》，中国政法大学出版社 1996 年版，第 165 页。

② 杜正贞：《民国时期的族规与国法——龙泉司法档案中的季氏修谱案研究》，载《浙江大学学报（人文社会科学版）》2014 年第 1 期。杜正贞：《“异姓为嗣”问题中的礼、法、俗——以明清浙南族规修订为例》，载《历史研究》2017 年第 3 期。

册叫作《外篇》。一些人的名字被从老谱里移出来，放到了这册《外篇》里，这些人就是所谓的“异姓子孙”。《外篇规则》里说：

> 嗣后附外篇者仅与行不与第，聊为别同异，终恐以稗乱苗也。凡遇祠祭，主祭及执事者，推举本族亲派，而异姓子孙勿与焉，亦所以辨正宗之意也。夫此外篇之说，既已一一从俗矣，而异姓助祠，别族亦有此例，夫独不当从俗乎。①

《外篇规则》一方面正式承认了立异姓为嗣，但又通过设立《外篇》和专门针对异姓子嗣的族规，将他们和本姓子嗣区别开来。这套规则和方法被当地人称为“俗”。

这种“俗”，事实上早在雍正年间已经被地方官员注意，并在一起相关诉讼中被认可。《汤溪叶氏族谱》记载了雍正初年的一次异姓承嗣诉讼，根据族谱中保留的雍正元年知县姚公的一则审语可知，知县谴责了异姓立嗣的行为，认为这与律例不符，但同时也说：

> 再查遂邑异姓入继者多，其始皆起于妇人之见，而其后遂无可如何，以致大家望族，设立宗谱，遂有内外篇之分。内篇以叙嫡派，异姓入继者列诸外篇，与其助祭，不与其主祀。是尤为非礼之礼，非义之义也云。②

然而有趣的是，尽管知县的审语承认了相关做法，叶氏宗族在新修谱例中并没有完全听从知县的建议，而是确立了更为严格的、禁止“异姓为嗣”的原则。新修谱例强制无后族人立嗣，并绝对禁止抱养异姓子为嗣。③

“习俗”不论是被宗族，还是被官府关注、确认或否认的背后，都

---

① 《平昌俞氏宗谱》卷之末，1926年，浙江省遂昌县图书馆藏。

② 《汤溪叶氏族谱》卷末，《审语》。

③ 《汤溪叶氏族谱》卷首，《凡例》。

是某些人或人群的利益诉求和操作。这两个案例再次让我怀疑这种认识，即简单地以“无意识遵循”和“地方共识”作为“习惯”“习俗”的基本特征。相反，当习惯、习俗被提及甚至记录的时候，常常是因为它们受到了某种质疑，需要确认或重申。雍正年间，姚知县说为异姓设立外篇的习俗是“非礼之礼”；叶氏族人却舍弃“习俗”，选择了“礼法”。“俗”与“礼”“法”之间的相对关系又提醒我们，“俗”的存在和定义都是基于一个更大的社会规则体系，人在社会规则体系中具有选择的能动性。更重要的是，在历史长河里，随着整个社会规则体系的调整，同一种行为到底是“俗”还是“礼”“法”，这些也都在变化中。

三、在社会规则系统中演化的习俗

在晚清法制改革的过程中，法学家沈家本曾经写过一篇文章，叫作《变通异姓为嗣说》。他举出了古往今来立嗣异姓的故事说：“以异姓亲属为嗣者，更难偻指数。此亦风俗之习惯，不能遽禁者也。”①当沈家本用“风俗之习惯”来为“异姓为嗣”辩护时，背后是“礼法”与“习惯”相对立的观念：“风俗之习惯”是在礼法以外的，而且很多时候它是与法律相违背的存在。他将“禁立异姓子为嗣”作为一条法律，将与律条相反的“立异姓子为嗣”归为一种“风俗之习惯”，然后将“风俗之习惯”作为新时代法律合法性的来源，以图改革原来“禁立异姓子为嗣”的法律。

在晚清和民初，沈家本的认识和逻辑大概是较为普遍被接受的。普查各地的“习惯”，在此基础上制定民法，是很多法学家的思路。这也成为晚清民初确立“异姓承嗣”的合法性的主要思路。晚清和民国进行了数次“习惯调查”。② 与沈家本的论述一样，这些调查报告将“异姓承嗣”定义

---

① 沈家本：《变通异姓为嗣说》，《沈家本全集》，中国政法大学出版社 2010 年版，第 675 页。

② 俞江：《民事习惯调查与中国民法典编纂》，见《中国法学文档》第 1 辑，法律出版社 2005 年版。

为地方习惯、风俗。这种定义背后的主张是：这些行为虽然与旧时的法律相违背，但新时代习惯、习俗也能够成为法律的渊源。

正是在这个思路下，《大清民律草案》《民国民律草案》中的继承条款都有修订。但是《大清民律草案》和《民国民律草案》都没有正式执行。而在大理院时期，作为民事审判之依据的《大清现行刑律》民事有效部分，仍然遵循《大清律例》中的诸项条文。大理院判决例三年上字第七〇九号：

> 现行律载，凡乞养异姓义子以乱宗族者处罚云云。此项法规为强行法规，不容当事人以意思或习惯擅为变更寻绎。该条文语意至为显著（现行律户役门立嫡子违法条律）。①

也就是说，在1930年之前的法律中，“立异姓子为嗣”仍然是不被认可的。而且该判决例还特别强调不能以“习惯”作为挑战这条法律的理由。直到20世纪20年代末，南京国民政府立法院起草继承法，立法者认为所谓宗祧继承在实践中已名实不符，且违背现代“男女平等”的潮流，民国十九年（1930）底颁布的《中华民国民法·继承编》废止宗祧继承。与此相应，有关禁止“异姓承嗣”的法律禁令也就不存在了。

正当南京国民政府制定新法的时候，龙泉城里的季氏宗族决定再次重修族谱。主持这次修谱的族人中有一位律师，他敏锐地感觉到法律上的巨大变化会对宗族组织和相关族规带来挑战。在经过一番宗族“民主评议”的操作之后，增修谱例12条，其中有6条直接有关继承。与国法删除立嗣规则相反，这个宗族谱例对出继、立嗣等行为进行了更为严格的限制。例如，“本支有余丁方可出继，既出继不得再牵本生。但远隔五等亲者，不许应继”，“独子可得兼祧，但以同父周亲为限，在同祖周亲以上者均不许

① 郭卫编：《大理院判决例全书》，台湾成文出版社有限公司1972年版，第264页。

兼祧”，“抱子入谱，不许轮祭。旧有谱例，承爱子与抱同姓疏属子亦同”等。① 这些条款在旧有的宗祧继承的框架下，限制立嗣的范围。季氏宗族就用这种方法呼应了新民法放弃宗祧继承的改变。在随之而来的相关诉讼中，地方法院也不再对立嗣纠纷进行判决。“立嗣”这种在宋代就有法条进行规范的行为，此时完全成为民间规约的内容，演化成地地道道的习俗了。

如果我们回溯更远的时代，就会发现“立嗣”在最初也并不是法律中的规定，其源头是原来针对贵族的“礼”，并非对一般百姓的要求。这在唐律中仍然有痕迹可寻。直到宋代，与士大夫倡导、发展庶民宗族的过程相配合，庶民立嗣的观念才普及开来，并且在法律中开始出现有关的条款。民国时期，规范的分类体系再次发生变化：一些原来属于“法”的旧规则被新的法律所排斥，成为社会中的“俗”；原来在礼法体系之外的“俗”，则被新的法律体系所吸收，成为“法”；人们在实践新的法律规范的过程中，再次转化、发明出与此相关的、各种层次的“俗”。

我们一直强调，“礼”“法”“俗”共同构成了中国传统社会的规范体系，但是它们的内容以及同一种行为被归入哪种类别，则在历史上不断变化。“习俗”不仅是一种行为模式，它也是一种“知识”，习俗的历史也是知识的生成、传播、实践和转化的历史。与所有“知识”一样，习俗这种知识的确认也与分类体系的演化有关。

四、习俗的生成和演变——历史人类学研究

至目前为止，我的讨论只涉及习惯（俗）历史中一个极短暂的片段，也就是习惯（俗）的确认过程。所谓确认，是指某些行为，在特定的契机之下，通过各种权力的操作和竞争，被宣称、记录、定义为“习俗”，或者归入“习俗”这个特定类别中去。这当然是习惯（俗）历史中关键性的一步。但是，这些被称为习惯（俗）的行为和观念本身何以生成？关于习俗尚未被确认、记录的阶段，依赖文献的历史学如何能够进行研究？如果

---

① 《重修季氏宗谱》卷一六，第 68 ~ 70 页。

还存在着大量普通人日常所为，却根本无意识或无须确认的习惯、习俗，对于这些极少被确认、记录的行为和观念，历史学又当如何处置？因为，不论是诉讼档案还是族谱、契约，这些都是当事人有意识的表达，特别是涉及权利关系时对规则的有意识表达，因此从根本上说，我还未能涉及那些习惯（俗）行为本身的生成史，或习惯（俗）的无意识阶段。民俗学、年鉴史学和历史人类学的理论，在这方面的尝试，可作为我们进一步探索的指导。

民俗学从一出现就强调其特色是研究非文字记录的风俗习惯，“它们之所以得到认可和流传，并不是通过实验的知识或科学上确认的事实，不是通过明定的法律或可信的历史，也不是通过以上任何一项都以其为必要条件的文字记载，而仅仅是通过习惯和传承”①。柳田国男特别在其《民间传承论与乡土生活研究法》第三章讨论“文字记录产生之前”，强调不能过多借助文献的旁证，而是用实地观察调查的方法。柳田国男的民俗学理论中有着浓厚的历史学色彩，他把民俗学的研究对象定义为一种“史外史”，对于这种“史外史”的了解，需要一种他称之为“重出立证”或“重叠照相”的方法，即通过对现代生活的某个横断面的观察、比较，了解历史发展的过程。②柳田对民俗学理论和方法的认识是极具吸引力的，但是，它似乎并没有成为后来日本民俗学发展的主流，“柳田逝后，民俗学作为独立学科应有独立的研究目的这一主张日益增强，而今天，民俗学是明示日本人和日本文化之特质的科学，这几乎成为普遍的共识”③。

历史学对于习俗的关注也由来已久，很多学者都会上溯至司马迁的《史记》或希罗多德的《历史》中对各地风土人情的记述，但是这些记述在我看来，是对习俗的确认。他们所做的工作，或者正可以称为“将无意

---

① ［英］查·索·博尔尼著，程德祺等译：《民俗学手册》，上海文艺出版社1995年版，引言第2页。

② ［日］柳田国男著，王晓葵等译：《民间传承论与乡土生活研究法》，学苑出版社2010年版，第39～50页。

③ ［日］福田亚细男著，於芳等译：《日本民俗学方法序说——柳田国男与民俗学》，学苑出版社2010年版，第41页。

识的习惯变成有意识的传统”，民俗学在柳田之后的发展趋势也类似于此。直到年鉴史学以追求长时段的历史、底层大众的历史为学术理想，历史人类学借助擅长研究无文字社会、无意识表达的人类学的方法和概念，才使历史学得以尝试探讨习俗行为的生成和实践过程。黄向春在《民俗与历史学的人类学化》中梳理年鉴学派、历史人类学与民俗之间的关系，他说：“从某种意义上说，民俗的本质就是一种权力关系的结构化；民俗中的权力很生动地展示了作为老百姓的‘集体无意识’的‘历史’与‘有意识’的‘现在’及合乎逻辑的生存技术或生活艺术的复杂互动关系；最根本性的社会变迁——权力结构的改变，往往不那么具有‘英雄史诗’般的精英意志的性质，而是滋生于民俗并最终完成于民俗、表达于民俗的层面的。”① 可以说，“历史人类学”对习俗的研究中，还包含了某种通过习俗发现另一种历史的野心。就像郑振满老师曾经说的，“历史人类学就是要尽可能把历史学关注的那些最基本的问题与民俗（地方性知识、日常生活的规则）联系起来，透过这种联系去解读它的意义”②。因此，习俗的历史就不只是记录或定义某一时代和地域中的习俗是什么，而是关注在具体的历史情境中，行为模式的生成、传播，以及人们为此所进行的权力运作、策略选择。换言之，习俗的历史，包括人们改造其行为模式，实践赋予其意义，并将其定义为习俗的目的、行动和后果。

不同的学科对于习俗的生成有不同的解释。马克斯·韦伯强调一种行为的“不断重复”。制度经济学从博弈论的角度讨论习俗的生成变化。③ 康芒斯就认为，习俗虽然是一种重复，但是“任何重复都不会与其原有的事物完全一样，任何复制也不会与其同时代的东西完全一致，因此，习俗在相继的时代及同时代总会有种变化”④。他也指出，习俗的重复、变化都是有意识的。布迪厄提及“习性”（habitus）时，更明确地说：“‘无意

---

① 黄向春：《民俗与历史学的人类学化》，载《民俗研究》2002 年第 1 期。

② 郑振满：《从民俗研究历史——我对历史人类学的理解》，《明清福建家族组织与社会变迁》，中国人民大学出版社 2009 年版，第 273 页。

③ 韦森：《习俗的本质与生发机制探源》，载《中国社会科学》2000 年第 5 期。

④ ［美］康芒斯著，赵睿译：《制度经济学》，华夏出版社 2013 年版，第 41 页。

识'从来只是对历史本身生产的历史的遗忘。作为身体化的、成为自然的、也因此被遗忘了的历史，习性是习性赖以产生的全部过去的有效在场。"① 布迪厄引入具有历史感的"实践"概念，对惯习（habitus）在个体行为与社会结构之间的相互生成和转化进行了理论上总结。他说："惯习，作为一种处于形塑过程中的结构，同时，作为一种已经被形塑了的结构，将实践的感知图式融合进了实践活动和思维活动之中。这些图式，来源于社会结构通过社会化，即通过个体生成（ontogenesis）过程，在身体上的体现，而社会结构本身，又来源于一代代人的历史努力，即系统生成（phylogenesis）。"② 由此，在拥有一定时间长度的历史中，习惯的"无意识"和"有意识"是可以获得统一解释的。那些作为行为模式的、日常的习惯和那些被有意识地确认、记录过的习惯，也是可以在同一个历史的框架里进行研究的。

在这里，我们会想起布罗代尔的《十五至十八世纪的物质文明、经济和资本主义》，就像安德烈·比尔吉埃尔称赞的那样，"布罗代尔并不满足于只列举日常生活的一系列事物，而是指出主要经济平衡机制和交换的流通怎样塑造和改变着人类自然生活和社会生活的演进轨迹，指出人们的行为怎样集中表现于口味、重复性的行为以及为什么某种食品从一个大陆传到另一个大陆，或从一个社会阶级传到另一个社会阶级，会改变人们的习惯等等"③。我们还可以提到诺贝特·埃利亚斯的《文明的进程》，他通过对"礼貌"概念、社交礼仪和诸如擤鼻涕、吐痰等行为的研究，论证人的行为方式的变化，从冲动、本能、情绪化的行动逐步被经过调控的、自我强制的习惯所代替的过程。他揭示了行为的改变和规范化。即便是那些看起来是无意识的习惯，也是规范化的结果。这种规范化，既有来自国家、

---

① ［法］皮埃尔·布迪厄著，蒋梓骅译：《实践感》，译林出版社2003年版，第85~86页。

② ［法］皮埃尔·布迪厄、［美］华康德著，李猛、李康译：《实践与反思——反思社会学导引》，中央编译出版社1998年版，第184页。

③ ［法］安德烈·比尔吉埃尔：《历史人类学》，见［法］J. 勒高夫等主编，姚蒙编译：《新史学》，上海译文出版社1989年版，第239页。

知识分子、资本等力量的强制和诱导，也有来自每个在社会群体中生存的个体的自我审查和实践。

这样，从理论到具体的研究，历史学对于习惯的实践和生成演化过程的研究，破解了那种关于习惯是因为人们无意识重复而生成的陈旧见解。雅各布·坦纳在《历史人类学导论》中的一段话，很好地概括了习惯的实践、形成和在时间中的变化：

> 就连日常的常规习惯，人们也得一再地掌握它们，而且这种掌握永远不会是一种同一的重复，永远不会是一种精确的翻版，而是表现为“一种游戏”，所以许多阶梯瀑布式的重复就能产生出一种促变涌流，后者根本无须是被行动者意识到的。普通人尽可以认为，一切“都还是完全按老样子做的”；可是科学考察者却从局外认定，随着时间的推移，社会实践发生了鲜明的变化。①

在历史人类学的视野之下，习俗这种最根本地塑造着人的行动和观念的因素，是在历史中被塑造的；人们对习俗的实践即便在某个实践者那里是无意识的行为，它也有一个被有意识塑造的历史过程；而每一个人带着个人能动性的实践，也是塑造和改变习俗的一种力量。

综上所述，习惯（俗）曾经被认为是一种外在方面没有保障的规则，是基于共识而产生的无意识的行为或观念，是一种稳定的、惰性的现象。而历史人类学的研究，揭示出不论是作为行为存在的习惯，还是被文字、语言确认的社会习俗，都是历史过程的产物，在实践中不断被选择、解释、修改，这个过程充满了权力和资源的竞争。这一认识上的变化，是我们今天再来理解“习惯”“习俗”的基本前提。

当然，我们离最终目标，即“在历史主体的无意识与有意识的复杂互动关系中去揭示社会变迁的动力”，显然还很遥远。目前，历史学不断扩

---

① ［瑞士］雅各布·坦纳著，白锡堃译：《历史人类学导论》，北京大学出版社2008年版，第101～102页。

大史料的范围，人类学在解读民间文献、图像、仪式、实物遗存等方面给我们很大帮助。同时，在有意识的历史记录中挖掘那些被作为不言而喻的背景存在的“言外之意”“话外之音”，也是值得努力的一个方向。E. P. 汤普森曾讨论，历史学家怎样去抓住“社会中当时的人认为完全自然，不言而喻的那些方面，它们常常留下最不完善的历史证据”，他说“发现无言规范的一个方法是经常性地考察非典型性的插曲或情况”。[①] 这些非典型性的插曲和情况，既包括叛乱、暴动、战争，也包括村庄里、邻里间的争执和纠纷。对于特殊事件、非常态情形的记录，因此也可以成为探索普通人的日常的行为、观念历史的材料。从这个角度来看，诉讼档案尽管并非记录日常，而是相当特殊的、有目的的文书制作，但仍然是我们研究习惯生成史的重要资料来源，因为它们总是包含着这样一些关键性的时刻，人们正是在危机和纷争的关头，开始回顾、总结和表达那些日用而不觉的习惯和观念。

［杜正贞，浙江大学教授。本文原载《北京大学学报（哲学社会科学版）》2018 年第 5 期，收入本书时有修改］

① ［英］E. P. 汤普森：《民俗学、人类学与社会史》，见蔡少卿主编：《再现过去：社会史的理论视野》，浙江人民出版社 1988 年版，第 189 页。

“奶奶”的庙：女神信仰的世变与势变

——以鲁西区域社会为中心的研究

区域社会史研究中，学界对民间信仰形成与发展过程的讨论，多置于国家宏典大政的推行与地方社会利益诉求的互动框架内。在具体研究过程中，人群认同与地方文化象征这些功能性内容往往被强化，信仰遂成为地方人群建立自我身份、强化群体边界的工具。① 但在这一研究路径之外，强调民间信仰文化所经历的世变，以及由此而形成势变的过程，并对其进行脉络分析，亦可以解释区域社会文化构建及民众社会心理等问题。

本文即以鲁西区域社会之“奶奶”为研究对象，以田野调查所见及所得之民间文献为资料基础，通过对泰山奶奶、鲁姑奶奶、托山奶奶三种奶奶神灵各自神缘脉络以及相互之间的借鉴与影响，尤其是泰山奶奶因“强势”而被攀附现象的讨论，观察信仰人群与神灵“交流”的时代变异过程，以及鲁西区域社会特殊的层累与融合方式。

一、泰山奶奶：信仰表达与礼仪实践

明清时期泰山奶奶（碧霞元君）信仰普及，在鲁西地区亦是“郡邑村

---

① 近年来，以《中国乡村与墟镇神圣空间的建构》（［法］劳格文、［英］科大卫编，社会科学文献出版社 2014 年版）、《民间信仰与社会空间》（郑振满、陈春声主编，福建人民出版社 2003 年版）等论著为代表的研究，多将民间信仰作为理解乡村社会结构、地域支配关系和普通百姓生活的一种途径，研究主旨有很强的功能性特点，同时强调国家与社会的二元互动，并以此作为认识中国以往的国家与社会关系的出发点。

镇咸有行宫”①。关于泰山奶奶信仰的起源、演变、仪式等内容，研究的人很多，在此不再赘述。笔者在田野调查中所见一通碑刻——阳谷县赵店村之《重修泰山行宫碑记》——则隐藏着另外一个值得讨论的问题，即在民间社会中，不同人群对待泰山奶奶的态度如何？

阿（东阿）邑西南五十里召殿（现名赵店，原属于东阿县，现属于阳谷县）村向有泰山行宫一座，不知创修何年，经始谁氏。厥后颓碎，仅存香火。……近又有首事募化众善京钱二百六千柒……工竣，乞余为序。予方将著笔，忽有好诘者指予□言曰：“呜呼！位长五岳，秩视三公，其相宜冕藻黼黻，鬓眉孤特，所谓天齐者，近之矣，夫何有乎女容？……男女不纷，集香火颂祷而漫云行宫也乎？神本一体也，又焉有催生、送生、司瘢、司疹、司眼光诸位娘娘以陪之者？”然予则鼓掌而笑曰：“迂哉乎，叟也！帝出乎震，人生于寅，生主乎□女容也，胡不可？且鬼神德盛，使天下之人云云，行宫也，胡不可？”其人遂诺诺声而退。窃思为序亦无容为矣。请以答辩数语，用防后之好辩者，又胡不可？

大清光绪二十年岁次甲午阳月中浣谷旦

邑庠生齐家修薰沐拜撰

业儒王磻溪薰沐敬书②

该碑以赵店村泰山行宫重建为内容，讨论了时人对泰山奶奶的两个立场、两种态度。质疑者认为：女性神不能“位长五岳，秩视三公”；不应建立“行宫”；神本一体，为何那么多奶奶并立？质疑者提出的三点似可归为一个核心问题，即泰山奶奶祭祀是否具有正统性？是否合“礼”？碑刻撰写者的答疑则集中于前两个方面，认为泰山奶奶作为女性，其可位列诸神之上；神灵德盛，可设立行宫，合乎礼仪。从讨论的内容来看，双方

① 光绪二十二年阳谷县七级镇《重修泰山行宫碑记》。

② 光绪二十年阳谷县赵店村《重修泰山行宫碑记》。

的争论似乎并不在泰山奶奶信仰本身，而在于人们对其的崇祀是否合乎礼仪。

从碑末署名“邑庠生齐家修薰沐拜撰，业儒王磻溪薰沐敬书”来看，碑刻书写者为地方儒士，而质疑者的身份则不详。那么“光绪二十年”发生在这个小村落的争论，是否表明民众的分立？地方社会文化是否存在着不同的系统和解释模式？

学界有关于泰山奶奶信仰的研究认为，有宋一代，在道教谱系里还没有泰山玉女或碧霞元君的地位，但“泰山神灵的崇祀已经十分普遍”①。明初，出现了“天仙玉女碧霞元君”的称号。洪武三年（1370）朱元璋整顿祀典，削去泰山神的帝王封号，缩小了东岳大帝和碧霞元君的差别，二者同为泰山神灵，平起平坐。洪武三年至弘治十六年共130多年的时间里，碧霞元君声名渐起，职司也从最初的生育神发展为功能涵盖面广阔的神灵。至嘉靖、隆庆、万历年间，碧霞元君信仰深入民间，在民众心中牢牢地扎下了根基。入清，泰山奶奶信仰进一步发展，完成了从民间俗神到道教神仙，再到国家神灵的转变，成为国家“准正祀”神灵。②

以上有关泰山奶奶的研究中，研究者着重以“官民互动”作为分析框架，或是从上至下，认为官方的崇祀“为民间崇奉碧霞元君提供了机缘”③，或是自下而上，认为泰山碧霞元君“从民间祭祀、皇家祭祀到国家祭祀的演变，乃是王朝通过封祭形式将民间信仰纳入国家祀典的一个生动个案”。④ 与这些研究不同，美国加州学派研究者彭慕兰（Kenneth Pomeranz）更加注重信仰人群的变化，其在《上下泰山》一文中就认为，即便是泰山奶奶已经从民间信仰上升为一种官方信仰，也并不意味着其就具有

---

① 叶涛：《碧霞元君信仰与华北乡村社会——明清时期泰山香社考论》，载《文史哲》2009年第2期。

② 王元林、孟昭锋：《论碧霞元君信仰扩展与道教、国家祭祀的关系》，载《世界宗教研究》2010年第1期。

③ 叶涛：《论碧霞元君信仰的起源》，载《民俗研究》2007年第3期。

④ 周郢：《泰山碧霞元君祭：从民间祭祀到国家祭祀——以清代“四月十八日遣祭”为中心》，载《民俗研究》2012年第5期。

稳定的社会基础，或者说这种原本盛行于民间的信仰，在上升到国家层面之后，反而在士绅阶层中弱化了：清嘉庆之后，碧霞元君开始沦为文人笑柄，并失去大多数知识分子的公开供奉，更多成为妇女们的信仰专利。①

彭氏所论触及了信仰人群的分化问题，或者说信仰本身随世变而势变的复杂性得以被关注，但是其对泰山信众的以上解释仍有宏阔之嫌，换句话说，如若这种变化是存在的，它必然与地域社会自身的内在变化相关联，有着特殊的地域特点与原因。那么对于这一问题的解决就需要到具体的时空坐落和人群中去寻找答案。笔者在山东运河沿岸七级镇（距离赵店村约10公里路程）进行田野调查时，发现了该镇从明隆庆三年到光绪二十二年的300余年间5次修建泰山行宫的五通碑刻。这些碑刻在一个具体空间中记述了当地泰山奶奶信仰连续性的变化过程，从中可以观察到信仰文化及人群的世变。

该镇的泰山行宫创建于隆庆四年（1570），碑记《泰山行宫禋祀记》中开篇即记："东岳之尊，与衡、嵩、华、恒为地也……碧霞元君，根本即帝真之相。"显然，这通碑刻在突出泰山神正统地位之时，亦将碧霞元君视为泰山神之女。行宫创建的时间节点与泰山奶奶信仰在民间广泛传播的时间吻合，其记述内容基本上符合当时流行的、成书于元末明初的道教《元始天尊说东岳化身济生度死拔罪解冤保命玄范诰咒妙经》之说，即："东岳内宫，曩时现玉女之身，根本即帝真之相。应九炁而垂慈示相，冠百灵而智惠圆融。行满十方，恩周亿劫。位正天仙之号，册显碧霞之封。"② 接下来的两通碑刻分别是万历二十六年（1598）之《重修行宫碑记》和天启六年（1626）之《重修泰山行宫碑记》。两通碑刻亦承续了这种说法，且从庙宇的规制来看，东岳香火祠"中塑天齐像，少后则娘娘行宫"，二者颇有些平齐比肩之意。这三通碑刻所记该庙的修建及重修时间是在1570年至1626年的56年内，也就是说，在50余年间，该庙进行了

① ［美］彭慕兰：《上下泰山：中国民间信仰政治中的碧霞元君（约公元1500年至1949年）》，载《新史学》20卷4期（2009年12月号）。

② 《道藏》第34册，文物出版社、上海书店、天津古籍出版社1988年版，第731页。

三次修缮，这足以表明当地人对于该庙宇的重视。从碑刻内容来看，前者为镇内人结社而成："镇作孔道焉，行在之□。……得慕义者给社，再为之宰，庆诞而醮，宇宫进驾而醮。……俟异日者，社金积厚而再之，吾所□□也。而王君□首倡环镇□文结社者，白日订盟，青松指愿。余严遵所画，以行垂□。十余年，社金积始厚，乃于今□甲辰岁兴，至乙巳岁竣事，庙貌壮丽，神像庄严，望之改观，瞻之动色。社众同舌称快。"而天启六年的碑刻则记其庙资的捐助者为镇内高姓某人："高君吾辈适起而谋新之，计夫糈木石瓦甃环钉之属，约用百金，不逾月而告成。"

入清后直至乾隆二十四年（1759），该庙再次重修，这次重修与之前相隔了133年。碑文中有关碧霞元君身份的记载与明代有明显变化，其不再提及"帝女"一事，而是模糊地说"碧霞元君由来莫稽，或谓另仙"，并未继承前明的说法。光绪二十二年（1896）该庙再次重修，并立《重修泰山行宫碑》，碑记曰："粤稽泰岱数膺青帝，古重时祭，今隆祀典。碧霞元君，帝女也，自宋真宗时受册碧霞，护国佑民，郡邑村镇所以咸有行宫矣。"从记述内容来看，此碑出现了更明显的变化，即不再提及东岳大帝，泰山行宫俨然成为碧霞元君的专祠。更为重要的是，碑文还推及他处，说道："郡邑村镇咸有行宫。"谈及信众，该碑又有如是记述："闾巷妇媪拂首疾痛，必奔走行宫，吁于元君案前，而有感斯应威之默佑……神教阴翊之，其有裨益于风化人心，正非前鲜。以故，每岁逢春，妇媪捐资会社，修醮以答神庥，以祈神佑。"碑阴中结社的信众也都变成了妇女。

隆庆四年至光绪二十二年的326年间，五通碑刻反映出七级镇泰山奶奶信仰发生了两个明显变化：一是泰山奶奶从泰山神的附属神灵，变为主神，地位日渐提高，但不同时期的碑刻书写者对泰山奶奶的来历与身份认同并不一致，或者说，同一信仰有不同的叙说版本；二是在一个具体时空坐落之中，泰山奶奶信仰与地方社会人群的结合程度发生了较大变化，尤其是清代中后期，妇女变成信仰主体。

关于第一方面变化及原因，学界多有探讨①，不再叙说。第二方面，我们似可从更加细致的碑刻记述中找到答案。笔者在距离七级镇十余里的另一村落——八里庙（原属于河南省台前县夹河乡）的泰山奶奶庙碑刻中发现了更明确的记述。该碑名曰“妪社”，碑刻内容如下：

> 余闻吉人为善，惟日不足。东原王君讳光朝□□，其人好儒，豪侠秉公，慷慨尚义，历年结社，遍朝海内之名山，数岁募缘，架长桥于川水□。乙卯仲夏重修碧霞元君大殿。迨落成之际，远近求嗣者祷焉，患□者祷焉。有时而旱，有时而雨，咸祷□□，无不灵应。一日光朝王君过草舍，嘱余作记，以记岁月□□□□人不事□，奈扬善示美，安敢有违，遂搦管述，历乘兴废之由，已计言□，前记□矣。未及，有□□王姓讳问政、讳文秀者，相接踵，以乐善动众，妪氏从于□□□□□□□□□□，天仙之寿诞进驾，献戏三台，创起香火大会。其曰善，一人作之，三□□□从□□矣。载□□□叙圆满，念立石以纪。□社□感应以□□□姓名于不朽。本阁□王君等，亦□□□言纪社□。余嘉其事，入社之处，乘远之风，思德□□记。
>
> 东阿县儒学生□中正□□志并书丹
>
> 大清乾隆拾□年岁次乙未孟夏②

显然庙宇的倡修者和本文的书写者都是地方士绅，他们资助、首倡建庙立会，是泰山奶奶信仰在当地最有力的推动者。但从该碑“妪社”之名来看，其为纯粹女性结社组织。碑阴的结社名单所列也全部是妇女。也就是说，地方士绅有修建或创始之功，而无信仰、结社之实，即他们自身并不参与泰山奶奶的会社和祭祀。从宏观来看，这种事实形成之原因或如彭

① 王元林、孟昭锋：《论碧霞元君信仰扩展与道教、国家祭祀的关系》（载《世界宗教研究》2010 年第 1 期），周郢：《泰山碧霞元君祭：从民间祭祀到国家祭祀——以清代“四月十八日遣祭”为中心》（载《民俗研究》2012 年第 5 期）等文章有专门论述。

② 乾隆拾□年河南省夹河乡八里庙村《妪社》碑记。

氏所言：清朝鼎盛时期，达官显贵对碧霞元君的不满变得尤为突出，清朝统治者和大多数士绅都对任何淡化性别差异的现象表示敌对。[①] 但关于“不满”的原因，彭氏并未深究，只做了描述性的言说。具体到明清这几个村落所处的鲁西区域，这种变化或另有深意。

一方面，鲁西运河区域是明清时期经济发展较快的地区，商业发达，社会的商业化程度较高；同时外来人口多，人群流动速度较快，极易形成文化上的相互交流与影响；外来信仰与本地文化的融合，也在一定程度上改变着人们的信仰观念。另一方面，入清后，社会结构发生了变化，士绅阶层势力渐弱。关于这方面的研究，韩书瑞在其《山东叛乱》一书中曾以寿张县为例，说明“精英和他们的亲属占了总人口的2.2%，上层精英则只占了零点零几个百分比”，并且该地区活跃的“宗教活动都不存在具有强大的精英阶层领导的迹象”[②]。推及附近的阳谷、东阿等县，情况大致相同。也有学者根据当地家谱、碑刻等资料研究认为：比之明代，该地区清代宗族组织的控制力明显减弱。[③] 士绅和宗族在文化控制力上逐渐弱化，意味着正统文化的式微。入清后，泰山奶奶在国家层面已成为“准正祀”，在地方上如何维护这种信仰的正统性便成为地方士绅的“责任”。正如赵店碑刻争论的内容所示，其焦点不是泰山奶奶信仰本身，而是奶奶信仰是否符合礼仪实践。可以说，不管是泰山奶奶信仰的支持者还是反对者，都将“礼仪实践”作为“信仰”本身来信仰，置身事外又深陷其中，最终以“风化人心”的教化之态度推进妇女对女性神灵的信仰。

从这个意义上说，信仰本身的世变，是区域文化势变的一种形式，甚至就是文化本身。在这种改变中，伴随着运河的畅通，鲁西社会从明代儒家文化控制力极强的区域，逐渐形成了各种民间信仰流行、文化驳杂的形

---

① ［美］彭慕兰：《上下泰山：中国民间信仰政治中的碧霞元君（约公元1500年至1949年）》，载《新史学》20卷4期（2009年12月号）。

② ［美］韩书瑞著，刘平、唐雁超译：《山东叛乱：1774年王伦起义》，江苏人民出版社2009年版，第41、45页。

③ 吴欣：《村落与宗族：明清山东运河区域宗族社会研究》，载《文史哲》2012年第3期。

势，且最终发展而成震惊全国的义和团、红灯照等多个近代民间社会秘密组织。泰山奶奶信仰人群及其态度的渐变，正是鲁西区域民间社会信仰表达与礼仪实践矛盾的产物。

二、鲁姑奶奶：颓世向义与借势“泰山”

鲁姑奶奶，又称鲁义姑，是东昌府之博平县（今属聊城市茌平区。博平县1956年改归茌平，现为茌平区的一个镇）及其附近区域至今香火旺盛的女神信仰。这一信仰虽远不及泰山奶奶影响力大，但其与泰山奶奶之间的特殊关系足以反映一个区域社会心理的构建过程。

关于鲁义姑的文献记载，最早见于刘向《列女传》卷五之“鲁义姑姊”：

> 鲁义姑姊者，鲁野之妇人也。齐攻鲁至郊，望见一妇人，抱一儿，携一儿而行，军且及之，弃其所抱，抱其所携而走于山，儿随而啼，妇人遂行不顾。齐将问儿曰：“走者尔母耶？”曰：“是也。”“母所抱者谁也？”曰：“不知也。”齐将乃追之，军士引弓将射之，曰：“止。不止，吾将射尔。”妇人乃还。齐将问所抱者谁也，所弃者谁也。对曰：“所抱者妾兄之子也，所弃者妾之子也。见军之至，力不能两护，故弃妾之子。”齐将曰：“子之于母，其亲爱也，痛甚于心，今释之，而反抱兄之子，何也？”妇人曰：“己之子，私爱也。兄之子，公义也。夫背公义而向私爱，亡兄子而存妾子，幸而得幸，则鲁君不吾畜，大夫不吾养，庶民国人不吾与也。夫如是，则胁肩无所容，而累足无所履也。子虽痛乎，独谓义何？故忍弃子而行义，不能无义而视鲁国。”于是齐将按兵而止。

此外，《说苑》、解缙《古今列女传》等也有关于鲁义姑的记载，内容大同小异。

鲁义姑与鲁西博平县之间渊源关系的建立，史无所载，鲁义姑祠建立的时间也不确切。可见文献最早为康熙《博平县志》，其曾提及，明崇祯年间，博平知县傅允诚有《鲁义姑祠题壁》诗云："义姑神祠野云封，一拜荒寒礼数恭。全侄千秋推烈性，回兵此地识遗踪。碑横莫辨前贤篆，台古空余隔代钟。独有明禋如一日，长因伏腊走村农。"① 该诗中"此地"即指"（博平城）西北十五里'鹅子岗'（当地的发音同于'罗庄'）"②。道光《博平县志》也记鹅子岗即"齐伐鲁遇姑于此，相传为当年回兵地也"③。事实上，这种说法难以考证。正如有研究者在《对"鲁义姑姊"型传说的考察》一文中所说，"鲁义姑姊"型传说在我国的东北、西北、华中、华南、华东都有流传，且情节基本相同。④ 对于山东而言，博平只因地处鲁地而更多了些原生的味道。所以，从现有资料无法得知鲁义姑祠在博平罗庄修建的最初时间，但从明崇祯年间博平知县傅允诚所作诗歌来看，至迟在明代后半叶该祠已经存在了。

鲁姑奶奶信仰在博平起源的文献无从考证，但对其存续原因与过程的梳理有案可稽。康熙《博平县志》卷四"民风解"曾如此描述此地明代以来社会风气的变化：民风"由成化天顺而来，不犹淳且厚……"，至"正德嘉靖间，古风渐渺而犹存十一于千百焉……"，"由嘉靖中叶以抵于今，流风愈趋愈下，惯习骄吝，互尚荒佚。以欢宴放饮为豁达，以珍味艳色为盛礼。其流至于市井，贩鬻厮隶走卒亦多，缨帽缃鞋纱裙细裤，酒庐茶肆异调新声，汩汩浸淫"。⑤

很显然，博平地方社会在明代乃至清代经历了三个所谓"世风日下"的阶段。这种描述与该区域社会发展相一致。首先从社会结构角度而言，明初的"丈夫力耕作以供赋，妇人勤纺织以营衣，经生诵读诗书"，到明中后期变成"务本者日消，逐末者日盛。游食者不事生产，呼庐者相率成

---

① 康熙《博平县志》卷五"艺文二"。

② 康熙《博平县志》卷二"祠庙"。

③ 道光《博平县志》卷二"古迹"。

④ 王焰安：《对"鲁义姑姊"型传说的考察》，载《河南教育学院学报（哲学社会科学版）》2008 年第 3 期。

⑤ 康熙《博平县志》卷四"人道六 · 民风解"。

风”，人群及其生产结构发生了重要变化，从事商业活动的人员增加。其次，与之相对应，科举人员并不多见。康熙《博平县志》载：“由永乐乙酉至宣德壬子举于乡者六人。至是，不登荐书者六十年矣。”① 清代，也为数不多。② 科举不兴，在一定程度上反映了儒学之不举，以及正统儒家思想影响渐趋衰弱的事实。最后，尽管如此，但地方士绅仍坚持认为，“今博民亦劳矣，而尚不知所追也，何哉？然流风之不嫩，犹可以法令禁；至有愚顽辈，持斋诵经，图修来世，靡财秽行，迷而不返，以自抵于不法，此又获罪于名教者。《风俗通》所谓其侈可忿，其愚可悯之。敝民也，嗟乎！移风易俗……”③

如何移风易俗，保留传统或顺应变化，应该是明代中后期该区域整个社会的焦虑点。教化与信仰无疑是反映和解决这种焦虑的方式之一。一通“旌表刘氏双节祠碑”记述了当时当地民间信仰的情况：

> ……祠庙虽皆不载祀典，然泰山为一方之岳，玄帝为五帝之一，蚕姑始治蚕缫，龙女遇暵，应祷其于红女，农人大有益。而关公英爽在世，常著歹风燔贼之功，此皆法施于民，御灾捍患而坚，令祷神辄应，却寇保民，又能以劳定国。至于古之鲁义姑，今之刘义士，其耿耿卓荦之行，又可以风呼颓世者也。④

该碑记述的内容虽涉及博平多个民间信仰，鲁义姑只是其一，但是其与刘义士一样，有异于泰山、玄帝等神灵的功能，以“耿耿卓荦之行”，“风呼颓世”。可见，鲁义姑被时人赋予了“续古风”的责任。地方志中对其“责任”的强化，或正如有的学者所言，那些对地方有贡献的人被神化，“其目的就是引导后代效法楷模追求高尚品德，并支持文化系统的价

① 康熙《博平县志》卷四“人道八·艺文录·科举题名记”。

② 据民国四年《山东通志·学校志》载，有清一代，博平县乡试文举有 21 人，时整个东昌府 12 州县共 465 人。

③ 康熙《博平县志》卷四“人道六·民风解”。

④ 康熙《博平县志》卷二“祠庙”。

值取向”①。这或许正是明末鲁义姑出现的原因，也或者就是社会发展变化的结果。

在地方社会发展脉络中，一定程度上，鲁姑奶奶仁义之形象是明末以来地方社会挽救颓势之需要，当然这种被地方士绅所再创造出的信仰是否流行，还有赖于其与地方社会文化自身的吻合度。其时，泰山奶奶信仰已经大行其道，鲁姑奶奶信仰是否与其有着某些联系？茌平罗屯村（鲁义姑祠所在地）每年农历二月五、六、七日三天，都会举办香火庙会。在当地人的故事版本中，鲁义姑是泰山奶奶的妹妹，与泰山奶奶法力相当。当地传说，农历二月初六为鲁义姑的诞辰日，每年的这几天都会刮大南风，这风是鲁义姑从泰山驾风“回家”而形成的。泰山奶奶是鲁姑奶奶的姐姐，过完春节后，鲁姑奶奶都要到姐姐家去走亲戚。在姐姐的百般挽留下，她一直住到过了二月二。二月初六泰山奶奶作法，刮起南风将鲁姑奶奶送回茌平的家。

当地人口耳相传的这个故事版本中，少了些鲁姑奶奶的义行之举，多了些奶奶的神灵之性。无疑，泰山奶奶妹妹的身份，增强了其为“神”的号召力。明代中后期泰山奶奶的强势发展，与运河区域经济发展造成的社会风气之改变，都在很大程度上重塑了具有儒家文化标签意义的鲁义姑，使其变成挽救颓风的正统之“稻草”。这种契合，应时之需，嫁接自然，既是神道设教的一种范本，也是地方文化间的延展与依附。

事实上，在新的历史时期，当泰山奶奶庙宇在此地几近消失之时，鲁姑奶奶却经历着新的“世变”过程。2014 年初，当地政府重建了鲁义姑庙宇，打造了鲁义姑铜像安放庙中，供人瞻仰。目前该乡积极推行仁义理念，打造“孝义之乡”的美名。

三、托山奶奶:“地方”表达与仪式借鉴

“托山奶奶”是鲁西冠县大郭庄一带信奉的神灵，此地每年农历二月

---

① ［美］杨庆堃著，范丽珠等译:《中国社会中的宗教：宗教的现代社会功能及其历史因素之研究》，上海人民出版社 2007 年版，第 157 页。

十五都会举办庙会。当地流传的托山奶奶传说大概如是：大郭庄村民的祖先在山西洪洞大槐树，明朝洪武初年迁至馆陶。此处地处黄河故道，风沙大，生活极其困难，于是，他们返回家乡山西，请来托着太行山的“托山奶奶”，修庙敬奉，且在托山奶奶生日这一天（阴历二月十五）举行祭祀活动。在托山奶奶庙内，还同时配祀“麦黄奶奶”① 和“泰山奶奶”。

托山奶奶的故事以及至今年年都进行的庙会祭祀活动，并不见于任何文献记载，明、清不同时期的《冠县志》《馆陶县志》对此也是只字未提。是记录者的疏忽，还是这一信仰原本在明清时期就不存在？或者是其信仰人群过于式微，而导致其并未在当时引起注意而被记录下来？从信仰的“源头”与移民故事的描述来看，其产生似与山西有关。那山西洪洞等地是否有此神灵？张俊峰在《明清时期山西民间信仰的地域分布与差异性分析——以明清山西地方史志资料为依据》一文中详细列举了明清时期山西各府的民间神灵，其中虽有奶奶，但特指碧霞元君，而并非“托山奶奶”。② 其他山西有关民间信仰的研究中也未见有此奶奶。所以，托山奶奶“原生地”并无该信仰，在现居地也没有有关其“来源与前生”的记录。那么这个信仰又是如何成为显灵的“奶奶”的呢？

从大郭庄地理位置来看，其位于黄河古道之上，据黄河水利委员会黄河志总编辑室 1984 年第 3 期《黄河史志资料》刊载的《河南武陟至河北馆陶黄河故道考查报告》记载：“自河南武陟至河北大名等县的 270 多公里中，现存有残堤六大段，文献中称为汉堤，亦称金堤。”在金堤周围留下了一条南北长约 35 公里的黄河故道，植被稀少、沙丘连绵，有大面积的风沙区。严重的水土流失，使土层变薄，地力下降，土壤沙化，地下水位下降，生态环境恶化，自然灾害频繁发生，已严重威胁当地社会发展。地

---

① 托山奶奶的神像旁边，同时供奉着“麦黄奶奶”和“泰山奶奶”作为陪祀。关于“麦黄奶奶”，山东一带多有信奉，即麦芒神，在麦子抽穗的四月份（或四月初一或四月十五）进行祭祀，以祈求当季小麦丰收。

② 张俊峰：《明清时期山西民间信仰的地域分布与差异性分析——以明清山西地方史志资料为依据》，见李长莉、左玉河主编《近代中国社会与民间文化》，社会科学文献出版社 2007 年版。

方志中则直接记载了“故道”给民众生活带来的影响：“沿河之地即里民所首沙压者也。询其由，咸称河底荒沙每年乘春风盛起时，滚入民间地内。……自东北薛店以抵西南之张沙镇，中间马固、李菜一带尤为回风聚沙之地，庄房被压者，莫可寻其基址，间有楼房之仅存者。沙积或没其巅，逶迤十数里，高低起伏，丘壑微具焉。”① 大郭庄即位于这一条故道之上。从历史沿革来看，此处相较于周边的其他区域，生活环境更加恶劣，所受黄河风沙之影响甚巨。

大郭庄及其周边村民自认为其移民自山西。有关此地的移民，史书确有记载：“山西贫民徙居大名、广平、东昌三府者，凡给田二万六千七十二顷。”② 笔者所掌握的当地家谱资料中，有关冠县移民的记述不少。例如大里村赵氏族谱中说：“赵氏系出洪洞，明初，始祖成奉敕自洪洞徙于冠，卜城南大里村焉。”③ 再如东陶么氏族谱序中说：“我始祖么公讳从善，肇基洪洞，开陌兹土已三百余年。”④ 当地编纂的文献记录，冠县728个自然村，有381个村落来源于山西，占到整个村落的52.3%。⑤

自然环境因素与移民身份无疑是托山奶奶形成的根本原因，但是从托山奶奶祭祀圈来看，其范围并不大，仅限于大郭庄村落之内，与当地流行的泰山奶奶相比，其信仰圈也较小。⑥ 那么，同样作为奶奶，其与泰山奶奶是否有着某种联系？文献阙如的遗憾或可补见于仪式，因为“仪式展演就是一种实践记忆，是社会秩序的展演”⑦。

每年二月大郭庄托山奶奶庙会的祭祀仪式大概如下：

一、缝“神袍”、做“神鞋”。二月初，村中妇女开始自发为托山奶奶

---

① 《重刻馆陶县志》卷二“书陶山后记”。

② 《明太祖实录》卷一九七，“洪武二十二年八月至十月”。

③ 乾隆四十二年十月十七日大里村《赵氏族谱序》。

④ 康熙九年庚戌东陶村《东陶么氏族谱序》。

⑤ 政协冠县文史资料委员会编：《冠县文史大观》，山东省新闻出版局，2010年，第50~56页。

⑥ 从对大郭庄周边村落的田野调查来看，这一区域泰山奶奶庙盛行，全境有址可寻的泰山奶奶庙有18处之多。

⑦ 彭兆荣：《人类学仪式的理论与实践》，民族出版社2007年版，第237页。

缝制“神袍”。“神袍”由信众捐献。本村的庙会组织者会专门制作“神鞋”。一双大鞋是托山奶奶的，两双小鞋分别属于麦黄奶奶和泰山奶奶。

二、搭神棚。庙会前一天，在大郭庄村内十字大街搭神棚。

三、请奶奶。二月十五日，将庙里的托山奶奶及配祀画像请至神棚安放。

四、酬神。请来的戏班在神棚前为托山奶奶唱戏。

五、巡游。巡游者被分成三队，中老年妇女双手捧香行前，其后是四人肩扛“神鞋”前行，二十余人则以竹竿高挑“神袍”随行；其后是两名妇女抬一红布小轿前行，轿前一妇女倒退而走，双手提一块红布不停抖动，称为“遮轿”。最后是跳善鼓舞①的队伍，由十数名妇女组成。巡游至村西托山奶奶古庙前止。巡游只限于大郭庄本村之内，并无村界之外的拓展。

六、烧“神袍”。在庙前，将袍挂在预先拴好的铁丝上点燃。仪式结束。

从仪式本身来看，有三点值得注意。一是，其与泰山奶奶的祭仪有多处相似，例如请神、酬神、献袍、巡游等关键性步骤，不同则在于烧袍与抢袍灰等部分。泰山奶奶非其祭祀主神，仅配祀于庙中。二是，仪式巡游只在村内，仪式组织者、参与者都是本村之人，即其祭祀圈仅限于大郭庄村落之内，村落中人都有义务参与庙会的各种活动。三是，参加庙会的人或来自周边村落，可以敬祀“神袍”，但无权利参与庙会中事务。也就是说，奶奶信仰的祭祀圈和信仰圈并不完全重合。事实上，我们进行更大范

---

① 善鼓舞，是鲁西尤其是冠县人在奶奶庙会上跳的民间舞蹈。因其内容以劝善为主，因此叫善鼓舞。跳舞时，每组四人、六人或八人、十二人不等。舞者右手持鼓在胸前晃动，左手挥鞭，随着鼓的节奏走“8 字形”或者“拧麻花”。善鼓舞的道具为鼓和鞭。鼓为正圆形，直径 30 厘米，铁条制成，上面蒙以皮或布，绘有简单的神像或者花鸟图案。鼓柄长 20 厘米，尾端为三个圆圈形，每个圈上套着三个小铁环，晃动起来“哗哗”作响。鞭为细竹棍制作，上面系着七条长约 10 厘米的线或布条做穗，形似戏曲中的“马鞭”。舞者除跳舞外，口中还要念诵“善经”。经文内容很多，既有《善书》上的内容，又有类似民歌、儿歌的内容，朗朗上口，易懂易学易表达。该舞蹈在泰山奶奶庙会上非常普遍。跳舞者多为中年妇女。

围的田野考察，未见其他村落有托山奶奶庙宇，而是多以泰山奶奶为尊。从当地人对泰山奶奶的描述来看，其敬奉的缘由与托山奶奶基本相同，也是地理环境恶劣所致，不同之处是，没有山西移民的内容。

从以上三点可见，大郭庄托山奶奶信仰在很大程度上借鉴了泰山奶奶仪式的内容，共用着“奶奶”的故事。虽然由于资料阙如，这种借用的偶发性因素并不十分明确，但是可以肯定的是，作为一个多姓村落，大郭庄托山奶奶庙是全村共有的信仰空间，甚至在一定程度上具有“共同家庙”的功能。其产生与延续的背后，是大郭庄民众整合多姓宗族，形成村落共同体的一种创造性实践。

关于这种“创造”，《重刻馆陶县志》中曾记，馆陶一地无山，却有“陶山”之说。时人这样理解这座山的“存在”：“陶之无山似矣。东郡西南壤接直隶，豫章平衍数千里，其地势然也，非独一陶。而旧志载，陶山在县西南五十里，府志亦载在馆陶镇西南七里，又凿凿言之者何居？度所谓陶山者，不过于平衍中稍有岿然之势而名，奚必以东望泰岱西邻太行，竟以东西鼎峙之局横于胸中也哉！”① 文中所说无山的事实与“陶山”的被制造的现实，在一定程度上说明文化模仿与创造的可能性。暂且不管普通人是否有“以东西鼎峙之局横于胸中”的胸怀，但困难且始终难以改变的生活现实，以及泰山奶奶信仰的流行与山西移民记忆的融合，都可能使人们在记忆中重组其信仰认同，并进行仪式实践。这也可能就是托山奶奶信仰形成的文化解释。正如有学者所言，“记忆是一种集体社会行为，人们从社会中得到记忆，也在社会中拾回、重组这些记忆”②。

因为没有如鲁姑奶奶信仰那样的文化基因可以借鉴，托山奶奶信仰的存在更体现了人群在文化整合或者嫁接过程中的主动性。“主动性”的功能意义首先是凝聚力量与寄托情感，但其更大的价值在于，北方的信仰受制于制度的制约而同质化的过程中，它却以“跨区域跨文化”的独特形式

---

① 《重刻馆陶县志》卷二“书陶山后记”。

② 王明珂：《华夏边缘——历史记忆与族群认同》，台湾允晨文化实业股份有限公司 1997 年版，第 50 页。

存在着，通过“制造”不同来强化自我。事实上，民众对于自己制造出来的神灵的祭拜，是依照着现实的需要来安排的。

四、结　论

从地域范围来看，本文所讨论的阳谷泰山奶奶、茌平鲁姑奶奶、冠县托山奶奶都属于鲁西之东昌府（现为聊城市）的女神信仰。三者看似不相统属，有着各自不同的存在与发展模式。若将三个奶奶放置在明清时期鲁西运河区域这一坐标之中，又可见其信仰之间的关联性，甚至可以说，在一定程度上后两者是泰山奶奶信仰的区域性再生。当然这种再生建基于区域文化传统与集体记忆的基因之上。对于茌平的鲁姑奶奶而言，这种基因是其原本就具有的“正统身份”，而冠县托山奶奶则是“移民记忆”的再创造。事实上，不同区域在一定程度上都会存在各种不同文化基因与地方性知识，而地方民间信仰文化形成、发展的关键除官民互动、上下整合之外，还涉及两个方面的问题：

一是文化符号的创造与借鉴。奶奶从一种亲属称谓上升为一种信仰“符号”，从人人皆有的慈祥至亲上升为一种“神灵”的原因之一，是正统宗教脱离了民众的结果。佛祖神灵虚无缥缈，道教之神从玉皇大帝到城隍土地，如同皇帝和各级官吏的层层对应，与之相比较，“奶奶”则更加具有亲和力。也就是说，在社会民众的心理空间中，对于泰山奶奶神灵的自觉借用或者有意接受，都使得奶奶在更大范围内成为一种“文化符号”，并被具体化为某一种神灵。弗里德曼认为中国宗教尤其是民间信仰具有“整体性”和“关联性”的取向。① 由本文可见，这种关联似可表现为两种形式，即趋同式与背离式。鲁姑奶奶借助泰山奶奶的神性，对神灵形象和文本故事的转借与附会，从形式上表现为接近式的依附，并由此获得了“灵验”的身份。另外还可以通过背离来获得认可。托山奶奶信仰看似泰山奶奶信仰圈中独立而出的一种信仰形式，其借鉴了泰山奶奶的仪式，甚

---

① Maurice Freedman, “On the Sociological Study of Chinese Religion,” in *Religion and Ritual in Chinese Society*, ed. Arthur P. Wolf (Stanford: Stanford University Press, 1974).

至在一定程度上通过弱化泰山奶奶来强化区域神灵的神力。这种形式的沟通与背叛的共存，进一步强化了意义上的“自我”，一张由人自己编织的“意义之网”在泰山奶奶信仰被构建的过程中形塑为新的“托山奶奶”文化。

二是区域文化建构与演变是信仰观念与礼仪实践的杂糅。泰山奶奶在明清时期经历了信仰人群的转变，从大众信仰主体到妇女信仰主体，士绅也从信仰者变为“幕后”信仰者。客观地说，这种变化是代际传承过程中人群变化与世变之下信仰文化势变的结果。泰山奶奶、鲁姑奶奶、托山奶奶信仰的神灵叙说的版本与形成条件有所差别，人们敬奉的神灵并非一致，但是其所遵循的神灵敬奉背后的那一套礼仪是相通的。泰山奶奶信仰中，地方士绅的分歧不在于神灵之灵性，而在于祭礼是否合乎正统规范；鲁姑奶奶信仰中，泰山奶奶妹妹的灵性与鲁姑义举之礼相融合，延续至今而无衰；托山奶奶信仰对于泰山奶奶祭仪的借鉴，也是共通礼仪实践的潜意识安排。在明清时间脉络中，鲁西区域社会以“奶奶”为代表的各类女性神并非人们共享的信仰，但它们有着相似的实践活动，这一套被正统所维系的礼仪在一定程度上支配了信仰的发展与延续。

（吴欣，聊城大学教授。本文原载《民俗研究》2016 年第 6 期，收入本书时有修改）

礼俗互动与民间信仰内涵置换的逻辑

——“孝女”的曹娥和“水神”的曹娥

“礼”和“俗”的关系，就像一直以来困惑我们的类似“传统性与现代性”的关系一样，要想彼此泾渭分明可能有点徒劳，但也不失为曾经为人津津乐道的一种方法。到了多元化时代的今天，采取“你中有我，我中有你”的态度可能是较为明智的，因为即使放弃泾渭分明的分析方法，两者彼此间的互动形态也有N种，这也是探讨“礼俗互动”的意义所在。

但因为官方与民间关系的交织影响，我们常常混淆两者立场而顾此失彼，或者低估两者力量而自欺欺人。具体以曹娥形象及其信仰来说，虽然，因为民众生活的变化，曹娥作为水神的信仰除了历史文献的厚重，在生活实际中似乎已经渐渐稀薄化，又因为主流文化的导向，曹娥作为孝女的形象常常会被各时代所重构，在社会表现中似乎越来越被强化。但如果整体而深化地看待问题，这种表面状态只不过是时而以水神为侧重点时而以孝女为侧重点。实际上因为官方和民间、礼和俗的互动，不仅没有导致孝女形象和水神形象的彼此消长，反而可以看到有N种第三类情形的出现：或者是复合神格的地方神，或者是古今延续的孝女，抑或多元复杂的混合体或融合体。而关于“礼俗互动”的研究，毋庸置疑“互动”是其关键的问题，目的并不是要去分清彼此（孝女和水神、礼和俗），也不是以说明“互动”为结论，而是以“互动”作为当然的前提展开论述，在梳理互动过程的基础上，揭示事物现在所呈现的状态，以此来认识和理解现今的社会。

本文主要以浙江上虞曹娥庙及其信仰为事例，在考察主要表现为“水神”曹娥的民间形象和主要表现为“孝女”曹娥的官方形象的基础上，探讨在历史时期以及现代社会中民间信仰内涵置换的逻辑，并由此探讨礼俗互动与民众信仰生活构建的关系。通过描述曹娥两种形象“互动”的过程，可以说明当下社会现实中曹娥形象的多元化存在状态。

一、曹娥故事、曹娥庙和曹娥庙会

曹娥（130—143），据传是上虞人。曹娥故事的基本情节是这样的：东汉汉安二年（143），为寻找祭祀伍君而溺水的父亲曹盱，14 岁的曹娥沿江号哭十余天，投江而亡，5 日后，曹娥抱父尸浮出水面。东汉元嘉元年（151），上虞知县度尚奏请朝廷表曹娥为孝女，并立庙树碑。① 曹娥庙有“江南第一庙”之称，位于浙江上虞曹娥街道孝女庙村，占地面积 6000 平方米，坐西朝东，面对曹娥江而建，庙前的一段江面甚为宽阔，更衬托了曹娥庙的气势。一般认为曹娥庙始建于东汉元嘉元年（151），至今年代久远，其变迁已很难考证，可考的是曾经在 1929 年因火灾被烧毁并于 1936 年重建，现在的样子和规模就是基于 1936 年的重建而来。之后因为时代和政治的原因，曹娥庙多有毁损，一直到 1984 年、1987 年，由政府拨款进行了大规模的修缮，先被认定为省级重点文物保护单位，2013 年被列入全国重点文物保护单位。

曹娥庙会始于何时已经很难考证，一般在每年农历的五月十五到二十二（传为曹娥投江日）举行，最后一次传统庙会是在 20 世纪 50 年代举行的，据说当时的庙会盛况在周围地区是屈指可数的，庙会期间每天一般有四五千人，最多达万人以上。一直到 20 世纪 80 年代，庙会才又恢复，但已经是今非昔比了。《绍兴市志》收录了 1930 年“曹娥娘娘出巡时迎神赛会队伍序列”图，是根据当时的资料和回忆所再现，其规模之宏大、声势

---

① 有关曹娥故事，除著名的曹娥碑（最早的为东汉元嘉元年即公元 151 年立碑，现存的系北宋元祐八年即公元 1093 年立碑），在历史文献中多有记述，如：《古文苑》《水经注》《异苑》《后汉书 · 列女传》《上虞县志校续 · 度尚传》《会稽典录》等，情节稍有不同。有些资料认为其父曹盱身为巫祝，也有些资料认为其父并不是祭伍子胥，而可能是祭江神、波神等。

之浩大可见一斑。[①] 而《点石斋画报》中的“虔祀曹娥图”则呈现的是村落江边的祭祀场景，但是不是实录，我们不得而知。

关于过去庙会的情形，虽然通过调查、记录、研究也有很多资料可查，但具体细节已经难以说得清楚了。根据对当地人的访谈，其实参与者并不是以当地村民为主，附近的绍兴、余姚、宁波、上海等外来信仰者反而居多，这与曹娥的水神形象有着很大的关系。因为在沪宁铁路未通的时代，余姚、宁波和上海之间往返必经曹娥江，当时的曹娥江受钱塘江潮汐影响水患频繁。除了靠曹娥江为生的江边人以外，经常出门坐船渡江的商人们也信仰曹娥神，以求保佑水路平安。当地村民（多是妇女）还有在庙内通宵念经的习俗，但有意思的是，她们念的都是佛经，这种习俗什么时候开始不得而知。而从她们讲述曹娥故事的语气中可以感觉到对孝女曹娥的景仰，从她们祭拜祈愿的目的中又可以感觉到对神灵曹娥的期盼。

对于这些信仰者来讲，是否孝女、是否水神、是否道教、是否佛教都显得并不重要，因为信仰产生于民众实际的生存需求，当自然环境发生变化、社会人文发生变革的时候，信仰者的诉求也随之发生变化。如同生活多样化那样，祈愿目的也是多样化的，如：为了健康，为了升学，为了求子，为了发财，为了平安，为了婚姻，等等。现在，因为交通工具发达，曹娥信仰和水路交通的关系就有点断裂了，但习惯成自然，习俗已经形成，庙会期间还是会有很多以前因为水路关系的外地参拜者，只是诉求内涵变得多元化了。

以上所呈现的资料可能不是很充分，但从围绕曹娥故事及其信仰的前世今生的介绍中可以看出，似乎作为孝女的曹娥最早是由官方为之张扬的，而民间在生活需要的时候祭祀的是作为水神的曹娥，随着时代的推进，又反映出模糊的状态，甚至人们希望曹娥是多能的。但是，虽然不能说事实上，仅仅从历史资料进行推测，这两种曹娥可能并不是如此泾渭分明的。

---

① 绍兴市地方志编纂委员会编：《绍兴市志》，浙江人民出版社 1996 年版，第 2922～2923 页。

二、作为孝女的曹娥形象

关于曹娥的孝女形象，从历史文献中的记载来看，先是东汉元嘉元年（151）上虞知县度尚奏请朝廷表曹娥为孝女，之后建曹娥庙立曹娥碑，这是以曹娥为孝女最早的行为表达，之后的一切可以说皆因此而生。后有包括曹娥在内的宋辽金元时代的《二十四孝图》的流传，虽然在影响较大的被认为是元代的《二十四孝》中并没有曹娥，但从历代正统文化的倡导流布来说，曹娥的孝女形象已确定无疑。① 而从当下社会来看，这种倡导一直在延续，并正在被充分利用和重新建构。自 20 世纪 80 年代曹娥庙会开始复兴，因为是以政府主导为主，基本上是现代文化活动节了，且不说内涵和规模与过去不可同日而语，传统庙会最精彩的、反映当地特色的“迎神”“巡会”至今也没有恢复。但彰扬孝文化的主旨是非常明确的，体现了地方政府把孝文化作为传统符号彰显地方文化的意图。新的曹娥庙会已是一个新策划的现代文化活动，从各项活动来看，可知其主旨就是弘扬孝文化的。至今，以虞舜、曹娥的孝道为主题重构地方文化的有效性已经体现，至少从网络资料和旅游信息可以反映，过去人们只了解绍兴的大禹文化，现在也知道了上虞的孝文化。

以 2006 年 6 月 23 日到 7 月 2 日的曹娥庙会为例，其大致有以下一些节目：

1. 演出越剧《孝女曹娥》
2. 演出莲花落
3. 第三届“庙会杯”摄影展览
4. 《曹娥碑史迹图》和《二十四孝图》展览
5. 古越民间剪纸展览

---

① 参考江玉祥的《元刊〈二十四孝〉之蠡测》，见《中华孝道文化》，巴蜀书社 2001 年版。

虽然，其中有些标题没有反映出孝文化，但因为主办方的宗旨是孝文化，最后展现的内容也基本百变不离其宗。近期，如同很多地方出现的文化重构那样，当地政府对于曹娥文化的利用更为深化，把孝文化作为宏大主题，以大舜庙和曹娥庙为中心开发的“曹娥景区”已经完备。从对现在的曹娥庙会的田野调查中，我们可以看到一种大致的倾向性：地方政府是把曹娥作为历史人物进行传播的，因为在此前提下的孝女曹娥才有可能是真实的；而民间社会是把曹娥作为万能神灵进行信仰的，虽然其内涵置换的目的可能也不单纯却是符合生活需求的。

但是，我们并不能说曹娥的孝女形象都是官方行为，也有可能是民间最早发掘并传布的。在很多历史资料中提到为曹娥立庙树碑时，都会出现类似“为纪念曹娥的孝心立庙祀之”的意思。虽然这有可能是事后记载的附加，但从 143 年起经过了七八年，直到 151 年上虞知县才奏请朝廷表曹娥为孝女，如果曹娥故事确有其事，我们就可推测当时的乡邻，在向朝廷奏表曹娥为孝女之前就可能把曹娥作为孝女的表率，此后又可能通过文字、口耳的传播，孝女形象才广为流传。当然，这只是推测。目前没有如此早的资料来推测曹娥作为水神的大致形成过程。要说曹娥和水神的最早联系只能根据传说故事，只有“曹娥是为救祭祀水神伍子胥的父亲而亡”这一点了，因为信仰的形成是需要时间的。

在主流文化大力倡导孝文化的背后，在民间作为水神的曹娥信仰仍然发挥着实际的功能性，即便如此，因为长期受历史上官方文化之影响，在民间社会曹娥的孝女形象业已定位，而且，民间的曹娥水神信仰，其中也反映了当时的朝廷推波助澜的作用。而在钱塘江、曹娥江水运交通发生变化以后，在民间，人们也逐渐淡忘了作为水神的曹娥，曹娥信仰的内涵可能不是以水神为主要功能了，但也不会就此消亡，因为曹娥的复合神格中也包含水神的功能，只是适应时代的变化多元化了。

三、作为水神的曹娥

在上文中我们推测，曹娥的孝女形象有可能最初是来自民间，不一定是从一开始就由官方倡导，有可能官方的导向是恰当地利用了民间的行为，然后才大而广之。但是，在这种官方民间孝文化的交织过程中，作为水神的曹娥也在民间开花扎根。其实，一个地方的水系和水神的关系是很密切的，重要的水域都可能有水神的存在，绍兴的水系和水神的关系大致如下：①

· 水利体系与水神：舜王、大禹、防风氏
· 三江口与水神：汤绍恩
· 鉴湖与水神：马臻
· 河道水运与水神：郑弘、张夏
· 钱塘潮与水神（潮神、海神）：伍子胥、曹娥

图1　祈潮感应

图2　高丽谒庙

① 陈志勤：《第二章 水害、治水和水神信仰（水害、治水と水神信仰）》，《中国江南地区水的民俗志（中国江南地域における水の民俗誌）》，名古屋大学2006年博士学位论文，第47～67页。

图3　祈潮再应

图4　神风拒贼

据上虞当地传说，潮水通过曹娥庙前的时候气势会减弱，而过后又恢复狂澜，说那是因为潮魂（伍子胥和文种）是裸体男性，为了不让女性潮神（曹娥）看到，所以就低头隐身浪潮，气势才会减弱。在当地图书馆所藏的《曹娥庙志》（光绪刻本）中也有降雨止雨的记载：一个是说，上虞因为两年连续干旱，一个叫孟尚的人祭祀曹娥后，天马上下雨了；一个是说，清嘉庆七年七月，淫雨连绵造成曹娥江水势急剧上涨，但祭拜曹娥神后，风雨就马上被制止。

虽然建庙立碑是为了纪念孝女，但从曹娥庙前殿两侧的42幅壁画中可以知道，当时民众其实也是把曹娥作为水神（江神、潮神、海神）进行供奉的。42幅壁画反映的是曹娥一生的故事，其中有4幅壁画是描绘抵挡江潮灾害和阻隔水上敌人的，分别题名为：祈潮感应、高丽谒庙、祈潮再应、神风拒贼，说的是一些有身份的人（与朝廷有关的人）途经曹娥江、钱塘江，因为祭拜了曹娥神而化险为夷的故事。而且，正是因为劳苦功高，曹娥神被当时的朝廷接连封号。以下是四幅壁画故事的具体情节：

·祈潮感应：宋徽宗大观四年（1110），高丽人为了航路安全祈求潮神，结果顺利完成向中国皇帝的进贡，封为灵孝夫人。

·高丽谒庙：宋徽宗政和五年（1115），高丽进献贡女为祈求路途顺利，参拜曹娥庙，后得到皇帝宠爱，封为昭顺夫人。

·祈潮再应：宋孝宗淳熙元年（1174），王子魏王赴任明州途中祈求潮神，后顺利到达。

·神风拒贼：清咸丰十一年（1861），海贼侵入浙江，因为曹娥神的灵验，以潮水阻止。

在历史文献记载的曹娥故事中，大都有类似“曹娥为寻找祭祀伍君溺水的父亲而投水”之类意思的体现，如据此推断可知，东汉汉安二年（143）之时，当地是有祭祀伍君之俗的，但在可靠的地方文献中，之后的记载没有出现祭祀伍君的习俗，在上虞也没有伍子胥的祠庙，取而代之的是有关曹娥庙及其庙会的记录，而其他钱塘江沿岸城市如杭州在后世还存在着8月中旬祭祀潮神（伍子胥）的活动。① 这虽然不能科学地说明因为出现了本土的水神而放弃了外来的水神，但也是一件很有意思的事情。而且，有关水神曹娥似乎在很多地方都有记载，不仅仅限于上虞，所以，曹娥的双重身份——孝女、水神都是从地方走向全国的，但水神身份应该传布的范围较小一点，可能是与龙舟竞渡有关。曹娥作为外来的水神，也被其他地方所信仰，但其场景似乎并非只是曹娥神，而是与其他有名望的水神共同被祭祀的。如：在《湖广图经志书》中关于云梦县五月五赛龙舟的记载，就有游江女神曹娥和忠臣屈原、瘟司水神同时出现②；潮州城的三妃宫今已不存，据说曾经供奉过天后娘娘、泰山娘娘、曹娥娘娘，三个信仰被认为是一为潮、一为山、一为江，但像潮汕这样祀奉曹娥的并不多见。③

---

① 陈志勤：《对自然灾害的心意对应（自然災害への心意的対応）》，《比较民俗研究》21号，神奈川大学比较民俗研究会，2007，第71页。

② 参考贺学君的《龙船节：从信仰到符号》，http：//www. doc88. com/p－6788727604525. html。

③ 潮汕女神：http：//baike. baidu. com/view/9857943. htm。

从今天来看，在民间，因为宁绍铁路开通以后，钱塘江、曹娥江水运交通发生了很大的变化，人们逐渐忘却了作为“潮神”的曹娥，取而代之的是一个具有全方位神格的地方神。根据调查发现，在曹娥庙附近的信仰者中，有很多人虽然崇敬曹娥的孝女行为，但在其内心，仍然把曹娥作为神灵祈求庇护，只不过这样的信仰已经不仅仅是水神信仰那么单纯了，人们更愿相信作为神灵的曹娥是多元价值多样功能的存在。

四、结语：礼和俗平行而交织的互动

曹娥形象及其信仰的历史演变过程，虽然可以诠释“水神”和“孝女”两种形象互动的过程，但更可以说明这两种形象互动的形式：两者是一种平行而交织的互动。

在官方，主要表现为作为历史人物的孝女存在，即使在今天，复兴的曹娥庙会及其重构的地方孝文化，其前提还是如此；在民间，主要表现为作为信仰对象的水神存在，虽然因为水路交通变革失去了水神发挥功能的环境，但取而代之的是一个全方位神格的地方神出现。因为民间信仰产生于民众实际的生存需求，当自然环境发生变化、社会人文发生变革，虽然作为信仰对象的神格内涵出现置换，但民众的信仰源泉或者说信仰力量始终来自当下的实际生存需求。我们可以这样来理解，即使发生信仰内涵的置换，民众仍然根据自己的选择延续着传统的信仰文化。

就像曹娥信仰那样，在中国的很多民间信仰中，都并存着民间与官方的不同话语，却能大体上相安无事、长期共存，这是中国文化中一种很独特的现象，其实简单地说只是民众的生存之道，互动的结果大凡是求得平衡。但围绕着同一个对象，官方和民间各自进展的路径在某种意义上来说并不是上下的关系，而是互有交集的两条平行线，互相达成一种平衡，也就是说，民间并不一定是置于官方之下的。

将历史上神灵形象的社会层面多样性和历史变化的差异性，作为经典探讨的有华生和杜赞奇的研究。华生（詹姆斯·沃森，James L. Watson）以妈祖信仰为例展开研究，其中一个主要论点是：“像其他中国神灵一样，天后对不同的人代表了不同的内涵。”① 正如韦思谛所指出的那样：“沃森的论文强调的是神多层面的、在历史上形成的形象。”② 如果以此观点来看待曹娥信仰的话，亦不失为类似的一个典型案例，官方和民间各取所需。经过相当长的历史时期，在民间社会，对于曹娥的信仰内涵以及形象定位，当然也是不断地受到来自主流文化以及社会变革的影响。虽然曹娥的孝女形象一开始有可能是民间自己的选择，但发展到后来甚至直到今天，没有主流文化的推动是不可能张扬的；而曹娥的水神信仰似乎隐身于孝女形象的背后，但在历史上也得到了朝廷的助推。但是，今天要讨论的“礼俗互动”的话题，将为我们开启另一种维度，也就是说礼和俗（国家和民间、孝女和水神）互动形态可能并非只是表现为上下互动的关系，也可能表现为平行交织的关系。

杜赞奇（Prasenjit Duara）的《刻划标志：中国战神关帝的神话》一文，可说是与沃森论文的直接对话，他在提出“假如一个神话表现出完全不连续的内涵，假如其标志被特定的群体为他们自己的特定目的而追求时，它怎能继续在如此广泛的文化范围内给予其合法性”这个质疑的基础上，通过对关帝神话和形象随着时间改变而发生刻划标志过程的分析，认为“在这个过程中，尚存的看法不会完全被抹去”③，新的解释并没有完全消除旧的解释，而是被“写上去（written over）”的，其多重内涵仍然保持不变。④ 这个观点也可以解释在历史上为什么曹娥的双重形象可以长期并存的现象，因为人们对两者各取所需，并不表现为彼此消长的关系。曹娥信仰的例子可能不一定表现为“写上去（written over）”，是根据时空时

---

① ［美］詹姆斯·沃森：《神的标准化：在中国南方沿海地区对崇拜天后的鼓励（960—1960年）》，见［美］韦思谛编，陈仲丹译：《中国大众宗教》，江苏人民出版社2006年版，第65页。

② ［美］韦思谛：《序言》，见［美］韦思谛编，陈仲丹译：《中国大众宗教》，江苏人民出版社2006年版，第5页。

③ ［美］杜赞奇：《刻划标志：中国战神关帝的神话》，［美］韦思谛编，陈仲丹译：《中国大众宗教》，江苏人民出版社2006年版，第95页。

④ ［美］杜赞奇：《刻划标志：中国战神关帝的神话》，［美］韦思谛编，陈仲丹译：《中国大众宗教》，江苏人民出版社2006年版，第95页。

而“孝女”为主，时而“水神”为主，但官方的孝行教化以规范德行与民间的信仰祭祀以祈福免灾，都互为影响、互为补充，共同发挥着维持社会稳定的作用。

（陈志勤，上海大学副教授。本文原载《民俗研究》2016年第6期，收入本书时有修改）

“义岩别祭”：个体经验·国家认同·历史认识

一、问题的提出

“义岩别祭”是韩国为祭奠在壬辰卫国战争（1592—1598）① 中殉国牺牲的民族英雄论介而举行的纪念活动。纪念论介的活动初始于17世纪的晋州民间，在18世纪纳入当地官方祀典，在中日甲午战争后朝鲜沦为日本殖民地期间被迫中止。现今，每年在晋州举行的“义岩别祭”活动是1992年恢复的。本文即以“义岩别祭”这一战争纪念仪式活动为考察对象，探讨国家记忆与个体体验的互动关系。

“义岩别祭”作为壬辰卫国战争诸多历史记忆中的一个表象，在历史的长时段中不同的时期具有不同的含义，其表象的背后隐含着国家的历史记忆对个体体验有意图的选择、取舍与重构。如果用记忆的概念来审视这种选择、取舍与重构，不难发现在这一过程中是想起与忘却相互纠缠与影响的过程。对于这样的现象，日本的政治学者石田雄指出：“如果把记忆作为理解现实世界，其理解主体的行为是构成连接过去与未来的契机的话，必须要重新认识成为其媒介的记忆具有通过忘却与想起进行重构这一

---

① 1592年至1598年，日本太阁丰臣秀吉发兵侵略朝鲜，朝鲜请求明朝出兵共同抵抗日军而展开的三国间的战争。战争分为1592年4月至1593年7月、1597年2月至1598年12月两个阶段。关于这次战争的称呼，日本称“文禄·庆长之役”，韩国称“壬辰·丁酉倭乱”，中国称“万历朝鲜战争”，可以看出三国对这一战争的历史认识各有不同。

必不可缺的两面性。"① 换言之，在记忆的分析框架中，在想起的同时通常伴随着忘却，为了想起某一事物，强化这一事物的记忆时需要忘却或抑制与其背离或矛盾的部分，所以哪些部分被忘却，哪些部分被凸显，是行为主体对现实世界判断的价值取向，也是记忆与忘却的政治性体现。

同样，在“历史与记忆”的讨论中，Yoneyama Lisa 对记忆概念的解释与上述讨论有相似之处。Yoneyama Lisa 指出，在涉及对过去表象的诸多话语中，仅有“记忆”这一话语能显示出对“被压抑的事物”的姿态；不仅是被明确的事物，被言语及形象所掩盖或者是说相反正因为此处有言语或形象，反而看不到过去的体验或情感，“记忆”就是具有暗示被抹消事物的存在的话语；无论讲述了什么，总是有隐藏在主体内心深处难以倾诉的部分，记忆是让我们想起这样结构的一个概念。② 在记忆与历史的关系层面上，有把“历史”与“记忆”置于二元对立结构中的讨论，即把“历史作为权力者的产物”，是自上而下形成的话，那么“记忆”是接近民众的真实历史体验，前者是历史学家们通过客观实证的研究所反映的过去，对此记忆是情绪化并且含有个人的主观色彩的表象。③ 对此，Yoneyama Lisa 指出，“历史”与“记忆”的关系并非完全是对立与排他的，“记忆”被“历史”压抑并不是“记忆”的消失，并且承认“历史”对“记忆”的压抑也就是说认同“记忆”的存在。历史学作为近代的学问，是建立在单线性的时间上，历史的研究对象——过去是与现在、未来完全切割开来的；正是这样的一种方式使制度化的历史学趋于安定，但是“记忆”的出现，动摇了“历史”这一概念的安定；为了批判性地把握因为这样而产生的动摇，使用了“记忆”这一概念。④

---

① 石田雄：《記憶と忘却の政治学》，明石书店 2000 年版，第 13 页。

② 关于 Yoneyama Lisa 的观点详见岩崎稔、富山一郎、米山リサ（Yoneyama Lisa）的三人对谈记录，见富山一郎编：《記憶が語りはじめる》，东京大学出版会 2006 年版，第 228 页。

③ 富山一郎编：《記憶が語りはじめる》，东京大学出版会 2006 年版，第 228 页。

④ 富山一郎编：《記憶が語りはじめる》，东京大学出版会 2006 年版，第 228 ~ 229 页。

关于上述记忆的讨论，有学者在指出记忆具有想起与忘却的两面性的同时，强调需要关注记忆的忘却作用，想起与忘却是同时存在相互作用的过程。记忆的这一结构特征，为本文考察“义岩别祭”这一历史记忆的表象提供了分析的视角。“义岩别祭”祭祀的对象主体论介是朝鲜王朝晋州的官妓，因为论介的身份，最初的祭祀活动源于民间。壬辰卫国战争结束约100年后，“义岩别祭”在地方的推动下从民间纳入了官方的祭祀体系。如果这里把初始于民间的祭祀活动作为记忆看作“俗”的层面，把官方的祀典作为史看作“礼”的层面的话，是祭祀的行为主体从民间转向国家，在此本文的主要目的就是要梳理和考察在祭祀行为主体转变过程中蕴含的国家历史对个体体验的想起与忘却的互动关系，国家在建构自己历史记忆时对个体的体验是如何选择与取舍的，近代以后这种记忆是如何被抹消与重建的，以及在其背后隐含了哪些政治性。

二、国家记忆与个体经验：“礼”对“俗”的选择与排斥

“义岩别祭”这一祭祀活动源于韩国庆尚南道西南部的中心城市晋州。在壬辰卫国战争爆发后，晋州是连接全罗和庆尚两道陆路交通的要塞，有着极其重要的地理位置。朝鲜为了阻止日军侵入朝鲜粮食产地全罗道，在晋州与日军展开了两次激烈的攻防战。“义岩别祭”的祭祀主体论介的故事，发生在第二次（1593年6月）的晋州城攻防战中。

论介在日本和中国未被更多地认知。但在韩国论介作为民族英雄，她的故事被民众广泛熟知并且不断传颂。在韩国民族文化大百科事典中，有论介的事迹和生平及民众对其死后祭典活动的简略介绍。关于论介的生平有如下记载：论介为朝鲜王朝晋州牧的官妓，1593年（宣祖二十六年）壬辰倭乱时，晋州城被日军攻陷，论介诱敌同尽南江，是殉国的“义妓”。①从这一记录中可以看出论介的身份。朝鲜王朝身份制度等级森严，一般来说，可以分为四个阶层，即两班、中人、常民、贱民。两班是指通过科举制选拔出的官僚士大夫，这些人具有儒学的知识和思想，是朝鲜社会的统

---

① 韩国民族文化大百科事典：http：//encykorea.aks.ac.kr/（2016年1月10日阅览）。

治阶层；中人是居于两班和常民之间的胥吏和具有专门技术的官员；常人主要是从事农、工、商的生产阶级，其绝大多数是农民；贱民位于朝鲜社会的最下层，在贱民群体中典型的身份是奴婢，奴婢又分为官奴与私奴两种，奴婢以外还有妓生、白丁（屠户）、僧侣、巫女等。[①] 从当时朝鲜社会的等级身份制度可以看出，论介属于身份低下的贱民阶层。论介的这一身份地位，是决定其主体经验被主流社会压抑，未能成为历史叙述对象的主要原因。

晋州被日军攻陷时，虽然身份卑微的论介诱敌同尽南江而亡的事迹在当地民众之间广为颂扬，但在官方的记录中并未出现。关于论介的最早的文字记录，是出现在朝鲜的著名汉文学家柳梦寅（1559—1623）的《於于野谈》中。《於于野谈》是最初广泛记录朝鲜王朝民间流传的传承故事、街头巷尾及社会底层的奇闻逸话的书。论介的故事具体如下：

> 论介者，晋州官妓也。当万历癸巳（1593）之岁，金千镒倡义之师，入据晋州以抗倭，及城陷军人民俱死。论介凝妆服，立于矗石楼下峭岩之巅，其下万丈直入波心。群倭见而悦之，皆莫敢近，独一将挺然直进，论介笑而迎之倭将，诱而引之。论介遂抱持其倭，投于潭俱死。壬辰之乱，官妓之遇倭不见辱而死者，不可胜记，非止一论介，而多失其名。彼官妓淫娼也，不可以贞烈称，而视死如归不污于贼，亦圣化中一物。不忍背国从贼，无他忠而已矣。欹欤哀哉。[②]

我们推测，在晋州城被攻陷的第二年，柳梦寅作为三道巡按使去晋州体察民情，在整理壬辰卫国战争牺牲者人员名册时，收集并记录了论介殉国的美谈。[③] 柳梦寅被论介身份卑微却能以死守节不屈殉国的故事感动，

---

① 张起灌：《朝鮮時代後期の社会変化と民衆意識の成長：近代仮面劇の成立をめぐって》，见《大手前大学人文科学部论集》2006 年第 7 号，第 63 ~ 64 页。

② 柳梦寅：《於于野谈》（汉文本），韩国国家图书馆藏，第 28 ~ 29 页。

③ 崔官：《文禄・慶長の役》，讲谈社 1994 年版，第 202 页；柳承宇：《晋州城义妓论介考》，载《韩国史学论丛》，1987 年，第 907 页。

把论介的事迹收录到《於于野谈》的《人伦篇》《孝烈条》，并没有把其编入《娼妓条》。

壬辰卫国战争从开始到结束，持续 7 年有余。长期的战争，使朝鲜社会遭到很大的打击和破坏。更重要的是，战争也扰乱了儒家治国理念和规范。战后，朝鲜为了重建儒家规范教化民众，抚慰长期战争给民众带来的伤害，1617 年朝鲜国王光海君（1575—1641）决定仅以朝鲜王朝的人物为对象，下令地方收集朝鲜社会的忠、孝、烈事例，编撰了《东国新续三纲行实图》。被朝鲜官方认同、选择和被收录于《东国新续三纲行实图》的烈女篇的事例共 717 件，其中朝鲜王朝的事例占 691 件，在 691 件中有 63% 的事例发生于壬辰卫国战争期间。① 例如，在《东国新续三纲行实图》烈女图卷之六中，有如下事例：

郑氏投渊：

郑氏骊州人士人尹光禄妻也，率二子避倭贼，贼执欲污之，投渊而死，儿子一人同溺死。②

朴氏不污：

朴氏永同县人幼学姜景贤妻也，与其夫奉祖母避倭贼，贼至，朴氏及景贤恐害祖母，挺身出走，贼杀景贤，逼朴氏欲污之，不从贼害之。③

如上所示，壬辰卫国战争时期，作为烈女被记录于《东国新续三纲行实图》的女性身份，都是经过朝鲜官员的审核，符合当时朝鲜王朝儒家道德规范的条件。如柳梦寅在上述记录中所述，像论介那样不屈服于入侵者的暴力以死来抗衡的官妓也为数不少，但国家在构建历史的叙述过程中，

① 郑夏美：《絵画としての〈倭軍〉と烈女イデオロギー：十七世紀の〈東国新続三綱行実図〉の分析から》，大口勇次郎编：《女の社会史：17—20 世紀—〈家〉とジェンダーを考える》，山川出版社 2001 年版，第 197 页。

② 《东国新续三纲行实图》卷六《烈女》。

③ 《东国新续三纲行实图》卷六《烈女》。

她们作为官妓的社会地位与身份受制于朝鲜保守士大夫官员的“彼官妓淫娼也，不可以贞烈称”这一儒家思想观念的束缚，个体的经历与记忆被边缘化、排斥于主流社会之外。这里不难看出，历史在构建过程中，隐含着对记忆的压抑与排斥，即“礼”对“俗”的选择与排斥。

三、“民众记忆”的“官方化”：由排斥到包容

论介的个体经历虽然未被纳入国家的宏大历史叙述之中，但在民间的记忆中她并没有因为身份的卑微而被忘却与湮没。在朝鲜王朝，像论介这样的妓生通常被认为是与贞节无缘，不分敌我，视所有男性为夫。而对一般女性而言，儒家思想的“忠”是她们日常行为实践的准则，“忠”的表象是对丈夫坚守节操。所以，如上文《东国新续三纲行实图》卷六《烈女》中朴氏事例所示那样，在壬辰卫国战争中，大多数女性是与丈夫同存亡或坚守贞节以死来抵抗敌人的玷污。与此相比，论介虽然是一个妓生，但她的死超越了上述一般女性的“贞烈”，成为与敌视死如归、殉国“忠烈”的象征。正是论介这样的身份与超越先见的行为，得到了柳梦寅及一些地方思想开放士大夫及当地民众的广泛认同，论介的记忆也由此在地方社会被连绵不断地传承。

在当地，地方有识者与民众通过不同形式的彰显和祭典仪式，使论介的个体经验作为记忆被表象和可视化。1629 年，朝鲜著名义军将领郑文孚①（1565—1624）的儿子郑大隆（1599—1661）在论介抱敌投江的岩石上刻下“义岩”的文字。② 1651 年，在吴斗寅（1624—1689）的《义岩记》中记载，每年的春秋两次举行对论介义举的祭祀，所有祭礼活动都是由官妓们来完成。③ 从上文可以看出，壬辰卫国战争结束后的 17 世纪 20

---

① 郑文孚是壬辰卫国战争时期朝鲜的著名义军将领，组织普通百姓抵抗日军侵略，在咸镜北道吉州郡临溟村一举击败加藤清正率领的日本侵略军，史称北关大捷。

② 鲁成焕：《日本人が祀った論介という朝鮮女性》，载《日本研究》2014 年第 49 号，第 117 页。

③ 鲁成焕：《日本人が祀った論介という朝鮮女性》，载《日本研究》2014 年第 49 号，第 117 ~ 118 页。

年代末，民众就开始为论介立碑举行祭典活动了。论介殉国的美谈在当地广为传颂的过程中，为了也得到朝廷的认同和表彰，当地民众不断地向地方官上书请愿。庆尚右兵使崔镇汉（1652—1740）被幼学尹商辅等晋州民众的上书所感动。1721 年，崔镇汉把民众的上书直接提交至备边司，请求当朝褒奖论介：

> 矗（石）楼之下，南江之上，有天下伤心处，乃义岩也。岩之义号，昔自龙蛇倭变后始有其名。则岂非千万古不朽之大义哉！何者当失守，城陷之日，师臣及守令（地方官），诸将血战，数三十员与皆抗节死义之后，惟余一妓论介者，生为国歼贼之计，（中略）唐薛仁杲之降旁佡地复叛。有王氏女取佡地所佩刀斩佡地，诏封崇义夫人。则惟此论介为公（国）除害（倭贼）之义烈，安有肯落于王女之后哉。当时战亡诸臣，则祠之额之，今无后憾。而至于论介，则百余年来，犹未能上彻天听，前后识者之。心惜义憾（后略）。①

如以上引文所示，这封给朝廷的上书大致可以划分为三部分内容：第一部分讲述论介殉国的遭遇；第二部分引用唐朝封王氏夫人为崇义夫人的典故，请求朝廷给予论介褒封；第三部分请求也如战亡将帅一样给论介建祠题额。最终，在崔镇汉与晋州民众不断地努力向朝廷上书请求下，1722 年，朝廷终于赐封了论介“义妓”的称号。论介的事迹得到官方的认可后，1724 年，以崔镇汉与郑拭为中心，修建了“义岩事迹碑”；1740 年，庆尚右兵使南德夏（1688—1742）修建了祭祀论介的“义妓”祠，并把晋州城沦陷、论介忌辰的 6 月 29 日这一天设定为祭日。② 此后，晋州地方废除了每年 6 月 29 日的祭典活动，把论介和祭祀晋州战役中诞生的朝鲜民族英雄金时敏的忠愍祠及晋州“三忠”（金千镒、崔庆会、黄进三）的彰烈

---

① 《忠烈实录》卷二《两祠宇修改先报备边司状》，韩国国家图书馆藏，第 6 ~ 8 页。

② 鲁成焕：《日本人が祀った論介という朝鮮女性》，载《日本研究》2014 年第 49 号，第 118 页。

祠一同，实施春秋两次祭祀。① 1868年，晋州牧使郑显奭（1867—1870年在任）重建了“义妓祠”，并且在原有的春秋两次祭祀外，恢复了每年6月举行祭祀论介的礼仪和歌舞活动。这样，官民一体祭祀官妓是朝鲜王朝有史以来的“事件”，这一祭祀活动称为“义岩别祭”。“义岩别祭”的称呼源于当时的晋州牧使郑显奭编写的《教坊歌谣》一书。郑显奭非常关心妓生文化，对板索里和音乐也有非常高的造诣。在《教坊歌谣》的“义岩别祭”的条目中，他详细记录了当时每年由300人的妓生连续三天举行的盛大歌舞祭典活动。②

从上述过程中可以看出，论介的个体经历的记忆化是在晋州地方社会的士大夫、有识者和与论介有着相同身份的官妓们的推动下，经过百余年，于1722年被纳入官方的祭礼活动。在这一过程中，论介的个体记忆超越了出身的贵贱，成为被高度认同的颂扬忠烈、殉国精神的象征；与此同时，朝鲜社会在壬辰卫国战争后再次遭遇战乱，个体经历中的忠烈精神作为化解社会动荡和不安定的有效因素，再次得到了最大化的颂扬。在此社会背景下，颂扬忠烈和体现民族精神的个体记忆进而被“官方”统合、吸收和改造，作为官方教化民众与巩固自身统治的重要因素，“官方”对其态度由排斥转向包容，再到利用。

四、超越国家的个体记忆：“记忆与忘却的政治学”

祭奠论介的活动“义岩别祭”从17世纪开始持续到朝鲜王朝末期。中日甲午战争结束后，1910年，朝鲜沦为日本的殖民地，日本畏惧“义岩别祭”这样的祭礼活动成为鼓舞民族独立精神高涨的契机，由此“义岩别祭”被迫废止。这里，论介的记忆不仅仅是朝鲜王朝忠烈形象的代表，近代以后更凸显出超越国家成为抵抗殖民地侵略的象征。在朝鲜社会被殖民统治的时期，日本为了巩固自身的权力基础，对朝鲜社会中危及其殖民统

① 崔官：《文禄·慶長の役》，讲谈社1994年版，第207页。

② 《朝鲜新报》，《朝鮮史を駆け抜けた女性たち③侵略に命をかけ抵抗した義妓—論介》2009年4月10日；http://www1.korea-np.co.jp/sinboj/j-2009/06/0906j0410-00003.htm（2014年3月6日阅览）。

治的历史记忆进行了肃清，论介的历史记忆成为殖民地统治者压抑和忘却的对象。

第二次世界大战后，论介的记忆在韩国摆脱殖民地化后，现代国民国家的历史形成过程中，由殖民地时期的被压抑、被遗忘而转向重构与苏生。1954 年，在论介的家乡长水成立了“义岩朱论介事迹保存基成会”，通过当地各界人士的捐助，在南山建立“义岩祠（论介祠堂）”，祠堂上的牌匾由当时韩国的副总统咸台永题字；同年同地又修建了“论介画像阁”与“义岩朱论介娘生长地事迹不忘碑”；此外长水郡在修建“义岩祠”后，又把论介殉节的这一天 7 月 7 日作为纪念日，在每年的 7 月 7 日举行祭礼活动；1968 年，长水郡又把 7 月 7 日这一天定为“长水郡民之日”，论介的祭礼活动是“郡民之日”的主要内容；1986 年，长水郡又在论介的出生地长溪面大谷里修建了论介父母之墓，复原了论介的故居，并且定在每年 9 月 9 日举行“论介祭典”。①

1973 年，韩国导演李亨杓以论介的事迹为素材，启用了当时韩国的著名演员申星一和金芝美二人，拍摄了电影《艺妓论介》。除电影外，论介的故事还以其他的形式在韩国民众中广为传播。例如，深受民众喜爱的歌手李美子等人创作了歌曲《论介》，她们的歌声一时遍布街头巷尾；2011 年，在艺术殿堂举行的韩国歌剧节上，演员们用歌剧的形式表演了论介的故事；2012 年，韩国国立舞蹈团在国立剧场公演了以“论介”为题名的舞剧。② 如上所述，论介的记忆通过媒体、音乐与舞蹈等形式的传播，不断地在韩国社会中扩散、渗透和流通。在这一过程中，论介的精神存在达成了社会的共鸣，逐渐形成了抵抗外来侵略、殖民地统治的集体记忆。

在论介的义举之地晋州，“义岩别祭”经历了很长一段时期才得以重建。战后，仅是一些在朝鲜王朝末期有过妓生经历的人们定期来到义祭祠举行简单的祭礼活动，她们的活动并未得到当地社会的广泛关注。19 世纪 90 年代后，

---

① 鲁成焕：《日本人が祀った論介という朝鮮女性》，载《日本研究》2014 年第 49 号，第 118 页。

② 鲁成焕：《日本人が祀った論介という朝鮮女性》，载《日本研究》2014 年第 49 号，第 117 页。

“义岩别祭”能得以恢复源于传统艺人对地方文化的传承。在朝鲜王朝末期做过官妓的崔顺伊曾经亲身参与过“义岩别祭”的祭礼活动，她把“义岩别祭”完整的祭祀过程传授给了传统文化表演艺术者成桂玉。从 20 世纪 60 年代开始，成桂玉为了恢复“义岩别祭”进行了反复的研究，她在韩国国立中央图书馆查找到了郑显奭的《教坊歌谣》（参看图 1）。为了解读这部古籍，她还到高丽大学学习了古汉文。1992 年，“义岩别祭”从日本殖民地时期被废止以来，经过了 82 年终于重见天日。① 2002 年，晋州的文化艺术者们，以地方传统艺术为基础，把壬辰卫国战争时期的民、官、军的忠义精神作为地方的主要标志性特征，设立了以“义岩别祭”为中心、全体市民共同参与的“晋州论介祭”。“晋州论介祭”在每年 5 月的第四周的周五至周日三天举行，参加人数达十万人。

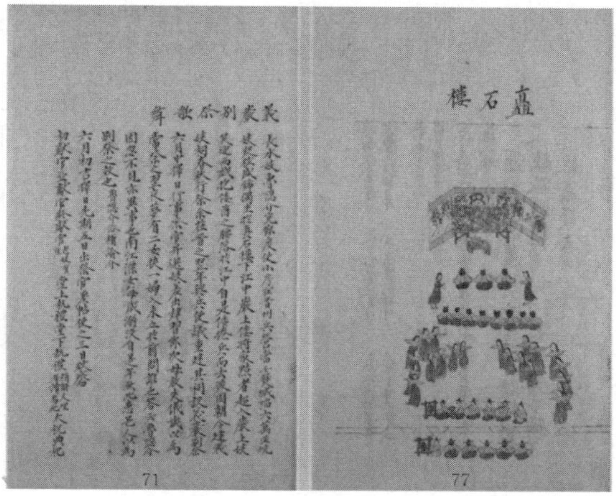

郑显奭：《教坊歌谣》，第 71、77 页。

图 1

如上所述，论介的记忆在第二次世界大战后韩国的社会化过程中，以各种不同的形式构建了市民社会共同体的“记忆之场”②，“义岩祠”、“义妓祠”、纪念碑及相关设施的建造是韩国社会想起外来侵略、殖民地强权统治记忆的“物质的场所”，同时也是颂扬论介精神成为韩国民众共同抵

① “义岩别祭”的恢复过程详见《朝鲜新报》，《朝鮮史を駆け抜けた女性たち③侵略に命をかけ抵抗した義妓—論介》2009 年 4 月 10 日；http：//www1. korea - np. co. jp/sinboj/j - 2009/06/0906j0410 - 00003. htm（2014 年 3 月 6 日阅览）。

② “记忆之场”这一概念源于法国历史学家皮埃尔·诺拉。诺拉在解释这一概念时指出，“记忆之场”具有三个层面的含义，即“物质的场所”“象征的场所”“机能的场所”。详见［法］皮埃尔·诺拉编，谷川稔监译：《記憶の場—フランス国民意識の文化·社会史》（第 1 卷、对立），岩波书店 2002 年版。

御外来侵略的“象征的场所”，地方社会、市民共同参与的祭礼活动则是产生社会共鸣、促进相互间的认同，向下一代传承历史记忆的“机能的场所”。这种“记忆之场”的形成，对现今东亚中日韩三国对战争历史认识问题上存在的差异，即加害方对于历史记忆的忘却和被害方对历史记忆的想起的相互关系上，隐含着各自对历史记忆想起与忘却的政治性。

五、小结：个体经验·国家认同·历史认识

本文以“义岩别祭”为考察对象，通过记忆这一概念中包含的想起与忘却的两面性，探讨了国家的历史记忆构建与个体经验的互动关系，以及个体经验在转化成社会化记忆后如何成为强化被殖民地侵略的历史认识的问题。“义岩别祭”的祭祀对象论介的个体经验，在400余年的历史发展过程中，发生了由朝鲜王朝国家内部的认同到殖民地及后殖民地时期针对外部强化国家历史认识的转变。

朝鲜王朝，论介的个体经验存在于国家内部对其认同与否的层面上。国家在书写历史和教化民众时，对不符合朝鲜王朝作为治国理念的儒家道德规范的个体经验进行了选择与排斥。论介为国殉身的行为虽然在当地广为传颂，但她身为官妓卑微低下的社会地位与身份，未能冲破朝鲜保守士大夫们根深蒂固的儒家思想观念的束缚，论介的个体经验被排斥于主流历史之外。百余年后，论介的记忆在地方社会的推动下，在1722年终于得到国家的认同从而纳入官方的祀典。官方这一态度的改变，与其时代变化密切相关，在壬辰卫国战争后朝鲜社会再次经历战乱，论介虽然身份卑微但能舍身殉国这样的精神成为教化民众的象征，个体经验中的忠烈精神作为凝聚民族国家和化解社会动荡不安的有效因素，继而被官方吸收和改造，由初始的排斥转向包容，再到利用。

殖民地时期，日本对殖民地社会中有碍于其权力统治的因素进行了肃清，祭奠论介的活动“义岩别祭”被认为是燃起韩国民族独立的契机，论介的记忆继而成为殖民地统治者压抑与忘却的对象。韩国脱殖民地化后，论介的记忆在韩国市民社会中以各种不同的形式，如影视媒体的传播、纪念设施及纪念碑的建立、相关文化节的设立来使民众强化和想起被殖民统

治的记忆，以此来促进民族间的相互认同与社会共鸣，来应对当代东亚社会中对战争历史认识问题上存在的差异。

（赵彦民，大连外国语大学教授。本文原载《民俗研究》2016 年第 4 期，收入本书时有修改）

孙膑崇拜的正统化脉络与地方化过程

——以山东潍北地区瓦城大庙为个案

学界的祠庙研究，多在国家与社会的二元框架下展开。祠庙作为民间信仰的常规载体，或多或少地体现了儒、佛、道的思想，并努力与国家礼仪建立联系。本文选择山东潍北瓦城孙膑祠庙为个案，关注、分析与孙膑信仰相关的“官退民进”现象。为此，本文首先追溯历史长时段中孙膑在国家正祀中显与隐的过程，然后从其在潍北地区的具体信仰现象入手，呈现地方社会与国家礼制之间的复杂关联。可以说，正是因为历史上孙膑在国家正祀中的存在与退位，创造了孙膑崇拜的下行条件；地方社会中的孙膑传说具有多元叙事的特点，孙膑崇拜的地方传统乃是在地方士绅的精心运作下被集体建构而成。

一、历代对孙膑的评价

孙膑①，齐国人，大体与孟轲、商鞅同时，处于战国中期，历经齐威王、宣王时代。《韩非子》《吕氏春秋》有简单记载。《韩非子》载：“孙子膑脚于魏……此十数人者，皆世之仁贤忠良有道术之士也，不幸而遇悖乱暗惑之主而死。”②《吕氏春秋》载：“孙膑贵势。”③

---

① 历代以来人们认为“孙膑”并非其真正之名，如明代周祈《名义考》载：“齐将孙膑名逸不可考。‘膑’非名也，孙足为庞防所断，故称为孙膑。‘膑’乃肉刑，去膝盖骨之名。”〔明〕周祈《名义考》卷八《孙膑黥布》。

② 李维新等注译：《韩非子》，中州古籍出版社 2008 年版，第 6 页。

③ 〔战国〕吕不韦编著，王启才注译：《吕氏春秋》，中州古籍出版社 2010 年版，第 265 页。

较早详细记载孙膑的典籍为汉司马迁《史记》，载录其颇具传奇色彩的求学与军事经历，但未单独成传。《史记·孙子吴起列传》载：“孙武既死，后百余岁有孙膑。膑生阿鄄之间，膑亦孙武之后世子孙也。孙膑尝与庞涓俱学兵法。庞涓既事魏，得为惠王将军，而自以为能不及孙膑，乃阴使召孙膑。膑至，庞涓恐其贤于己，疾之，则以法刑断其两足而黥之，欲隐勿见……”① 篇中关于田忌赛马、桂陵之战、马陵之战的生动描述，塑造了孙膑智慧过人的军师形象，但未提及其最终归处。

汉刘向《战国策》在描写田忌面对成侯邹忌排挤陷害时，提及孙膑为田忌所出的“袭齐都临淄、匡正齐君”之策：“孙子谓田忌曰：‘将军可以为大事乎？’田忌曰：‘奈何？’孙子曰：‘将军无解兵而入齐……然后背太山，左济，右天唐，军重踵高宛，使轻车锐骑冲雍门。若是，则齐君可正，而成侯可走。不然，则将军不得入于齐矣。’”② 不难看出，国君对于“功高震主”的田忌集团的心态暧昧不明，而孙膑的计策看似自保，亦有欺君谋反之嫌。

此后，历代史家对于孙膑的载录，与司马迁所述基本相同。如唐欧阳询等撰《艺文类聚》、北宋司马光《资治通鉴》、北宋张预《十七史百将传》、北宋李昉等撰《太平御览》、北宋王钦若等撰《册府元龟》等。只有宋人曾巩在《战国策序》中说：“卒至苏秦、商鞅、孙膑、吴起、李斯之徒以亡其身。”很有可能是，尽管孙膑一生对齐国的强盛做出了杰出贡献，但因有忤逆表现而未得善终。③

---

① 〔汉〕司马迁：《史记》，中华书局1959年版，第2162页。

② 《战国策》卷八《齐策一》，齐鲁书社2005年版，第94～95页。另，关于田忌是否听从孙膑计策的问题，《战国策·齐策一》：“田忌不听，果不入齐。”但汉司马迁《史记·田敬仲完世家》载：“田忌闻之，因率其徒袭攻临淄，求成侯，不胜而奔。”另《史记·孟尝君列传》亦载：“成侯与田忌争宠，成侯卖田忌。田忌惧，袭齐之边邑，不胜，亡走。”故田忌功齐都临淄应确有其事，并且《资治通鉴·周纪二》中提及“田忌不能自明，率其徒攻临淄，求成侯。不克，出奔楚”。（〔宋〕司马光等：《资治通鉴》，中华书局2005年版，第60页）

③ 杨善群：《孙子评传——孙武、孙膑、司马穰苴》，南京大学出版社1992年版，第365页。

大致看来，史载孙膑较为简洁，内容主要包括：拜名师鬼谷子求学，膑脚为刑余之人，善谋善战，为兵法家，其军事实践突出表现在“田忌赛马”和“桂陵之战”“马陵之战”等战役中。历史上对于孙膑的评价颇不相同，大致可分为三类：

其一，颂扬孙膑的计谋和功绩，如《孙膑兵法·擒庞涓》：“孙子弗息而击之桂陵，而擒庞涓。故曰，孙子之所以为者尽矣。”① 南朝宋范晔《后汉书》：“信如卞和，智如孙膑。”② 宋代罗烨《醉翁谈录》：“说征战有刘项争雄，论机谋有孙庞斗智。”③ 宋章如愚《山堂考索后集》：“善兵如孙膑。”④ 明时，孙膑被明太宗（成祖）视作“身残志不残”的典范。《明实录》载：“甲戌，行在兵部尚书方宾言，幼官袭者有免缺，例不应袭。上曰：命武臣，当察其勇智怯懦及武事如何，岂当论相貌？孙膑既刖足，智尚可用，况立军功者皆望禄及子孙，一不得袭即禄绝矣。此人将来生子当不复免缺，岂可绝其禄？命袭之。”⑤

其二，视孙膑为善行奸诈之术、缺乏仁义之人。如汉班固《汉书·刑法志》：“雄桀之士因势辅时，作为权诈以相倾覆，吴有孙武，齐有孙膑，魏有吴起，秦有商鞅。”且班固认为，孙膑正是因为有道德方面的亏缺而不得善终：“孙、吴、商、白之徒，皆身诛戮于前，而功灭亡于后。报应之势，各以类至，其道然矣。”颜师古注：“孙武、孙膑、吴起、商鞅、白起也。”⑥ 宋人曾巩曾叙述商鞅、吴起、李斯的被杀，而且将孙膑和他们

---

① 《孙膑兵法》上编《擒庞涓》。《孙膑兵法》的编定，和一些先秦的其他古籍一样，当出于其门弟子之手。自然，也不必排除这样一种推断，即《孙膑兵法》的一部分或大部分是孙膑的原著，最后经过他的弟子增补编定。但无论如何，编定的年代当在孙膑死去以后了。见杨伯峻：《孙膑和〈孙膑兵法〉杂考》，载《文物》1975年第3期。

② 〔南朝宋〕范晔：《后汉书》，中华书局1965年版，第2266页。

③ 〔宋〕罗烨：《醉翁谈录》卷一《小说开辟》，古典文学出版社1957年版，第4页。

④ 〔宋〕章如愚：《山堂考索后集》卷五〇《兵门》。

⑤ 台湾“中研院”历史语言研究所校勘：《明太宗实录附校勘记》卷一九一，第693页。

⑥ 〔汉〕班固撰，〔唐〕颜师古注：《汉书》，中华书局1962年版，第1089页。

并列。①

其三，将其功过两分。如唐房玄龄《晋书》："若乃衰周之末，贵诈贱诚，牵于权力，以利要荣。故苏子出而六主合，张仪入而横势成，廉颇存而赵重，乐毅去而燕轻，公叔没而魏败，孙膑刖而齐宁，蠡种亲而越霸，屈子疏而楚倾。是以君无常籍，臣无定名，损义放诚，一虚一盈。故冯以弹剑感主，女有反赐之说，项奋拔山之力，蒯陈鼎足之势，东郭劫于田荣，颜阖耻于见逼。斯皆弃礼丧真，苟荣朝夕之急者也，岂道化之本与！"② 在这里，孙膑被描述为战国乱世中安定齐国的关键人物，但终归是贵权术富荣、缺乏仁德之人。《资治通鉴》在评论武成王庙配祀时说："自孙、吴以降，皆以勇力相胜，狙诈相高，岂足以数于圣贤之门而谓之武哉！"③ 元人戴表元《剡源集》中的评论最具代表性：

> 按太史公不为孙膑特立传，而附于孙武，盖其事微耳，而世人称之常过实。夫膑以刑余之人而投齐，伥伥然求得其当以报魏，不啻郤克笑躄之仇、范雎折胁之愤也。故其从田忌也，一举救齐，再举救韩，皆不以取救为急，而急于乘梁之虚而残之者。此其志，无一饭不在梁也。马陵之役，耻幸仅伸，而终膑之身，不闻他业可纪。就言兵者窥之，尤浅之为丈夫哉。④

在戴表元看来，孙膑与范雎一样是睚眦必报之人，不可评价过高，其著名事迹"围魏救赵""马陵之战"皆是为报私仇。司马迁未对其单独立传是恰当的。

总体说来，活跃于战国时期的孙膑，虽足智多谋、功绩彪炳却难以入圣，其"刑余"之身、诡诈兵术以及"匡正齐君"的谋策使其充满争议。他在史

---

① 〔宋〕曾巩：《元丰类稿》卷一一《战国策目录序》。

② 〔唐〕房玄龄等：《晋书》，中华书局1974年版，第1413页。

③ 〔宋〕司马光等：《资治通鉴》，中华书局2005年版，第6796页。

④ 〔元〕戴表元著，陆晓冬、黄天美点校：《戴表元集》浙江古籍出版社2014年版，第442页。

籍中的形象颇显矛盾，进而影响到他在唐宋以降进入国家祀典后的状况。

二、进入官方祀典的孙膑

孙膑进入官方祀典自唐代始，在武成王（姜尚）庙中作为配祀，此后经历了或立或废的多次反复。唐虽以武力开国，但因承平日久，崇尚科举入仕，社会风气渐转向重文轻武。为扭转这一趋势，朝廷试图以祭祀武成王礼仪的方式，来抬高武人的地位，维持朝野的尚武风气。① 上元元年（760），朝廷诏令尊太公为武成王，选择历代良将十位作为“十哲”陪侍，但未有孙膑。至建中三年（782），采纳礼仪使颜真卿的建议，增列历代良将六十四人作为武成王庙配祀，始有孙膑：

> 建中三年，礼仪使颜真卿奏：“治武成庙，请如《月令》春、秋释奠。其追封以王，宜用诸侯之数，乐奏轩县。”诏史馆考定可配享者，列古今名将凡六十四人图形焉：越相国范蠡，齐将孙膑，赵信平君廉颇，秦将王翦，汉相国平阳侯曹参、左丞相绛侯周勃、前将军北平太守李广、大司马冠军侯霍去病……②

这是目前所见将孙膑列入官祀的最早记载。不过，至德宗贞元二年（786）二月，朝廷采纳刑部尚书、知删定礼仪关播的建议，孙膑等诸将不再配享，“唯享武成王及留侯，而诸将不复祭矣”③。此后群臣对于武成王庙制多有非议，发生辩论，反映了文人群体对以武立国风气的怀疑。④

宋时沿袭唐制仍设武成王庙，在陪祀武将人选和等级位次上多予调整。其中，关于孙膑能否作为武成王配祀争议很大。乾德元年（963）四

---

① 于赓哲：《由武成王庙制变迁看唐代文武分途》，载武汉大学中国三至九世纪研究所编：《魏晋南北朝隋唐史资料》第 19 辑，2002 年。

② 〔宋〕欧阳修、宋祁等：《新唐书》，中华书局 1975 年版，第 377 页。

③ 〔宋〕欧阳修、宋祁等：《新唐书》，中华书局 1975 年版，第 379 页。

④ 于赓哲：《由武成王庙制变迁看唐代文武分途》，载武汉大学中国三至九世纪研究所编：《魏晋南北朝隋唐史资料》第 19 辑，2002 年。

月，孙膑的武成王配祀资格被撤掉：

> 初，上（赵匡胤）幸武成王庙，历观两廊所画名将，以杖指白起曰："起杀已降，不武之甚，胡为受飨于此?"命去之。左拾遗、知制诰高锡因上疏论王僧辩不克令终，不宜在配飨七十二贤之列。乃诏吏部尚书张昭、工部尚书窦仪与锡别加裁定，取功业始终无瑕者。癸巳，昭等共议……退魏吴起、齐孙膑……凡二十二人。①

在这一事件中，早已作古的孙膑等是否有配祀资格，其实是朝廷政治导向的"棋子"。最初，宋太祖对于在武成王庙中祭祀"起杀已降，不武之甚"的秦将白起极为不满，下令去除。知制诰高锡为了投合宋太祖心理，又揪出"不克令终"的王僧辩也不宜配享，于是宋太祖设定"功业始终无瑕者"的考核原则，裁撤大批名将的配祀资格。显然，唐末五代以来的藩镇割据、武将跋扈在宋太祖心中阴影未消，他不仅直接采取了"杯酒释兵权"等强硬措施，而且通过调整武成王庙陪祀人选和位次的方式，显示了皇权的绝对权威。与此同时，他还通过提高文官及士大夫的地位，提倡儒家伦理道德等方式，达到贬抑征伐武功、彰显文治德治的政治目的。②当然，并非所有朝臣都明晓宋太祖的这一政治意图，也有大臣对此不表赞同，认为这是在吹毛求疵。③ 秘书郎、直史馆梁周翰在奏言中还以孙膑等人为例，认为其尽管是"刑余之人"，难称完美，但其功业名称已为乡野樵夫熟知，列将通侯追慕，去除武祠并非善策。这一奏章的结果，是"上

---

① 〔宋〕李焘：《续资治通鉴长编》，中华书局1979年版，第92~93页。

② 胡文宁：《礼制与政治：宋代武成王庙中管仲陪祀地位探析》，载《科学·经济·社会》2013年第2期。

③ 如梁周翰奏言："臣闻天地以来，覆载之内，圣贤交骛，古今同流，校其末年，鲜克具美……今若求其义类，别定否臧，以羔袖之小疵，忘狐裘之大善，恐其所选，仅有可存……若一旦除去神位，摈出祠庭，吹毛求异代之非，投袂忿古人之恶，必使时情顿惑，窃议交兴。"〔宋〕李焘：《续资治通鉴长编》，中华书局1979年版，第93~94页。

以升降之制，有所惩劝，不报”①。武成王庙配祀有所升降，意在对朝臣敲山震虎，有所惩劝，宋太祖对梁周翰的奏章当然不会批准。

既然意在政治导向，宋太祖关于武成王庙配祀制度的调整终究是灵活的。时过境迁，开宝三年（970），宋太祖又让人重新评定历代功臣名将。言官将孙膑等二十四人列为“勋德高迈，为当时之冠”者，连同“为之次”者八人、“又次之”者三人一起上报。最终，确定为孙膑等二十三人，各置守坟三户，余则“功名次者八人，各置两户”“功名又次者三人，常禁樵采，不得侵耕”：

> 又诏，前代功臣、烈士，详其勋业优劣以闻。有司言：“齐孙膑晏婴……等，皆勋德高迈，为当时之冠……”②
>
> 开宝三年十月五日，诏前代帝王已创兴祠庙，修葺园陵，仍据事迹高卑，各置守陵庙户外，其功臣烈士，今定名德高者二十三人，各置守坟三户。孙膑、陈平、韩信、周亚夫、长孙无忌、魏徵、李勣、尉迟敬德、浑瑊墓十，并破损……所置守坟户，并以侧近中等以下户充，二税外免诸色差役。庙宇常须洒扫，无致摧圮；坟陇林木，常禁侵伐，无林木者，常令栽植。委逐县检校，每岁终，具有无破损申州。③

可以看出，这则诏令的下达是针对特定的孙膑祠庙，但具体地点尚不得而知。④

至北宋庆历年间（1041—1048），孙膑恢复了配祀地位，“自张良、管仲而下依旧配享，不用建隆升降之次”⑤。此后，孙膑等的地位有所提升，

---

① 〔宋〕李焘：《续资治通鉴长编》，中华书局 1979 年版，第 95 页。

② 〔元〕脱脱等：《宋史》，中华书局 1977 年版，第 2559 页。

③ 〔清〕徐松：《宋会要辑稿 · 崇儒六》，上海古籍出版社 2014 年版，第 2882 ~ 2883 页。

④ 明代大臣丘濬对此诏令评论说：“宋开宝时，有司所品第前代功臣烈士，皆据其有冢墓存者尔。历代勋德之名，固不止此，且其所品第者，乃一人之见，非万世公论也。”引自〔清〕《钦定续通典》卷五三《礼九》。

⑤ 〔元〕脱脱等：《宋史》，中华书局 1977 年版，第 2556 页。

其中孙膑在宣和五年（1123）获封“武清伯”：

> 宣和五年，礼部言：“武成王庙从祀，除本传已有封爵者，其未经封爵之人，齐相管仲拟封涿水侯，大司马田穰苴横山侯，吴大将军孙武沪渎侯，越相范蠡遂武侯，燕将乐毅平虏侯，蜀丞相诸葛亮顺兴侯，魏西河守吴起封广宗伯，齐将孙膑武清伯……”①

北宋宣和五年这次赐封，与北伐收复燕云地区的战役获胜有着莫大关系，朝廷借封祀显示对于武功的重视。整体看来，宋朝上承唐末五季兵戈战乱之后建国，故统治者急于结束动乱、重建社会秩序，与此同时也力图扭转重武轻文的社会风尚。随着军功集团的快速消亡和文官士大夫当政局面的形成，因礼制惯性延续而设置的武成王庙，逐渐被赋予传统的儒家道德观，统治集团以正统的伦理标准为其定位，将武功纳入文德的范畴之内。在此背景下，不仅武成王庙的礼仪明显低于文宣王庙，其场所还不时被派作其他用途，且对内中从祀武将有裁撤之举。后来，不断调整配祀人员的武成王庙，逐渐演化为文宣王庙之附庸，成为宋朝推行“崇文抑武”国策的辅助工具，也就在情理之中了。② 此风延至元代。“武成王立庙于枢密院公堂之西，以孙武子、张良、管仲、乐毅、诸葛亮以下十人从祀”③，武成王配祀只保留了“十哲”，孙膑被取消配祀资格。以征伐天下为能事的元代，却特别注意复兴以儒学为主体的国家礼仪。

明洪武二十一年（1388），太祖诏以历代名臣从祀帝王庙，对唐宋元以来所祭祀的武成王“罢庙祭，去王号”④，相沿600多年的武成王庙制度被废除，武成王遂成为附祀历代帝王的三十七名臣之一，孙膑被排除配祀之列，消失于国家礼制之中。

---

① 〔元〕脱脱等：《宋史》，中华书局1977年版，第2556～2557页。

② 陈峰、胡文宁：《宋代武成王庙与朝政关系初探》，载《中国史研究》2012年第2期。

③ 〔明〕宋濂等：《元史》，中华书局1976年版，第1903页。

④ 〔清〕张廷玉等：《明史》，中华书局1974年版，第33页。

综上所述，朝廷礼制彰显的是皇权意志，孙膑作为前朝武将的入祀与废祀的变动，反映的是历朝皇帝的政治导向。足智多谋、战功显赫，是孙膑得以进入朝廷祀典的重要资本，而在他身上体现出来的“良臣择主而事”的战国时期的社会观念，与自身的残疾特征，以及不得善终的结局，则导致他在国家正祀中处于边缘状态并最终被撤废。不过，孙膑崇拜自明代始在国家礼仪中的退出，则又为其在民间的兴盛打开了方便之门。

三、潍北瓦城孙膑崇拜的地方化过程

瓦城大庙位于山东潍坊昌邑市龙池镇瓦城村①，是目前所知较早为孙膑单独立庙的庙宇群。瓦城村地处潍河下游、渤海莱州湾南岸，古称“鄑（訾）城”，曾是春秋时期纪国鄑邑的治所，有过辉煌的历史。②至清末民初时的瓦城大庙，占地30余亩，以孙膑为主神，有正殿、寝殿、配殿、山门等建筑共30多间，1948年被全部拆除。据明《莱史》记载，该庙始建于宋熙宁四年（1071）：“神宗熙宁……四年，建孙子庙于昌邑之瓦城。”③

赵士喆依何而记我们不得而知，考察《莱史》其他历史记载，皆似有据，因此此条记载应较为可靠。不过，方志文献却多将熙宁年间的这次修庙描述为“重修”，同样难知所据。

---

① 昌邑历史沿革如下：周为齐都昌（初名郱殿，齐别都），又纪国鄑邑，后入齐；汉高祖六年置都昌国，后国除为县，属青州北海郡；三国魏属北海郡；晋属齐郡，复属北海郡；南宋为北海郡治；北魏因之；北齐改属高阳郡；隋开皇初废高阳置潍州，都昌属如故；唐废都昌入北海县，属青州北海郡；宋建隆三年，以北海县建为北海军，置昌邑隶之；金元因之；明洪武初随州属青州府，九年改属莱州府，二十一年隶属平度州，随州属莱州府；大清因之；民国二年废莱州府，属胶东道；新中国成立后至今属山东省潍坊市。见山东省昌邑县志编纂委员会编：《昌邑县志》，昌邑县印刷厂，1987年，第38页。

② 《齐乘》载：“訾城○昌邑县西北海滨……杜注：‘北海都昌西有訾城。’则鄑地。俗呼为瓦城。半为水渐。”〔元〕于钦撰，刘敦愿等校释：《齐乘校释》卷四《古迹一》，中华书局2012年版，第309页。

③ 〔明〕赵士喆：《莱史》卷四，《东莱赵氏楹书丛刊》本，民国二十四年版。

孙子庙，在县西北三十里瓦城社。宋熙宁四年重修，内有古槐二株，老干虬枝，盘绕如云状。①

孙子庙，在县西北三十五里瓦城。孙膑食邑于鄑，后人立祠祀之，祠有奇槐二株。宋熙宁四年重修，国朝顺治十七年，道人孙守德重修。②

瓦城现存碑刻亦持此说，如民国八年瓦城社人孙际凤（生于1834年）《孙庙奇槐赞》碑载：

此槐不记年载，相传先槐后庙，而庙亦不知建自何时。详考碑记，惟宋熙宁时所立者为至远，然亦系重修，则此庙之建未必自宋始，而槐之由来，更不知从何朝代矣。③

显然，明代赵士喆以及方志碑刻所记载的“熙宁四年建”或“熙宁四年重修”，可能都与北宋熙宁年间所立的一通碑有关，但所载为何相异？这是个相当有意思的问题。

其实，清代学者严可均的《铁桥漫稿》，已经大致破解了这一谜团，只不过当地士人有意无意冷落此说，另有热衷。严可均在《重刻瓦城王朱轸庙碑（宋熙宁四年十一月十二日）》一文中，断定此碑最初是为瓦城王朱轸所立，而当时所谓的瓦城“孙子庙”实为“朱轸庙”：

碑在昌邑县西北卅里瓦城村古庙中。以碑有“减灶”之语，故方志误称“孙子庙”。元于钦《齐乘》：昌邑县西北海滨訾城，俗呼为瓦城，半为水渐，城南有孙武庙。《一统志》云：内有古槐，甚奇。庙祀孙膑。又谓膑食邑都昌。是旧为孙武庙，后又祀孙膑，则沿讹已久。

考昌邑即汉都昌。《汉初功臣侯表》：高帝六年，封朱轸为都昌

① 〔明〕曹学佺：《大明一统名胜志》卷七《莱州府志胜》，明崇祯三年刻本。
② 〔清〕周来邰等纂修：《昌邑县志》卷四《祀典》，清乾隆七年刊本。
③ 该碑现存于昌邑瓦城孙子庙中。

> 侯。孙大参星衍据“朱轸以队帅，先降翟王，虏章邯侯”，与碑所云“大汉兴龙元祀，及平暴秦川”等语合，证此为朱轸庙，确不可易。
>
> 余验碑文，似元是六朝、唐碑，熙宁间重刻，复加改补，故多脱误不可通。然赖此碑尚存，而千年遗庙始能考出，亦快事也。①

严可均这段记载信息丰富，持之有据，价值很大。第一，他推翻了当地士人根据《齐乘》“城南有孙武庙”、《一统志》“庙祀孙膑”等方志文献，所推断出来的“旧为孙武庙，后又祀孙膑”并“沿讹已久”的流行说法。顺便一提的是，瓦城大庙可能从来就不曾是“孙武庙”，有关“旧为孙武庙，后又祀孙膑”的说法，应是对于钦《齐乘》卷六一段话的误读：“孙武子，潍州昌邑县北海滨有庙。武孙膑，齐军师。”② 显然，于钦所言“孙武子”即指武将孙膑，其身为齐国军师。因此，严可均所言“（瓦）城南有孙武庙”应为孙膑庙（或称孙子庙），即元代时瓦城庙宇已为孙膑庙了。

第二，断定瓦城庙宇最初应为“朱轸庙”。严可均经过现场考证，完全同意清代学者孙星衍的分析，即依据“朱轸以队帅，先降翟王，虏章邯侯”与碑上字样“大汉”“兴龙”“元祀”“平暴”“秦川”等，推断瓦城大庙应是朱轸庙。值得注意的是，该碑名称“重刻瓦城王朱轸庙碑”应为严可均在文中使用，而非在原碑上所见，否则孙星衍也就不必与《史记》合证将庙断为朱轸庙，而严可均也就不会有“千年遗庙始能考出”的欣喜。

第三，严可均解释了“旧为孙武庙，后又祀孙膑”这一说法为什么会以讹传讹。他认为，该碑有“减灶”字样，因此方志便误以为是“孙子庙”。考“减灶”典故出自《史记·孙子吴起列传》③，孙膑在马陵之战中

---

① 〔清〕严可均著，孙宝点校：《严可均集》，浙江古籍出版社 2013 年版，第 371～372 页。

② 〔元〕于钦：《齐乘》，中华书局 2012 年版，第 555 页。

③ “（孙子曰）‘兵法，百里而趣利者蹶上将，五十里而趣利者军半至。使齐军入魏地为十万灶，明日为五万灶，又明日为三万灶。’庞涓行三日，大喜，曰：‘我固知齐军怯，入吾地三日，士卒亡者过半矣。’”〔汉〕司马迁：《史记》，中华书局 1959 年版，第 2164 页。

曾使用“减灶”计策击败庞涓，此后人们常用此指代孙膑，或喻指杰出军事才华，成为典故。[1] 宋熙宁碑上的“减灶”一语，严可均认为应是颂扬朱轸的杰出军事才华。不过，同样可以肯定的是，至迟在元代，瓦城大庙中孙膑已成为庙内主神，而朱轸信仰则几近消失。[2] 这说明，瓦城大庙从“朱轸庙”到“孙子庙”的转换并“以讹传讹”，大约就发生在宋元之间。

显然，朱轸庙已有一定历史，或为六朝甚或更早的时候所立。朱轸是何许人，人们为什么会在瓦城一带为之修建庙宇？据《史记》记载，朱轸为西汉立国功臣，被汉高祖刘邦赐封为侯，列第二十三位。[3] 他跟随刘邦起沛，因“降翟王，虏章邯”定三秦之功，被封为都昌侯，食邑为都昌国，累世封爵，传朱率、朱诎、朱偃、朱辟疆五世后国除。都昌即为今昌邑之地，朱轸食邑于此。[4] 至元康四年（前 62），朱轸的玄孙朱先以“公士”身份被诏复家。[5] 朱轸后人自元康四年又获得祭祀祖先的资格，并且绵延后世。不过，朱氏后人在昌邑一带为朱轸修庙祭祖，起于何时尚不得而知。

至于神主易变原因，除朱氏家族衰落，其实更重要的应是与国家礼制变迁，以及朱轸、孙膑二人在潍北社会影响力的此消彼长有关。自唐代以来，朝廷将孙膑纳入国家祀典，赐予封号，虽屡有进退，但其社会影响应

---

① 如唐李世民《经破薛举战地》诗，即以“减灶”为典：“沈沙无故迹，减灶有残痕。”（《全唐诗》卷一，中华书局 1980 年版，第 4 页）唐乾宁二年《唐韦君靖碑》载：“减灶得孙膑之谋，投箸秘留侯之策。”唐白居易撰《白氏六帖事类集》卷一五：“减灶之奇，军之善谋先人夺人之心。”宋张预《十七史百将传·卷一·齐孙膑》：“膑因魏轻齐而减灶示怯是也。”

② 瓦城大庙内主神由朱轸易变为孙膑的具体年代难以确定。宋淳化二年（991）《新修东岳天齐王庙碑铭并序》，在描述天齐王庙周围地理形势时载：“斯庙也，东望胶潍二水，屈伸而状若青龙；西通臧望两台，昂藏而形如白虎；北有瓦城大庙，作玄武之灵；南有寒浞故亭，卓为朱雀之像。”可见淳化年间瓦城大庙已相当有名，并具有一定规模，成为一方标志物，但此时庙内主神则不得而知。

③ 〔汉〕司马迁：《史记》，中华书局 1959 年版，第 907 页。

④ 对朱轸食邑于都昌，文献多有记载。如元于钦《齐乘》、明《山东通志》、清《读史方舆纪要》、清《山东通志》、清《昌邑县志》等。

⑤ 〔汉〕班固：《汉书》，中华书局 1962 年版，第 556～557 页。

是逐渐扩大的。宋时，孙膑崇拜已然兴盛，各地出现了附会孙膑的风物传说，如宋人提及的“孙膑坡，在和顺西一百二十里西，接马陵关，即孙膑伏兵处”①，“孙膑山，在州南，因上有孙膑寨，故名”②。相形之下，朱轸除了在汉初封侯外，在历朝历代一直未获封号、纳入祀典。当然，与孙膑的显赫功绩、足智多谋的传奇形象相比，朱轸也逊色不少，而这些都是能否在地方成神的重要因素。

潍北瓦城一带民众为什么会特别崇拜孙膑，以至于修建庙宇隆重祭祀？方志多载，昌邑之地旧为孙膑封地。目前所见的最早记载，为明景泰七年（1456）《寰宇通志》：“孙子庙，在昌邑县西北三十里。孙膑仕齐，食邑于此，故祀之。”③ 那么，孙膑是确有都昌封地，还是地方官员因为瓦城孙子庙香火旺盛，而孙膑又为齐人，而引发的想象呢？有学者注意到，战国时期的齐国虽广行赏赐，但只是对文人赏赐丰厚，异乎寻常地忽略了军功赏赐，甚至没有建立明确的军功赏赐制度。在整个战国时期，齐国屡有征战，立军功者绝非少数，然而见于史籍记载的赏赐屈指可数。细搜史籍，未见威王对孙膑的任何封赏。④ 而且，元《齐乘》提及都昌曾为朱轸食邑，其作者于钦生于齐地、官于齐地，如孙膑曾封于此，应不至漏。显然，都昌为孙膑食邑的说法应该是一种后人附会的地方性想象。

孙膑封地之说，显然遵循的是将传说“在地化”的民间叙事逻辑，关于民间传说“在地化”的研究成果甚多。⑤ 上述文献中关于孙膑封地的言

---

① 〔宋〕潘自牧：《记纂渊海》卷二三，《文渊阁四库全书》本。

② 〔宋〕潘自牧：《记纂渊海》卷二四，《文渊阁四库全书》本。

③ 〔明〕陈循等：《寰宇通志》卷七六《莱州府》，台湾广文书局 1968 年版，第 1734 页。

④ 赵萍：《春秋战国赏赐制度研究》，吉林大学 2011 年博士学位论文。

⑤ 如岳永逸：《乡村庙会传说与村落生活》，载《宁夏社会科学》2003 年第 4 期；万建中：《传说记忆与族群认同——以盘瓠传说为考察对象》，载《广西民族学院学报（哲学社会科学版）》2004 年第 1 期；王加华、代建平：《家族传说 · 村落历史 · 族群关系——山东省莱阳市小姚格庄口头传说的“在地化”探讨》，载《民俗研究》2008 年第 2 期；刁统菊、郭海红：《孟姜女传说“在地化”后的传承特征分析——以山东淄河镇的孟姜女传说为例》，载《民俗研究》2009 年第 4 期；叶涛：《民间传说的在地化》，载《中国艺术报》2013 年 8 月 19 日等。

说，应是基于提升地方影响力的需求。这样一种集体记忆的建构，其意在彰显地方历史之悠久，是否贴近历史真实的考量则是第二位的。在具体操作过程中，往往以援引国家礼仪为手段，构建地方权威以资教化，呈现出国家正祀的地方化过程。孙膑尽管在国家正祀中时有进退，但曾入祀封爵本身就已经意味着资本的获得，地方社会的修庙祭祀之举，既是对国家礼仪的迎合，又对地方社会秩序的整肃具有意义。于是，在元代甚或更早，瓦城成为潍北地区孙膑崇拜的圣地，此后多有官员、文人作诗为文推波助澜，“孙膑封地说”几成板上钉钉的“历史事实”。如清康熙年间昌邑县令许全临诗：“孙子祠堂岁祀供……勋业昔时消作梦，神灵此日回能通。溟沧一望墩台远，为奠波涛巩旧封。”[①] 清乾隆年间昌邑县令周来邰诗：“功成当日此分封，犹有双槐覆荫浓……”[②] 曾任知府的徐培琪于清光绪二十三年撰碑：“升平郡王庙创建有自来矣。考之，孙子建功于齐，食邑于鄑，鄑人共沾其恩泽，故立之庙而祀焉。”

在当地村民的口述中，“孙膑封地说”更显生动，甚至连“瓦城”之名的由来也附会到孙膑身上。我们近年来在当地的田野调查中，采集到相关的多种传说，大致与历史上这一带地贫人穷、赋税繁众、海潮频袭[③]等状况相关。如齐国军师孙膑来此就封时，曾组织民众烧砖筑垒，以防海潮。

听老人说，孙膑被皇上批到这个地方了。那时候没有皇上，叫国王，打了胜仗以后，有了功，就到这了，嘉奖他的，看好哪个地方就去哪。结果一看，渤海南岸是老百姓穷苦地方，盐碱地啊，就选了这

① 〔清〕党丕禄等纂修：《昌邑县志》卷二《地理志》，清康熙十一年刊本。

② 〔清〕周来邰等纂修：《昌邑县志》卷八《艺文志》，清乾隆七年刊本。

③ 瓦城因临近渤海，新中国成立前常遭海潮，“海堤，在瓦城社北二十里，相传始于周末，沿海一带，资其防卫，是为古堤。乾隆三十五年大潮……六十年，瓦城王始文倡修护庄小堤，而故堤遂弃。道光、咸丰、光绪间，瓦城赵钦、赵梦全、孙际唐，潮海社恩贡生孟广名等，各于护庄堤先后重修。十年复大潮，堤尽没，嗣遇大潮，海滨以南三十余里，田皆成卤，三年后乃可耕种”。光绪《昌邑县续志》卷二《堤堰》。

个地方。那些好地方他都不去啊，这里荒无人烟，得民心啊。他跟老百姓要税少，（老百姓）得了好处了，这不就慢慢地富裕了。后期又迁了些民来，俺们都是洪武二年迁来的，从四川老槐树底下迁来的。后期孙膑没了以后，（我们）就想起这个孙膑老爷来，人这么好，人们就给他盖个小庙。原来是小庙来着。①

他（孙膑）就是俺这地方的呀，骑着牛，管辖这一块……有灵验啊，保证海水不上涨淹庄稼……再早孙老爷有个前殿和后殿，孙老爷踩着一个海眼，掀开下面就是咕噜咕噜的海水啊，就跟井似的。孙老爷在那，潮水就过不来啊。

升平郡王是封的孙膑啊，马陵战役胜利后就封在这里了。到咱这里后，老百姓该拿税时孙膑不让拿，老百姓就给他修个庙啊。②

在这些口述资料中，孙膑俨然化身为一个清廉务实、体恤百姓的仁德地方官，很符合当地民众心中的“青天大老爷”形象。旧时，瓦城一带土地盐碱化严重，赋税繁重。明代兵部左侍郎葛缙曾这样描述家乡昌邑：“邑地广而人稀，河决海淤，二十里之外沙碱荒芜，一望无际，且赋重差繁，贫无蓄积，里无百金之产。”③ “孙膑封地说”的民间建构当与此有关。孙膑在这一带还兼有雹神之职，亦是同理。瓦城《莱州邋遢官庄进香碑序》曰：“遥想孙子焉，人也。事鬼谷……减灶战庞涓，而威名震一国，庇我一方……执使冰雹之神也。”④ 在更多的民众口述中，孙膑是“全神”，如掌管丰收的农业神、靴业和皮革业的行业神等，即便其是“刑余”之身，也被塑造为善于治病尤精治腿疾的医神。民间叙事中民众所崇拜的

① 访谈对象：傅正铎；访谈人：李海云；访谈时间：2014 年 11 月 6 日；访谈地点：山东省昌邑市瓦城村瓦城大庙。

② 访谈对象：赵玉荣；访谈人：张宝辉；访谈时间：2014 年 10 月 3 日；访谈地点：瓦城大庙。

③ 〔明〕葛缙：《陈尹去思碑记》，〔清〕党丕禄等纂修：《昌邑县志》卷八《艺文志》。

④ 该碑立于瓦城大庙内，看不清年代，刻字密集，线条粗糙，且刻度较浅，似为普通民众所立。

孙膑，因身体残疾而更显传奇，进而成为无所不能的神仙，与历史上国家正祀对孙膑历史形象的“吹毛求疵”确有不同。这其实是孙膑崇拜由国家礼仪向地方化表达的关键所在，“孙膑封地说”则是这一现象在潍北地区的特别表现而已。无独有偶，尽管孙膑自北宋宣和年间被封为“武清伯”后再未见册封的记载，但在瓦城大庙里的碑刻中，常提及其“升平郡王”的封号：

徐家庄碑记

鄑乎，盖古鄑邑也，多胜概焉。伟人达士，往之旅之，登台四知，越过阜三贤，荷香，升平郡王殿有奇槐于阶，古厝苍老，形似风龙，不知几历，年所□堂，郡王……为同社人……

康熙三十一年正月十四日立

该碑是瓦城庙宇现存最早的碑刻，刻字很浅，模糊不通，应是当地人士所为。碑文所提到的徐家庄为瓦城村南邻村庄，相距约一里地。碑文以昌邑名胜古迹起笔，大殿被冠以“升平郡王殿”之名。在村民记忆中，晚清民国时期的瓦城庙宇山门外，还悬有“升平郡王”的旗帜。“升平郡王”之名虽不知起源于何时何地，但被悬之于旗，用之于庙殿之名，显然是与“孙膑封地说”一样的地方圣地建构行为，则无可置疑。

至晚在清代，瓦城村每年都会举办盛大的山会。清乾隆《昌邑县志》曰：“瓦城会：正月十四日，九月初一日。”两次庙会，以正月十四为盛。每年正月十四这天，瓦城大庙都会举行盛大的孙膑出巡仪式活动，人们抬着神像从庙宇出发，往各村巡游。我注意到，瓦城庙会在这一带有“开山会”的象征意义①，从而显示出区域信仰中心的权威性。显然，正是在地方士绅与民众的互动过程中，瓦城村一带的“孙膑（都昌）封地说”与孙

① 傅正铎：“九月一号是孙膑老爷的，是三四百里内，秋后开山门的一天，这里不开庙会，别的地方都不能开啊，我们开了以后，陆陆续续的庙会开始了；正月十四也是开山门的。一年开两次……”访谈对象：傅正铎；访谈人：李海云；访谈时间：2014 年 11 月 6 日；访谈地点：瓦城大庙。

膑崇拜仪式相结合，促成了晚清民国时期瓦城大庙的盛况，成为区域社会的信仰中心。此外，潍北瓦城孙膑崇拜圣地的建构，特别是宋元之间以瓦城大庙神主转换为代表的孙膑崇拜的在地化过程，和“孙膑（都昌）封地说”的明清成型，不应仅仅视作与孙膑入祀有关的国家正祀向民间社会的渗透，而是与元代以来民间文艺中孙膑题材的大放光彩有莫大关联。元代以来，与孙膑相关的话本、戏曲、小说等大量涌现，为其在民间社会的神化培植了深厚土壤。如元话本《乐毅图齐七国春秋平话后集》、元杂剧《庞涓夜走马陵道》《后七国乐毅图齐》；明小说余邵鱼《春秋列国志传》，冯梦龙《新列国志传》，吴门啸客《孙庞演义》等；清代以孙膑为素材的白话小说数量远超前代，主要有蔡元放《东周列国志》、杨庸《东周列国志辑要》、杨景淐《鬼谷四友志》，佚名所撰《走马春秋》《锋剑春秋》等。在这些作品中，孙膑被塑造为足智多谋、呼风唤雨、撒豆成兵、演草成阵的神仙形象，孙膑的功业被无限夸大，甚至还有得灵丹医好跛足、功成隐退、修道山林的完美结局，而孙膑形象由此更加脍炙人口。这些曲艺小说影响所及，丰富了关于孙膑的知识系统，并为民间社会用于孙膑崇拜的叙事建构。比如作为孙膑坐骑的“独角神牛”，出于元明清时期话本戏曲小说的演绎，并为瓦城一带的孙膑崇拜活动所普遍吸纳，就是一例。

综上所述，自明代以后消失于国家正祀的孙膑形象，却因其传奇色彩在民间获得了极强的生命力。瓦城大庙由朱轸到孙膑的神主更易，与“孙膑封地说”在瓦城一带的在地化过程，与其说是国家礼仪推行的过程，毋宁说是地方士绅迎合“国家大一统”观念，为整合地方社会而对国家正祀资源的主动运用。在悠久的中国社会历史上，由国家正统与地方文化发展交织而成的文化整合，当是常见现象。

四、结语

战国军事家孙膑作为一代奇人，曾经在朝廷正祀中占有一席之地，并大致处于边缘地位，直至明初退出。然而，曾列入国家正祀的历史事实，却被地方士绅视为一种信仰资源，建构为地方传统，以资教化。与国家正祀所代表的官方叙事不同，在孙膑身上体现出来的“良臣择主而事”的战国时期社会观念，并未成为地方社会建构崇拜的障碍；孙膑的残疾特征，与正史中缺乏明确记载、难言善终的人生结局，更为其赋予了传奇色彩。显然，国家之礼与地方之俗之间的差异是明显的，却有着密切关联，这其实与中国社会“礼俗互动”的独特政治传统有关。① 在潍北瓦城一带，以瓦城大庙由朱轸到孙膑的神主更易，与“孙膑封地说”的在地化过程为表征，即显示出国家礼仪渗透与地方传统再造之间的互动态势，尤其是地方社会对于国家礼制的主动对接的一面。这为我们理解中国历代王朝的政治策略和地方社会发展之间的互动关系，乃至重新理解和阐释中国社会的文化运作机制，提供了一种可能的路径。

［李海云，山东大学助理研究员。本文原载《华中师范大学学报（人文社会科学版）》2017 年第 1 期，收入本书时有修改］

① 张士闪认为：“在中国社会政治传统中，总是借助‘礼俗互动’将国家政治与民间‘微政治’贯通起来，将国家政权的合法性建基于民俗传统的神圣性之上，从而将二者之间可能的互制互斥关系巧妙地予以弱化或规避。”见张士闪：《礼俗互动与中国社会研究》，载《民俗研究》2016 年第 1 期。

公益与共益：从日本的“社会性”传统再构成看国家与民众

在研究日本的“社会性”传统的时候，“公益和共益”这个话题是一个非常好的素材。公益可以看成是一种“礼”，共益可以看成是一种“俗”。本文要探讨的是一个日本的例子，在考虑国家与民间的关系的时候，也是非常恰当的一个选题。

公益作为一种“礼”，在日本是由国家主导的理想型的“社会性”传统：其一为自古以来对朝廷、政府等的国家统治者而言的利益，在11世纪以来的古代文献①中，相关意思的语句经常出现，主要代表国家统治者的利益；但我们现在说的公益，并不是日本旧有的代表统治者利益的公益，而是来自西方的概念，即为其二，为公益的另一个意义，是日本19世纪以后的近代由西方输入、翻译的概念，代表“公共的利益”，源自英文“public interest”。而共益作为一种“俗”，在日本，是从民间发展起来的民众的理想型的“社会性”传统，是代表共同体构成人员的“共同的利益”，它与公益不同的是在共同体内部，对共同体成员进行平等的利益分配。但要明确的是：“公益”这个词语出现在历史文献中，以近代为界前后内涵不同，前者为统治者利益之意，后者为来自西方的公共利益之意；②

① 如：《御堂关白记》，宽弘二年（1005年）；《高野山文书》，嘉応元年（1169年）等。

② 译注：但是，下文中将介绍，来自西方的“公益”，其实经历了偷换概念，在日本被作为“国益”理解。

而“共益”是学界指代民间“社会性”传统的一个学术用语，并非在历史文献中出现过。共益被认为是一种比较成熟的民间习俗，比如在日本民间存在的“社会性”传统中，被称为“入会（iriai）”的社会制度是其中之一，是共同体的成员共同管理和利用空间、资源，并向共同体成员平等分配其利益的一种社会制度。

在日本学界，公益和共益一直以来被认为是互相断裂的，或者说是一种对立的概念。对于公益，如上所说，既有以往的代表国家统治者利益的意思，又有现在使用的代表公共利益的意思，但对于共益，一直被认为是自古以来在民间独自发生、发展起来的一种成熟的“社会性”传统。但如果深入考究的话，其实它并非如此纯粹，事实上，共益的理念，是与日本明治政府在19世纪以后为了近代国家建设而向国民灌输的公益的理念相融合的结果，也就是说，被认为民间“社会性”传统的共益的思想，是国家的“礼”和民间的“俗”在互为“纠缠”的过程中，被进一步强化起来的“社会性”传统。

本文将以新潟县村上市（原山北町）大川乡为例，对被看成为似乎真的是从古代传承下来的民间的“社会性”传统进行考察，揭示这种传统其实是受到了在近代由国家导入的“社会性”概念的极大影响而被再构成的事实，并以“纠缠的对象（entangled objects）”这个观点为视角，对公益（礼）和共益（俗）的互动展开论述。

一、“公益”就是“国益”

在此，我们对公益这个概念再进行一次解释。现在，我们一说到公益，一般都会想到“公共”这个概念，即英文的“public”。但是，在日本古代，它并没有“公共”的意思，只是对于朝廷、政府等国家统治者而言的一种利益，现在的具有“公共”之意的公益是另一层意思——公共的利益，是在19世纪以后从西方国家引进的一个概念。“公共的利益”，按照“public”的词义，原本应该是表达社会大众普遍的利益，其对象是不特定的人群，类似“公共福祉”等概念，但是，在现实中，“公益”这个外来的概念，其实是和“国益”直接嫁接了，也就是说，19世纪自西方国家引入“公益”这个新的概念进入日本以后，它却并不是代表“公共的利益”，而是与“国家”相结合，成为代表“国家的利益”的一个概念了。因为日本在19世纪以后，从江户时代发展到明治时代，进入了一个近代化的发展时期，明治政府为了强化其“国家”的理念，利用“公共的利益”这个新的思想，不断强化“国家利益”。

例如，明治时代法学家津田真道翻译了Simon Vissering的《泰西国法论》（1878年），其中“公益”这个词语频繁出现，到了令人吃惊的程度，如：“阖国的公益”“天下总国的公益”“天下的公益”“国家的公益”“通国的公益”等，其中可见，在“公益”这个词语之前常出现限定的修饰语，都是表意“国家”的同类词，就是说这个“公益”其实是“国家的公益”。而且，这个词常常是在限制私权的情况下频繁使用：虽然承认“私”的权利，但要对这种权利有所限制，比如“为了国家的公益，也有让居民的所有物及其相关权利放弃的情况”①，“对相关所有权的私权的限制”等类似语句非常多，而这样的思想和方法也被帝国时期的《大日本帝国宪法》所继承。把原来的“公益”概念偷换成“国益”概念的另一个例子，就是1890年（明治二十三年）的《教育敕语》，反映明治时代政府的教育方针和根本规范，其中天皇的一段话有以下的意思：排除新来的基督教、旧有的儒教和佛教的规范，进一步广布公益之事为重要的“十二道德项目”之一。在明治时期，其目的是要把当时新来到日本的基督教，还有原来从中国传来的儒教、佛教这样的规范排除掉，在此基础上形成新的教育理念，在提倡的“十二道德项目”中，公益这个思想要作为一个宣传的重要内容，所以，在当时，这个词语被使用的频率相当高。在日本的近代国家建设过程中，“公益”作为表现国民道德理想根源的一个用词，被国家意识化地进行使用。

从以上的一些资料分析中，我们大致厘清了日本在19世纪，当时的政府、国家把“公益”这个概念作为国家的“礼”或者说相当于“礼”的

---

① Simon Vissering著，津田真一郎（真道）译：《泰西国法论》，东洋社（开成学校藏版），1878年，第112页。

一个理念，向普通的国民进行普及的状态。以下将通过一个具体的案例，说明这样一个大的国家整体方针，是如何向小的地方政府进行渗透的过程。

二、大川乡的“入会”制度

“入会”制度，一直以来被认为是在日本民间培育起来的一种理想的民间性的“社会性”传统，但在其发展过程中，19 世纪末自西洋输入的“公益”这个国家的“社会性”概念带来了很大的影响。“入会”，是基于以共同体成员的“共同的利益”即“共益”为中心的生活思想而成立的制度。因为被认为在保障民众生活安全、救济弱者、确保平等性、解决纠纷、资源保全以及保持生态持续可能性等多方面发挥了有效的作用，在由哈丁的公地悲剧发展起来的世界性公共资源（commons）论中备受关注。①

日本东北部新潟县村上市山北地区的大川乡，拥有一条宽阔清澈的大河——大川，是一个捕捞鲑鱼（大马哈鱼）的地方。到了秋天，这里会出现很多溯河洄游产卵的鲑鱼，它们逆流而上集中于此，鲑鱼一直是这一带一个重要的渔捞资源。大川乡传承着一种近乎原始的传统捕鱼方法，用柴草和竹枝捆绑成栅栏状并围成屋形，设置于鲑鱼必经之路的河边沿，以诱饵引鱼进入实施捕抓，在当地被称为“固簗（コド）”，已经具有 300 年以上的历史。1888 年（明治二十一年），活跃于日本人类学草创时期的人类学家羽柴雄辅来到大川乡，“发现”了后来被他认为是近乎原始的捕鱼法——“固簗（コド）”。②

---

① Margaret A. McKean, “Management of Traditional Common Lands (Iriaichi) in Japan,” in *Making the Commons Work: Theoretical, Historical, and Contemporary Studies*, ed. Bromley D, et al (San Francisco: Institute of Contemporary Studies, 1992), 63－98. Margaret A. McKean, “Common Property: What Is It, What Is It Good For, and What Makes It Work?” in *People and Forests: Communities, Institutions, and Governance*, ed. Clark C. Gibson, Margaret A. Mckean, and Elinor Ostrom (Cambridge, Mass: MIT Press, 2000), 27－55.

② 羽柴雄辅：《竪洞に等しき小屋に属した漁業》，《东京人类学会杂志》（第 29 号）。

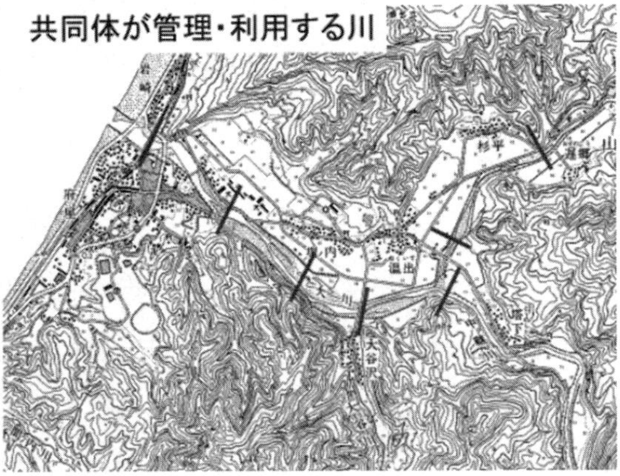

图 1　大川捕鱼区分割成九个区域

图 2　大谷沢村捕鱼区八个渔场

围绕着管理和利用鲑鱼这种资源，大川乡很早就形成了被称为“入会（iriai）”组织的“山北町大川渔业协同组合”，但有关鲑鱼的资源管理及其利用是由属于渔业协同组合的“鲑鳟部会”具体承担，负责运营鲑鱼增殖、捕捞等事务。鲑鳟部会并不向渔协全体成员开放，至 1990 年，加入鲑鳟部会的是居住于大川沿岸的相邻的九个集落（自然村）：岩崎、府屋、堀内、大谷沢、温出、塔下、杉平、迟乡、岩石。鲑鱼捕捞只能在这九个集落所处领域内才能进行，其他位于大川上流的村落是被禁止进行捕捞活动的。[①] 这九个集落共同把河流进行分割，相应共分割为九个区域（图 1），每个集落拥有一段区域为捕鱼区，对这个空间的渔业资源进行管理和利用，各集落的组织形态都是自治管理。如以其中的大谷沢村为例，在自己的捕鱼区内再分割为八个渔场（图 2），由渔师们竞标获得，投标需要付出费用，就是投标金。通过竞标方式向渔师们进行招标，是这个地方的一个特点。在这一段捕鱼区的空间中所获得的利益主要是竞标收入，即投标金，这些收入作为集落这个共同体的利益，对每个集落成员平均进行再分配。

对于鲑鱼渔捞而产生的利益，有两种情况体现了平等分配的原则，这

---

① 菅丰：《川は誰のものか？—人と環境の民俗学》，吉川弘文馆，2006 年，第 42 ~ 43 页。

正说明了“共益”的生成基础：一是充当集落中祭礼的经费，二是对于加入集落的全部户籍成员平均发放分配金。在大川乡，因为对于空间及其资源采用“共同管理”的方法，并且其利益遵循“共益返还”的方式，所以成为民间理想的公共资源管理的典型，在公共资源论研究中受到很大的关注。

这种被学界认为的当地的“共益”理念，在日本的有关“入会”制度的研究中，研究者一直认为它是很早就已经形成的本土传统，并认为它传承到现在一直没有发生过变化，但事实上，并不是如一些研究者认为的那样，这种理念是一成不变地发展延续至今的，而是早在19世纪以来，西方引入的外来概念其实已经对它产生过很大的影响。所以，初识像大川渔业协同组合那样的社会制度，一般都以为它是自古就有的传统，但其实它具有19世纪以后根据国家推行的“公益”概念普及而生成的可能性。

三、“公益”概念进入大川乡

有关大川乡江户时代的资料在此不再展开，根据当时的资料，可以说在江户时代就已经存在鲑鱼资源的共同管理了，却并没有出现类似“共益”的案例。虽然共同管理和利用大川及其鲑鱼资源，但捕捞所获收益是归于渔师个人的（当然对上可能交税金），还没有以捕捞收益作为共同体收益进行再分配的思想。随着19世纪的明治维新，为了能够继续鲑鱼的捕捞活动，出现了向新政府要求承认其合法性①的必要性。大川乡近世以来的鲑鱼捕捞制度到了不得不进行改革的时候，使其在运营上发生了很大的变化。1878年（明治十一年），当地民众重新制定了一个新的规则《鲑川议定》，明文规定了鲑鱼捕捞的管理和运营的规则。不可思议的是在这个小地方制定的新制度《鲑川议定》中，竟然出现了很多“公益”这样的概念，甚至是异样的频繁。如在前言、条文、结语中分别有：在各集落协议

① 译注：原文为正统性或正当性。

的基础上，决议合并税金和渔业方法，以图“万事谷①合之公益”；相互“以公益为首，一己一村”不允许任性的举止；此协定书期限到期后，在再度重新协定时要保障“以公益为基础”进行协定等类似语句，而通过查阅明治以前江户时代的地方文献，基本上没有出现这样的词汇。

在《鲑川议定》中还有这样的一个规则：从 1878 年（明治十一年）开始的 3 年间，各集落把从鲑鱼渔捞获得的一部分收益作为小学校建设的费用。因为在明治政府的时候，为了加强全国的教育，大力展开了各地学校的建设，但是明治政府没有钱，所以在向地方鼓动的时候，就说这是为了“公益”，你们要自己投钱自己办学。由此可以说明，从这个时间节点开始，当地经营的鲑鱼捕捞已经不是单纯的经济活动了，作为有助于国家行为进展的“学校建设”这个公益活动，而走向了建构“共益”思想的路程。之后的把投标金作为共同体利益向成员平均发放分配金这种“共益”行为，就是受到以部分捕捞收益集资建设学校的启发而形成，所以说集资建校举措强化了当地的“共益”理念。

到了 1881 年（明治十四年），具有另外一个含义的“公益”概念进入了这个地区，就是区别于旧有的统治者利益的意义而具有外来的“公共”意义的“公益”概念来到了大川乡。以上提到的被称为“固篊”的传统捕鱼方法，因为需要占据河沿水边，并且技法粗笨古旧常遭受诟病。在明治新政府时代，为了获得合法性，于 1881 年（明治十四年），提起了有关“固篊”设置的申请状（山北町教育委员会所藏）。但因为具有新的内涵的“公益”概念的到来，反而在资源保全的这个角度迎来了肯定的结果。当时，国家正在大力推进鲑鱼的增殖事业，看到了“固篊”这种传统捕鱼方法有助于资源保全，所以，新政府就跟大川乡人说：你们这里的鲑鱼及其捕鱼法是一种资源，作为资源保护、保全就是一种公益，把这样的“公益”概念灌输给了当地民众。于是，“固篊”就被认为是一种具有公益意义的捕捞行为，在这种新认识的前提下，围绕着“固篊”的“社会性”传统向国家推行的公益思想靠拢，走向了进一步的再构成过程。

---

① 译注：这里的“谷”，是大川沿岸之谷的意思，即“大川谷”，也就是“大川乡”。

而对于大川乡人来说，在政府的运作过程当中，他们意识到不妨积极地加以利用以延续大川乡的鲑鱼资源和捕捞活动，重新确立其为合法性的“公益”。也就是说，当时的大川乡人敏锐地捕捉到了新的气息，他们感觉到在政府提倡的“公益”这个词语中所内含的“公”的价值、渗透的“公”的理念，与是否能够继续获得新的鲑鱼捕捞之合法性是相关联的。所以，对应于新意义的“公益”，明治以后，大川乡人为了适应新的政治制度，对旧有的鲑鱼捕捞结构进行了重组。对旧有传统的重编，目的是面对新更替的公权力（新政府），让其继续承认近世以来由集落承担鲑鱼捕捞的合法性。

四、从“公益”到“共益”

到1894年，新的“公益”概念得到了进一步的发展，大川乡在以上提到的《鲑川议定》之后又制定了第二个新的规则——《渔业取缔规则》。[①] 这个规则和以前的协定相比又出现了一些新的理念和新的意义，其中有以下几个内容：

公益事业：延续学校维持的费用

资源的共同管理

明文规定：在渔业组合管理的基础上，通过投标决定渔场使用者，其竞标收入由集落分配

对于公益事业的“延续学校维持的费用”这一条，上文提到当时政府让地方自己出钱建学校，在第一个规则《鲑川议定》中提出了3年期间的部分收益用于学校建设，第二个规则仍然延续把捕捞收益用于学校建设之事，并明文规定通过渔场使用的竞标方式获得集落共同体收益（投标金）用于再分配。一直以来，鲑鱼捕捞收入除了缴纳税金以外，基本都归捕鱼者个人，可以说受到集资建校理念的影响，大川乡人就逐渐产生了不妨建

---

① 山北町史编纂委员会：《渔业取缔规则》，1987年，第405～406页。

立渔场竞标方式获取收益，把这些收益作为共同体利益进行再分配的理念，开始是用于集资建校，而在学校建成后，这些收益就作为分配金平均平等地发放给集落成员。其实就意味着是对“共益”体系，也就是“共同的利益”体系的强化。而像这两个规则那样把鲑鱼捕捞收益用于学校建设，类似这种“共益”的例子或者说做法，在明治时代以前的史料中都根本没有出现过。所以，共同体内部这种“共益”的思想并不是说历来就有的，可能正是因为明治时代由上而下的“公益”概念的普及才生成的。

但是，地方上的这种“共益”的思想，其实在国家层面上是被否定的。1929 年（昭和四年），曾经发生过作为渔业规则违反事件，被渔业取缔监督官揭露而禁止的事情。也就是说，国家是希望你朝着“公益”的方向发展，而不是让你仅仅保障集落这个共同体的利益，局限于“共益”。因为明治政府的目的，是把与社会普遍的非特定多数群体相关的原意为“公共的利益”的“公益”的内涵置换为“国益”——“国家的利益”，并推向国民进行普及。而有意思的是，虽然明治政府在近代国家建设中利用了“公益”这个用语以及概念，但民众把它与在生活基础中原本就存在的“共同”的民间思想相融合，其结果反而在无意间再构成了“共益”之理念，致使保障民众“共益”的“社会性”传统得到了进一步强化。

五、结语：礼和俗的互动实为“纠缠的对象（entangled objects）”

综上所述，被看成是自古以来传承下来的“共益（俗）”，其实受到了日本近代由国家导入的“公益（礼）”的很大影响。一度被我们认为似乎是传承已久的这种“社会性”传统，我们今天所看到的民间社会的“传统”，其实并不是一直以来一成不变的，它实际上是在明治以后的近代受到国家导入的“社会性”概念的极大影响之下再构成而诞生的结果，其实是经历了一个被建构的过程而形成的。

但是，国家所企图的“公益（潜在的国益：礼）”，在地方，在民间，并没有单纯地按照国家计划的那样被简单地接受和容纳，而是在自上而下展开的过程中不断地发生着变化。所以，这里要说的一点是非常重要的，地方上的民众虽然遵从国家的计划——“公益（礼）”，却是在无意识误读原意或者有意识置换内涵的情景之下，以与国家计划相异的形式使之形成“共益（俗）”而开花结果。正是因为在地方、在民间，人们以不同于国家计划倡导的方式展开了脱胎换骨的变化，然后才有了以上所介绍的被高度评价的资源管理体系——“共益”这样的制度存续至今。

所以，这里讲的“公益和共益”的话题，它们之间是互动的或者说是互为影响的，但是，这并不是一种简单的互动，这等于说不是一种静态的影响，而是一种动态的影响。这两者都处于流动的状态中，然后不断地进行纠缠、磨合，进而生成为另一种事物或现象，即“纠缠的对象（entangled objects）”①，在两者之间，一种新的事物或者说新的现象将会不断地被生成出来。

“纠缠的对象（entangled objects）”并非只存在于“公益和共益”的互动中，如“国家和民间”“传统文化和新生文化”“过去和现在”等相类似的两者间的互动，都将会连续不断地孕育新的事物、新的现象。它们的关系就像“公益和共益”一样，互相都有震动、都有摇动，然后互相经历不断的纠缠、磨合、融合，最后产生一个纠缠的事物——类似这样的一种现象，不仅在过去，在现在、在将来都将会一直不断地持续下去。

（菅丰，东京大学教授；陈志勤，上海大学副教授。本文原载《民俗研究》2016 年第 6 期，收入本书时有修改）

① 译注：日语原文为もつれあった実体（entangled objects）。参考 Nicholas Thomas, *Entangled Objects: Exchange, Material Culture and Colonialism in the Pacific*（Cambridge, Mass: Harvard University Press, 1991）.

地方民俗实践

民间武术的“礼治”传统及运作

——冀南广宗乡村地区梅花拳文场考察

2006年，周伟良曾在《梅花拳信仰研究——兼论梅花拳的组织源流》一文中，对梅花拳在华北地区的顽强传承能力表示惊叹：

> 梅花拳是传统武术中的一个著名拳种……随着近百年来中国社会的进步足迹而不断发生巨大蜕变，好多已相继退出历史舞台。但是，像梅花拳这样至今在广袤乡镇间依然保存着其特有的组织秩序、文化信仰和活动方式的，可以说实属罕见。①

笔者以为，梅花拳在华北地区顽强传承的关键，在于梅花拳的独特组织结构——以“武场”“文场”承接与活用中国社会独特的礼治传统：“武场”以习武强身为号召，面向社会作公益性开放；“文场”以信仰运作来凝聚人心。自20世纪90年代开始，笔者曾跟随燕子杰、路遥先生多次到河北邢台、邯郸、衡水等地调查梅花拳活动，近三年来又数次组织山东大学民俗学团队对以前魏村、北杨庄与杜家庄为重点的广宗县梅花拳活动

---

① 周伟良：《梅花拳信仰研究——兼论梅花拳的组织源流》，载《北京体育大学学报》2006年第6期。

进行考察。本文正是基于近年来在广宗县所获得的口述资料和历次调查所收集的梅花拳相关文献，试图对广宗乡村梅花拳文场的文化形态与社会实践予以阐释，并在更广泛的意义上讨论当代民间信仰组织发展与中国礼治传统重构的可能关联。

一、"架"：梅花拳文场的标志

根据我们对冀南广宗县前魏村、北杨庄与杜家庄的调查，梅花拳在当地一般村民心中的形象大致如下："梅花拳会"是一种"信仰"；有里有外，有文有武；文的有"香桌子""佛桌子"，主要是看香、供佛。① 梅花拳文场向来有秘不示人的规矩，这一特点可能是造成当地村民对梅花拳形成上述印象的主要原因。

梅花拳文场的明显标志，是家中"立架"。一般说来，进入梅花拳武场即算是梅花拳弟子，但如果只学武而没有在家中"立架"，就只能算是"门外弟子"，有所谓"一脚门里，一脚门外"之说。在梅花拳内部有"文管武"的说法，已"立架"的被认为是梅花拳文场弟子，一般会被尊称为"师傅"。据不完全统计，目前北杨庄设"架"的有30多户，前魏村有十几户，杜家庄已无。

"架"并非随便设立，而是要具备一定的资格。② 一个人有无"立架"资格，首先要由梅花拳多个文场师傅集体评判。几个文场师傅共聚一室，面向"架"所代表的祖师神灵祭拜，叙说事由，然后通过"香礼"进行分

---

① 被访谈人：陈志善，男，79岁，前魏村人，广宗县水利局退休干部；访谈人：山东大学民俗学专业2013级硕士生蒋帅；访谈时间：2015年4月5日上午；访谈地点：前魏村醮棚外。另据我们调查，广宗县许多村落都曾流行梅花拳和洪拳两种武术，若问及二者差异，村民会说"梅花拳烧香，洪拳不烧香"。

② 王尚信："（梅花拳）立架不是随便立的，（第一）必须得有点名气的，第二得是玩三辈子拳的。"被访谈人：王尚信，男，广宗县北杨庄人；访谈人：山东大学中国民间文学专业2014级博士生张兴宇；访谈时间：2015年4月5日；访谈地点：北杨庄。于献民："真正能承受的，才能够供祖师爷，不是每个在梅花拳的都会供佛堂，比如年轻的，他功力达不到。上点岁数，功力达到了，才可以立架。"被访谈人：于献民，广宗县后平台村人；访谈人：山东大学儒学高等研究院副教授王加华、讲师龙圣；访谈时间：2013年12月6日；访谈地点：后平台村。

析。其分析、测度以统称“香谱”的一些传抄本为依据，并由在场的文场师傅最终确定其是否有资格。一经确定，此人就可以在家中“立架”，修习文场。

所谓“架”，是供奉梅花拳历代祖师牌位的一处空间，也是梅花拳文场师傅个人“修功”与举行仪式的地方。“架”的设置大致是：从文字上看，中间写有“天地君亲师”神位，额书“一贯之道”，两侧对联是“振三纲须赖真武”“整五常全凭大文”；物品有供桌、香炉和供品等，供桌下摆放数个跪拜用的布垫；仪式上，有祈祷、冥想、看香礼等，统称“参架”。至于“参架”礼仪，清代梅花拳第五代传人杨炳曾在《习武序》中有系统描述。我们发现，现今在北杨庄、前魏村通行的文场礼仪，与杨炳《习武序》“立教条目”中描述的相关礼仪大致符合，显示出民间信仰传统的长期稳定性。

曾为朝廷命官的杨炳，一朝归隐乡间，对梅花拳文场礼仪进行贴近官方叙事的规范化整理。他将“架”立于梅花拳的教习拳堂，在“天地君亲师”牌位两侧悬挂寓有儒学教化意味的对联，将拜师礼区分为“拜祖师仪”“徒拜师仪”，分别详注礼仪的时间、细则，并反复强调“切忌忘师背祖”“不可犯上作乱”等。他对梅花拳崇奉的三大祖师偶像做了这样的阐释：收元老祖“即天地也”，均天教主“即帝王也”，东都护法“即亲师也”。这种对“天地君亲师”的尊崇，意在强调个人面向生命源头、最高世俗权力与文化传承权威的归顺，可谓中国礼治文化的首义。荀子曾说：

> 礼有三本：天地者，生之本也；先祖者，类之本也；君师者，治之本也。无天地恶生？无先祖恶出？无君师恶治？三者偏亡焉，无安人。故礼上事天，下事地，尊先祖而隆君师，是礼之三本也。①

荀子所言“礼之三本”，是后世民间社会所信奉之“天地君亲师”的

① 〔清〕王先谦：《荀子集解》，中华书局1988年版，第349页。

根据；从荀子的“三本”到民间的“天地君亲师”，两者虽然并不完全对等，但“报本反始”[①] 的归源意识是一致的，而在传统中国的礼治文化框架中，所谓“本”之终极乃是宇宙之道。而梅花拳文场仪式中对于“天地君亲师”牌位的凸显，其特别值得关注之处，乃是在其仪式情境中对“师”之身份的“崇高化”赋义。它将“师”与“天地君亲”并置，更强调徒弟对于师傅的感恩情感与“报本反始”义务，由此强化师徒关系的不可更易性。在乡村日常生活中，师徒关系免不了带有功利互惠的性质，但梅花拳的文场仪式将这种关系纳入“天地君亲师”的系统中，予以提升。从民众本位来看，这其实是民间社会对国家传统之“礼”的一种承接与活用，以“礼”的名义整肃武术组织内部秩序，并向周边社会辐射。在这一过程中，像杨炳这类在朝为官、在乡为贤的人物起到了重要的中介作用。

二、文场“修功”

家中“立架”的梅花拳文场师傅，讲究每天在“架”前祭拜以“修功”。以年度为周期，每逢农历三月三、六月六、九月九、腊月初八，是当地文场师傅“换香”的日子，须重新布置“架”前香火，以示“四季不断”“一年四季动香火”。“架”前仪式的每日进行，与依照四季时序对“架”前香火的重新整备，构成了年度周期的仪式节奏。香在梅花拳文场仪式中扮演着重要角色。

已进入梅花拳文场者，讲究每日在“架”前祭拜，不间断地参悟“修功”。这无数次祭拜如仪的重复，往往会产生“日久心诚”的效果。正如日常间某个动作的多次重复会积久成习一样，对于仪式的频繁参与也会产生心理惯性。[②] 频繁重复的动作都显示出梅花拳文场修炼必须借助频繁的仪式进行。同一仪式的经常举行，会被赋予“本应如此”的生活秩序感与

---

① 《礼记·礼器》：“礼也者，反本修古，不忘其初者也。”

② 正如王斯福所言：“每一次做仪式，都会从心理上产生一种依赖感，这属于个人的事情，但仪式的情境及其参照物也在建立一种历史认同的社会周期。”［英］王斯福著，赵旭东译：《帝国的隐喻：中国民间宗教》，江苏人民出版社 2008 年版，第 1 页。

“不证自明”的绝对价值。所谓“身心修炼”的真正意义，就是生命个体由内在精神（心）统合身体的自我砥砺，在长期执守中反复激发身体层面的“如是”体验并不断地滋养精神，最终在对人生境域的领悟中建构生命意义与信仰认同①，由此搭建身体的“日常”与心灵的“非常”的链接。这一链接的频繁而持续的发生，会在人心中形成心理定式，进而影响其人生态度与生命历程。

梅花拳文场师傅在乡村社会中的权威从哪里来？其一是其家中“架”前香灰的累积体量。香灰积累的多少，直观地显示出梅花拳弟子进入文场时间的长短及其信仰的虔诚程度的高低。② 其二是文场师傅每次给人看“香礼”后留下的图文记录。记录越多，所积攒的“功德”就越多。其三是叙说自身经历的口传文本，每个文场师傅都有数量不等的逸事流传。其四是关于文场师傅的能力、德行等方面在当地累积的整体性评价，如品行高低、是否正宗等。

看香，又称“打香”，其实是冀南乡村普遍流行的民间信仰传统。每年正月间，在广宗乡村举办的各种打醮仪式中，看香是一项重要内容。有意思的是，村民将诸多民间信仰活动称作“行好”“花花好”。人们走进醮棚，为自己或家人祭拜，由此展开一系列仪式活动：他们把专门携带的火纸、糕点或水果等一一献供，在布施几元、几十元或一百元不等的“油钱”后，把几炷香交给看香人，并通报自家住处、姓名和祭拜事由。从某种意义上来说，梅花拳文场其实也是上述广泛流行于华北地区、以“行

---

① 莫里斯·梅洛－庞蒂的“身体现象学”论述颇具启发性。如他认为，身体可以借助于知觉而演变为“灵化的”身体，主体也演变为“肉身化”主体。作为主体的身体，在自我面对世界、自然、文化、他人时，是一个主动的、能动的身体，可以通过不断调整自我的视野和身体空间性，从而更好地感知世界。同时，他将体验视为一个境域，将知觉作为描述境域的核心，将“身体”作为描述境域的路径。详见［法］莫里斯·梅洛－庞蒂著，姜志辉译：《知觉现象学》，商务印书馆2001年版。需注意的是，莫里斯·梅洛－庞蒂所界定的“身体”“境域”等概念，与我们通常的理解颇有差异。

② 我注意到，当地梅花拳文场师傅彼此走动时，常以“这段时间香灰又长了不少”来夸赞对方，相互激励。

好”为名义的民间信仰活动之一种。

这类以“行好”为名义的信仰活动，总是贯穿着个体、仪式、社会三个层面的“沟通—升华”逻辑，并以所谓“天地君亲师”为基本框架。它们都会借助大自然一年四季的循环特征，将世俗生活与仪式活动巧妙结合起来，在“如往而复”的反复进行中不断强化，因而对民众具有强大的吸附能力，其传承因之具有稳定性，乃至形成了区域社会的文化生态。

三、面向社会的运作

既处于乡村社会之中，且成为一种组织传统，这意味着梅花拳必然是乡村社会文化体系的一部分。事实上，即使是以个体持之以恒“身心修炼”为特征的梅花拳文场活动，也不会完全指向个体，而总是以“超己度人”的信仰运作方式推及乡村社区。其拜师收徒、“传道”、“跑道”、结社行好、“亮拳”演武等活动，更是对当地乡村社会有着重要影响。

（一）拜师收徒

梅花拳文场拜师有“三师调教”之说，即须有送师、引师、恩师出席仪式。“三师”均为梅花拳文场师傅：送师为主持仪式者；引师相当于介绍人，一般为两人；恩师便是即将为师者。传统的规矩是，梅花拳文场拜谁为师，收谁为徒，不由弟子、恩师本人决定，而由引师、送师根据有入门意愿者的品性、家庭及其与梅花拳的渊源等因素商定，其中送师的意见最关键，最后还要经过“看香礼”的程序。恩师可在百里之外寻找，拜师之前不一定相识，需要以“看香礼”的方式确定是否有缘。当然，文场师傅在现场讨论、揣测香礼所代表的情况时，会评估此次拜师收徒之举的利弊，比如对梅花拳的更好传承、对跨区域联络合作的促进等。此外还有一些特别的规约，如“子不拜父为师”“梅花拳不收空徒弟”等。“子不拜父为师”的讲究，可能出于对梅花拳私家垄断的预防，所谓“师徒可以称父子，父子不可成师徒”。过去江湖上有“梅花拳不收空徒弟”的说法，应与梅花拳文场“立架”的规矩较严与“不许跳道”等禁忌有关。“不许跳道”，即梅花拳文场一旦拜师入门，就终生不能改换门庭即“跳道”。比如在北杨庄，当有人提出要拜师学文场，梅花拳“当家的”会熟练地运用一套说辞来检验其是否真诚。[1] 入门誓词则是欲入文场者对拳派规矩的公开承诺。

（二）“传道”“跑道”

在冀南乡村流传的梅花拳文献众多，如《皇极宝卷》《根源经》《五护纲领》《三百六十处》《习武序》《香理》《炉底》《报五恩词》《习文规矩》《十大门规》《五要六戒》《梅花拳秘谱》等。但是，梅花拳文场传承并不特别看重这类文本，而是强调与日常生活实践密切结合的言传身教，包括对文场礼仪的生活化解说、处世为人之道的践行以及强调积善行好做功德等。言传身教是文场传承的基本方式，其基础则是师徒在长期接触中所形成的相互信赖感。因此，当地有“武场好得，文场不好得”的说法，因为文场的东西“不在本儿多，口传的、三言两语的，一句话比半本子书更有价值”，这些往往要在得到师傅的绝对信任后才会传授。

另一方面，按照梅花拳的老规矩，文场师傅又是不能不尽“传道”之责的：“入门后一跪，要‘接续连灯’，一代代地往下传。”[2] 要“传道”，就要“跑道”，即为众生“超灾疗苦”。“跑道”的过程，被视为文场师傅必然的苦行经历，是融个人修功、向外传道、江湖联谊与普世公益于一体的修炼过程。梅花拳文场关于“传道”“跑道”的规矩近乎苛刻，其实是要文场师傅以其苦行实践让信仰在内心扎根，从强制中渐悟自觉，同时熏染从学者皈依梅花拳的精神，而迥然有别于传统“三百六十行”中的师徒关系。

（三）结社“行好”

冀南乡村地区的梅花拳，是以武术为纽带的结社组织，但在活动方式上与这一带流行的洪拳等拳派组织及活动方式大有差异，而与上文所提到

---

① 邢银超：“你不要信这个！信的话光耽误工夫……信了梅花拳，后悔十来年。磕的是冤枉头，花的是冤枉钱……看不到好处，你还埋怨。是你的心不真！”被访谈人：邢银超，北杨庄人；访谈人：山东大学中国民间文学专业 2013 级博士生李海云；访谈时间：2015 年 4 月 7 日；访谈地点：北杨庄邢银超家。

② 被访谈人：邢银超，北杨庄人；访谈人：李海云；访谈时间：2015 年 4 月 7 日；访谈地点：北杨庄邢银超家。

的“花花好”近似。我们在广宗县前魏村、北杨庄与杜家庄调查时发现，比较强调男性气质的梅花拳与以乡村妇女为主体的菩萨会，是这一带以“行好”为名义的两大信仰组织。二者不同程度地担当着沟通亲情、弥合代沟、聚拢人气、劝化人心、提升道德、运作公益等角色。其区别在于，梅花拳以男性为主，与当地习武传统有关，组织方式较为严谨，而菩萨会则主要是当地妇女借助定期聚会以缓解与释放现实生活中的寂寞与焦虑，组织上比较自由随意。

笔者注意到，梅花拳文场师傅大多关心村落事务，注意将其“天地君亲师”等信仰话语与“爱国”“孝亲”“扶贫”等现代社会话语相联结，教化村民，统合乡村伦理。特别是近十多年来，随着这一带打工潮的长期化、常态化，老人去世后的葬礼筹办等成为不小的难题。届时，梅花拳文场会组织武术队前往义务帮工与表演，此举颇受欢迎。

四、梅花拳文场的国家观

在冀南广宗前魏村、北杨庄与杜家庄一带的乡村社会中，民间信仰色彩较为浓郁。村民在聊天中，会经常涉及“行好”之类的话题。我们进村入户时发现，村外建庙，讲究与邻村“庙门对庙门”①；新盖的房子都是高门大院，铁门或者是松木门，很有气派；大门外，一般在对邻墙上贴“出门见喜”红纸条，在自家外墙上砌刻“泰山石敢当”字样；大门两边镶有瓷砖，上面彩绘着狮子、喜鹊、梅花、牡丹等寓意吉祥的图案，木制门楣上雕有传统风格的花纹；大门以里，通常都会有一个很显气派的影壁，上面以瓷砖拼贴出多种吉祥图案，还会在影壁墙上凿出的一个10厘米见方的小洞内，供奉土地神或关公的袖珍神像；走进宽阔院落，南海老母供奉在院内南墙的小洞里，天地神则栖身于正房墙壁上的小洞里；进堂屋一般需

---

① 在广宗地区一些紧密挨傍的村落之间，建庙时多有“庙门对庙门”的讲究。张士闪：《村庙：村落叙事凝结与村际关系建构——冀南广宗县白刘庄、夏家庄考察》，载《思想战线》2013年第3期。李生柱曾对这一现象有更详细的描述，参见李生柱《口头叙事与村落信仰的互构——基于冀南两村白猫黑狗传说的田野考察》，载《西北民族研究》2012年第3期。

要跨四五个台阶，观音供奉在堂屋内南墙上，还悬挂着一幅新旧不一的布制天地全神图。

当今冀南乡村相对贫困的经济生活与热闹异常的信仰活动，有时候不免让人产生疑惑，当地乡土传统是否曾因遭受20世纪各种运动而发生过断裂。其实，这一带是20世纪国家政治运动的活跃地带：1902年作为义和团运动余波的景廷宾起义在此地发生；20世纪三四十年代，北杨庄是冀南抗日根据地的核心区域，因“西有太行，东有杜杨”而赫赫有名；“文化大革命”时期，梅花拳文场遭受冲击。不过，民间信仰传统却一直在这里绵延存续。可以说，在我们所关注的这片区域，人们在很大程度上已超越了偶像神的崇拜模式，人们不再必然要借助一幅画像或者一尊雕塑来表达自己的信仰。一旦人们相信在特定空间存在着特定神灵，即便没有象征物，村民仍然可以在特定时候前往供奉祭拜，甚至过而生敬，默拜于心。如此浓厚的信仰风气，似乎使得这一带较为独特，但置之于整个中国传统乡村社会并不奇怪。事实上，在中国传统村落世界中，对于“世俗性”与“超越性”的区分从来就没有那么分明，两者一直难解难分。在“世俗性”与“超越性”杂糅交参的氛围中，凡是能够在乡村生活中凝结为传统的东西，必然要经过二者的长期考量与多次锻造。

在这里，特别值得注意的是梅花拳文场的“家”“国”理念，以及由此推衍的“官”“民”关系。在中国传统社会中，“家”作为一种社会组织方式，是以血亲关系相缔结的。这种以血缘为联结纽带的“家”，与统摄千家万户的“国”之间，其实存在着一种微妙的顺向逻辑关系：一方面，“家”有别于“国”，前者是血缘关系，后者是集群关系；另一方面，中国传统社会之“国”又是按照“家（天下）”的逻辑来建构的，“国—家”之间的同构关系乃是中国传统国家体制的真正活力所在。不过，在我们所考察的区域中，“家”已不仅仅是血缘缔结关系，还是被梅花拳文场借助“天地君亲师”表达的叙事，以家中立“架”的方式转化为一种信仰空间。因此，梅花拳文场“停官不停家”的表述，是在其“天地君亲师”的叙事中，凸显“国—家”之间本有的同构关系。

五、结　语

以广宗县为代表的冀南乡村梅花拳活动，与多种拳派差异很大，而与当地的打醮、庙会、菩萨会、香道等所谓“花花好”信仰组织近似，并非偶然，关键就在于其“外松内紧”的文场组织的存在。这也说明，一向讲究传统的梅花拳，其传承并不是自上而下的“标准化”推广模式，而是以生活化的横向散播为特征，并在与地方社会生活的调适中表现出相当的灵活性。冀南乡村的梅花拳文场组织，其实就是在当地生活实践中被不断形塑的，以信仰的名义运作社区公益乃是其立身之本。由此可引发我们多方面的思考：

其一，像梅花拳文场这样的民间信仰组织，首先应在所处的乡村社会中给予理解，而不是抽离社会语境对其做简单的评判工作。就一般村民而言，“有没有信仰”是首要的，其次才是“什么信仰”和“什么形式的信仰”的问题。以尊奉“天地君亲师”为号召的梅花拳文场，与以杂神信仰为特征的其他“花花好”信仰群体，在当地社会中不仅可以并行不悖，还因各自营造的不同氛围、建筑景观和仪式活动而共塑乡村信仰生态，为乡村民众供给文化资源。诚然，它们因敬奉神灵不同、操持仪式各异，而呈现出村落信仰力量的分立与分化，然而因为同具信仰色彩，彼此之间能相互理解，因而我们也应注意到其分中有合的一面，并由此构成乡村信仰发展的基本态势。特别是在当今乡村社会，由资本和经济关系所规定的市场等级日益凸显，上述由民间信仰重振而趋于活跃的民间组织，以传统礼仪教化的方式谋求乡村建设的发展，业已成为乡村内部实现有机联合的重要力量。梅花拳文场组织，应在当代乡村社会这一潮流的涌动中予以“在地化”的理解。

其二，冀南乡村梅花拳传统的长期存在，还应从中国社会传统传承的大框架中进行阐述。中国社会作为一种超复杂系统与超稳固结构，其长期的存在与运作有其自成一体的生活—文化系统及运转机制，一方面是国家自上而下的礼仪推行，另一方面是民间组织对于国家礼仪的承接与活用，由此形成了比较稳固的礼治传统。梅花拳文场在冀南乡村社会中普遍而长期的存在，其“聚散有序，动静互根”的活动机制，只有从中国社会的这一文化结构与悠久传统出发，理解民间信仰与国家礼仪之间复杂的互动关系，才有可能得出与社会事实相对契合的正确认识。

以“行好”为代表的中国民间信仰传统，已在不同区域蕴积为一种潜在的、可待唤醒的文化心理，并不断地通过其特有的叙事与运作，在当下生活实践中呈现为一种社会力量。成功的国家政治实践，既需要在民众心中唤起对国家主流价值观的认可，将之导向人格价值观念、政治价值秩序的升华，又需要将国家政治话语与民众日用话语对接，构成社会生活中“礼俗互动”的全幅话语，引导人们共同参与、相互交流，以现实在场的方式获得空间意义上的公共性体认。① 民间信仰，在中国传统社会中经历了“因礼成俗”的历史过程，曾在不同的时空中呈现出不同的政治建构态势，并内化为人们组织生活、治理社会、运作政治的文化逻辑。从其文化逻辑与生活实践出发，深入理解其历史脉络和现实运作机制，对于理解中国本土民俗传统乃至现在的整个中国社会具有重要意义。

其三，包括民间信仰在内的中国民俗传统的价值，不仅仅在于对一方乡土文化景观的保持与延续，更应包括引导及促进导民众与国家的联结。这种乡村组织传统的复兴，如果加以正确的引导与改造，则可在当代社会发展宏大格局中扮演积极角色。特别是新世纪以来，随着非物质文化遗产保护制度的推行，体现民俗传统认同的传统乡土观念日益凸显，地域性文化意识渐趋强化，已经表现出民间社会响应、拥护国家大政方针从而形成文化认同的良性发展态势。

当代国家治理与民俗传统发展之间如何建立互动共生的关系，其实一直是西方政治传统所忽视的命题。中国向来有“礼”“俗”结合的礼治社会传统，以此影响国家政治理路，规范民众生活。毕竟，中国民俗文化有着绵延千载的历史，在含纳民众道德观念、价值理念与文化逻辑的同时，

---

① 耿波：《礼俗互动传统中的徐复观农本政治观》，载《中国政法大学学报》2014 年第 2 期。

还经常以“在野之礼”的角色努力对国家政治有所助益。这种在民间自发生成的规范力量，与国家政治的规范意志之间有分立也有合作，有异议也有对话，可在对话与合作中将其符合主流价值观和时代需要的合理成分，从地方生活规范上升为当代社会公共价值，从而为中国社会礼治传统的当代重构提供助力，为中华民族的伟大复兴奠定深厚的基础。

（张士闪，山东大学教授。本文原载《民俗研究》2015 年第 6 期，收入本书时有修改）

多元祭祀与礼俗互动：对山东家堂画的再认识

——基于对杨家埠明清家堂画的分析

家堂画，又称家堂、家堂轴子等，多在过年祭祀时悬于堂屋中间。这一习俗至今盛行于山东各地，学界对家堂画研究较多，并取得了丰硕的成果。就思路而言，前人大多把山东家堂画视为一门民间艺术加以研究，从画面结构、色彩、人物造型等角度出发，探讨其艺术和文化价值。① 而且，不论是研究家堂画本身，或是研究拜家堂仪式②，都毫无例外地认为家堂画是祭祀祖先用的，拜家堂是祭祖行为。这些成果在一定程度上对我们认识山东家堂画及家堂祭祀习俗提供了有益的帮助。但它们所采用的主要是横向研究法，纵向分析的维度不足。那么从历史学的角度进行考察，家堂画的祭祀内涵是否仅仅局限于祭祖，是否只是一种单纯的民间艺术？由于早期家堂画不易寻获，而冯骥才主编的《中国木版年画集成·杨家埠卷》

---

① 主要论著有王伦：《黄河三角洲家堂轴子画特色》，武汉纺织大学2010年硕士学位论文；杨爱霞、宋魁彦：《高密扑灰年画——〈家堂〉艺术研究》，载《美与时代（下）》2011年第9期；姜小凡、张凌浩：《山东地区民间家堂画的艺术表现特色及价值初探》，载《大众文艺》2012年第17期；刘振光：《论高密年画“家堂”所蕴涵的文化信息》，载《齐鲁师范学院学报》2012年第4期；伍晴晴：《中国农业博物馆藏高密“家堂”扑灰年画的初步研究》，见北京民俗博物馆编：《北京民俗论丛》第1辑，学苑出版社2013年版，第117～125页。

② 主要研究有王安庆：《请家堂纵横谈》，载《民俗研究》1992年第1期；刁统菊：《节日里的宗族——山东莱芜七月十五请家堂仪式考察》，载《民俗研究》2010年第4期。

收录有明、清版家堂年画各一幅①，故下文主要依据这两幅家堂画对上述问题进行讨论。为便于展开分析，下文首先将对我国古代家堂祭祀对象及仪式进行梳理，然后结合杨家埠明清家堂画具体分析这些祭祀内涵是如何体现的，与国家礼制有何关系，最后就家堂画的认识问题略作申论。

一、我国古代家堂祭祀对象及仪式

家堂，即今天民居正宅中间的屋子，俗称中堂或堂屋。其祭祀礼仪在我国有着十分悠久的历史，祭祀内容颇为丰富，但归纳起来，家堂祭祀的对象主要包括三个方面。

（一）祭祀土地

家堂祭祀与我国古代五祀礼仪有着渊源关系。五祀最早是先秦时期四时祭祀的一种礼仪，东汉班固说："五祀者何谓也？谓门、户、井、灶、中溜也。所以祭何？人之所处，出入所饮食，故为神而祭之。"② 东汉王充亦说："五祀，报门、户、井、灶、室中溜之功。门户，人所出入；井灶，人所饮食。中溜，人所托处。五者功钧，故俱祀之。"③ 可见，五祀是古代祭祀门、户、井、灶、中溜的礼仪。又《礼记·曲礼下》记载："天子祭天地、祭四方、祭山川、祭五祀，岁遍。诸侯方祀祭山川、祭五祀，岁遍。大夫祭五祀，岁遍。士祭其先。"由此可知，在四时祭祀五祀，是天子、诸侯、大夫才有的权力，不为士及普通百姓所有。班固又解释说：

> 祭五祀所以岁一遍何？顺五行也。故春即祭户，户者，人所出入，亦春万物始触户而出也。夏祭灶者，火之主，人所以自养也。夏亦火王，长养万物。秋祭门，门以闭藏自固也。秋亦万物成熟，内备自守也。冬祭井，井者，水之生藏任地中。冬亦水王，万物伏藏。六

---

① 冯骥才主编：《中国木版年画集成·杨家埠卷》，中华书局2005年版，第58～59页。

② 〔汉〕班固：《白虎通德论·五祀》，《四部丛刊》景元大德覆宋监本。

③ 〔汉〕王充：《论衡·祭意篇》，《四部丛刊》景通津草堂本。

月祭中溜，中溜者，象土，在中央也。六月亦土王也。①

可见，五祀与“金、木、水、火、土”五行相对应。其中，中溜居中，象征土形，是祭祀土地之处。东汉蔡邕对此有清晰的解释：“中溜，季夏之月土气始盛，其祀中溜。溜神在室，祀中溜设主于牖下也。”② 我国古代建筑大体上分为门、庭、堂、室四个部分。牖，为堂与室之间的窗户，设置于堂正面的墙壁上，在其下设有神主祭祀土地。现在山东大多数民居都没有了牖的形制，牖所在的位置被墙给填实了。尽管如此，山东、河北有个别民居至今仍在堂屋墙壁正中间保留有一扇窗户，类似于古代的牖，而家堂轴子恰恰就挂在这扇窗户前面，甚有古之遗风。③ 由此可见，从古代祭祀礼仪角度来说，家堂祭祀原本就有祭土地之意，而且祭祀位置正好是今天挂家堂轴子的地方。

后来，五祀礼仪逐渐向庶民社会渗透，尤因解梦、占卜的流行而深入民间，逐渐由礼变俗。宋代易学家邵雍所著《梦林玄解》便记载：“五祀。占曰：家主中溜，而国主社。中溜者，即家堂之谓也，家堂之神为五祀之主。”④ 可见在宋代，“家堂”即“中溜”（土地）的别称，所以祭祀家堂也就是祭祀土地之意，而且土地被认为是一家之主，处于五祀之首。换言之，家堂土地之祭祀，比祭门、户、灶、井更为重要。至明清时期，原本四时分开祭祀的五祀在过年时出现合祀现象，据明末清初人陈瑚记载：

春祀户所以顺阳气也；秋祀门所以顺阴气也；夏祀灶、冬祀井日用所需也；季夏祀中溜，中溜者即今家堂之制，位中央所以崇土德也。分

---

① 〔汉〕班固：《白虎通德论·五祀》，《四部丛刊》景元大德覆宋监本。

② 〔汉〕蔡邕：《独断》卷上，《四部丛刊》三编景明弘治本。

③ 笔者于2013年8月21日在山东莱芜颜庄镇进行调查期间，就发现有一人家堂屋墙壁中间还保留有一扇窗户，堂后有一间屋子，与古代建筑格局相似。而且主人家说，过年时，家堂轴子就挂在堂屋中间这扇窗户前面。此外，据武汉大学社会学系李向振老师介绍，与山东相邻的河北衡水地区也存在着类似的现象。

④ 〔宋〕邵雍：《梦林玄解·梦占》，明崇祯刻本。

祀者何？各成其尊也。合祀者何？岁首岁除，大祈大报，人之情也。①

由此得知，明清时期百姓在家堂拜土地成为过年祭祀的一项重要内容。不但如此，明清时期家堂祭祀土地已出现土地公、土地婆的说法。清人李凤翧记载："有长生土地，家堂所祀……长生土地，即五祀中溜之神，俗祀之家龛下，别置一龛，题其主曰后宫瑞庆夫人，以中溜为夫人，其说谬诞不经，士家亦供此牌位，尤可笑。"② 可见，此时家堂祭祀的土地出现了女性形象，但此处记载长生土地就是瑞庆夫人，则是李凤翧的误解。据笔者调查，民间祭祀长生土地有将"本宅供奉长生土地瑞庆夫人"连续书写③，也有将"长生土地""瑞庆夫人"并列书写④，后者说明长生土地、瑞庆夫人是两个神，也就是民间所谓的土地公、土地婆。连续书写的格式是没有句读的情况，读时应在"长生土地"和"瑞庆夫人"之间断开，而不能误认为长生土地就是瑞庆夫人。由此可知，明清在家堂祭祀土地不但成为过年祭祀的一项重要活动，而且还出现了土地公、土地婆的形象。

（二）祭祀祖先

老百姓家堂祭祀的另一对象是祖先，其历史也很悠久。周制，"天子七庙，三昭三穆与大祖之庙而七，诸侯五庙，二昭二穆与大祖之庙而五，大夫三庙，一昭一穆与大祖之庙而三，士一庙，庶人祭于寝"。可见，周代天子、诸侯、大夫、士分别立庙祭祀祖先，庶民无庙则祭于寝。"寝"有堂室之意，"祭于寝"意指在家里祭祀，尚不明确是否就是在家堂。

至唐代，品官六品以上根据品级立庙祭祖，"六品以下达于庶人，祭祖祢于正寝"⑤。唐杜佑《通典》又载："正寝者，谓人家前堂待宾之

---

① 〔清〕陈瑚：《确庵文稿·说杂著·五祀说》，清康熙毛氏汲古阁刻本。

② 〔清〕黄乐之、平翰等修，〔清〕郑珍、莫友芝纂：《遵义府志·风俗》，清道光刻本。

③ 2012年8月，笔者在四川冕宁县文家屯邓宗增家中见到这种连续书写的格式。

④ 2012年8月，笔者在四川冕宁县沙坝镇李洪庆家中见到这种并列书写的格式。

⑤ 〔唐〕杜佑：《通典·礼八》，清武英殿刻本。

所。”① 可知，唐代正寝即现在的家堂，除日常待客外，还是特定时间百姓祭祀祖先的地方。

宋代庶民家祭也是在家堂进行。据北宋邵雍记载：“士庶人享亲于路寝。”② 南宋陆游解释道：“古所谓路寝，犹今言正厅也。”③《二程遗书》的解释也是如此：“又问：今士庶家不可立庙，当如何也？庶人祭于寝，今之正厅是也。”④ 可见，宋代庶民在正厅祭祀祖先。而宋代的正厅即指家堂，宋人周守中言：“官舍正厅、私家正堂南向坐，多招异事。”⑤ 可知，正厅与正堂（家堂）其实是一回事，只不过在官称正厅，在民则称正堂（家堂）而已。

元代，“唐诸家祭仪皆用《开元礼》，文武官六品以下达于庶人，祭于正寝。国朝士族相因”⑥。这说明元代祭祖效仿唐代寝祭之礼。又因元代寝即指家堂，“今之堂，古之寝也”⑦，可知元人在家堂祭祖。

明代，品官立庙祭祖，而庶民依然祭祖于寝，“庶人无庙而祭于寝”⑧。这里的寝也就是家堂，明代祭文称：“所请尊魂，一魂请归天堂，逍遥快乐；二魂请归家堂，时享春秋祭祀；三魂请归墓内，荫子荫孙，出富出贵，昌隆后代，万代兴隆。”⑨ 古有三魂七魄之说，三魂为天魂、人魂、地魂。人死后，天魂归天，地魂归地，人魂则寄于牌位，受子孙祭祀。祭文请二魂（人魂）归于家堂，也就明确了寝就是指家堂，是庶民在家祭祀祖先之处。

清代规定，“庶人家祭之礼，于正寝之北为龛，奉高曾祖祢神位”⑩。“正寝之北”，就是指家堂中间的墙壁，在上面设神龛祭祖，与今天民间的

---

① 〔唐〕杜佑：《通典·礼八十一》，清武英殿刻本。
② 〔宋〕邵雍：《梦林玄解·梦占》，明崇祯刻本。
③ 〔宋〕陆游：《老学庵笔记》卷一〇，明津逮秘书本。
④ 〔宋〕程颢：《二程遗书·伊川语录》，清《文渊阁四库全书》本。
⑤ 〔宋〕周守中：《养生类纂》卷一一，明成化刻本。
⑥ 〔元〕佚名：《居家必用事类全集》乙集《家礼》，明刻本。
⑦ 〔元〕程钜夫：《雪楼集·本善堂记》，清《文渊阁四库全书》本。
⑧ 〔明〕周琦：《东溪日谈录》卷四，清《文渊阁四库全书》本。
⑨ 〔明〕陈继儒：《捷用云笺·秋祭墓文》，明刻本。
⑩ 〔清〕黄本骥：《三礼从今·祭礼》，清道光二十四年刻本。

做法一样。

通过文献梳理可知，至少从唐代以来，庶民家祭祖先于正寝，其实际含义皆指在正宅中间的屋子祭祖，即今天民间家堂祭祖的形式。

（三）祭祀家堂神

家堂神，指在家堂供奉的神明，是我国古代家堂祭祀的又一重要对象。明清时期的文献对其记载较多。有的家堂神为家族长期供奉，比如明代南京礼部尚书王㒰家里就世代供奉名为“威济李侯王”的家堂神。① 除因世代祭祀而供奉外，也有神明因为灵验而被奉为家堂神。例如，明代正德年间，江西参政沈某因南昌华林盗乱猖獗而向某神将祷告，结果该神将显灵，帮助平定了盗乱，于是“沈后奉神将于家堂，有疑必质，无不验者”②。除仕宦之家外，明代普通百姓供奉家堂神的现象更为普遍，据明人伍袁萃记载：“神不享非类，民不祀非族，故妄祭为謟淫祀，无福。予乡户户设所谓家堂者，以祭胡神及土神，不知何据，齐民毋怪，搢绅亦然。”③ 足见家堂神在明代民间祭祀之普遍。

清代，关于民间祭祀家堂神的记载更加常见。例如，江苏民间有的将五通神供为家堂神，“苏俗酷尚五通神供之家堂”④。福州地区则将孙悟空奉为家堂神，“福州人皆祀孙行者为家堂”⑤。山西东部寿阳等地有名为小爷爷的家堂神，“又有家堂神，谓之合家欢乐。其图具翁妪儿孙诸像，俗名小爷爷，儿童皆祀之”⑥。清代民间供奉家堂神颇为虔诚，据清人梁同书记载，其小时候从外面捡到一尊文昌神像，带回家后便供在家堂中。待他写这段回忆时，这尊神像已经快供奉 80 年了。⑦

综上所述，我国古代家堂祭祀历史悠久，土地、祖先、家堂神是其祭祀的

---

① 〔明〕王㒰：《思轩文集》卷二二《行状祭文·家堂神祭告文》，明弘治刻本。

② 〔明〕赵文华：《嘉兴府图记》卷二〇，明嘉靖刻本。

③ 〔明〕伍袁萃：《林居漫录·畸集》，明万历刻本。

④ 〔清〕褚人获：《坚瓠集》八集卷四《毁淫祠》，清康熙刻本。

⑤ 〔清〕尤侗：《艮斋杂说》卷五，清康熙刻《西堂全集》本。

⑥ 〔清〕祁寯藻：《马首农言》，清咸丰刻本。

⑦ 〔清〕梁同书：《频罗庵遗集》卷一三《题跋四·文昌关帝画像跋》，清嘉庆二十二年陆贞一刻本。

主要对象，尤其是明清时期，三者已深入到普通百姓的家堂祭祀习俗当中。

二、杨家埠明清家堂画的祭祀内涵及其演变

由上可知，我国古代家堂祭祀对象主要包括土地、祖先、家堂神，那么这些祭祀对象是否在家堂画中有所体现呢？下面，笔者将以山东杨家埠明清家堂画为例，进行具体分析。

（一）“三代宗亲”——明代杨家埠家堂画对祭祖礼制的表达

图 1　明代《三代宗亲》家堂画

冯骥才主编的《中国木版年画集成·杨家埠卷》（简称《杨家埠卷》）当中，收录有明版《三代宗亲》家堂画（图 1）一幅。[①] 我们首先分析其年代。《杨家埠卷》将其版本断定为明代，理由是：“此画图中的男性祖先像原版系戴明代官帽。清朝建立后，将官帽挖补改为清代顶子帽，但明代官帽翅尖部分尚存遗痕。这是现存较早的一块年画雕版。”[②] 笔者赞同该书对此年画定为明版的判断，但认为其判断的理由有不妥。

由图可知，右上角男性所戴清代顶子确实有改刻的痕迹，原来帽子的翅尖部分尚依稀可辨。但如果仔细观察，我们会发现残余的翅尖并非明代官帽的翅尖造型（椭圆形），而是神帽的翅尖造型（尖且带云纹），与画中最下一排左边成年男性所戴帽子的翅尖类似。《杨家埠卷》误将神帽当作明代官帽，以此判断该画为明版，这显然不妥，另需找到其他理由来确定它的版本情况。而笔者之所以赞同该画为明版，理由如下：

① 冯骥才主编：《中国木版年画集成·杨家埠卷》，中华书局 2005 年版，第 58 页。

② 冯骥才主编：《中国木版年画集成·杨家埠卷》，中华书局 2005 年版，第 59 页。

其一，该画中间一排有一戴明代官帽者，其表现的是正在家堂进行祭祀的现实生活中的人，假设这是清版画，此人应该戴顶子帽才符合现实生活语境，而不是戴明代官帽，这是判断此画为明版的理由之一。当然，后世也可模仿前朝形象进行艺术创作，从而延续以往的特点。因此，上述判断理由并不充分，我们必须再结合更多的信息加以判断。

其二，整个画面有一处被改刻为清代顶子帽，此外再无清代形象，我们有理由相信它原为明刻版，可能在清代敏感时期为避免犯禁才被加以改刻，而画中另外两位戴明代官帽者因形象太小，似乎难以再改。若非如此，我们便很难理解改刻这一非常态的举动。由此推知，该画为明版，到清代因故被改动过。

其三，从祭祀礼仪可判断此画为明版。图中有“三代宗亲”字样，祭三代是明代礼仪制度改革的重要成果。① 由前可知，元代庶民家祭祖父、父二代。明初继承了这一传统，据洪武三年修毕的《大明集礼》记载：“国朝品官庙制未定，于是权仿朱子祠堂之制，奉高、曾、祖、祢四世之主，亦以四仲之月祭之，又加腊日、忌日之祭，与夫岁时俗节之荐享。至若庶人得奉其祖父母、父母之祀，已有著令，而其时享于寝之礼，大概略同于品官焉。”②可知，明初品官祭祀高祖、曾祖、祖父、父四代；庶民继承元制，祭祖父、父二代。洪武十七年，行唐知县胡秉中进京面圣并建议进行礼仪改革③，被朝廷采纳，“洪武十七年十二月十八日，钦准庶人祭三代曾、祖、考”④。因此，庶民祭祖礼仪由祭“祖、考二代”变为祭“曾、祖、考三代”。另据明人邵宝记载：“惟永乐间，胡行唐所拟者，尝颁行之，庶人祭三代则曾祖居中。”⑤ 可见，永乐年间又进一步规定了庶民祭祀三代时牌位的摆放，即曾祖在中间，祖父、父在两边。此后，庶民祭祀“三代宗亲”被广为认同和采

---

① 关于明代祭祖礼制改革情况可参看常建华：《明代宗族研究》，上海人民出版社2005年版。

② 〔明〕徐一夔等：《大明集礼·吉礼六》，清《文渊阁四库全书》本。

③ 〔清〕吴高增：《行唐县新志·图经》，清乾隆三十七年刻本。

④ 〔明〕章潢：《图书编·圣祖定制》，清《文渊阁四库全书》本。

⑤ 〔明〕邵宝：《容春堂集》后集卷一，清《文渊阁四库全书》本。

纳。成化年间任长乐知县的黄瑜就记载："国初用行唐知县胡秉中言，许庶人祭三代，曾祖居中，祖左，祢右。"① 弘治十五年进士徐问亦记载："国初行唐县尹胡氏秉中言，许庶人祭三代。祠堂以曾祖居中，而左祖右祢。"② 嘉靖五年进士田艺蘅也记载："庶人祭三代，曾祖居中，祖左祢右。"③ 嘉靖八年进士罗虞臣说："至于神位之制，国初时用知县胡秉中言，定庶人三代之礼，以曾祖居中，祖左祢右，斯盖圣代之懿规也。"④ 嘉靖十年会稽县丞金瑶亦记载："据制，庶人止许祭三代，曾祖、祖、父。"⑤ 因此，从"三代宗亲"字样可进一步判定该画为明版。当然，笔者也发现有些清代、民国甚至现代家堂画也有"三代宗亲"字样⑥，但它们只是简单沿用了这一礼制符号而已，其画出的牌位数量和摆放方式皆误，说明后世并不了解"三代宗亲"的真意。相反，上文所示家堂画，不但有"三代宗亲"字样，而且还具体立了三块牌位，以体现"曾祖居中，祖左祢右"的明代礼仪。综上，我们可以判断该画为明版画。

综上可知，杨家埠明版家堂画虽由民间艺人创作，但同时也受到国家礼仪制度的深刻影响，可谓礼俗互动的产物。

（二）明代杨家埠家堂画中的多元祭祀

如前所示，家堂祭祀的三个主要对象分别是土地、祖先、家堂神，那么，三者在这张明版家堂画中是如何体现的呢？

首先，本文认为该画顶部的男性和女性就是家堂祭祀的土地。由前可知，明清时期老百姓在家堂祭祀土地已经成为过年祭祀的一项重要内容，

---

① 〔明〕黄瑜撰，魏连科点校：《双槐岁钞》卷八，中华书局1999年版，第153页。

② 〔明〕徐问：《读书札记》卷八，清《文渊阁四库全书》本。

③ 〔明〕田艺蘅：《留青日札》卷一《祭三代四代》，明万历重刻本。

④ 〔明〕罗虞臣：《罗司勋文集》卷八下《祠堂章》，《四库存目丛书》集部第94册，齐鲁书社1997年版，第488页。

⑤ 〔明〕金瑶：《金栗斋先生文集》卷五，明万历刻本。

⑥ 有"三代宗亲"字样的家堂画，可参看冯骥才主编：《中国木版年画集成·高密卷》，中华书局2009年版，第42、45、46、47、48、49页。另见伍晴晴：《中国农业博物馆藏高密"家堂"扑灰年画的初步研究》，见北京民俗博物馆编：《北京民俗论丛》第1辑，学苑出版社2013年版，第118页。

而且家堂祭祀的长生土地已衍化出土地公、土地婆的说法，与家堂画中的这对老者形象是吻合的。而《杨家埠卷》将端坐在上的一对老者解释为男女祖先[1]，其他关于山东家堂画的研究也大都持相同的看法。[2] 这种观点似可商榷。笔者认为这对老者代表土地，而不是祖先，因为他们从造型上来看属于神，而不是先人。

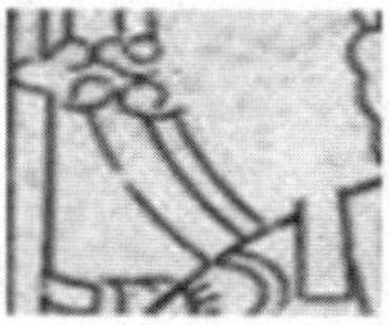

图2

图3

图4

图5

在杨家埠年画中，神与人造型最明显的区别有二：一是冠帽不同。明版家堂画顶部老者所戴为神帽、神冠。其特点是，男性神帽两边的翅角较尖并带有云纹，而且翅角垂须（见图2）。而明代官帽翅角为椭圆形，无垂须（见图3）。女性神冠花哨华丽（见图4），而明代女性之冠简单朴素（见图5）。二是神的头部四周一般会有一圈光环笼罩，而人没有。此外，我们还可对比其他年画上的造型来判断该画顶部的老者是神，而非祖先。

图6是杨家埠明版家堂画顶部的夫妇，图7是杨家埠清代年画中的灶王夫妇[3]，图8是高密清代年画中的灶王夫妇[4]。图6男性原来的帽子虽被

---

① 冯骥才主编：《中国木版年画集成 · 杨家埠卷》，中华书局2005年版，第59页。
② 关于这种说法，请参看前述各文。
③ 冯骥才主编：《中国木版年画集成 · 杨家埠卷》，中华书局2005年版，第50页。
④ 冯骥才主编：《中国木版年画集成 · 高密卷》，中华书局2009年版，第168页。

抹去，但翅角和垂须依然可见，与清代灶王所戴神帽具有同样的特点；图6女性所戴之冠与清代灶王夫人所戴神冠如出一辙。而且图6男女与灶王夫妇一样，都有显示神异的光圈笼罩在头部。当然，以上所描述的只是年画神像造型的一种，还有其他类型的神像造型，此不赘述。通过类比可知，图6所示夫妇代表的是神，而不是祖先。

图6

图7

图8

值得注意的是，家堂画与我国山西、甘肃、福建等地明清时期流行的“祖容图”不同。祖容图又称为“影”“影像”“真容”“容像”等，一般是子孙在祖先去世前请人绘好，待其死后悬于影堂。各地祖容图一般也都有或多或少的祖先牌位附于祖像之下，与山东家堂画的整体结构相似。① 但明清祖容图一般是绘三代或五代祖像，称三代容、五代容，而且祖容图

① 关于明清时期山西、甘肃、福建等地的祖容图研究，可参看 Myron L. Cohen, “Lineage Organization in North China,” in *The Journal of Asian Studies*, Vol. 49, No. 3, (1990) 509 - 534；刘永华：《明清时期华南地区的祖先画像崇拜习俗》，见刘钊等主编：《厦大史学》第2辑，厦门大学出版社2006年版，第181～197页；刘荣：《“影”、家谱及其关系探讨——以陇东地区为中心》，载《民俗研究》2010年第3期；韩朝建：《华北的容与宗族——以山西代县为中心》，载《民俗研究》2012年第5期等。

上的祖先形象均为人生前的形象，与神的形象明显有别（参见图9、10、11）。有论者把山东、河北的家堂画也当作祖容图，认为家堂画上的那对老者是祖先，却没有注意到两者形象有本质的区别。① 这点从以下的祖容图可以看得很清楚。②

图9

图10

图11

综上，本文认为杨家埠明版家堂画顶部的一对老者代表的是神，而不是祖先。再结合明清时期家堂祭祀土地的习俗来看，这对夫妇应该象征的是家堂祭祀的土地公和土地婆。

其次，该家堂画中的牌位即代表了祖先，如图 1 中的“三代宗亲”“故灵之位”。这点无须多作解释。

最后，“家堂神位”和门前之神则代表了家堂神。由前可知，家堂神是明清时期家堂祭祀的重要对象，既可以是不出名的小神（如李侯王、小爷爷等），也可以是知名的神祇（如文昌神、孙悟空等）；其供

---

① 相关论述见 Myron L. Cohen，“Lineage Organization in North China，” in *The Journal of Asian Studies*，Vol. 49，No. 3（1990），509－534；韩朝建：《华北的容与宗族——以山西代县为中心》，载《民俗研究》2012 年第 5 期。

② 图 9“山西代县正下社史氏祖容图”由韩朝建提供（摄于 2006 年 5 月 18 日），在此表示感谢。图 10 为甘肃东部地区某村某姓氏祖容图，转引自刘荣：《“影”、家谱及其关系探讨——以陇东地区为中心》，载《民俗研究》2010 年第 3 期。图 11 为福建连城县培田村吴氏祖容图，转引自郑振满、张侃：《培田》，生活·读书·新知三联书店 2005 年版，第 XII 页。

奉形式多样，既有以神位供奉者（如李侯王），又有以画像供奉者（如小爷爷）。因此，家堂神既可用神位表示，也可用具体的形象展现，对应到家堂画中，就是“家堂神位”和门前有具体形象的神祇。“家堂神位”作为家堂神的标志很好理解，但在该画中，大门前有好几个人物形象，究竟哪些代表家堂神呢？本文认为从造型上看，大门外靠左的一老一少就是（图 12）。老者所戴之帽翅角较尖，垂须则不明显，但还有一特征即帽上有竖起的小球，这也是神帽的造型特点（可与图 7、8 对比），由此可判断老者为神。而少者与中排观看祭祀的小孩形象则明显不同，其顶上也有一小球，而且造型与其他年画中的神童造型十分相似（可与图 13 对比）①，因此可判断其为神童，而非一般的孩童。大门前靠右的一形象则明显是头戴官帽、身着官服、手拿朝笏的明代人。诚然，家堂神本应在家堂，即在堂屋里祭祀，但此处的家堂神何以跑到门外去了？笔者认为家堂画顶部已经画有土地形象，如果再将家堂神的具体形象画上去，则没有足够的空间来加以展现，会使画面显得十分拥挤。所以，画匠将其具体形象置于门外展现，而以“家堂神位”置于堂内，以暗示其在家内供奉的位置。

图12

图13

综上可知，杨家埠明版家堂画顶部的一对老者代表土地公、土地婆，

① 图 13 为清代杨家埠《张仙射天狗》年画中的神童之一，参见冯骥才主编：《中国木版年画集成 · 杨家埠卷》，中华书局 2005 年版，第 55 页。

牌位则代表祖先，画顶部的“家堂神位”和底部的神祇则代表家堂神。这说明家堂画并非只用来祭祀祖先，而是具有多元的祭祀内涵。

（三）多元祭祀在清代杨家埠家堂画中的继承与变化

与明代相比，清代杨家埠家堂画在祭祀对象上仍延续了多元祭祀的内容。图14为《杨家埠卷》所收清代杨家埠家堂画。画面最顶部有一对慈祥的老者，《杨家埠卷》认为是祖先像。[①] 放大后，我们可以发现他们的冠帽衣着跟明代普通百姓的相似，但这并不能说他们就是祖先，一个最明显的证据就是两者头部有光环笼罩，这是神像的重要特征（参见图15）。所以笔者认为这对老者实际上代表的仍是土地公、土地婆，而供桌上的牌位则代表了祖先。另外，画中的小格子可以填写逝去祖先的名讳，也代表了祖先。这点与明代是有区别的，体现出家堂画中祭祖内涵逐步增强的发展趋势。

图15

图14

图16

此外，该画下部出现很多人物形象，《杨家埠卷》认为他们是身穿官服前来道贺的子孙后代（参见图16），笔者却不这样认为。通过观察分析，我们可将他们分为四种不同形象：第一种是神。中间往右的第一位，帽子

① 冯骥才主编：《中国木版年画集成·杨家埠卷》，中华书局2005年版，第59页。

翅角较尖且有云纹和垂须，符合神像造型特点。第二种是明人。最左边的一老一少和最右边的四位，都符合明朝人的打扮。第三种是清人。中间身穿清朝官服、头戴顶子帽的两位符合清人形象。第四种是形象不清的情况。中间往右第二位身穿绿色服装者，所戴非神帽也非明清帽顶，反倒像唱戏时所戴的花帽。由此可见，该画下部人物形象虽然延续了明代家堂画中神和人两大元素，但与明版画相比更为复杂，难以笼统地认为这些形象是前来道贺的子孙后代。

综上，笔者认为杨家埠清代家堂画仍然体现出祭祀土地、祖先和家堂神的内涵，但与明代相比变化颇大。第一，土地公、土地婆的形象在明版杨家埠家堂画中表现突出、特点分明，而两者在清代家堂画中除了头部保留光环外，神的其他特征逐渐弱化，加之形象慈祥，易被人误解为祖先。而且，如果结合其他地区如高密等地清代家堂画来看①，就连这对老者头上的光环也都消失了。可见，土地公、土地婆这一形象在个别清代家堂画中仍依稀可辨，而有些则难以辨认，逐渐混同于祖先了。第二，随着清代画幅的变大，明代画面下部人神共处的格局依然延续，但人物形象更为丰富，而且随着“家堂神位”这一起关键提示作用的字眼的消失，家堂神这一祭祀信息被严重弱化。这两大变化正反映了后世家堂画祭祀内涵从多元走向单一的趋势。此外，由于清代不再奉行“三代宗亲”的祭祀礼仪（改为祭祀高曾祖祢四代），所以，这一信息也被相应删去。

三、余　论

我国古代家堂祭祀对象主要包括土地、祖先和家堂神，相应地，明清杨家埠家堂画也体现出祭祀土地、祖先和家堂神的内涵。但时过境迁，包括杨家埠在内的山东家堂画的祭祀内涵在今天有了巨大变化，表现为祭祀土地和家堂神的内容从中消失，祭祖作为唯一的祭祀内涵，为人们普遍认可，而拜家堂亦被视为单纯的祭祖仪式。这一变化在山东地区的现代家堂画中表现得尤为明显。现代家堂画主要突出院落和

① 冯骥才主编：《中国木版年画集成·高密卷》，中华书局2009年版，第38～49页。

祭祀牌位，原来画面顶部那对老者以及门前的各种人物形象都消失了，画面俨然是一个祭祀祖先的祠堂。现代家堂画因为没有了人物造型而失去了以往那种欢乐的气氛，显得庄严肃穆，反映出人们认为祭祖必须虔诚、毕恭毕敬、不苟言笑的观念，祭祀祖先的浓厚意味得以彰显。尽管如此，家堂画原本的多元祭祀内涵仍可从地方延续着的年画类型和祭祀仪式得到部分的印证。

首先，笔者发现杨家埠没有祭祀室中土地的年画，民俗调查显示其也没有祭祀室中土地的习俗。① 那么，是不是当地原本就没有这一习俗呢？显然不是，乾隆《潍县志》记载："元旦，四更蚤起，祭五祀、先祖，拜父母师长亲朋，各相贺。"② 可见，当地以前有祭五祀，所以是有祭祀室中土地这一习俗的。那么，为何今天会出现既无室中土地年画，又无其祭祀习俗的局面呢？本文的理解是，家堂画原来的祭祀内涵多样，祭祀土地包含在了其中，所以没有关于土地的年画。到后来，画中的土地公、土地婆逐渐被人们理解为是祖先，所以当我们再去调查的时候，村民往往会告诉我们当地百姓不在家里祭祀土地，同时我们也找不到关于室中土地的年画。

其次，挂家堂轴子在今天一般被认为是祭祖的行为，但为什么只是在过年的时候挂，而山东大部分地区在"七月半"这一典型的家祭节日当中又不挂？③ 笔者认为这恰恰证明了家堂画的内涵虽包括祭祀祖先，但不仅仅如此，还包括祭祀土地、家堂神。换言之，家堂画的内涵要大于祭祖，所以在"七月半"专门的祭祖仪式时挂起来不合适，而只有在过年祭神、

---

① 参见山东大学民俗学研究所编：《百脉泉》第 6 期《潍坊寒亭地区寒浞传说与信仰调查专辑》，2010 年。

② 〔清〕张耀璧修，〔清〕王诵芬纂：《潍县志·风俗》，乾隆二十五年刻本。

③ 山东地区凡是有家堂轴子之家，在过年时必挂家堂轴子，七月十五大多不挂。仅有莱芜、淄博、新泰等少数地区在七月十五祭祖时，有一部分人挂轴子。莱芜地区有一种解释是：过去发生瘟疫时，有神妈妈说瘟疫过年才能好，所以七月十五跟过年一样，要请老的来，请家堂，磕头拜老的。这说明部分人在七月十五挂家堂轴子实际上也跟过年有关系。参见刁统菊：《节日里的宗族——山东莱芜七月十五请家堂仪式考察》，载《民俗研究》2010 年第 4 期。

祭祖都要进行时挂起来才合适。诚然，村民今天对此未必会这样理解，不过作为一种传统的惯性而遗留下来的仪式程序，尽管被村民遗忘了其本意，但还是可以让我们在结合其他信息的基础上窥见早期家堂画祭祀内涵的蛛丝马迹。

由此看来，杨家埠家堂画的祭祀内涵原本是多样的，祭祀祖先作为其唯一内涵经历了一个历史演变的过程。而与此同时，“家堂”这一词汇的含义也有了变化，古代主要强调堂屋、土地，现在更多的意思是指家堂轴子和祖先。请家堂、送家堂，换言之就是请轴子、送轴子，请祖先、送祖先。

此外，我们还应注意到杨家埠家堂画不仅仅是民间的产物，不可将其视为单纯的民间艺术，它背后还包含了国家礼制对民间艺术创作的深刻影响。例如，周代以来的五祀礼仪、明代祭三代的礼制在早期杨家埠家堂画中都有体现，而且“三代宗亲”的礼制符号直到今天仍然在民间延续。诚然，民间艺术不乏鲜活的、个性化的创造，但我们在承认其多样性和灵活性的同时，不应该忽略国家的在场，尤其是在华北这样一个明清国家政治统治的中心区域更是如此。然而，我们也不应该低估民间的能动性，民间虽然受到国家礼制的影响，但并非处于完全被动的地位，其对国家礼制有着多样化的理解；换一种角度思考，也正是民间使得国家礼制得以长期延续，以至于在古代王朝消失、礼制不复存在以后，我们仍然可以在民间找到它们的痕迹，所谓“礼失求诸野”，正是这个道理。因此，当我们深入到华北去调查研究的时候，更应该考虑到国家礼仪制度与民间风俗习惯的互动，以一种礼俗互动的眼光来审视二者。礼俗互动的视角，已日益引起学界的关注。[①] 要做到这一点，我们还需要具有历史的眼光，从较长的时段出发去观察两者的互动。[②] 正是在这样一种理念的观照下，本文所看到

---

① 参看张士闪、龙圣：《民俗学》，《山东省社会科学年鉴 2014》，山东人民出版社 2014 年版；龙圣：《“礼俗互动：历史学与民俗学的对话”学术研讨会述评》，载《民族艺术》2015 年第 1 期。

② 参看赵世瑜：《小历史与大历史：区域社会史的理念、方法与实践》，生活 · 读书 · 新知三联书店 2006 年版，第 1 ~ 11 页。

的杨家埠家堂画，既承载着国家礼制的符号，又融入了民间的自我理解，所以它不仅仅是一种民间性的艺术，更是国家与民间、礼与俗长期互动的产物。

［龙圣，山东大学副教授。本文原载《南京艺术学院学报（美术与设计)》2018 年第 1 期，收入本书时有修改］

庙会献戏与村民生活的表达

——以安国药王庙会为个案

庙会作为华北许多村落社会生活中的重要组成部分，百余年来吸引了民俗学、人类学、历史学和宗教学等多学科学者的广泛关注，相关研究著述可谓汗牛充栋，无论是从研究视角上还是研究路径上都为我们提供了有益的借鉴。① 在许多华北村落社会中，庙会是最常见的“非常”② 生活态

---

① 就民俗学研究著述而言，除了关注庙会仪式象征和信仰叙事等以外，近年来更多的学者将庙会当作一个整体来分析，比如刘铁梁等将庙会进行分类，通过庙会类型的分析来理解庙会，认为“庙会类型的分析不仅有助于我们对于庙会地方性意义的理解，也有助于我们对汉民族民俗宗教统一性的理解”（刘铁梁：《庙会类型与民俗宗教的实践模式——以安国药王庙会为例》，载《民间文化论坛》2005 年第 4 期）；岳永逸等研究者则关注庙会与政治、国家的关系，主要从“国家—社会”层面剖析，参见岳永逸：《传说、庙会与地方社会的互构——对河北 C 村娘娘庙会的民俗志研究》，载《思想战线》2005 年第 3 期；高丙中：《民间的仪式与国家的在场》，载《北京大学学报（哲学社会科学版）》2001 年第 1 期，等等。

② 关于“常”与“非常”的概念，张士闪在一篇文章中提出，“我国传统上对于‘常’这一术语的运用，主要在如下两方面：一是指社会生活秩序的常态，局内人习以为常，局外人寻常所见；二是指民众观念中遍布宇宙万物之中的常规”。他还结合个案探讨民间信仰活动的具体表现，“民间信仰之非常，则是指在某些特殊时段中，人们有意打破乡土生活的常规，凸显民间信仰的权威性，在民间信仰的旗号下组织对乡土生活的常规，凸显民间信仰的权威性，在民间信仰的旗号下组织对乡土生活常规具有颠覆性的种种活动”。（张士闪、张佳：《“常”与“非常”：一个鲁中村落的信仰秩序》，载《民俗研究》2009 年第 4 期）本文所理解的民众生活态的“常”与“非常”，亦是在此基础上做出区分，认为民众往往以具体行动为标志将日常生活分为常态与非常态，在非常态时，除了心理上有意打破常规以外，更从行动上做出与以往不同的具体表达。

之一，献戏[①]则常常是庙会上不可或缺的重要活动。人们在参与庙会献戏时，其具体行动和叙事恰恰成为一种“非常”态生活的表达。庙会献戏的参与者，是生活的直接践行者和感受者，把握他们在庙会献戏中的具体行动，或许能够更好地理解献戏所展示的生活逻辑，及其所承载的民间戏曲曲艺的存在土壤。

现有的庙会献戏研究，多集中在艺术学领域，相对更侧重从艺术角度来解读献戏中戏曲曲艺本身的审美特性，而对其立足的生活现场和参与主体的关注则不是很多。[②] 本文认为，我们对庙会献戏进行研究，不仅要关注其民俗曲艺艺术本身，更要关注献戏参与者的具体行动，以及参与者所在的生活现场，因为在献戏活动中，参与者根据对生活的感受赋予献戏活动以不同的意义，并通过具体行动将其对生活的理解表达出来。

本文以安国药王庙会为个案，将献戏还原到参与者的生活现场，通过分析较长时段内献戏活动的沉浮历程，及当下庙会献戏的具体状况和参与主体赋予其意义的过程与具体行动的表达，从而阐释其生活性本质，并尝试解读其背后所蕴含的生活智慧。

一、百年沉浮：安国药王庙会献戏历程

据《安国县志》记述，“清代起，每年从四月上旬始，全国各地药业商帮轮流邀班唱戏，祭祀药王和十大名医，持续 20 多天”[③]。当时的庙会盛

---

① 本文所理解的庙会献戏是指在庙会期间，有组织地进行戏曲曲艺展演的活动过程，在安国地区，人们普遍将庙会期间的唱戏活动称为献戏。

② 傅谨对民间唱戏的草台班子进行了相对比较全面的研究，与其他研究著述不同的是，在其《戏班》一书中，更多的是“对台州戏班作了全方位的考察，客观地剖析了民间戏班的存在方式与内在构成，尽可能还原台州民间戏班的真实状态，由此揭示了民间戏班拥有的顽强生命力的文化渊源”。参见傅谨：《戏班》，北京大学出版社 2010 年版。在本书中，傅谨对作为文化整体现象的戏班及民间戏曲活动进行了细致入微的研究，而其对民间曲艺活动的参与者及其生活现场关注较少。本文则是在借鉴傅谨等人研究的基础上，通过考察庙会献戏的参与主体及其生活表达，进一步理解民间戏曲曲艺的生活性本质。

③ 参见河北省安国市地方志编纂委员会编：《安国县志》，方志出版社 1996 年版，第 872 页。

况亦为鼓书、评书艺人提供了便利的场所。每逢庙会，外地说书艺人就会赶场似的前来表演，后来在其熏陶下，安国境内出现了一批土生土长的说书艺人。“这么说吧，说大鼓子书的，耍猴的，虽然不是直接献戏，但在戏台子下面或茶馆里给人们快乐，一定意义上也算是给药王爷献戏了。”①

据多年负责举办庙会的甄辛爱②介绍，新中国成立前每逢庙会，“五大会”“十三帮”③ 的负责人都会请戏班来给药王爷献戏。各帮口的药商带着各自的药材来到安国后，必先全体朝拜药王庙，此后在药王庙对面的戏楼献戏。据安庆昌④老人介绍，“十三帮”“五大会”组织庙会时，献戏酬神仪式特别隆重，可谓当时的一大盛事。“十三帮”药商团体参拜，鸣放鞭炮，吹奏鼓乐，其中的酬神、参拜仪式更占据着突出的位置。除献鼎、树伞、塑金身、挂匾、献袍、捐香火地等之外，一个很重要的活动就是“十三帮”轮流主持给药王爷献戏，以表其对药王的虔诚之心。每帮献戏三天或五天，主持者为彰显本帮实力，往往同时请来三四个戏班，在药

---

① 讲述人：马良驹，1948 年生，安国市著名的鼓书表演艺人，擅长西河大鼓、京东大鼓等；访谈人：刘铁梁、刘玉凯、李向振等；访谈时间：2010 年 6 月 6 日；访谈地点：安国市马良驹家中。

② 甄辛爱（1927—2010），河北安国市人，曾长期作为“香头”给人“看病”，广受尊敬；自 20 世纪 80 年代初期，作为主要参与人发起药王庙会的复兴直至去世，他一直作为主要会首全程参与整个庙会的组织活动，本人在 2010 年 2 月、4 月、6 月等数次前往该地进行调查时，得到了老人的热情帮助，获得了大量一手资料，在此致以最诚挚的谢意。

③ “五大会”“十三帮”均是清末民初各地前往安国地区做买卖的商人自发形成的民间组织，“五大会”指北大会、南大会、皮货估衣会、杂货会和银钱号会，“五大会”主要成员是坐商、行商和小商摊贩等；“十三帮”是各地药商为行动方便按地区或经营的药材类别自然习惯形成的帮会组织，庙会期间，为向外帮和顾客炫耀本帮财力，各帮轮流集资唱戏。庙会期间，凡唱戏雇班、灯油等所需费用，均由各帮帮首根据各户资金情况指定负担。参见《安客堂和十三帮五大会》，政协安国县文史资料委员会编：《安国文史资料》第 1 辑，1988 年。

④ 安庆昌，1921 年生于河北安国，是安国地区知名的中药学专家和地方文史知识专家，其对药王庙会的资料记述主要集中在《药都春秋》（待出版）。本人随课题组成员前往安老家访谈时，安老慷慨地将其所藏资料拿给我们参阅，使我们受益匪浅，在此谨表谢意。

王庙戏楼和南关大、小药市献戏，昼夜不停。剧目有京剧和河北地方戏如河北梆子、老调等，隆重时可达半月之久。

各帮第一天献戏时，于药王庙殿前摆供、上香，开戏前唱迎神曲："神之来，来乘黄，越人秦缓从期傍，蓬莱之药贮满囊；诛二竖，走三彭，置我民兮，春熙之堂。"① 献戏期间，本帮会停止营业，不买不卖，帮内成员全部换上新衣服，每日在戏台前聚餐，称为"会宴"。② 庙会结束时唱送神曲："神之去，鸾锵锵，仓公素女同翱翔，龙虎之药留丹房；砭散露，艾旗张，登我民兮，不死之乡。"③ 每逢献戏的日子，各帮都大事铺张，药王庙前和城内主要街道及药店、客栈、娱乐场所悬灯结彩，挂旗张幔，挂满献戏帮口的旗幔，热闹非凡。

1933 年 2 月间，郑合成先生曾在安国地区就药王庙会及药市进行过为期近一个月的调查，其调查成果最终以"安国县药市调查"为题发表在当时北平社会调查所办的《社会科学杂志》第 3、4 卷上。在文章中，郑先生也用一部分篇幅记述了当时药王庙会献戏的大体情况：

> 平常庙会的时候，都要演唱大戏，多则三台，少亦一台，由各帮商轮流出资演唱。用席搭成台棚，与北平天桥之演戏情形相同。惟戏棚只有席顶，四周亦无席避风，盖人们都是自由看戏，固无须四周绕席，以遮蔽远处之视线。台下无座，看戏者群立台下，仰首注视。台上演戏，亦只有演而无有唱，偶唱数句，亦以音高声宏为胜，至于何腔何调，都说不上。最多武戏起打，男女调情。台上尽管恣意放肆，说词表情，每多秽浊，台下者必赞声震耳，故可称为"看戏"，而非"听戏"。这是一种最通俗的消遣。④

---

① 详见安庆昌提供的资料。

② 讲述人：安庆昌；访谈人：闫艳、李向振等；访谈时间：2010 年 6 月 4 日；访谈地点：安庆昌家中。

③ 详见安庆昌提供的资料。

④ 郑合成：《安国县药市调查》，李文海主编：《民国时期社会调查丛编·宗教民俗卷》，福建教育出版社 2004 年版，第 158 页。

1937 年“七七”事变以后，由于战乱中药材交易逐渐转移到天津，安国药市及药王庙会迅速衰落下去，“十三帮”“五大会”的势力也逐渐转移至天津，酬神献戏活动相应减少以至消失。据安国地方学者李振清①介绍，解放战争时期，为了宣传自己的政策，当地部分恢复了药王庙会“唱大戏”的传统，所邀请的戏班在唱戏之前，一般都会唱一个类似于“帽戏”的小段，以宣传共产党政策，现在还能记住的有《夫妻识字》《兄妹开荒》《白毛女》等，其中《白毛女》在群众中的反响比较大，“台上杨白劳哭的时候，台下边的人们也跟着哭；黄世仁一上台，台下就往上扔东西”②。这一时期的献戏活动，并非为酬神娱神，更多地表现为一种动员策略和宣传需要。

新中国成立之后，安国地区中医药交易得到了恢复和发展，但因“解放后破除迷信，香客渐少”③ 等，药王庙会并未兴起。1953 年前后，药王庙前的古戏楼被拆除，并在原址上建立了安国县供销社。“文革”时期，“红卫兵”把庙里的药王像等当作“封建迷信的泥胎”予以捣毁，而药王庙也被当作“四旧”拆毁，其木料等被用来建造了县礼堂。④ 这一段时间，礼堂里经常上演的剧目是当时颇为流行的“样板戏”，此时庙会献戏彻底被改造成政治宣传“革命文艺”的载体。⑤

改革开放后，逐渐富裕起来的民众，开始对药王庙进行零散的修葺。1985 年在当地民众、医药厂及“修好的”⑥ 的共同努力下，药王庙得到一

---

① 李振清，1933 年生于河北安国，研究安国地区文史知识多年，曾出版过《药王史话》等著作。

② 讲述人：李振清；访谈人：李向振；访谈时间：2011 年 2 月 17 日；访谈地点：安国市李振清家中。

③ 参见河北省安国市地方志编纂委员会编：《安国县志》，方志出版社 1996 年版，第 872 页。

④ 讲述人：李振清；访谈人：李向振；访谈时间：2011 年 2 月 17 日；访谈地点：安国市李振清家中。

⑤ 讲述人：李振清；访谈人：李向振；访谈时间：2011 年 2 月 17 日；访谈地点：安国市李振清家中。

⑥ 在当地生活知识体系中，“修好的”是指在涉及民间信仰实践时行善积德的人，这些人与“行好的”的有所区别，后者主要是为了他人积德行善，前者则主要是为了自己的修行。

次大规模的整修，药王庙前的供销社在本次修葺中被拆除，并在此基础上堆了一个土台，庙会活动也在这一年前后得以恢复。①

据庙会负责人介绍，庙会恢复的前几年，由于资金较少，举办的活动不是很多，而酬神献戏则迟至1994年前后才出现。当时作为会首的张瑞花②协同甄辛爱、张彦同③等委员到各家各户“敛钱”，因为敛的钱比较多，根据捐钱人的普遍请求，于是请了戏班。由于那一次献戏活动比较成功，从那时起，越来越多的企业和个人参与到献戏活动中来，每年举办的春、冬两次庙会④都延请戏班前来助兴，并形成了惯制：

> 大概是1994年前后，我们敛的钱稍微多了一些，有的公司就开始向我们提要求，看能不能给药王献上一场戏，我们可愿意了，我们本来就想给药王爷献戏，可是没钱呐，就是那一年几个公司捐了一千多块钱，我们就请了咱们安国的老调剧团，唱了三天戏，就这么着，庙会献戏就兴起来了。挺好的，那几个公司出了风头了，后来捐钱的越来越多，献戏也就定下来了。⑤

虽然后来由于多种原因，春季庙会和冬季庙会分属两个组织来管理，但献戏活动并没有受到太大影响。现在春、冬两次庙会的会首所请的戏班，一般都是附近乡镇业余剧团或本地的老调剧团、梆子剧团。所演唱的剧种也大都是河北梆子、保定老调等地方戏，偶尔也会有石家庄的剧团来

---

① 在访谈中，几位上了年纪的会首对药王庙会的复兴年份说法并不一致，大致在1984年到1985年之间。

② 张瑞花，20世纪80年代安国药王庙会的主要发起人之一，河北安国人，于1999年去世。

③ 张彦同，1938年出生，河北安国人，从20世纪90年代末期开始担任安国药王庙春季庙会会首至今，现为安国药王庙会河北省省级“非遗”传承人。

④ 根据旧例，安国药王庙于农历四月二十八（药王爷圣诞日）前后和农历十月十五（药王爷得道日）前后，各举办一个庙会，称为春季庙会和秋季庙会。

⑤ 讲述人：甄辛爱；访谈人：李向振；访谈时间：2010年6月8日；访谈地点：安国药王庙内。

演唱河南坠子或豫剧。据说，过去“十三帮”“五大会”献戏时，由于药商来自全国各地，所以延请的戏班也分布于全国各地，比如除了上文提及的同仁堂自己从北京带戏班演唱京剧之外，山西帮会从当地延请山西梆子剧团来演唱晋剧、上党梆子等，经常上演的剧种还有评剧、豫剧、河南坠子甚至还有秦腔等。不过时过境迁，这种涵盖了北方大多数剧种的献戏活动已经成为历史。

在过去的百余年里乡村社会和村落生活都发生了巨大的变迁，作为“非常”态的生活事件，庙会及献戏活动也随之沉浮不定。通过对安国药王庙会近百年来献戏活动沉浮的分析，我们可以发现献戏活动并不是参与者对生活理解的唯一表达，相反，参与者会在不同的生活状况下，适时做出调整，或取消或改换或复兴。应该说，对于参与者而言，生活的秩序才是最重要的，其余的一切行动都围绕着该目的进行。然而对于献戏活动本身来说，生活现场是它们存在的根本立足点。换言之，合适的生活现场是它们存在的依据，这要求我们回归到动态的生活现场去关注献戏活动的发生机制。接下来本文将立足于参与者当下的生活现场，具体分析庙会献戏活动的结构及其存在形态。

二、戏台上下：药王庙会献戏的结构分析

上文已经说过，现在安国药王庙会期间，一般都会有献戏活动，献戏活动主要由庙会会首负责，包括定戏、演出天数等整个活动流程。会首张彦同对此有过一番详细的描述：

> 现在大体上来看，除了敛钱不说，给药王献戏要分为这么几个步骤，我们几个老婆儿（老太太，在这里说的是几个会首）在年前就确定要不要给药王爷献戏，定下来以后就派个人去联系戏班，谈好价钱，你不能太贵了，演得还得好才行，定下戏班再确定要演多少天，他们给一个戏单子，咱负责定戏，然后就等着他们来演出了，演出完了，要是演

得好，明年再用他们，要是演得不好，就不用了，换一家。①

接下来我将结合田野讲述人提供的资料及个人观感，对2010年安国药王庙春季庙会期间献戏活动进行简要的过程—结构分析。

定戏。一般情况下，每年春节过后，安国附近剧团负责人都会找到会首表示前来演出的意愿。会首根据该剧团以前的演出情况和附近村落庙会的口碑，做出用与不用的判断。如果确定请该剧团，则会商定演出费用及食宿问题。2010年春节过后，由于主要会首张彦同身体欠佳以及一些其他原因，本该在农历正月进行的“定戏”，推迟至农历三月才完成。双方约定，本次庙会期间唱五天，上午、晚上各一场，正日子（农历四月二十八）晚加唱一场，一共十一场，每场750元，庙方提供食宿。

搭拆戏棚。由于过去的戏楼被毁，药王庙前仅有一方土台，权作是戏台。每次庙会都会搭建简易戏棚。药王献戏恢复以来，春、冬两个庙会每年都会延请附近农村工匠前来搭拆戏棚。搭建戏棚一般在庙会前一两天进行，搭建费用由工匠和会首协商。2010年春季庙会搭建戏棚，会首张彦同一共请了5个匠人，每人的酬劳是70元，一天搭建完成。演出结束后，这几个人负责拆除，每人的酬劳仍是70元。搭建戏棚的材料系庙会所有，每次拆除完毕，匠人都会将木料等搬至药王庙储物库，以备下次使用。

戏棚搭建在药王庙前的土台子上，坐西朝东，面向药王庙正门。戏棚大约高5米，长15米，宽12米。主体为木架结构，上覆以塑料布蒙顶。戏棚分为前台和幕后，两者之间用一块帆布相隔，根据演出内容不同，帆布上还可以挂一些相应图案。台前和幕后的比例约为2∶1，即东西方向，台前长10米，幕后长5米。台前地面上铺红色地毯，两旁各垂一条高5米、宽8米的侧幕，面向药王庙，右侧为演员出场口，左侧为文、武乐场。幕后则是供剧团放置道具和演员上、卸装的场所。

剧团每年药王庙会延请的剧团都不太一样，但主要以河北境内剧团为

---

① 讲述人：张彦同；访谈人：李向振；访谈时间：2010年6月9日；访谈地点：安国药王庙内。

主，演出剧种也以河北地方戏为主。据会首介绍，一般请戏班子都不会请本地的小“吹唱队”，“他们（指地方的小吹唱队）唱得不行。我们请规模大的，比较正规的，唱出戏来好听”①。2010 年春季庙会请的剧团是保定老调剧团三团，这个剧团成立于 1998 年。团中在编演员有 44 人，还有学徒若干以及部分兼职演员。2010 年春季庙会期间，前来参加药王献戏的演出人员包括舞美人员、演员、演奏员等一共 41 人。其中舞美 8 人，这些人主要负责道具看管、演出时音响设备管理等事务；主司文、武两场乐器者 10 人，其中文场包括演奏竖笛、笙、唢呐、二胡、阮的 5 人，武场包括演奏铙、钹、镲、大锣、小锣的 5 人；演员 23 人，生、旦、净、末、丑各角色俱全。剧团中年龄最长者 71 岁，最小的学徒 14 岁。

剧装及道具。2010 年春季庙会前来演出的老调剧团三团，带来三大箱子剧装及道具，演出空隙或角色换场之时，演员们都坐在这些箱子上休息。幕后放置一张木制桌子，桌子上供着一个布人偶像，像前面放一只香炉，演出时点上三炷香。剧团负责人白先生介绍，这个神像被称为“大师兄”，“这是保定老调的创始人，每次演出都得亏他老人家护佑，才没有出过乱子”②。

仪式与剧目。2010 年春季庙会期间，按协议第一天演出是在农历四月二十六。早上 7 点左右，杂工们开始忙着搭幕布、置音箱等设备。大约一个小时之后，所有人员均到会首指定的地方吃早饭。早饭过后，大约 8 点半的时候开始演出，第一场为武戏《罗通扫北》，在演出之前，主司文场、武场乐器者各选一位，生、旦角各选一人，在白团长带领下，一路吹打经过戏台前面的空场，到药王庙进行参神祈福。几个人到药王正殿以后，早已等候多时的会首们点燃一束杆香，生、旦二角跪在药王像前的蒲团上，半唱半白道：

---

① 讲述人：张彦同；访谈人：李向振；访谈时间：2010 年 6 月 9 日；访谈地点：安国药王庙内。

② 讲述人：白先生，45 岁左右，保定老调剧团三团团长，从事剧团演出、管理活动近三十年；访谈人：李向振，访谈时间：2010 年 6 月 10 日；访谈地点：药王庙前戏棚里。

西北角下一块云，仙人倒坐莲花盆。千军万马上不去，单等吃斋念佛人。

扫地休伤蝼蚁命，爱惜飞蛾纱罩灯。池中有鱼钩不钓，山前买路放苍生。

进庙把神参，大仙显灵验。烧香来还愿，步上保平安。

此时，文场唢呐和武场大锣在一旁吹奏。简短的仪式过后，生、旦二角各唱一段应景戏，之后随团长原路返回。回到戏棚幕后，给“大师兄”点上三炷香，团长要向“大师兄”祈祝，祈祝完毕，遂宣布“开戏”。为时五天的献戏表演就此拉开帷幕。按协议，庙会期间一共演出五天，上午、晚上各一场，6月10日农历四月二十八是“正日子”，下午加演一场，一共十一场。由于2010年6月10日傍晚下起大雨，晚上演出临时取消。本次庙会期间实际演出十场，每天上午八点半开场，十二点结束；晚上六点开场，十点半结束。演出的剧目依次是6月8日上午《罗通扫北》、晚上《忠烈千秋》；6月9日上午《吴三桂反云南》、晚上《潘杨讼》；6月10日上午《全忠孝（上）》、晚上《全忠孝（下）》；6月11日上午《金沙滩》、晚上《呼家将（一）》；6月12日上午《呼家将（二）》、晚上《呼家将（三）》。

演出盛况。本次庙会期间，每场演出都会吸引远近村民前来观看，观众多为六十岁以上的老年人。由于戏棚简易，台下未设观众席，前来看戏的老人都是自带马扎、小板凳，或者直接坐在自己骑来的三轮车上。每场开戏之前，前来看戏的老人就已经坐在台下空地上，或闭目养神等待好戏开场，或是交头接耳相互交流剧目以及过去看戏的回忆。从开场戏到结束，每场戏的观众都会坐满台下空地，大部分都会等到每出戏全部唱完才会散去。五天的献戏演出结束之后，会首协同其他“会上的”负责人，为了表示对该剧团的认可，书写“戏艺超群，继续发扬”，悬挂在戏台两旁的幕布上。剧团负责人白先生告诉我，他们经常到各村落庙会去献戏演出，能得到会首和观众认可是给他们的最高奖赏，“别看只是两句简单的话，对我们来说，这就足够了，不仅认可了我们今年的演出，还意味着以后可以继续合作”①。

通过对庙会献戏进行简要的结构分析之后，我们会发现，庙会献戏是一个有秩序的生活表达，它的每一个环节都是围绕着生活有机地组织在一起。庙会献戏的参与者，通过献戏过程中的具体行动将对生活的理解表达出来，同时在此过程中赋予整个献戏活动以多样的意义。接下来，本文将从参与者的角度，具体分析献戏活动被赋予意义的过程。

三、意义及其表达：庙会献戏的生活性本质

如果我们将整个药王庙会看作“生活场”②，不难发现庙会献戏因其“在场者”具体诉求不同而被赋予不同的生活意义。鉴于此，分析庙会献戏首先要对“在场者”做出一定的分类，然后结合其赋予献戏活动的不同意义进行综合分析。由于“在场者”对献戏活动赋予“意义”是根据其生活的体悟和理解来实现的，因此回到“生活场”来关注村民的日常行动表达，或许能够更好地理解庙会献戏的逻辑所在。

从某种意义上说，安国药王庙会的所有参与者共同构成了“在场者”。根据赋予献戏活动的具体意义和诉求不同③，这些“在场者”大体可以分为以下几类：

（一）“行好的”：资助者

“行好的”在安国地区是一个意义比较广泛的词汇，在本文中其主要

---

① 讲述人：白先生；访谈人：李向振；访谈时间：2010 年 6 月 10 日；访谈地点：药王庙前戏棚里。

② 本文所运用的“场”更强调其“秩序”性，认为生活片段形如巨大的“场”，在这个场中，一切事件都在某种力量的牵引下，有秩序地分列在周围。我们要分析这个生活片段，首先就要找到“中心”，然后找到与这个中心相关的事件，再进一步找到这些事件与“中心”发生联系的动力。本文认为安国药王庙会献戏就可以看作这样一个“生活场”，在这个场域内，生活片段的全部内容得以展现。

③ 本文之所以将在场者的具体诉求和其赋予献戏活动的具体意义作为分类的依据，是考虑到这样的分类或许能够从一个侧面来说明献戏对于不同的参与者来说，意义并不相同，本文要解决的问题是通过分析不同在场者对献戏活动赋予的意义，探讨民间庙会献戏的存在依据，以及这些参与者在庙会活动中具体行动的逻辑，也许还可以依据别的分类方式进行划分，但与本文主旨关系不大，故暂不作讨论。

指参与庙会资助的民众。作为庙戏主要资助者的安国药商商户，尤其是一些较大的药商，他们捐资献戏，并不一定要前往观看。对他们来说，献戏主要是被当作一个仪式来进行，并赋予其至少两层意义：一是通过给药王爷献戏，希望获得药王爷的庇佑。在这个层面上，献戏成为沟通人神的媒介。

二是把献戏当作某种社会资本，通过献戏实现社会地位的提高和社会权威的巩固。许多捐助者尤其是经营公司的商人，通过给药王献戏来提高“知名度”，实现一种广告效益，从这个意义上说，献戏凸显了人与人之间的关系，尤其是生意往来中客商之间的关系。在访谈中，李振清告诉我，这一点在过去“五大会”“十三帮”时，表现得最为明显，都想借此“出风头”：

> 过去安国药业兴盛的时候，四面八方哪里的商人都有，尤其是五大会、十三帮的人，到药王庙会的时候，在药王庙前请大戏，你赛我我赛你，谁都不服谁，你请一台二黄，我请两台河北梆子，就这么竞争，所以那时候药王庙会唱大戏往往能唱好几天，甚至十多天。北京的同仁堂是个大药商，人家请戏直接就是三天六场，有的时候还自己带戏班来，人家那叫财大气粗。①

有学者指出，民间祭祀场所献戏活动出现伊始，商人群体就是重要推动力之一，“有关材料表明，推动市场祭祀礼仪向戏剧转化，和推动特有的戏剧演出方式发展的进步因素，都可归功于这个商人阶层”②。商人群体基于经济利益需要将献戏当作媒介，沟通人神、人人，尤其是客户与商户的关系，进一步促进了庙会献戏的兴致。

（二）“庙上的”：会首

作为庙会献戏组织者的会首，她们是整个庙会的负责人，在举办庙会

---

① 讲述人：李振清；访谈人：李向振；访谈时间：2011 年 2 月 17 日；访谈地点：安国市李振清家中。

② ［日］田仲一成著，钱杭、任余白译：《中国的宗族与戏剧》，上海古籍出版社 1992 年版，第 4 页。

前一个月甚至更早就开始张罗“敛钱”请戏，然后确保庙会期间的献戏能够顺利进行，直到其结束进行总结。对她们来说，献戏不仅是整个庙会的一个环节，顺利完成整个献戏过程更是一个任务。在她们看来，献戏是为捐钱的安国民众完成某种仪式，为满足捐助者的多重诉求，该仪式要尽可能完整，尽可能造成轰动效应。在提起对庙会献戏的看法时，张彦同说：

> 当然了，咱也不能拿了人家的钱白拿，咱得给人家一个交代，人家捐那么多钱，不就图个心安和出个名嘛，咱要是弄不好，弄得不够热闹，到时候人家得说咱们这一伙老婆儿（老太太）没用，明年再去敛钱，谁还给咱？①

这种说法得到了其他会首的认可，她们认为，庙会组织者到处敛钱，给药王爷筹钱献戏一方面是为自己积累功德；另一方面，也是对捐助者欠下的“债”，因此需要竭尽心力来对待献戏活动。

（三）“演戏的”：演员

作为献戏活动的重要在场者，表演者②赋予献戏至少两层意义：一是作为商业演出的献戏，对他们来说也许只是一桩买卖，“现在唱戏的越来越难混饭了，我们一大帮子四十来个人，要吃饭，要开工资，就不得不去四处转着接活儿，哪里有需要我们就去哪里”③。二是通过借助庙会戏台，将本来形成于民间的艺术形式反哺给民间。

为了生存，许多戏曲曲艺重新意识到民间力量，并通过民间庙会献戏的形式，从城市大剧院里走出，来到庙会上临时搭建的草台子，在完成了反哺民众生活的同时，也寻求到一条自救之路。将原本属于民间的艺术返

---

① 讲述人：张彦同；访谈人：李向振；访谈时间：2010 年 6 月 12 日；访谈地点：安国药王庙内。

② 本文所指的表演者是包括主要演员在内的整个演出剧团的人员，及台下其他地方演出民间曲艺的艺人群体。

③ 讲述人：白先生；访谈人：李向振；访谈时间：2010 年 6 月 10 日；访谈地点：药王庙前戏棚里。

还给民间，并通过这种途径实现其真正的价值。源自民间的戏曲曲艺活动，只有在民间才能找到其根本的立足点，依靠民众的力量而不是单纯地依靠商业或行政力量，才有可能从根本上实现民间戏曲曲艺的发展。从某种意义上看，也许可以将其看作表演者的文化自觉，表演者在赋予献戏商业性意义的同时，也赋予了其回归民间的生活性意义。

（四）“看戏的”：观众

“看戏的”是献戏活动中另一个重要的在场者。他们赋予了献戏最大程度的娱乐意义和社交意义。“伴随着乡村生活的现代化进程，作为乡民艺术主体的村民其生活节奏与文化形态均受到显著影响。”① 戏台下面的空地上，看戏的观众大多是六十岁以上的老人，他们大部分来自安国附近的乡村，用他们的话说“逛庙会，看大戏是真正的老百姓的东西”②。

提起现在戏曲曲艺的现状，李振清略带抱怨情绪：“现在这些唱戏的，路数都反了，他们去大城市里，大舞台上唱戏，门票这么贵，许多原本懂戏的老百姓被费用不菲的门票挡在了门外，老百姓才是真正懂戏的人。”③ 而庙会献戏，正好在一定程度上弥补了这个缺陷，为喜好戏曲曲艺的民众，提供了一个近距离观赏的机会和平台。对于一些并不太痴迷戏曲的老人来说，台上唱什么可能不重要，重要的是他们在节奏比较慢的戏曲曲艺表演中，获得了与自己身心更和谐的律动感。我在访谈中获知，这些老人大都已经将孙子孙女看大成人，生活变得非常单调，“孙子大了，没事干了，我到处转着去看戏，不为别的，就为了凑个热闹，看着人多，心里踏实，再和旁人拉拉（聊天），就更舒坦了”④。

---

① 张士闪：《村落语境中的艺术表演与文化认同——以小章竹马活动为例》，载《民族艺术》2006 年第 3 期。

② 讲述人：李洪涛，70 岁左右，农民，安国附近南阳村人；访谈人：李向振；访谈时间：2010 年 6 月 10 日；访谈地点：安国药王庙前戏台子下。

③ 讲述人：李振清；访谈人：李向振；访谈时间：2011 年 2 月 17 日；访谈地点：安国市李振清家中。

④ 讲述人：刘定坤，75 岁，农民，安国市南关人；访谈人：李向振；访谈时间：2010 年 6 月 10 日；访谈地点：安国药王庙前戏台子下。

对于台下的观众来说，献戏活动最大的现实意义，可能就在于其创造了一种热闹的氛围。对他们中许多人来说，“看戏”就是图个“热闹”，因为对于懂戏的人来说，台上所唱的内容早已耳熟能详，不必全身心地投入到戏词和表演上；对于那些不太懂戏的人来说，台上唱的什么并不重要。献戏活动更能吸引他们之处，或许是在台下同认识的或不认识的人聊聊天，侃侃戏，并以此获得极大的满足，在这个意义上，戏台下的广场俨然成为社交活动场。观众在看戏过程中相互回忆已经看过数遍乃至数十遍的剧目，也许他们看不到戏台子上简易字幕显示器上的台词，但他们在一遍遍的观看中早已将这些烂熟于心，当有些记忆力不太好的观众向记忆较好的观众请教时，会有许多人同时回应，在这样的“问答”中，“看戏”的真正意义得以凸现。

通过以上分析，我们可以看出，不同的在场者赋予献戏活动的意义是不同的，他们把献戏活动看作一个文化符号，并结合生活体悟与理解赋予其不同的意义。① 我们通过分析这些意义的赋予过程，也许能够更好地感受参与者对生活的理解，同时也能够更好地理解庙会献戏的生活性特质和其存在的合理性。

四、小　结

在华北许多村落中，庙会都是十分重要的“非常”态生活事件，献戏往往是这个事件中最重要的活动之一。从根本上说，庙会献戏是参与者通过这样的活动将其对生活的理解表达出来，也许在他们看来，生活就是不断被赋予意义的过程。从民众的生活出发，也许没有庙会及庙会献戏，他们也会通过其他方式将对生活的理解表达出来。然而就庙会献戏本身来看，没有参与者对生活意义的具体表达，则是无论如何也不能实现的，从这一意义上说，庙会献戏是民众的生活表达，生活性是其本质属性。

---

① 当然，在生活世界中，这些“意义”之间并没有清楚的界限，换句话说，参与者在赋予这个活动意义时，也许会基于不同的诉求同时赋予该活动不同的意义，但本文所要重点关注的是，具体的参与者是如何参与到献戏活动中去的，而不是对献戏活动本身进行讨论。

探寻庙会献戏的生活性本质，需要回归到民众生活中，体验他们的具体行动和感受其赋予行动的意义，也许能更好地理解献戏本身及其发生和存在的机制。村民是生活的主体，我们在关注其生活表达时，或许应该更多地站在“民众的立场上”，把民众作为研究的中心，正如刘铁梁所说：“我们已愈来愈意识到，村落调查应当更多地把人（包括有典型意义的民俗传承人）作为生活的主体和文化的承担者，给予热情的关注。”① 作为参与者的村民，正是在庙会献戏中，以赋予意义的形式将自己对生活的体悟和理解表达出来，换句话说，庙会献戏本身就是其参与者的生活表达。

通过分析安国药王庙会献戏的沉浮和参与者对其意义的赋予，我们可以看出，庙会及其献戏活动是作为一个象征符号出现在人们的生活之中的，人们基于对生活的理解和对整个社会语境的把握，通过具体的行动赋予它们不同的意义，所以在过去的百余年中，对于大多数参与庙会的人来说，药王爷信仰和日常生活从未离场，但庙会及献戏活动则几经沉浮，其主要的原因是在不同的社会语境下，参与者对生活的理解发生了变化，并在具体行动中对自己的表达进行了调适，比如他们会根据具体的社会状况决定献戏与否等。就目前庙会献戏来看，对许多参与者来说，庙会期间戏台子上具体唱什么并不重要，重要的是参与者在整个参与过程中，通过赋予这个活动意义，实现了对生活的体悟和理解的表达。

（李向振，武汉大学讲师。本文原载《民俗研究》2013 年第 4 期，收入本书时有修改）

---

① 刘铁梁：《村落——民俗传承的生活空间》，载《北京师范大学学报（社会科学版）》1996 年第 6 期。

地方礼俗教化权利的分享与边界

——以清前期士绅赵执信《礼俗权衡》为例

在明清史研究当中，学者历来重视士绅这一阶层，并将其视为探讨明清国家与社会关系的重要视角。有学者梳理了自20世纪40年代以来与士绅有关的研究成果，认为东、西方学术界的研究取向经历了从“士绅论”到“乡绅论”再到“地方精英”的过程。① 尽管每一阶段的论述侧重点和定义各有不同，也多有争议，但他们大都认同这一阶层是科举制下的特权阶层。处于该阶层的人往往在地方上较有威望，或者在地方救济、军事、经济、文化中起领导作用，甚至一些官职较高的官员在返乡后仍可影响地方行政事务的管理。在笔者看来，“地方精英”是西方话语下形成的术语，而并非出自中国乡土。② 因此，本文仍坚持使用明清时代文献中普遍使用的“士绅”一词。

值得注意的是，士绅作为地方社会的领导，虽然在明清时期已经成为王朝意识形态的重要元素，但作为一个阶层要立得住脚，“社会本身必须被士绅化”③，意即士绅作为一个特殊群体要实现其独特的领导权力，是需

---

① 衷海燕：《士绅、乡绅与地方精英——关于精英群体研究的回顾》，载《华南农业大学学报（社会科学版）》2005年第2期；尤育号：《近代士绅研究的回顾与展望》，载《史学理论研究》2011年第4期；谢俊贵：《中国绅士研究述评》，载《史学月刊》2002年第7期。

② 王先明：《士绅构成要素的变异与乡村权力——以20世纪三四十年代的晋西北、晋中为例》，载《近代史研究》2005年第2期。

③ ［英］科大卫著，卜永坚译：《皇帝和祖宗：华南的国家与宗族》，江苏人民出版社2009年版，第180页。

要有广大乡民的认可作为土壤和根基的。因此，“这样一个由士绅领导的社会，是先创造于意识形态之中，而后变成现实的”①。在这种意识形态的创建之时，在人们的日常生活范畴内，礼仪的推行、教化与对原有风俗的遵从或改革就显得非常重要。以往学者讨论的视角之一，便是士绅阶层在国家与地方礼俗互动中扮演的角色和作用。并且有些学者侧重地方社会的具体研究，了解士绅阶层在“地方”归入国家“礼教”秩序进程中的作为；注意国家推行教化时，地方士绅的反应以及参与的过程。② 这一过程的实质，正如杨念群所言，“实际上，民间礼仪组织是在和官府分享教化权，也就是与国家分享教化权”③。那么，在民间与官府对于教化权的分享中，二者之间的切割边界在哪里呢？笔者认为，这是一个值得进一步思考的问题，需要我们将礼制秩序向基层社会渗透的路径做更细化的讨论。因此，本文拟通过清代康熙年间山东益都县颜神镇士绅赵执信的例子，来探讨在“礼”向“俗”渗透的过程中，地方官推行的乡约教化与作为士绅的赵执信进行礼俗权衡二者之间的微妙关系，以期理解官、民教化之间的权力边界问题。

本文所关注的核心地域，即位于鲁中益都县西南部的孝妇乡颜神镇。该镇对于鲁中山区而言非常重要：一是它恰好处在东西、南北两条大道上的交会处，尤其当鲁中东西大道改走章丘、王村、周村、淄川一线，以南

---

① ［英］科大卫著，卜永坚译：《皇帝和祖宗：华南的国家与宗族》，江苏人民出版社 2009 年版，第 180 页。

② 傅衣凌：《中国传统社会：多元的结构》，载《中国社会经济史研究》1988 年第 3 期；科大卫：《国家与礼仪：宋至清中叶珠江三角洲地方社会的国家认同》，载《中山大学学报（社会科学版）》1999 年第 5 期；赵世瑜：《二元的晋祠：礼与俗的分合》，载《民俗研究》2015 年第 4 期；陈彩云：《明清时期江南士绅的禁奢思想及实践》，载《江西社会科学》2011 年第 5 期；杨念群：《影响 18 世纪礼仪转折的若干因素》，载《华东师范大学学报（哲学社会科学版）》2014 年第 3 期；邓智华：《士绅教化与地域社会变革——基于庞尚鹏〈庞氏家训〉的分析》，载《中国社会经济史研究》2007 年第 1 期；邓智华：《明代广东士绅的地方教化运动》，载《青海社会科学》2007 年第 1 期。

③ 杨念群：《影响 18 世纪礼仪转折的若干因素》，载《华东师范大学学报（哲学社会科学版）》2014 年第 3 期。

又开设新泰县羊流店驿站后，来自东北方向寿光县、潍县等地的货物都要经过这里，或运往西北、西南平原，再北上去往京师；或穿过莱芜县、新泰县运往南方诸省；另一方面，它地处益都县与莱芜县交界的群山之中，是兵戈此地相交、走私鱼盐之利的便捷之途。正因为这样的地理环境，官府一直将此地视为难治之区。生活在这里的村民，是一群名副其实的山里人。康熙初年，身为本地人的大学士孙廷铨，亦自称“山中之人”。清初，颜神镇作为手工业生产和产品集散地的中心位置逐渐凸显，镇中从事琉璃、陶瓷业的匠人们的后代中，也出了许多朝廷大官或对文坛有所影响的文人。因此，原本的匠人家庭摇身一变，成为士大夫家庭。这些在朝中做官的士大夫返乡后，以士绅的身份开始积极致力于地方建设。在参与地方市场管理、颜神镇设县等事务之外，“正礼易俗”的礼俗讨论与改革，同样被他们视为标榜身份与建立权威的重点。

一、康熙年间地方官推行乡约

清代康熙年间，山东中部山区的州县官员开始积极推行乡约，以实现对地方的教化。因此，这一时期在公共场所讲解乡约以及在地方史志中讨论“风俗”的做法颇为流行。顺治九年（1652），清廷颁布“六谕”；康熙九年（1670）又颁布“上谕十六条”。朝廷希望通过乡约教化城市、乡里的做法在地方州县有所体现。就在同年十一月初一，时任莱芜县知县的叶方恒传集绅袍、士民、乡约人等齐聚明伦堂创举乡约，并且规定在之后的每月朔、望日，要在县西关外讲院，或分诣乡村向士民宣述讲语，以达到教化风俗的目的。成书于康熙十三年的《新修莱芜县志》收录了叶方恒当时教化乡民的讲语八则。这八则讲语均用白话写成，通俗易懂，主要是对“六谕”和“上谕十六条”的解读。其中“讲语六”的部分内容论述了上谕和教化风俗的关系，其用语颇为有趣：

> 本县尊奉上谕，专为人心风俗，苦口劝你们学好。向来说人心不好便要坏了风俗，不知道得风俗坏了的时节更无好人，看样愈趋愈下，便是风俗又可以坏人心，辗转相因，两件毕竟分开不得。譬如山

东一省，兼管着古时齐鲁邹滕，论起来，孔夫子是你山东人，孟夫子是你山东人，颜子、曾子也都是你山东人，这几位至圣大贤岂不是天地间一团至灵至秀祥瑞之气结聚生成，所以人杰地灵，就相传邹鲁是文献名邦，为何传到后来便恶人也？有强盗也？

不要说山东本是个好地方，你们本来是个良民。即如本县当初先做贵阳府推官，那贵州管下的土司山洞都是苗蛮，不知王化，杀人造蛊，抗粮行劫，无所不至。本县奉了县委亲去劝化……本县在任绕八个月，那些向化的苗蛮粮也来纳了，贼也不做了，地方也相安，况且你们原知礼义，就使有几个匪类，何难？①

这位叶知县通篇在讲人心与风俗的关系，不好的人心可以导致坏风俗的产生，而风俗坏到了一定程度也会影响人心，二者是不可分开的。但说到人心，不免多少有些缥缈。所以接下来他列举了出自山东的孔子、孟子、颜子、曾子等圣贤，意在说明县民本是有礼仪传统的良民。为了进一步证明这点，他将齐鲁之民与贵州土司管辖的“苗蛮”做对比，认为“苗蛮”都可以向化，更何况原本就懂礼义的莱芜县民众。

与莱芜县的情况相似，蒙阴县的地方官也在同一时期积极地推行乡约。成书于康熙二十八年的《莅蒙平政录》就收录了知县陈朝君颁布的乡约条例——《为力行讲约以广教化事》。该告示主要是针对“见地方离城颇远，官府耳目未周，安于怠逸，不行讲解”的情况而颁布的，并规定自此以后，乡约、社保人等要在每月逢三之日前往集场，传集乡民逐条细讲，而且知县还会不定期到各集场巡视讲解情况。② 可见，乡村集市是当时宣讲上谕的主要场所。康熙五十二年（1713），长山县知县孙衍颁布《力行教化约》，与士民约定每逢朔望日，先在明伦堂讲读，以训饬士子，

① 〔清〕叶方恒纂修：《新修莱芜县志》，莱芜市（今济南莱芜区）史志办公室藏资料，未出版，第18a～20a页。

② 〔清〕陈朝君：《莅蒙平政录》，《官箴书集成》第2册，黄山书社1997年版，第696页。

然后再到较远的村镇居民聚集之地宣解，目的是使条约家喻户晓。①

除地方官积极实行讲约教化外，各州县康熙至乾隆年间的方志也有大量关于地方风俗的讨论。比如康熙《章丘县志》“风土”一节就将土俗民风视作“皆街谈巷说，鄙俚不雅”，编纂者还引用齐王问画工的典故，将教化此类土俗与难画的犬马之类相比，言外之意是教化街里的土俗不是一件容易的事。又如乾隆《新泰县志》的编纂者认为，新泰县属鲁地，其俗崇尚节俭、信义、有刑仁讲让之风，但近来风气“渐趋浮薄”，间有游民不务正业，以及出现不畏王法、逃交租赋的人。地方官认为教化风气，主要还是靠长吏与绅士分任其责。此外，乾隆《博山县志》亦有关于风俗教化的论述，其编纂者的观点基本与新泰知县一致，认为风俗盛衰关乎教化，而其关键在于通上连下的大夫师长和士君子：“大夫师长渐摩于上，士君子砥砺于下，则向化者蒸然丕变而不知矣。”② 在这里，士大夫阶层显然已被分为大夫师长和士君子两类。笔者认为，大夫师长应为在朝中出任过较高官职的官员，而士君子则主要指乡间那些有功名但并未出仕的读书人。

在朝廷、地方官有意识推行乡约教化的背景下，自康熙年间开始，颜神镇乡宦孙廷铨和赵执信先后对本乡的礼俗展开了讨论。孙廷铨，字枚先，明崇祯十三年（1640）中进士，时年27岁。授直隶大名府魏县知县，调抚宁，改监纪推官。后经历明清易代，清朝定鼎再入仕。顺治一朝从天津推官开始，一路担任吏部主事、户部侍郎、兵部尚书、吏部尚书加太子太保、少保等职；康熙二年拜秘书院大学士；次年，以父母年老解职归养，遂于颜神镇写作了《颜山杂记》《南征纪略》《沚亭文集》等书稿。③其中，《颜山杂记》一书有“风土岁时”一节，为我们提供了清初颜神镇

① 〔清〕倪企望修，〔清〕钟廷瑛、徐果行纂：《嘉庆长山县志》，凤凰出版社2004年版，第492页。

② 〔清〕富申修、〔清〕田士麟纂：《乾隆博山县志》，凤凰出版社2004年版，第40页。

③ 〔清〕孙以宁：《重修颜山孙氏族谱序》，《颜山孙氏族谱》，山东省淄博市博山区博山图书馆藏资料，未出版，1931年，第1a页。

风俗方面的材料。孙廷铨认为“观风问俗”虽是细微之事，却亦关乎“得失之林，治乱之迹”，属治理国家的一部分，而要通晓一个地方的风土人情，主要是去看此地的岁时节日，即“伏腊”。他认为节日是谁都无法违背的，并在文中列举了一年中的节日习俗以及颜神镇的婚丧礼俗。

赵执信的《礼俗权衡》一书，比孙廷铨《颜山杂记》的成书时间晚了几十年，但其中关于礼俗的讨论比孙书详尽。该书分“序”和上下两卷，共八篇。接下来，本文将对赵执信撰写该书的背景及其对礼俗的相关论述进行详细的分析。

二、赵执信与《礼俗权衡》

赵执信（1662—1744），益都县颜神镇人。生于康熙元年，卒于乾隆九年，享年83岁。其祖父赵振业为天启年间进士，官至监察御史；叔父赵进美为崇祯年间进士，官至福建按察使。赵执信本人于康熙十八年（1679）中进士，当时他只有18岁，官至右春坊右赞善兼翰林院检讨。康熙二十八年（1689），在佟皇后病逝的服丧期间，赵执信因被邀请去看洪昇排演的《长生殿》戏剧而遭到黄六鸿的弹劾，随后被削职除名，从此终身不仕。离开京城后，赵执信开始了或家居或南游的余生。赵氏在外的游历，主要集中在康熙三十五年（1696）至雍正二年（1724）之间。他曾四次经过淮安、苏州、扬州一带。其中，康熙三十五年，他还到达杭州、南昌、广州、潮州等地。康熙四十四年（1705）秋南游，经扬州、苏州、常熟等地时，他在苏州与王南村、朱彝尊会面，岁暮返里。康熙四十八年，赵执信在乡撰写《礼俗权衡》《谈龙录》两书，又于年底前往扬州。康熙五十九年冬，他携家眷经蒙阴、沂水、淮安、扬州等地至苏州。直到雍正二年冬，他才返回家乡，并于次年在颜神镇修别墅“因园”一处，自此至去世再未离家。在离京的日子里，他不断撰写不同类型的诗歌和文章，其中文章一类不仅包括常见的策、序、跋、碑记、传、墓志铭、行状、祭文、杂文等，还有专门就诗歌理论进行论述的《谈龙录》《声调谱》，与当时的文坛之士展开文学探讨。除此之外，他还专门就一乡之礼俗写作《礼俗权衡》。该书的成书时间是康熙四十八年（1709），时逢他第二次从江浙一带还乡期间。

除撰写文学作品和文学理论、礼俗方面的书籍之外，他还多次参与地方建设。康熙四十八年，他与堂弟赵执璲承办颜神镇义集，买断九个行业的税收。雍正十二年（1734），他又以“地方乡老”的身份参与雍正年间的颜神镇设县一事，他写的《分境议》被时任河东总督的王士俊作为设县的参考依据。赵氏在嘉庆年间编修的《山东盐法志》中还被记载为商籍，也就是说他或者他的祖上有从事与盐有关的生意。所以赵执信本人具有多重的身份，他既是考中科举后入京做官的京官，又是在文坛有一定地位的文人，同时作为益都县颜神镇人，他还以地方士绅的角色参与诸多地方事务。

赵执信为何要在康熙四十八年写《礼俗权衡》呢？他曾在书中道出过原委，即希望通过自己家族对“礼”的遵循而影响一乡之俗，起到正礼易俗的作用。他称颜神镇属齐地，山陬僻陋，山区的人读书服礼，并没有浸染宋、元以前的礼仪。自幼在当地风俗环境中长大的赵氏，不能知其是非。中年以来，读的经传多了，游历的南北地方也多了，所谓见多识广，此时他开始发现“乡之俗殊有不可解者”①。尤其是在经过多场家门期功之丧后，他认为乡间丧葬一礼，“弥为淆乱”。在其父的支持下，赵执信开始对族、称谓、婚、丧、祭等礼仪进行讨论。他论礼俗的标准，主要是根据自身“见闻所及”，而不敢通过杂征妄引来推测礼仪的本来之意，再来判定乡俗是否可取。那些不怎么违背礼仪的行为，或是不被人熟知的礼仪，则不属于他要论述的内容。

赵执信对自己提出的礼仪规范践行的范围也做了说明，即为一族一门之规。他认为虽然想要与积习已久的人谈礼似乎是一件格格不入的事，但《大学》《礼记》中有“君子有诸己而后求诸人”“闺门之内有礼，故三族和”等观点，说明即使无法要求别人行礼，但起码可以用礼仪来规范一个支系的族人。用其原话来说，即“吾虽不敢以之绳人，独不可以之律己

---

① 〔清〕赵执信著，赵蔚芝、刘聿鑫校点：《赵执信全集》，赵执信纪念馆，2010年，第385页。

乎？虽不能遽施之族党，独不可姑行之门内乎？”[①]所以当有访客在见到此书后问他“是可为一乡之书”时，他的回答是：“是大人之意，为一门之书已矣。抑乡邻之君子，有欲因俗而行礼者，或有同好焉。”[②] 虽然他强调此为一门之书，但当有人问起可否是一乡之书时，他还是委婉地表示希望如此，如有同好者，便可实行。此处表达了作为士大夫的赵执信想要将《礼俗权衡》作为一乡之礼仪规范的愿望。

该书正文分上下两卷。卷上包括“辨族”“称名”“仪节”“家箴”四篇；卷下有“服制”“居丧”“吊祭”“殡葬”四篇。若将此八篇稍做总结便可发现，赵执信对“礼俗”的讨论主要集中在两个方面：一是对“族”的含义以及族内条规的讨论；二是着重讨论颜神镇及周边乡村的丧葬礼仪，并且对他认为的“陋俗”进行改革。

三、辨族义、定家箴

《礼俗权衡》上卷四篇主要围绕“族”展开，分别讨论了何为族、族内称谓的使用、交往仪节以及拜祭礼仪。首篇即“辨族”。赵执信认为“族”是“人道之相与系维，而礼之所托始者”，族是“礼”的根本载体。[③] 他的理论来源主要是《礼记》。在他看来，“族”主要指由父族、母族和妻族形成的“九族”范围，并以同姓、异姓的标准来判定九族中亲属关系的远近。他理解的九族与汉代孔、郑大儒在注经中提到的九族不同，大儒将上至高祖下及四世孙视为九族。但他指出以实际寿限来算，九代人是不可能同时存在的，所以这种说法是“断断不可通者”[④]。而他比较赞同的观点是“三党之说”，其中父族有四种亲属关系，母族有三种，妻族有

---

① 〔清〕赵执信著，赵蔚芝、刘聿鑫校点：《赵执信全集》，赵执信纪念馆，2010年，第385页。

② 〔清〕赵执信著，赵蔚芝、刘聿鑫校点：《赵执信全集》，赵执信纪念馆，2010年，第385页。

③ 〔清〕赵执信著，赵蔚芝、刘聿鑫校点：《赵执信全集》，赵执信纪念馆，2010年，第386页。

④ 〔清〕赵执信著，赵蔚芝、刘聿鑫校点：《赵执信全集》，赵执信纪念馆，2010年，第386页。

二种，这样由父、母、妻所形成的族党群体，称为“九族”。在这九族中，又以父、母及妻同姓的人最为亲近，此三族最为重要。而其余六族虽也有亲缘关系，但因为是异姓而关系稍远。这种亲属关系包括：父亲的姊妹之夫及子、自己的姊妹之夫及子、自己的女儿之夫及子，此为来自父亲方面的三族外姓；母亲的母族（外祖母的娘家）、母亲的姊妹及子，此为来自母亲方面的二族外姓；妻子的母族（妻子母亲的娘家），此为来自妻子方面的一族外姓，共六族外姓。在他看来，三族的关系最近，六族关系较远，必须遵循“先三而后六，异姓不得加同姓，不可易者也”① 的原则。

除辨析九族外，他还认为联宗不过是建立交情的一种手段，拘泥太多，也只是因为共同追溯一个宗祖，而互相称为兄弟。但这种交情，在主持联宗的这一辈还尚可维系，到其儿子那一代就停止了。所以联宗并不像师生、同年这样的情谊自然亲切。其实赵执信在此处是意有所指，他之所以不看好联宗，也是因为颜神镇赵氏一族在明代进行联宗后，至清初族内因先祠和田产而产生过不小的争端。②

随后，赵执信对族内称谓、出行、宴席等仪节及家箴进行讨论。称谓指九族内各亲属关系之间相互称呼的方式，他认为北方言多质，南方言多婉。其中本乡俗最陋者是称伯叔母、从伯叔母之兄弟皆曰“舅”，被称呼的人也以舅自安。在他看来，这是对母亲的大不敬。至于出行及宴席中要遵守的礼节，主要是按照长幼尊卑依次行拜礼。“家箴”一节阐述了作者对同姓族内规矩和礼仪的理解，并且将这些规矩定为一门之言，“贤者以为规，不肖者以为罪，听之而已”。赵执信认为，赵氏一族家世以宽厚著称，但今日已经变坏。这是为什么呢？他指出：“恣睢始于一二人，而礼度失之千万里。”③因为族内一二人挑起争端，使得礼度全失。在他看来，

---

① 〔清〕赵执信著，赵蔚芝、刘聿鑫校点：《赵执信全集》，赵执信纪念馆，2010年，第387页。

② 赵氏一族在清初争夺田产一事，涉及明清两代，情节比较复杂，笔者将另做文章阐述。

③ 〔清〕赵执信著，赵蔚芝、刘聿鑫校点：《赵执信全集》，赵执信纪念馆，2010年，第390页。

遵从孝道、父前四拜、兄前再拜是符合族内交往礼仪的。对生者长辈或同辈的礼节，根据亲疏远近而遵行不同的叩首仪式。而于已经亡故之祖先，则主要遵循另一套祭拜规则，即先祠和坟墓祭祀。他称祭祀亡故祖先是遵孝道的主要表现，正所谓“夫事亡如存，孝道也”，两种礼仪也是“二者相衡，是非了然矣”。① 先祠的祭拜日期有春秋二祭、元旦，及己之生日和每月的朔、望日。坟墓的祭拜在忌日、寒食、十月朔日。显然，在他的观念中，判断是否行孝道的标准，还是要看人们如何对待亡故的祖先。而这在很大程度上也反映在丧葬礼仪方面，因此在接下来的一卷四篇文章中，他着重对颜神镇及其周边乡村中流行的丧礼进行了辨析。

四、复古礼仪、革旧丧俗

赵执信在《礼俗权衡》下卷中指出了当地丧葬礼中很多不遵循古礼的“陋俗”，并将《礼记》作为礼仪规范加以矫正。其中最令他诟病的是乡间流行的一些居丧和殡丧风俗。他在“居丧”一节开篇指出：“吾乡之俗，于斯时也，极可笑诧。家大人力矫之，犹未能尽变，故详列而深辩之于篇。”② 在他看来，有哪些不符合礼仪的“恶俗”呢？笔者总结之后发现，他在“居丧”中主要列出四项建议革除的恶俗：首当其冲“至恶最陋之俗”是舍劳。所谓舍劳，即民间所讲的“报庙”和“送盘缠”。“报庙”指当家中有人去世后，家人要持纸钱和浆水到城隍庙或土谷祠中泼浆水、撒纸钱，然后再群哭而归。城居者拜城隍庙，村居者则拜土谷祠，也就是民间常说的土地庙。这样的“报庙”仪式当天要做三次。赵执信认为民间称为“浆水”的东西，是供亡者饮用的水。报庙的寓意是表明死者已经在阴间登记。他称这种恶俗大不可解，不符合古礼。“送盘缠”则在第二天夜晚进行，其仪式过程是：“夜半出，去家以远为期，族党奔赴，里巷杂遝，焚刍灵，喧鼓吹，谓之送盘缠。风雨无阻，至第三日未晓而返。返之

---

① 〔清〕赵执信著，赵蔚芝、刘聿鑫校点：《赵执信全集》，赵执信纪念馆，2010年，第391页。

② 〔清〕赵执信著，赵蔚芝、刘聿鑫校点：《赵执信全集》，赵执信纪念馆，2010年，第394页。

夕而殓。"① 意思是在第二天夜晚去离家很远的地方，由族党奔丧，里巷人员众多杂乱，焚烧刍灵，吹奏鼓乐。赵执信及其父已经对这样的习俗进行了改革，即夜晚出去奔丧的族党也不会再去很远的地方，而且绝不允许妇女出门。到赵氏中年丧妻时，他承父亲之命，直接把丧礼中报庙和送盘缠两项仪式革除。不仅赵执信一家将此习俗革除，当时士人之家亦无此习俗。

自"报庙""送盘缠"至入殓的时间为三天，这正是赵执信提议要改变的第二点。在颜神镇一带均为三日而殓，但是在夏日时节，高温炎热，又有雷雨天气和苍蝇蚊虫等，因此他认为三天之后再将尸体入棺实则不便，不如缩短入殓时间，早殓为安。三是居丧期间死者所着衣物的材质，惟用绢绵，戒用绸缎。乡人因避讳谐音"绸"同"仇"、"缎"同"断"，反之绢绵有绵绵不断之吉意。赵执信认为这种做法实在可笑："真是愚騃稚子语，而世家皆守之。夫绢与绸缎，皆出于蚕丝机杼，而顾受命于音。"② 虽盛夏依旧给死者穿戴厚重的棉衣，加速了亡者的腐烂。四是他强调在居丧期间作佛事必须延请名僧，而不能随便请一些"不习经咒，惟以弹丝吹竹为事"的市井僧徒，甚至更有模仿技戏优伶的表演，这些在他看来都是严重违背礼仪的做法。他称这种恶状"不可殚书，恐污吾笔耳"③。以上为居丧礼仪中需要改革的内容。

关于"殡丧"礼仪，他认为最有必要革除的旧习是在堂屋外的庭院中搭建丧棚。在出殡时，为停放棺材、接待前来吊祭的宾客以及作佛事的僧徒等，故要搭建棚子。颜神镇一带的风俗是建三种丧棚：第一种建于门前，称"门彩"；第二种建于墓地前的小棚，供宾客饮食憩息；第三种则是搭建在家户内庭院中的棚子，称"堂祭之棚"。为搭建丧棚，要花费重

① 〔清〕赵执信著，赵蔚芝、刘聿鑫校点：《赵执信全集》，赵执信纪念馆，2010年，第395页。

② 〔清〕赵执信著，赵蔚芝、刘聿鑫校点：《赵执信全集》，赵执信纪念馆，2010年，第394页。

③ 〔清〕赵执信著，赵蔚芝、刘聿鑫校点：《赵执信全集》，赵执信纪念馆，2010年，第395~396页。

金，“祭侈者费逾千金，寻常亦以百计”，而且搭建时的劳役由亲族分而任之。① 可见，搭建丧棚要出不少的财力和人力。关于丧棚一事，其他乡士大夫也进行过讨论。孙廷铨在《颜山杂记》中指出大家治丧邀人作棚场的做法是“太侈不可久也”。赵执信在讨论丧棚一俗时认为门彩和建于墓地的小棚都无须革去，但有必要去除在庭院中的堂祭一棚。建于庭院中的丧棚的做法不仅不符合礼制，而且还会带来“假之亲友，阴相煽助，致其相竞以胜，遂使同室分颜，姻娅成隙”② 等弊端，无益有损，应当改变。

除强调需要重点革除的丧葬习俗外，赵执信还在文中对吊客前来吊祭的日期进行了规定，拟定吊规：“于一七、二七受本地人吊，三七受百里以内吊，四（七）、五七受远方吊。其远而早至者重拜之；近而后至者，或以疾，或以远归及有不护己，辞于主人，而后主人受之。”③ 而对于本来就比较合理的习俗，他则持遵守的态度。比如对待亡者下葬后的祭祀，他指出葬后三日上坟，忌日、寒食、十月朔日祭墓的习俗，“即礼也”。由此可见赵执信对待礼、俗的态度，对于以往符合“礼”的习俗，不在他改革的范围之内。

五、结　语

作为乡绅的赵执信、孙廷铨等人，期望通过自身对礼俗的见解和改革，来影响乡里之人，也正是赵执信在《礼俗权衡》序言中提到的“有欲因俗而行礼者，或有同好焉”④。“礼”与“俗”本身就不是互相对立的两面，作为乡宦的士大夫一方面掌握礼仪典籍和王朝推行的礼制规章，另一方面也熟知家乡的风俗，因此他们希望通过告诉乡间里老哪些是符合礼仪

---

① 〔清〕赵执信著，赵蔚芝、刘聿鑫校点：《赵执信全集》，赵执信纪念馆，2010年，第398页。

② 〔清〕赵执信著，赵蔚芝、刘聿鑫校点：《赵执信全集》，赵执信纪念馆，2010年，第398页。

③ 〔清〕赵执信著，赵蔚芝、刘聿鑫校点：《赵执信全集》，赵执信纪念馆，2010年，第397页。括号中文字系笔者所加。

④ 〔清〕赵执信著，赵蔚芝、刘聿鑫校点：《赵执信全集》，赵执信纪念馆，2010年，第385页。

规范的风俗，哪些是“恶俗陋俗”，来获得在一乡之中绝对的文化权利。也就是说，在乡村社会中，他们是掌握礼仪话语的核心人物。与此同时，另一股力量也在对同一区域进行着礼仪教化，即来自地方官推行的乡约政策。两者基本在同一时期展开对乡村、市镇中人们礼仪的规范。若我们仔细体会前文中的论述便可发现，二者作为两股教化的力量，实则存在着微妙的边界，或者称之为距离。笔者认为，这种微妙的边界主要表现在受众、内容和地理因素三个方面。

第一，“一乡之约”与“一门之书”的边界，即受众主体有所差异。在清廷颁布“六谕”“上谕十六条”的背景下，地方官依循基层社会行政管理的架构进行乡约宣讲。县官面向的对象是在他所管辖范围内生活的一县士民。在这之中，又以士绅、乡约、社保人等为主要接受对象，然后再由这些里社中有一定管理权力的人向离城稍远的村镇一级的地方扩散、宣讲。知县往往在县城某处专门供宣讲的建筑中实施教化，比如莱芜县和长山县的明伦堂。乡约、社保等则再到下一级的乡村集市中宣讲。所以官方推行乡约的层级结构是“县—士绅、乡约、社保（明伦堂）—普通乡民（村镇集场）”。在从知县到普通乡民的中间一层中，由于士绅身份特殊，又使礼俗教化产生了新的形式。士绅往往会通过“族”组织同姓之人，以这种地方组织来进行礼俗的教化。比如赵执信在《礼俗权衡》中指明其影响范围只是“一门之书”，只对本族本支内的族人进行约束。虽然他在序言中也提到了有望成为“一乡之书”的愿望，但对于这一点他并不强迫，而是希望乡里中有“同好”可以一起实践。然而我们从他对丧礼中“报庙”一俗的革除叙述中看到有“近岁士人家无之矣”一句，表明革去“报庙”习俗已在同乡的士人之家得到践行，这就超出了仅为“一门之书”的界限，成为同一阶层中的礼仪标准。可见，士绅进行礼俗教化的途径往往是“同族—同一士绅阶层（师生/同年等）”。

第二，教化内容的边界，即他们进行礼俗宣讲或改革的内容各有侧重。知县遵循的理论基础来自皇帝颁布的“圣谕”，带有浓厚的教化民众做“良民”的政治动机。以康熙帝颁布的“上谕十六条”为例，他在条约中着重强调敦孝弟、笃宗族、和乡党、重农桑、尚节俭、隆学校、黜异端、讲法律、明礼让、务本业、训子弟、息诬告、诫匿逃、完钱粮、联保甲、解仇忿等，教化范围较广。当然士绅也有将官府颁布的乡约纳入族谱，作为一族族约的行为。① 但我们从赵执信的例子看到，士绅对于礼俗的讨论和改革，也可以奉礼仪经典为依据，从乡村社会的具体风俗入手，以族人在日常生活中实践的具体婚、丧、祭等仪式细节为出发点。赵氏在对礼、俗的辨析中，根据《礼记》中的仪节为标准，对乡里之中类似"报庙""扎丧棚"等习俗采取革除手段。然而这些日常生活中的仪式细节，似乎并不在地方官特别关心的范围之内。

第三，国家礼仪教化权利与士绅礼仪教化权利的边界二者之间孰大孰小，很多时候受到地理因素的影响。在赵执信的例子中，因颜神镇距益都县有200余里，可谓处在距县城较远的偏僻山区，甚至有很多镇民或周边村庄的村民不识城市、终身未到县城。虽然它是鲁中山区的一个手工业集散地，但益都县县城的人视颜神镇如庄或屯，似乎县中之人已对颜神镇产生了某种地域上的偏见。② 这种距离县城较远的地方，正是官府乡约不易到达的地方。而在这种区域内，当地的士绅便成为进行礼仪规范和教化的主要力量。在这种情况下，士绅掌握的礼俗教化权利的边界要大于县官。所以，在国家和士绅对地方社会进行礼俗教化的过程中，他们所分享的教化权利以及这种权利的边界并不是一成不变的，也并非有非常明确的界限，两者往往有所重叠，但彼此又存在着微妙的距离。

（任雅萱，山东大学文化遗产研究院助理研究员。本文原载《民俗研究》2016年第4期，收入本书时有修改）

---

① 常建华：《明代徽州的宗族乡约化》，载《中国史研究》2003年第3期；常建华：《清代宗族"保甲乡约化"的开端——雍正朝族正制出现过程新考》，载《河北学刊》2008年第6期。

② 〔清〕富申修、〔清〕田士麟纂：《乾隆博山县志》，凤凰出版社2004年版，第140~141页。

乡村梅花拳的公益观念与生活实践

——冀南广宗县北杨庄梅花拳调查

一、引　言

梅花拳，又名梅拳、梅花桩、父子拳等，曾在华北（河北、山东、河南等）一带的乡村广泛流行，其历史悠久，是我国传统武术中的重要拳种之一。与其他常见的民间武术不同，梅花拳不仅需要通过长期习练架子、套路、器械等武场项目来强身健体、提升武艺，还因其兼具修习文场、锤炼心性、强调文理等特征而显异于其他武术门类。清末义和团运动期间，梅花拳一度成为义和团反帝爱国运动的中坚力量和主力军。数十年来，特别是20世纪50年代以后，海内外历史学、武术学、民俗学等学科的学者对华北地区梅花拳文化进行了一系列持续且深入的研究，相关著述颇丰。①

① 历史学研究，如［美］周锡瑞著，张俊义、王栋译：《义和团运动的起源》，江苏人民出版社2005年版；［日］佐藤公彦著，宋军、彭曦、何慈毅译：《义和团的起源及其运动——中国民众 Nationalism 的诞生》，中国社会科学出版社2007年版；［德］狄德满著，崔华杰译：《华北的暴力和恐慌——义和团运动前夕基督教传播和社会冲突》，江苏人民出版社2011年版；［美］柯文著，杜继东译：《历史三调：作为事件、经历和神话的义和团》，江苏人民出版社2005年版。国内历史学者如路遥主编：《义和拳运动起源探索》，山东大学出版社1990年版，等等。武术学研究，如燕子杰：《论梅花拳的文场与武场》，载《社会科学研究》1991年第3期；周伟良：《梅花拳考略》，载《成都体育学院学报》1992年第4期；韩建中：《冯克善原系梅花拳门派人》，载《体育文史》1989年第3期；唐韶军、戴国斌：《梅花拳何以成为“义和拳运动”的主导力量》，载《民俗研究》2013年第6期，等等。民俗学研究，如张士闪：《从梅花桩拳派看义和拳运动中的民俗因素》，载《民俗研究》1994年第4期；《灵的皈依与身的证验——河北永年县故城村梅花拳调查》，载《民俗研究》2012年第2期，等等。

总体来看，历史学侧重于探寻梅花拳的历史发源，梅花拳与义和团运动、民间信仰的社会关联等诸多方面；武术学偏向于分析梅花拳的拳理武功、步法、身法等武学奥妙；民俗学则更强调对梅花拳所在村落社区乃至地方社会的传承脉络梳理与整体文化观察。综上所观，学界以往涉及梅花拳的相关研究，或是将其作为义和团运动的社会背景来铺陈阐释，或以梅花拳为本体讨论作为拳术本身的梅花拳义理，但有关梅花拳在村落日常生活的个案深描与意义探究方面则稍显单薄。

本文试以河北省广宗县北杨庄梅花拳的传承、发展历程为个案，主要讨论近现代乡村梅花拳的公益观念与生活实践问题。① 众所周知，公益，作为一种民间社会救助的制度化形式，起源于民间古老的互助传统。② 目前学界对"公益"一词的概念定义十分多元。一般认为，公益是公共利益的简称。早在古希腊时代，公益观念便深刻影响了古希腊社会发展的进程。如古希腊思想家亚里士多德认为国家的目的是实现"最高的善"——它在现实社会的物化形式就是公共利益。③ 而从语言学视角看，公益概念在英文中有两种表述：一是经济学上的 commonweal（公共福利），二是社会学上的 philanthropy（公益慈善）。公益概念凸显了社会组织强烈的外部性。④ 从法理学层面看，公益具备鲜明的界限且不可越界。美国法律哲学家博登海默（Edgar Bodenheimer）认为，公共利益（common good）意味着在分配和行使个人权利时绝不可以超越外部界限，赋予个人权利以实质性的范围本身就是增进公共利益的一个基本条件。⑤ 在《辞海》中，公益被看作是一种公共利益事业，代表有关社会公众的福祉和利益，主要指以非政府或民间的形式对社会弱势群体实施人道救助的社会活动。⑥ 也有学者

---

① 本文田野资料，主要来自 2013 年以来山东大学民俗学研究所组织的多次河北梅花拳调查，成果分别刊载于山东大学民俗所内部资料《百脉泉》第 17、20 期。另，2015 年 4 月与 8 月，笔者亦曾两次赴村调查。

② 彭柏林等：《当代中国公益伦理》，人民出版社 2010 年版，第 1 页。

③ 胡建淼主编：《论公法原则》，浙江大学出版社 2005 年版，第 562 页。

④ 王名：《社会组织论纲》，社会科学文献出版社 2013 年版，第 12 页。

⑤ 胡建淼主编：《论公法原则》，浙江大学出版社 2005 年版，第 562 页。

⑥ 彭柏林等：《当代中国公益伦理》，人民出版社 2010 年版，第 25 页。

指出，公益不能简单地等同于公共利益，主要区别在于政府公益与社会公益的分野。① 综上可知，公益具有非政府、边界性、非营利、非强制及社会性等多种特征。基于此，本文集中讨论的村落社区公益观念，大致指涉村落公共资源、公共福利的共享，化解村落公共组织活动中的矛盾、冲突、利益等维度。中国社会中丰富的社会资源和民间力量来自民间信仰和与之相关的大量活动，虽然现代制度性的福利和公益概念尚没有足够的力量渗透到乡村，但并不意味着乡村是公益活动的真空。② 具体而言，透过审视广宗县北杨庄梅花拳近百年来的公益运作和发展历程，以乡村梅花拳为代表的村落社区公益，实际上更多地体现为一种伦理学意义上的公益观念，它持续影响着地方社会的文化变迁与乡土传统的层累建构。

二、北杨庄村落概况及梅花拳的传入与传播

（一）村落历史、生计与信仰

北杨庄，曾名杨家庄、杨庄，位于河北省邢台市广宗县城东北 20 公里处，距核桃园乡政府驻地偏东南 2 公里。据 1984 年《广宗地名志》记载，明永乐二年（1404），杜公吕一家从山西洪洞县迁至此，占地立庄，取名杜家庄，随后其外甥杨氏也在此村定居。明正德年间（约 1506 年），因杜、杨两姓不和，杨氏搬迁至杜家庄村北盖了几间房，逐渐成村，取名杨家庄。后为区别其他杨家庄，改为北杨庄。③

据民国二十二年《广宗县志》记载，北杨庄隶属于广宗县第二区第二十三乡，人口 169 户，计 867 人。时至今日（2015 年 8 月统计），北杨庄有人口 1805 人，流动人口 225 人。村中以邢、王两大姓氏为主，二姓各占约 700 人，刘姓约 300 人，还有杨、卞、岳姓等散户。邢、王两大家族早

---

① 赵荣等：《从政府公益到社会化公益》，社会科学文献出版社 2011 年版，第 21 页。

② 范丽珠、［美］欧大年：《中国北方农村社会的民间信仰》，上海人民出版社 2013 年版，第 212～213 页。他们认为，在中国乡村社会，蕴藏着丰富的文化资源，正是这些资源的存在使得在制度性儒学式微后，文化性的儒学还能够影响着百姓的生活，这样就使传统中华文明价值在乡村生活中仍然以不同形式得以保留。

③ 1982 年广宗县人民政府发布文件将核桃园公社“杨家庄”更名为“北杨庄”。

年属于姑舅亲关系，邢家为姑家，王家是舅家，所以北杨庄曾有“邢王不结亲”之说。[1] 后来随着人口基数的不断增长，这一传统被打破。人民公社时期，北杨庄共 9 个生产队，最兴盛时有 14 个生产队，后被合并至 4 个生产队。20 世纪 80 年代以后，北杨庄形成了以村两委为核心的村民自治结构。北杨庄多沙丘沙岗，经济以农为主，果林较多。[2] 现有土地 5000 余亩，主要包括人口地、沙荒地、林带地三种类型，可耕种土地约 2460 亩。

北杨庄所在的广宗县地处古黄河、漳河冲积平原，地势平坦。历史上黄河、漳水的多次泛滥、改道，在县境内部形成了许多缓岗沙丘和封闭洼地。恶劣的自然环境导致广宗经济发展水平长期落后，民众生活艰苦。如明万历二十六年《广宗县志·封域志》有记：“广宗在畿内为弹丸地，又沙卤，无流峙之胜、膏腴之沃也。……宗城环百里内，非直无培塿之山，甽浍之水，且多沙，不能厚植。又不可以井，旱则干枯，涝则淹没。人复棰，不能经营四方，此其穷困所由也。”清康熙三十二年《广宗县志》序言中亦有提及：“广宗古称沙碛，地贫而民朴。”民国二十二年《广宗县志》记载则更加详细：“广宗居河北南部，距海洋遥远。性近大陆，寒暑俱烈……春季，暴风飙起，沙尘横飞，咫尺莫辨，室中几案积土数分……其苦雨量偏短少，历年多患亢旱。”[3] 可见广宗地区的气候环境具有冬夏温差大、多风沙、少雨等特征，水患、干旱、风沙等自然环境的综合影响使得当地民众生计尤为艰苦。

广宗县境内的沙丘地貌呈南北带状分布，俗称“百里沙带”，北杨庄正处在东部沙带上，不仅土地贫瘠，而且多风沙，生产、生活条件更加落

---

① “邢王不结亲”的来历最早见于清末《邢氏家簿》中，北杨庄的王姓女儿嫁给了邢家，两家成为表亲。此后邢王两家保持了良好的关系，有“邢王不骂”之说。被访谈人：王尚信；访谈人：张兴宇；访谈时间：2015 年 8 月 13 日；访谈地点：北杨庄。

② 河北省广宗县地名办公室编：《广宗县地名志》，1984 年，第 72 页。

③ 以上分别见广宗县旧志校注委员会编：《广宗县旧志校注》，2001 年，第 32、69、515 页。

后。民国二十二年《广宗县志 · 民生略》中也记载了沙带情形：“又县之东北，自槐窝北，至杨家庄、核桃园、毕家庄等村，长二十余里，宽数里……统计全县地亩，沙碱约居十之五六，而良田不过十之三四。”① 北杨庄村民主要种植小麦、玉米、谷子、果树等农作物，但由于干旱少雨，农业收成基本靠天吃饭，生产收入很低。村民日常生活简朴，民风淳厚。北杨庄附近的核桃园、杜家庄设有集市，农历每月二、五、七、十逢集，村民多在集市上购买日常生活所需。村中房屋则以土坯平顶房为主，过去村民出行多靠大车、驴或步行，喜用旱烟。

北杨庄民间信仰之风颇盛。村民家内主要供奉全神、财神、菩萨、关公等神灵，多供于家中侧房，每月初一、十五都要祭拜。旧时北杨庄曾建有菩萨庙、关爷庙及土地庙等庙宇，“文革”期间被拆除。现今已复建的庙宇有菩萨庙、关爷庙，村民并增建全神庙、真武庙。一年之中，村民上坟祭祖的时段主要为清明、七月十五、十月初一和春节。村内每年定期举行菩萨会（农历二月十九）、麦王奶奶会（农历五月二十七）、全神会（农历六月六）、关爷会（农历六月二十四）、地母娘娘会（农历十月十八）等信仰仪式。

（二）北杨庄梅花拳的传入

梅花拳是一个以习拳练武为主要活动方式的拳会组织，也是有着自己拳技特点和拳理功法并至今衍传在广大民间习武群落中的“一门艺业”②。清末民初，社会动荡不安，灾荒频仍，梅花拳这一民间武术在冀南一带的广大农村曾长期流行、传播。③ 据民国《广宗县志》记载：“冬令农事已毕，各村延请技师，练习拳棒刀枪艺术。既可锻炼身体，亦足以自卫身家，固为有益。”可知广宗诸多民间村落在那时已经习武成风。北杨庄是

---

① 广宗县旧志校注委员会编：《广宗县旧志校注》，2001 年，第 515 页。

② 周伟良：《梅花拳拳理功法的历史寻绎》，载《体育文化导刊》2002 年第 5 期。

③ 清康熙年间，梅花拳第三代宗师邹宏义从徐州到广宗县前魏村传拳。邹宏义传用文武大法，收授该村王西贞、李科法两名高徒。以后，邹宏义又到平乡传拳。乾隆九年，邹宏义的儿子邹文聚和王西贞、李科法首开广宗县梅花拳文武两场。嘉庆末年至光绪初年，广宗全县三分之二的村庄都有人习练梅花拳。

广宗县梅花拳传承谱系中的重要一支，更是有着深厚的武术传统。①

对于北杨庄梅花拳的传入时间，村民推断大致应在清朝中晚期，距今有200余年历史。邢九成，又名邢老现，被认为是北杨庄梅花拳最早的传承人，为该村梅花拳第九辈弟子。依据北杨庄梅花拳第十五世弟子王栈的统计资料推断，邢九成可能出生于乾隆二十一年（1756），村中至今仍流传着数则与他有关的民间故事。② 虽然如此，我们在前魏村梅花拳弟子李玉普收藏的《梅花拳·邹氏族谱》中却没能找到邢老现的姓名。而据北杨庄《邢氏家簿》所载："邢九成，礼支行一，字现，生卒未详；原配韩氏，继配李氏，又继配苗氏，生卒俱未详。"这份家簿甚至连他的生卒日期都没记录。更奇怪的是，邢九成的弟弟邢九德，在《邢氏家簿》中却有明确的生卒记载："邢九德，礼支行二，字有言，生于乾隆二十四年（1759）正月十八日吉时，卒于道光七年十月初二日，辰时。"北杨庄最早习练梅花拳的这位重要人物，缘何没能进入广宗梅花拳谱系表和北杨庄邢氏家族谱书？北杨庄村民邢银昌点注的《广宗县杨家庄邢氏生育簿》对此做了这样的猜测：

> 邢老现，他是梅花拳中的高手，他的老师是广宗城里的陈福水，其徒弟有赵家湾头赵书童，据说□家庄魏三愣也是其门生。传说老现他经常去河南访友，或贩运粮食做生意。所去地方大概是安阳以东，如内黄一带。据估计他在梅花拳巨子中是文武全才。因当时和清统治者政见不一，在政论上不能立足。至后，他在家族谱上也未能占一应有的席位。不这样分析，为何其晚弟九德生卒又即详□□呢，值得痛惜呀。

---

① 2000年，广宗县政府曾授予北杨庄梅花拳弟子邢银超"武术世家"称号、邢玉栋"梅拳名师"称号。2006年，北杨庄拳师王尚信、邢尚娥被广宗县政府授予"梅花拳优秀传承人"称号。

② 据说邢老现曾有幸向师太陈氏（邹魁元之妻，河南归德府人）学习丈二长枪，练就一身奇功，号称"盖直隶"。此外还有一说：邢九成从河南学艺成功后回家，但路程遥远，仅靠步行颇费时间精力。有人牵了一头驴，对邢九成说，如果你能把这头驴提起来，就让你牵走。邢九成果真把驴提了起来，骑驴回了老家，并把梅花拳传授给乡人。政协广宗县委员会：《广宗文史资料》（第1辑），1990年，第167页。

由于北杨庄村民对于邢九成的历史记忆早已模糊不清，而且缺少地方历史文献辅证，其中原因很难再进行深入考究。但值得注意的是，北杨庄村民口述中的陈氏“盖河南”，如今以陈氏奶奶的名义，被纳入梅花拳文场祭拜体系中。

继邢老现之后，北杨庄习练梅花拳的村民逐渐增多，并涌现出不少广宗县梅花拳名师。如第十一世弟子邢鹤禄（生于咸丰五年，师从靳凤林）、第十二世弟子邢彦臣（生于光绪十八年，师从王贵朝，号老忠，有“盖三省”之称）、第十三世弟子邢生奎（师从谷太峰），上述三位梅花拳弟子均被列入广宗县梅花拳名师传承谱系表。及至20世纪30—40年代，北杨庄梅花拳颇为兴盛，村中几乎人人会练梅花拳。而且梅花拳弟子在抗战期间也曾立下汗马功劳。“文革”期间，梅花拳的习练也进入停滞期，除少数村民仍坚持练武健身外，大部分村民已不再练。这种状态一直持续到1978年，北杨庄因为参加梅花拳乡艺表演而扬名。[①] 20世纪90年代以后，北杨庄梅花拳经常代表广宗县到平乡、邢台各地进行梅花拳交流活动。[②] 现如今（2015年8月）北杨庄梅花拳辈分最高的是十四辈，主要包括邢银超、王尚信等人，十五辈梅花拳弟子有王栈、邢尚宝、王英武、刘金永、邢胜军等人。

（三）庄稼拳与父子道：梅花拳的武功和文教

梅花拳，在北杨庄又被村民称为“梅拳”“庄稼拳”“架子拳”。

---

① “当时核桃园公社组织各村进行乡艺表演活动，北杨庄往上报的项目就是梅花拳。没想到参加表演比赛后，北杨庄梅花拳取得了全乡第一名的好成绩。后来，村里开始逐渐给梅花拳配备铜器，鼓励村民练习梅花拳，扶持梅花拳的发展。当时北杨庄梅花拳的领导人是邢生奎，再之后是邢生印，主要负责带领梅花拳组织到各地表演。武场则由我、王栈等人负责教拳，北杨庄村民习拳人数达到一百余口。”被访谈人：王尚信；访谈人：张兴宇；访谈时间：2015年8月13日；访谈地点：北杨庄。

② 如在2007年，美国、加拿大等六国梅花拳协会成员曾专门到北杨庄考察梅花拳，进行武术交流活动；2009年，北杨庄武场拳师王尚信在广宗二中教授学生练习梅花拳，徒弟遍布广宗、平乡一带，影响颇大。李云豪：《欧洲梅花拳协会瑞士训练班见闻》，《广宗文史概览》，2011年，第480页。2009年7月，应欧洲梅花拳协会的邀请，时任广宗县政协主席李云豪带领三名农民拳师参加该协会在瑞士举办的年度培训班，传授梅花拳技艺、传播中华传统文化。

实际上“庄稼拳”既是一种习武身份的象征，也凸显了梅花拳在乡土村落中的朴素特征，表明它已经融入当地民众日常生活之中，并成为农村闲暇生活的一种娱乐、消遣方式。“架子拳”则意味着梅花拳架子基本功的重要性，有“三年架子两年锤”的说法。北杨庄梅花拳具有较为齐全的拳法和套路，尤为擅长腿功，俗称“三分拳，七分腿”，又叫“地趟拳”。①

北杨庄普通村民学习梅花拳大致要经历三个阶段，即摔打关、婚姻关、家庭关。② 经过这三关的历练，北杨庄梅花拳基本上处于“年年练，年年新”的状态。过去村民练拳的时间为冬春两季，主要在农闲时段进行。村民从冬天十月开始练拳，一直练到第二年四月，因为大多数都在晚上练习，所以梅花拳武场又叫“开场”“点灯”③。过去村内练拳人数众多，北杨庄梅花拳分成两个武场进行训练，后来也曾挪到生产队牲口棚、村委办公室习练。1977—1979 年，是北杨庄梅花拳的第二个兴盛期，村中百姓几乎人人能拉架子。④ 目前北杨庄仍有百分之八十以上的村民在农闲时练习梅花拳。虽然现今很多年轻人要外出打工挣钱，但到年底回家时，北杨庄仍会组织梅花拳弟子共同练习。

一般认为，梅花拳入门弟子应先在武场练习拳术，学习拳理，接受传统武德教育。经过数年锤炼，再经祖师批准重新拜入师门，学习深奥的文

---

① 项晓赟：《广宗杜杨庄之杨庄村调查报告》，载《百脉泉》第 17 期，山东大学民俗学研究所内部资料，2014 年，第 67 页。

② “第一关摔打关，学习梅花拳的基本功‘拉架子’‘成拳’，不能怕摔打，北杨庄梅花拳属于大架梅花拳，特别擅长使用大刀、流星等兵器。第二关是婚姻关，女孩学了梅花拳之后，到了结婚的年纪，嫁到娘家便不再练习梅花拳。第三关是家庭关，男孩长大结婚成家后，生了孩子，忙于家庭生活，也没法继续坚持练习。”被访谈人：王尚信；访谈人：蒋帅、雷明月；访谈时间：2015 年 4 月 6 日；访谈地点：北杨庄。

③ “碰钱的规矩是学拳两三年的每人凑上几分钱，一次碰齐，买煤油足够一冬天使用。孩童不碰钱，初练习者不碰钱。”被访谈人：王尚信；访谈人：张兴宇；访谈时间：2015 年 8 月 13 日；访谈地点：北杨庄。

④ 李云豪等编：《梅花拳文理武功传承保护广宗论坛文集》，中国文史出版社 2009 年版，第 185 页。

理和经典，修身养性，此为练习文功。① 梅花拳文场师傅除了自我进行“性命双修”的静功练习，还要负责本村梅花拳弟子的文教点化及其内部日常事务的协调处理等。新入门的梅花拳练习者，如果只参加武场，只能算作梅花拳的门外弟子，也就是所谓的“一脚门里，一脚门外”。而他本人若想继续练习，还需经过“三师调教”的特殊程序。在北杨庄，只有武场习练到了一定程度，经文场的相关程序后，才有资格拜师入门，并被认定为梅花拳门内子弟。② 此外，北杨庄梅花拳拜师讲究不能拜父为师，即“师徒可以称父子，父子不可称师徒”。这就是梅花拳所谓的“父子道”。

梅花拳由文场和武场共同组成，文场领导整个拳派的活动。③ 在北杨庄，梅花拳弟子之间流传着“文不离武，武不离文”的说法。除了日常拉架子练武强身健体外，以敬拜祖师爷为主要特征的文场修习也是北杨庄梅花拳的重要组成部分，又叫供养“架桌子”“佛桌子”。④ 梅花拳文场向来有内闭性传统，不会向社会主动展示其完整形象，这可能是当地人形成“梅花拳烧香”的“刻板印象”的重要原因。⑤ 在经历战乱、“文革”的多重洗礼后，北杨庄梅花拳大致延续了这种传统。北杨庄现今仍立有 30 多个

① 燕子杰：《论梅花拳的文场与武场》，载《社会科学研究》1991 年第 3 期。

② 梅花拳所说的“三师调教”是指梅花拳弟子必须经过引师、送师、恩师（北杨庄村民也叫授业师）的共同见证，才算正式拜师。举行正式拜师仪式时，引师、送师、恩师都要在场，并由送师主持具体仪式，徒弟行拜师礼。礼毕，恩师并不一定传授武艺，但一辈子只能有一位。张士闪：《梅花拳的文场——冀南广宗三村考察》，载《百脉泉》第 20 期，山东大学民俗学研究所内部资料，2015 年，第 5 页。

③ 燕子杰：《论梅花拳的文场与武场》，载《社会科学研究》1991 年第 3 期。

④ 北杨庄梅花拳按照文场“架桌子”的设置主要分成三条线路向外拓展，但实际上三路同属一个邢家。即：邢彦士（十二辈）—邢生福（十三辈）—邢银需（十四辈）—邢尚宝（十五辈）；邢戌泰（十三辈）—邢中道（十四辈）—邢尚斌（十五辈）；邢彦臣（十二辈）—邢生奎（十三辈）—邢银超（十四辈），这也是村民常说的梅花拳“架桌子”的老门口。此系笔者根据王尚信、邢银需、邢尚宝口述资料整理。

⑤ 张士闪：《梅花拳的文场——冀南广宗三村考察》，载《百脉泉》第 20 期，山东大学民俗学研究所内部资料，2015 年，第 3 页。

“架桌子”，发挥着“文场领导武场”的重要作用。面对小问题，梅花拳弟子自身可以通过文场解决，而面临重要问题时，则需梅花拳弟子间的共同磋商，最终解决问题。① 北杨庄长期保存着较完备的梅花拳文场信仰系统，其中的文教理念和严明的管理法则也使得这一乡村梅花拳组织能够在村落日常生活中发挥更多效用。

三、“文武大道”：北杨庄梅花拳的公益实践

（一）言传身教：村落社区道德秩序的净化

梅花拳作为一个不断扩展的开放系统，在它广泛分布的华北乡村社会中对广大民众具有一种整合、向心、导向的复合功能，在传统文化与小农经济体制之间起着一定的调节作用，同时自身也在缓慢地发展、成熟着。② 审视北杨庄梅花拳近百年特别是20世纪70年代后期以来的发展历程，我们可以发现，村落民众主动运用梅花拳这一乡土文化资源来调适村落生活。而“文场领导武场”的传统制度，已经预设了梅花拳这一特殊的组织方式。当地梅花拳文场展现给外部世界的神秘形态，恰恰说明了它还承担着干预并影响村落生活的实际角色。

首先，已入门的梅花拳弟子借助言传身教，净化村落社区道德秩序，营造和谐的村域生态空间。秩序净化主要体现在以下四个方面：孝顺父母，礼敬长辈；兄友弟恭，团结邻里；救弱行善，提倡无私；疗灾去苦，敢于担当。这种德行为先的追求在民众日常生活中得以实践。梅花拳弟子不仅会帮助村民调解邻里关系、化解村落矛盾，还能医人治病，分担民众实际困难。例如，北杨庄梅花拳第十四辈弟子邢玉栋擅长中医，师从邢老

---

① “村民习练梅花拳，一是能够强身健体，二是能够涵养道德。梅花拳内部讲究‘不打老人、不打小孩、不打女人’三不打，特别追求武德。如果与外人发生冲突和矛盾，梅花拳的弟子也应谦让，如‘一对一不能打’‘群对一才能使用防御武术’。”被访谈人：邢银超；访谈人：张士闪、李海云；访谈时间：2015年4月7日；访谈地点：核桃园村。

② 张士闪：《从梅花桩拳派看义和拳运动中的民俗因素》，载《民俗研究》1994年第4期。

中，平时给村中百姓治病去痛，名声在外。[①] 又如第十三辈弟子邢戌泰，他珍藏了一本清代杨炳的《习武序》，不轻易示人，但对待梅花拳弟子不论亲疏，一视同仁且传教有方。[②] 文场师傅也常用“南北去求神，不如在家管老人”“大架小架是一花，五炉六炉是一家”等类似的劝人格言，提醒梅花拳弟子注重道德修养，不忘以身践行。

其次，梅花拳武场拳师在授习武艺时，特别强调武德的重要性。如拳师王尚信所言：“学武难，学武难，难倒名师受真传。传武难，传武难，传给匪人惹祸端。”德行修养是习武的前提，这也要求梅花拳弟子在日常生活中予以践行，北杨庄村中就流传着大量与德行修养有关的梅花拳逸事。细思之，这既是他们日常生活中的真实体验，也是梅花拳内部贡献集体智慧、应对村落突发事件的合理磋商，还是梅花拳凝聚民意的一种方式。毫无疑问，此类逸事的叠加必然为当地民众建构梅花拳的格局提供丰富素材，我们亦可从中体察冀南乡土社会的多元信仰生活状态。

（二）迎合与疏解：地方生活的自我调适

梅花拳，作为华北地区一种受众广泛的民间武术形式，在清末义和团运动期间曾发挥重要作用。由广宗境内发起的由梅花拳弟子领导的景廷宾起义，更被评价为继义和团运动后农民力量的又一次展示，可见历史上的梅花拳已经深刻影响到地方社会的变动进程。就北杨庄梅花拳发展历史过

---

① “杨家庄有一个医道，就是没有传下来，叫邢玉栋。他擅长中医，他是老中医，穴道什么的都纳入梅花拳里面。东南角一个村民，练气功。他不是投师练的，是按照书本练的，练着练着气上不来了。毁了，就用排车拉出来了。因为穴位没有打通，练出毛病来了。他就点了两下，因为我在那儿，行了坐起来吧，好了。”被访谈人：邢尚宝；访谈人：张兴宇；访谈时间：2015 年 8 月 13 日；访谈地点：北杨庄。

② “那时候他的本族邢彦臣武功高强，年轻好胜，村中王氏家族的一个梅拳弟子王文襄经常败在邢彦臣手下。于是邢戌泰就暗中向王文襄传授《习武序》中的一些要领。不久，王文襄和邢彦臣再进行武艺切磋时，王文襄根据邢戌泰的指点屡次反败为胜，但均点到为止，不伤和气。这么一来，邢戌泰就趁热打铁，以此向北杨庄的梅花拳弟子们灌输‘深藏不露，以柔克刚’的道理。”项晓赟：《广宗杜杨庄之杨庄村调查报告》，载《百脉泉》第 17 期，山东大学民俗学研究所内部资料，2014 年，第 105 页。

程而言，我们可以清晰地看到，当地民众在不断地迎合、疏解地方社会的实际局势与现实遭遇，从而实现地方生活的自我调适，努力将地方社会的冲突、矛盾、阻滞等化解到最低限度。

首先，梅花拳通过爱国、爱家的无畏、无私精神释放出巨大的社会能量。北杨庄、杜家庄一带，曾经沙丘起伏，绿树成荫，遮天蔽日，是天然的“青纱帐”。抗日战争期间，这里曾是冀南著名的抗日根据地之一，素有“西有太行，东有杜杨”之称。老一辈无产阶级革命家宋任穷、杨秀峰等同志都曾在这一带打过游击。① 1939 年，冀南行署曾在北杨庄、杜家庄短暂驻扎，并建有电台、冀南日报社、被服厂等。当时北杨庄村民还专门挖设地道为抗战提供便利，并涌现出大量积极参加抗战的梅花拳弟子。他们在抗战期间秉持不畏牺牲的奉献精神，全心全力为冀南抗战贡献自己的力量。② 新中国成立后，北杨庄在征收公粮一事上也未曾作难，因为梅花拳弟子都争先恐后上缴公粮。梅花拳在此时展现给外部世界的景象，不再是文场秘不示人的神秘感，而是通过爱国、爱家的无畏、无私精神释放出梅花拳的巨大社会能量。这也与梅花拳弟子平时受到的道德教化紧密相关，追求永恒、向善的梅花拳道德体系，串接梅花拳内部特殊的礼数、秩序，进而影响到北杨庄村落公益的运作。③ 以北杨庄梅花拳为中心，建立了一套以村落成员为主体的淘汰、净化系统，其中蕴含的巨大能量在地方社会运转的不同时段得以发酵、释放。

---

① 河北省广宗县地名办公室编：《广宗县地名志》，1984 年，第 14 页。

② 北杨庄 1933 年有了党员，1935 年成立党小组，1936 年建立党支部。当时北杨庄共 680 口人，而党员就有 78 人。梅花拳第十四辈弟子邢玉栋，曾在抗日战争期间担任北杨庄村抗日救国儿童团团长。他带领儿童团站岗放哨，为八路军送信。又如梅花拳第十五辈弟子邢尚斌，曾组织 20 多人的梅花拳弟子抬担架，还积极主动帮忙宣传抗战思想，并用石印印刷传单、贴传单、送书信。项晓赟：《广宗杜杨庄之杨庄村调查报告》，载《百脉泉》第 17 期，山东大学民俗学研究所内部资料，2014 年，第 105 页。

③ “过去，村中掌事者，如果邢家是一把手，那么王家就会有两个二把手；王家是一把手，邢家就有两个二把手。即使在‘文革’期间，双方也并没有发生大的冲突和矛盾。”被访谈人：邢胜军；访谈人：张兴宇；访谈时间：2015 年 8 月 14 日；访谈地点：北杨庄。

其次，梅花拳内部具备超强的自我调适能力。前文已经提到，目前北杨庄保存了较为完备的梅花拳文场、武场传承系统。北杨庄梅花拳以邢银超为领导的文场组织与以王尚信为领导的武场组织，在面对复杂、多元的村落生活时，体现出梅花拳内部超强的自我调适能力。他们主动将梅花拳的“天地君亲师”观念融入村落日常生活之中，并通过梅花拳的个体经验与群体智慧，使梅花拳的传承系统更加完善并充满动力。梅花拳内部也会依照地方社会的发展境况适时调整自我组织方式，使之适应村落变化之势。美国民俗学家罗仪德认为，在任何国家，不管什么时期，文化、经济、社会都在变化，因此支持民俗表达的特定形式和系统的周围环境也在改变，而且有时变化得非常迅速。这意味着我们应该时刻保护当下存在的文化形式，但那又延伸到我们的过去。① 如北杨庄梅花拳原来极为严格的“文场立架”要求，现今条件逐渐放宽，甚至出现女性立架的情形。“架桌子”的设立能够满足村民心灵之需，但这并不意味着村落内部成员皆可随意“立架”，传统的“立架”规矩仍在发挥作用。

（三）走向公益：梅花拳村落公益观念的推行

在我国，一般社会公益包括两类，即公共秩序和公共道德。有学者将公益划分为共同体的生产力发展、公共物品生产、正当权利和自由的保障及合理化的公共制度四个层面。② 通过北杨庄梅花拳这一民间武术组织的文、武场运作方式，我们可以看出，流布于乡村的梅花拳实际上还承担着村落社区公益推广的角色。这种村落公益观念的形成到社区公益行为的实施，与自成一家的超越传统村落家族、宗族力量的梅花拳内部自组织系统有着紧密关联。

首先，北杨庄梅花拳组织并不只是一个单纯意义上的民间拳班。杜赞奇曾用“权力的文化网络”来阐释华北乡村社会，他认为文化网络强调对组织系统中赖以生存的文化及合法性的分析。它不只是角逐权力的场所，

---

① ［美］罗仪德著，游自荧、丁玲译：《美国公共民俗学的过去、现在和未来——美国民俗学会理事长 Timothy Lloyd（罗仪德）访谈录》，载《民俗研究》2013 年第 6 期。

② 彭柏林等：《当代中国公益伦理》，人民出版社 2010 年版，第 24 页。

也不只是接近各种资本的工具，它还是正统和权威产生、表现及再生的发源地。[①] 一般而言，做公益的行为往往被看作一种苦行历练与自我牺牲的状态。而在广大农村基层社会，民间基层组织的公益运作行为往往不被重视，并出现分化和断层的倾向。如此看来，北杨庄梅花拳组织并不只是一个单纯意义上的民间拳班。它的存在意味着当地村落公益观念与行为实践的隐性运作需要依托于此而展开。以梅花拳为代表的具有明显公益性特征的民间组织，它的存在和运行，还能够激活乡土的民间自治传统，并巩固、深化村落社区民众的公益实践。

其次，以北杨庄为代表的乡村梅花拳公益观念的运作逻辑有两个明显特征。其一，梅花拳的学习是免费的（学武不收费）；其二，使用梅花拳文理谱本是无偿的。公共利益不是仅仅作为一种“普遍的东西”存在于观念中，而且首先作为彼此分工的个人之间的相互依存关系存在于现实中。[②] 村落公益预示着村落中的个人或民间组织自愿通过做善事向地方社会提供公共产品或服务。其中做善事是对个人或组织行为方式的价值判断。从一般意义上的公共道德来讲，北杨庄梅花拳的习练和传播方式，无论是武场的拜师入门，还是文场的修习，无时不在强调“习武修德”的重要性。对于村落公共秩序维护而言，北杨庄村民口中的“没有派性”“邢王不骂”等说法，体现了当地民众已把“天地君亲师”的梅花拳逻辑链接到村落公共生活秩序中去，反映出礼俗传统下的村落自治能力。这种公益理念和逻辑实际关乎社区内民众的切身福祉和公共利益。

再次，这种超稳定的乡村梅花拳运作系统和公益观念的推行背后凝结着地方民众的集体智慧。以近几十年北杨庄形成的梅花拳“架鼓送殡”习俗为例，以前北杨庄并没有遇丧事时家家“架鼓送殡”的习惯，此俗仅在

① ［美］杜赞奇著，王福明译：《文化、权力与国家：1900—1942 年的华北农村》，江苏人民出版社 2010 年版，第 22 页。

② ［德］马克思、［德］恩格斯：《马克思恩格斯全集》第 3 卷，人民出版社 1960 年版，第 37 页。

梅花拳内部适用。① 1978 年以后，梅花拳内部决定北杨庄男女老少不论穷富，只要有白事都会去义务“架鼓送殡”，这种习俗一直延续至今。实际上，这种超稳定的乡村梅花拳运作系统和公益观念的推行背后凝结着的是地方民众的集体智慧。“架鼓送殡”的传承更像是梅花拳弟子对村落公共资源的灵活支配和活用。总之，置于村落生活中的梅花拳，既代表着一种特殊的生活方式，又代表了民间社会的一种超功利追求。可以说，以北杨庄为代表的乡村梅花拳的公益实践，象征着梅花拳弟子日常生活中所追求的“文武大道”。

四、结　语

在华北民间社会，梅花拳作为一项土生土长的武术活动，既起到了强健体魄、修养身心的重要作用，还是促进邻里关系和谐、化解村落纠纷的调和剂。其中涉及的村落社区公益行为、观念、逻辑等，都贯穿于村民生活的日常之中，有助于优化村落社区乃至地方社会的道德伦理秩序。就我们的调查而论，冀南广宗县北杨庄近百年来的梅花拳文、武两场传承，深刻影响并塑造着所在地方社会的武术传统，形成了显隐兼具、层次分明的乡土文化景观。而其在基层村落社区的公益行为、决策和实施，则蕴含着深厚的民俗逻辑，具有鲜明的公益特征与文化张力。

此外，我们还应注意到当下基层社会组织的分层及其特殊的机理结构。北杨庄梅花拳有着独特的运作和组织方式，尤其是他们在处理村落公共事务时，会特别注意和考虑整个村落社区的公共利益，因而能够不断优化村落社区的公共生活方式。无论是梅花拳的发源与传承，还是文场、武场的边界、规矩，这些都属于村落生活中的要素之一。运行于基层村落社区的梅花拳组织，不仅能够通过开展公益活动、实施公益行为解决村落民众日常生活中的实际问题，也对地方社会的秩序稳定发挥着重要作用。毫

---

① “如果本村梅花拳弟子去世，本班的人员在发丧前敲打架鼓、表演梅花拳，意思是送梅花拳弟子最后一程，以示纪念。当时在核桃园表演拿了第一名，村里后来买了鼓和铜器，梅花拳说以后有白事都要送。”被访谈人：王尚信；访谈人：蒋帅；访谈时间：2015 年 4 月 4 日；访谈地点：北杨庄。

无疑问，在中国传统乡村社会，最基层的村落组织内部仍旧蕴含着丰富的社会公益资源。而对村落社区而言，公益活动的组织过程本身就是梅花拳弟子的自我价值得以升华的重要渠道。当下基层乡村社区不时遭遇道德困境、面临治理危机等多重问题，乡村社会治理是当今中国社会发展的重大课题，而在“土瘠人贫、飞沙迷漫”的冀南乡村却能形成公益特征鲜明的梅花拳文化传承景观，值得我们进一步关注与思考。

（张兴宇，南京农业大学讲师。本文原载《民俗研究》2015 年第 6 期，收入本书时有修改）

“礼”与“事儿”：信仰体系与实践的存在机制探析

——以鲁中洼子村为例

民俗学一直以来都极其重视对民俗语境的观照，地方性知识的把握与梳理始终是民俗学田野调查与研究中的重要环节。建立“地方感”，进入民众的“经验世界”则是对民俗学者更高的要求。与此同时，在民俗学近几年来的学术研究中，学者们也越来越关注被研究者的主体性地位，要求在田野访谈中尤其注重对个人生活史的把握以及充分理解当事人自身的主体感受。目前来讲，以上两点的价值主要在于民俗学方法论意义上的突破与创新，也在一定程度上包含了对民俗学理论建设的思考。大多数研究者所形成的成果还是坚持用科学理性的话语从现象中抽离出本质。这样一来，民俗学善于把握民众主体内心世界的学科特点就难以在学科成果上得以体现，而作为被研究者的民众也仍然处在一个失位和失语的状态。如果民俗学能够用民俗的语汇，以民众的视角，如其所是地展现地方社会的文化现象以及当地民众所持有的文化逻辑，是否会在引导人们正确认识与理解地方社会的文化与行为方面更具有价值意义呢？近年来，刘铁梁教授一直在提倡民俗志写作的感性化追求，强调“描述”与“解释”之于民俗学、民众的重要性。[①] 本文正是受此影响，试图以村落自身的知识体系来分析村落中的信仰现象。

---

① 2014 年 8 月 2 日，刘铁梁教授在“《中国民俗文化志 · 北京 · 顺义区卷》写作指导会”上发表题为“为什么民俗志书写追求感性化?”的发言，强调民俗志要运用身体主体的概念，善于个人生活史的描述。

民间信仰也一直是人文社科领域关注的焦点，其相关研究随着时代的发展、不同学科的相继进入呈现出不同的观照点，区域社会史研究侧重民间信仰所反映出的国家与基层社会、民间与官方以及大小传统之间的互动关系，社会学、人类学关注信仰如何参与地方社会运行及其变迁的过程，民俗学则长于对信仰仪式及其象征意义的描述与分析。需要指出的是，尽管侧重点各有不同，但随着学科间的不断交流与相互影响，不同学科在具体的研究路径上达成了一定的共识，即民间信仰研究的日常生活转向。赵世瑜在《民国初年一个京城旗人家庭的礼仪生活——一本佚名日记的读后感》中通过对一个普通民众礼仪生活的分析得出政权更迭、政治上的剧烈变动并没有破坏普通民众的日常生活秩序的观点，文章一方面践行了他所倡导的“眼光向下”“走向民间的历史学”的学科取向，另一方面也证明了民众具体的日常生活并不一定会与当时社会发展的主基调相一致，并不一定能被主流学术话语所概括的事实。① 这篇文章虽然列举了普通民众的具体生活情境，但由于学科关注点的不同，作为区域社会史的专家，其所运用的始终还是“国家—社会”的理论框架，民众并非研究的主体，民众的日常礼仪生活也仅仅是材料支撑，缺少了对具体的人和事的特别观照。

在民俗学界，岳永逸的《家中过会：中国民众信仰的生活化特质》认为“家中过会”是日常生活的一部分，而庙会则既是非常态的狂欢，又是日常生活的延续，前者是后者的“息壤”。② 张士闪、张佳的《“常”与“非常”：一个鲁中村落的信仰秩序》将一个村落的信仰活动做了“常”与“非常”的区分，并将讨论重点放在了作为日常生活的日常信仰活动与作为非常态的庙会活动之间的互动关系上。③ 这两篇文章都试图摆脱西方

---

① 赵世瑜：《民国初年一个京城旗人家庭的礼仪生活——一本佚名日记的读后感》，赵世瑜主编：《大河上下：10 世纪以来的北方城乡与民众生活》，山西人民出版社 2010 年版，第 53 页。

② 岳永逸：《家中过会：中国民众信仰的生活化特质》，载《开放时代》2008 年第 1 期。

③ 张士闪、张佳：《“常”与“非常”：一个鲁中村落的信仰秩序》，载《民俗研究》2009 年第 4 期。

的话语体系与理论分析框架，在对地方文化传统充分理解的基础之上，让民间信仰回归日常生活，从而更加清晰地认识到了民间信仰的本质。不过，二者的论述都集中在民间信仰的性质与形式上，对其存在的逻辑和意义都没有过多涉及，将庙会归置于非常态的民间信仰也值得商榷，并且在行文中缺乏民众自身对其信仰行为的理解。

结合前文所述，虽然学界对民间信仰的性质已经有了比较清晰的认知，在具体的研究中也有了比较有针对性的方法论，但如果想在描述的基础上进一步阐释其逻辑和意义，还需要更加关注民众的主体性表达，从实践主体的视角、运用民众的话语来探寻其存在的机制，而这些都是在以往研究中相对缺失的，本文试图弥补这一不足，以村落自身的视角，用当地人的民俗语汇来阐释鲁中洼子村信仰系统与实践的存在机制。

一、洼子村信仰的空间体系与实践

洼子村位于鲁中山区，村东是矮山丘陵，绵延十几华里荒无人烟；村西相对平坦，锦川河由南向北贴村头而过，成为洼子村与罗村的分割线；村北则有一条大沟将洼子村与南韩村分割开来；村南是通青州的故道，与南边的河东崖头高低错落，是洼子村与南邻河东村的分界线。洼子村现有人口 1778 人，耕地约 1000 亩①，历史上长期属于一个土壤贫瘠、村民生活比较贫困的村庄。进入 21 世纪以后，随着社会经济的发展，洼子村民众的劳作模式与生活发生了翻天覆地的变化，尽管总体经济水平与周边村落相比还处于劣势，但大部分村民都已经过上了比较富足的生活。不过，生活水平的显著提高并没有带来信仰的衰落，洼子村依然保持了非常完整的信仰体系，村民们也依旧对各种信仰活动乐此不疲。

（一）洼子村信仰空间体系的建构

在乡土社会中，信仰是构成民众生活的组成部分之一，也是民众日常行事中一个重要的环节。村民们模仿自己的居住空间来想象神灵的存在空

① 数据来源：洼子村村委会 2009 年统计资料。文中所提到的亩都是“小亩”，一亩约为 667 平方米。

间，从而建构起与村落生活空间相一致的多圈层的信仰空间，每个圈层都有其特定的神灵承担着相应的“责任”。而对于村落中的个人来讲，宅院信仰空间无疑是最小的一个圈层。

1. 宅院信仰空间

洼子村旧有的老宅子普遍采用传统的四合院形式建造，院内各个房屋依据坐向有着明显的主次之分。根据采光避风的原则，坐北朝南的北屋通常为家里待客和居住的主屋，其他坐向的房屋则根据自家经济水平或大或小，或多或少，或有或无。至于村民们宅院内信仰空间的布置习惯，也完全参照了日常生活中人们的居住模式。

如下图所示，从整体上看，宅院信仰空间形成了一个严密的体系，最外围的明镜、石敢当与门神护爷形成了对宅院的护卫；位于中间圈层的庭院中心处是家里人以及住家神灵与外来神灵交流互动的固定场所；堂屋作为核心地段是祖先、家神、灶王爷等住家神灵的栖息之所，他们通常被认为是家庭

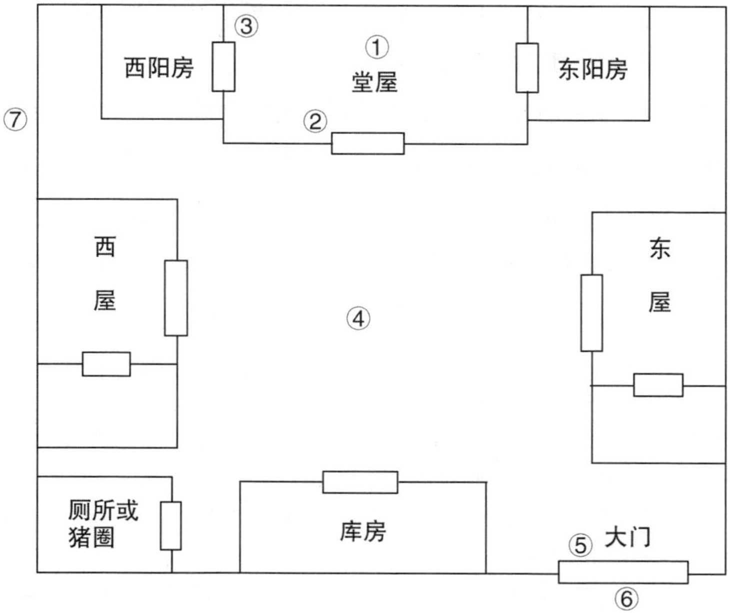

① 祖先　② 灶王爷　③ 家神（观音菩萨或者灶王爷）
④ 敬天爷爷时摆放供品的地方　⑤ 门神护爷
⑥ 大门上方正中悬挂的明镜　⑦ 嵌套在外墙的石敢当

中的一员，家人还会与他们进行频繁的交流与互动。三个圈子并不是相互封闭的，与俗世生活一样，门是各圈层间交流的通道，外界的神灵想要进入庭院中必须得到门神护爷的允许，而灶王爷不仅担负着守卫堂屋的责任，还在住家神灵与外来神灵之间的交流与联系上起到引介和沟通的作用。

宅院中的神灵布局是依托传统的四合院居住模式来安排的。新中国成立后的几十年，洼子村的房屋格局随着村落自西向东的扩展体现出了明显的历史层次感，从土木结构的老四合院，到砖瓦结构的“十米见方”①，到水泥瓷砖马赛克的“三间挂耳”②，再到钢筋混凝土的社区楼房，尽管居住空间已经发生了重大改变，但人们对神灵的空间安排依旧保留了最原始的规范，对于因物理空间的缺失而不得不做出的改变，村民们也会尽量做出合理安排和用以自我安慰的合理解释。

2. 村落信仰空间

洼子村历史上曾有数十座大小不一的村庙，被村里人称为“当庄庙”。它们或夹杂于村落中，或守卫在村落边界，或散落在田间山林，以点带面共同构成了村落内部的信仰空间。

村落的信仰空间依旧有着由里向外层层推进的严密结构。村内历史上存在的三座关帝庙和一座送子观音殿，成为村里人进行祭祀以及其他集会活动的主要场所。在村落四方边界上也各有一处信仰空间，村里有人将这四处空间编成了一句顺口溜：“西有双塔寺，东有洞子沟，北有凤池井，南有老虎头。”③ 这

---

① 洼子村在20世纪70年代末规划出的一片单个长宽各10米的宅基地群，村民们称在这块地段建起的房子为“十米见方”。这批房子空间狭小，但基本保持了四合院的造型。

② 20世纪90年代，洼子村村委会在村东规划出了近百块长宽各为13米的宅基地，房子的主要样式是三间堂屋加一间耳房，被称为“三间挂耳”。三间挂耳小庭院和大堂屋的特点，体现了人们对仓库（储存粮食、农具）和庭院（晾晒粮食）要求的降低，对室内空间要求的增加。

③ 双塔寺建于洼子、罗村、河东三村交界处，主奉四大天王和十八罗汉，抗日战争期间被日军毁坏。凤池井位于村北，因仙姑变成的凤凰在此停留饮水的传说被赋予神圣的意义。洞子沟位于村东，由王母洞、砚台洞、天师洞三处洞穴组成，现今只存有隶属河东村的王母洞。老虎头位于村南，是洼子村与河东村两村之间村际关系维系和调整的重要阀门。对于这四处空间的详细介绍可参见张士闪：《山东村落中“神圣空间”的传统格局与现实效用——以山东淄博市洼子村的“老虎头”为例》，载《民俗研究》2003年第4期。

四处庙宇划分出了村落的信仰空间边界，在村民们的想象中，它们如同四座带有城墙的城门，将村落严密地包裹起来，起到了拱卫的作用，阻挡着外来干扰，庇佑着村里人的生活。

处在不同历史时期的事件、人物、建筑等一旦进入当地人的历史记忆就会经历一次被重新构造的过程。在这个过程中，人们依据现实的需要，通过“合理”的想象以及口述史的不断加工，将历史时空打乱之后重新捏合成一整套历史叙事，使之作用于当下的生活。村民们对村内信仰空间的建构过程，实际上是一种逆时间的反向推演，人们把当前有关村落庙宇的记忆碎片放进村落一代代传承的知识脉络之中，如村落老礼中“一点四方”的方位观念以及“四方神”的神灵观念等，形成了初步的空间格局。尽管生活是现时性的，但民众同样也会关心历史，他们会将空间格局向村落历史深处推进，从而建构起完整的时空二维结构，仿佛洼子村从建村起就处在了如此严密的保护之中。

3. 村落外部的信仰空间

洼子村村东的丘陵中曾有一座小山神庙，村落历史上长期靠山吃山的谋生手段充满了不确定性，再加上未知领域本身带来的神秘感，山神成为人们的寄托。它因神职和象征了先辈们征服这片地域的经验而给进山的村民带来安慰。后来，大片山地被开垦成农田，外出务工的人增多，山神庙被逐渐遗忘，保佑出入平安的路神兴盛了起来，路神被村里人“安置”在村西头大门外通往县城唯一的大路上，年年享受村里人的祭祀。

如果说山神和路神是村里人探索未知领域时的心理寄托，相邻几个村落的庙宇则是村里人展开村际交往的重要通道，村里的善男信女们以洼子村的名义积极参与周边村落的庙会活动，加深了村落之间的往来。而莲花庵作为洼子村所在乡镇的信仰中心则代表了同一基层市场体系内的文化与身份认同。当村民们所遇到的事儿在当地的庙宇中无法解决时，他们会选择去更高一级的簧山寻求帮助。簧山位于洼子村东10公里处，每年有农历三月十八、九月初九两次庙会，淄川区各乡镇的善男信女都会参加，可谓是淄川的“地区中心型庙会”①。而对于比簧山还要高级的信仰空间如千佛山、泰山等，村民们虽认为没有一定要去参与祭祀的责任，但内心里也始终怀有“朝圣”的追求。

施坚雅将传统农耕社会的空间结构划分为三个层次，并认为“农民的实际社会区域的边界不是由他所住村庄的狭窄的范围决定，而是由他的基层市场区域的边界决定”②。洼子村所在区域的社区礼仪空间也能被施坚雅的市场理论大致划分。然而施坚雅并没有强调同一基层市场体系内的各个村落具有不同的文化个性，甚至否定它们之间存在文化差异。实际上，它们虽然共享同一套地方性知识，但又有着清晰的自我定位和对其他村落的认知。尤其在村际交往中，村民们更加愿意凸显自己村落的标志文化，以此来强调身份归属；而在日常生活中，村民还乐于设置各种边界以凸显自己的独特性，从而建构并维护村落集体感，这也正是洼子村村民对于村落四周边界“神圣拱卫”津津乐道的原因之所在。

在强调村落文化个性的同时，我们也要注意到当今村民们的日常活动范围正在超越原有基层市场边界的现实。当今的乡村社会距施坚雅所关注的“传统农耕社会”已经有50年以上，在这50年间，中国的农村经历了剧烈的变迁，开始了向现代化工业化方向的转变。在这一社会大背景之下，外界新兴文化随着城乡之间频繁的交流不断涌入，洼子村民众的实践区域也达到了更大的范围，由此带来的信仰空间体系的变化一方面体现在村落信仰体系中山神的衰落与路神的兴起，另一方面也体现在民众对“泰山烧头香”“千佛山庙会”等更远距离信仰活动的主动参与。

（二）洼子村的信仰实践

洼子村的信仰活动非常频繁，其中接季、打路斋、献轿属于村落集体

---

① 刘铁梁：《村落庙会的传统及其调整——范庄“龙牌会”与其他几个村落庙会的比较》，见郭于华主编：《仪式与社会变迁》，社会科学文献出版社2000年版，第269页。

② ［美］施坚雅著，史建云、徐秀丽译：《中国农村的市场和社会结构》，中国社会科学出版社1998年版，第40页。

信仰活动，由村中的老母四季会组织村民参加，敬天爷爷、请家先/上坟、找/打发替身则是由个人或者家庭、家族操持的信仰活动。本文择要介绍其中五种。

1. 接季

接季是老母四季会组织的最主要的仪式活动。一年有五次，分别是立春接春季老母（观音老母），立夏接夏季老母（清凉老母），立秋接秋季老母（文殊老母），立冬接冬季老母（普贤老母），冬至接无生老母，其中以冬至的仪式规模最为盛大。接季体现的是洼子村的时间制度，洼子村存在着两套时间制度：一套是直线性的，时间不断地以此时此刻作为原点向未来走去；一套是循环性的，昼夜往复、四季轮回、生死相续。直线性的时间制度正如村里人常常发出的“一天强起一天”的感叹一般，蕴含着村民们对未来的追求；循环性的时间制度则作用于村里人当下的日常生活，如“五天一集”的集期设置、“十天一倒”的轮班制度、“春种秋收”的农事安排等。接季仪式诞生于农业种植传统，四季老母各自的管辖期限所对应的是农作物“生—长—熟—休”的周期规律，而接季正是发生在四个季节转换的节点，至于对无生老母的祭祀则代表着“年”这个大周期的结束和新周期的开始。接季既体现了民众对五谷丰登的期盼，也表达了他们对四季循环的自然时间的尊重与酬谢。

2. 打路斋

打路斋旧称“祭路”，是对路神、路观音、路姑、护路大将军、地堂老母、路程老爷、照明姐姐、车头老爷等神灵的祭祀仪式。在祭祀神灵的同时，老母四季会还会在路边专门设置一张供桌祭祀路上的神灵，这个环节被称为“打路斋”。如今，人们对打路斋的环节愈发重视，“打路斋”的名称也就逐渐代替了“祭路”。

3. 献轿

献轿是莲花庵最重要的庙会仪式，当地以农历二月十九为观音成神日，旧时莲花庵周边的几个村在这天都要抬着放有观音牌位的花轿和仪仗，带好仙袍绣鞋、供品祭品，扭着秧歌步到莲花庵送观音成神。仪式高潮出现在莲花庵旁的空地上，先后到达的几个村落争相选好有利位置，各自以摆供、上香、诵经等的程序为观音菩萨敬献供品，在敬献之后还有各式各样的群体表演活动。新中国成立后，献轿仪式随着莲花庵的衰落停滞了近60年。直到2006年11月19日莲花庵重修告竣，村民们趁机在当天恢复了“献轿”仪式①，洼子村也组织起了120人的队伍。在庙会现场，原本先来后到的献轿仪式成为各个村“争强好胜”的舞台，竞演的成分完全代替了本该庄严肃穆的仪式活动，整个仪式几乎成了一项民间集体祭祀仪式与艺术表演的竞赛。

献轿是以乡镇为核心，各村落单元集体参与的跨村落信仰仪式。一般认为，神灵巡游的仪式“重新肯定了该社区的领地范围，并象征性地加强了它的以集镇为中心的结构”②；而献轿仪式则是村落对集镇中心的主动依附，以及对自身作为基层社区的领地范围的自我认知。与此同时，各个村落又极力企图以更精彩的展演、更大的声势来压倒其他村落，从而彰显自身的独特性，以达到形塑村落文化、谋求村落间平等互动的目的，正因如此，经济上处于下风的洼子村总能展现出最强大的力量。

4. 敬天爷爷

敬天爷爷是洼子村在一年之中最重要的仪式活动，于农历正月初一天亮之前举行。仪式面向的是洼子村整体的信仰系统。仪式的场所以庭院中心为主，遍布整个宅院内外。过去，敬天爷爷都是在自己家里进行，很多村民并不十分清楚祭拜神灵的名单和仪式的具体过程，而是凭借自己的理解随意进行。

2008年后，洼子村新建的四栋居民楼先后投入使用，近百户家庭搬进了共享一个“宅院”的社区中，面对物理空间的变化，居民们决定推举也搬进了社区里的张俊英为组织者一起举行仪式，“敬天爷爷”转变成为公共性的集体祭祀仪式。③ 张俊英带领社区的居民们以不违背老礼为基本出

---

① 仪式过程参见张士闪、张佳：《“常”与“非常”：一个鲁中村落的信仰秩序》，载《民俗研究》2009年第4期。

② ［美］施坚雅著，史建云、徐秀丽译：《中国农村的市场和社会结构》，中国社会科学出版社1998年版，第49页。

③ 社区集体仪式的详细过程可参考张帅：《讲礼·传承·再造——山东省淄博市淄川区罗村镇洼子村春节习俗调查》，载《节日研究》2014年第1期。

发点，依据现实情况对仪式的细节进行了调整。集体仪式相较于家庭仪式最大的不同在于拥有绝对权威的仪式组织者发挥了巨大作用。张俊英既了解一定的宗教知识，又非常熟知地方和村落的信仰传统，这使得她极易获得民众的全力支持与配合。因此她不但可以亲自操作关键环节，把控整体进程，还拥有直接改造仪式的权力，而参与集体仪式的村民们则在对仪式有了清晰认知的同时，也获得了更加庄重神圣的感官经验。

5. 请家先/上坟

洼子村对祖先的祭祀仪式有两种，一种是墓祭，当地人称为“上坟”，由家族中的男性成员去祖先的墓地祭拜，于每年的寒食节，寒衣节（农历十月初一），祖先的诞日、忌日等举行；一种是家祭，当地人称之为“请家先”①，即将祖先请到家里来享受供奉，每年七月半和腊月三十举行。

总之，洼子村对村落信仰系统的空间建构以及具体的信仰实践都建立在村落文化传统的基础之上，因此展现出了与其他村落不同的独特性。信仰在洼子村的存在价值，除了满足某些日常生活中的需要等现实功利因素之外，在一定程度上也有着一种出于维系村落传统考虑的相对纯粹的精神因素。如果用洼子村当地的语汇，前者可用“事儿”来概括，后者则可用“礼”来概括。“事儿”既可以代表日常生活中的问题，又可以指称具体的生活实践；而“礼”则指的是村落的文化传统，它一方面是洼子村区别于其他村落的标志文化，另一方面也代表了村落中的一种用于道德约束、经验指导的权威力量。在进一步阐述三方的相互关系之前，我们需先对“礼”和“事儿”做出解释。

二、洼子村的“礼”与“事儿”

杨念群认为：“（民间）存在着难以用上层精英的知识加以把握的感觉世界，乡民们往往凭借从‘感觉世界’提炼的原则安排日常生活。”② 民

① “家先”即祖先，有的学者也写作“家仙”，洼子村人常把在院落中偶然出现的蛇称为看家护院的“家仙”，因此本文写作“家先”。

② 杨念群：《“地方性知识”、“地方感”与“跨区域研究”的前景》，载《天津社会科学》2004 年第 6 期。

众的“感觉世界”更多来自对村落历史发展过程中所积累之生活经验的继承，洼子村村民时常提起的“老礼讲”“老话说”便是对村落生活经验提炼之后的概称。被村民们奉为圭臬的“礼”并不是一个很复杂的概念，它是一本充满条条框框的生活指南，也是一个用以规范生活、代表村落形象的符号，还是可以被运用的象征性文化资本。对于村民们来说，“礼”的象征意义要大过其本身的内涵，但即便如此，村民们还是试图给予“礼”一种实在意义，使抽象的“礼”具象化，从而成为可以具体言说和表达的象征性符号：

> 老礼是咱们老祖宗一代代传下来的，具体有啥得看办啥事，啥事都有礼数……要求我们无论讲话办事得按照老一辈的规矩办，做人要讲礼数，讲文化。……老一辈规矩再多也不能嫌麻烦，马虎不得。……人后咱管不着，人前你得有礼貌分轻重，正如老话说，背地里皇帝都挨骂，当面里你可还得给他磕头哩！①

从这段话中我们可以采集到以下四个信息：1. “礼”是一代代流传下来的文化传统；2. “礼”有着不容置疑的权威性；3. “礼”既是做事的依据，又包含了对个人道德修养和文化素质的要求；4. “礼”根据不同的“事儿”有着不同的具体表现。由此看来，对“礼”的认识，既要建立“历史感”，把“礼”放到长时段的历史发展脉络中，又要建立“地方感”，把“礼”放回日常生活，回到村里人强化个人修养以及处理“事儿”的具体情境之中。

“事儿”在洼子村既可以指代具体的行为活动，如“红白事儿”“办事儿”，又可以指代一种不好的状态和现象，如“你家祖坟上有事儿”；“事儿”还代表了一种责任和承担，如“这是你的事儿”。从村民的视角来看，所有的“事儿”都是当下的，过去的“事儿”也只有通过当前的历史

---

① 被访谈人：张宏溪，男，83 岁；访谈人：张帅；访谈时间：2015 年 5 月 2 日；访谈地点：洼子村张宏溪家。

叙事才能重新呈现，其重现的目的也是更好地解决当下的“事儿”。所以，对于具体的事，村民们并不会在其历史渊源与发展脉络上过于较真，他们更加关心的是这件“事儿”所牵动的所有社会交往，所以“事儿”在乡村社会中呈现出的是一种共时性的社会关系。村落作为“蕴含着民间社会的社群关系、血缘关系，乃至族群关系，或者是共同利益的关系”① 的最稳定而又复杂的社会共同体，其单位内的任何“事儿”都可谓是“牵一发而动全身”，如何妥善处理好这些“事儿”，理顺各种人情关系，是每个生活于其中的村民们必须要学会的生活技能。对于洼子村的村民们来说，“礼”在其中发挥了关键作用。

首先，“礼”作为具体的条条框框，是村民们最有效用的生活经验。举例来说，在乡村社会中，邻里关系构成了以地缘为基础所形成的人际关系中最基本的一个单元，基于传统劳作模式对劳动力的高需求、乡民安土重迁的思想观念以及邻里曾长期作为基层组织单位的历史传统，守望相助的邻里关系成为乡村社会中除血缘关系之外最稳定的人际关系。在洼子村，村民们就深信“亲戚中个举，不如邻舍家买个驴”的老礼，非常注重邻里关系的经营与维护。谈起邻里之间的相处之道，张世豪立马说起了村里的老礼：

老话说，“盖屋打墙，邻舍家帮忙”，这句话就是说邻里就得像一家人一样要好好佮伙（意为往一起凑），但你也不能佮伙太亲了，居家过日子，谁家都有点丑事坏事，老话说得好，“捂得住瓶子的嘴，捂不住自己的嘴”，你要是知道了，早晚有一天得抖搂出去，你可知“说煞人、道煞人，舌头底下压煞人”，所以“要想不传谣，只能不知道！”②

① 林美容：《村庄史的建立》，《乡土史与村庄史——人类学者看地方》，台湾台原出版社2000年版，第230页。

② 被访谈人：张世豪，男，85岁；访谈人：张帅；访谈时间：2012年1月19日；访谈地点：洼子村大街。

由此可见，洼子村邻里之间的相处始终奉行着“不远不近”的原则，“不远”的底线是“盖屋打墙，邻舍家帮忙”，“不近”的底线则是邻居不愿公开的事不能听，不过问，不瞎说，不掺和。这两条底线正是洼子村的先人们在日常交往中逐渐总结形成的经验，以老话的形式流传了下来。老礼对交往的度的把握是在结合当地传统文化的前提下，在日常生活中不断地进行检验和调试的结果，因此，对于村民们来说，这些老礼是非常适用和科学的。

其次，“礼”作为一种文化形式，提升了村落的文化气质，塑造了洼子村“文化村”“礼仪村”的村落形象。村落形象的塑造与维护归根结底是为了凝聚村落内部力量，促使村落形成一个稳固的共同体，村落之间互动的过程往往能最大限度地体现塑造村落形象的价值之所在。在与洼子村相邻的几个村落中，每个村落都有其独特的村落形象，西邻的罗村是罗村镇的政治中心、市场交易中心；北邻的南韩从30年前的贫穷山村一跃成为远近闻名的经济强村，几个村属企业已经成为整个罗村镇的经济支柱；南邻河东村是与洼子村互动最为频繁的村落，作为铁板会①发起地的河东村一直以来都以“河东出皮孩（指好勇斗狠的小青年）”的形象出现在洼子村人的口中，两个经济水平、社会地位比较类似的村落在不断的小摩擦中寻求着大局面的稳定。

在经济水平、政治地位以及村落势力的对比中处于下风的洼子村充分利用自己相对完整的文化与礼仪体系，以“有文化”“讲礼数”为标签来打造村落形象，以此建立村落自豪感，从而将村落交往中的心理弱势转换为优势。“罗村傲、南韩烧、河东贼”的评价就是洼子村村民们以己为参照对其他村落性格的认定。这种认定是非常主观的，洼子村的人也并不关心是否得到其他村落的认同，他们需要的仅仅是

① 1929年，河东村的地主张荣修在红枪会的影响下成立了教门武装组织“铁板会”，发展会员上千人，遍布三十几个村庄。1937年冬，铁板会攻打驻防周村的日军，日军于农历腊月二十九清晨突袭河东村，制造了“河东惨案”。关于河东村铁板会更加详细的介绍可见蒲玉水遗作，蒲泽整理：《淄川“铁板会”始末》，载《淄博文史资料选辑》第2辑，1984年，第121页。

一种“我们村并不比别的村差，甚至比他们还好”的自我心理感觉。正因如此，当别的村嘲笑洼子村的人“穷讲究、越穷越讲究、越讲究越穷”的时候，洼子村的人不怒反乐，因为这至少证明了他们努力营造的“文化礼仪村”的形象已经与“穷”的村落现实一样得到了广泛认同，更何况他们认为“穷不要紧，谁家祖上没穷过？但文化可不是每个村都有的，把咱们村现在所有的老师、教授集合起来，办一个重点高中一点儿问题没有！”①

可见，除了提升自我心理优势的原因之外，洼子村还将本村的文化气息与礼仪传统视为一种资源优势，与坐拥政治、市场、经济等资源的几个邻村形成互动关系。这种抢占资源、相互比较的行为并不意味着村落关系的紧张或隔膜，实际上是村落通过对自身实力的包装与维护来谋求与其他村落平等对话的地位，其最终目的是搭建更加频繁、稳定、长久的村落关系。

最后，“礼”作为象征性文化资本，代表了村落中不可动摇的权威力量，约束着村里人的行为，规范着村落的生活秩序。在村落的实际生活中，礼并非对所有“事儿”都有具体实在的指导方法，礼更多时候充当的是一种价值评判标准。“按礼说”作为洼子村人的说话习惯，并不是他们要刻意营造一种有身份、有内涵的感觉，而是为自己接下来的话语和行为提供合理性铺垫。

2006 年 6 月，洼子村的一些文化人筹划由村民集资修缮村里的历史建筑南门，收款初期遇到一些阻力。筹备组的人认为对修缮南门意义的宣传并不能很好地打动村民，于是他们便重新斟酌了一套说辞：“洼子村向来有吃大苦耐大劳建大业的优良传统和精神风貌。……先祖们那么艰苦的条件还给咱们留下了五座城门和绕村围墙……咱们从老一代开始就都是讲传统有文化的人，到今天非但不发扬老祖宗留下来的传统作风，还让南门也

---

① 被访谈人：张世华，男，65 岁，曾担任洼子煤井会计、厂长，现被洼子村村委会聘为村务工作人员，洼子村红白理事会成员；访谈人：张帅；访谈时间：2015 年 10 月 21 日；访谈地点：洼子村张世华家中。

毁于我们这一代的手，这会让我们的祖先在九泉之下骂我们是败家子。”①他们将这段话反复说给村里人听后，后续工作果然就顺畅了很多，最终征得了17800元的捐款，顺利完成了修缮工作。“事儿”的解决源自筹备组对老礼的巧妙运用，之所以能够成功，正是因为礼在村民心中所具有的天然威慑力与约束力。

综上，“礼”与“事儿”共同构成了洼子村的村落生活，其中“礼”所代表的是有着一定权威性和约束力的传统，“事儿”则代表了出现各种问题的现在。传统并不等于过去，当村民们说某种说法是传统的时候，他们所要强调的并不是其作为过去的时间属性，而是要宣示它的权威性和约束力。从这一点上来说，传统只有在当下才具有意义，而当下的生活也依靠传统的力量得以继续向前。在乡村社会中，传统与现代并不是两个对立的概念，而是你中有我、我中有你，共同支撑起了村落整体生活空间。那么，洼子村的信仰实践作为村落生活的重要部分，在运行与被维护的过程中，“礼”与“事儿”是如何相互作用从而促使它常在常新呢?

三、“礼”与“事儿”：洼子村信仰体系与实践的存在机制

阐释信仰的存在机制，需从信仰自身的角度展开来说，通常信仰存在的前提有两点，一是其背后的思维逻辑，二是其发展的动力，下文将就这两点及其二者的互动分别展开陈述：

（一）村落信仰的内在逻辑

第一，人们根据“礼”来建构信仰系统，并确定信仰实践的程序与细节。村民们在具体的信仰实践中并没有严格的程序限定，他们虽然在态度上是严肃谨慎的，但在行为上总体现出随意性。民间信仰不同于非经验性的制度性宗教，它是以代代相传的经验为支撑，经验只有在民众理解的基础上才能发挥作用，而民众对经验的理解又通常依靠具体实践活动中的身体感知，由此导致了信仰活动的随意性。不过这里所说的“随意性”是作

① 2006年6月25日，洼子村举办南门竣工仪式，主要发起人之一张宏浩上台细述南门重修工作的前后过程，其中提到了这一细节。

为旁观者的研究者以专业知识的眼光相比较之下得出的答案，对于民众自身来说，他们并不以为然，他们认为其所有的行为只要符合了“礼”的要求，就都是合理且必需的。

反过来说，礼规定了信仰系统的状态和信仰实践的程序，如村落四方边界的神圣拱卫是来自对老礼中四方神、四灵的借鉴；献轿仪式则是依据历代村民们所想象和理解的皇帝出行的礼仪来规定仪仗队的具体设置；各种仪式中具体的操作细节依照的是老礼中所规定的待客之道，尤其是“先茶后酒、先菜后面”、“酒要满，茶要浅”、“烂狗肉不上席”①、“两根筷子不一样长，盖房子上不了房梁”等各种老话都被运用到了仪式中；张俊英的权威性的获得除了她异于常人的传奇色彩之外，还与她能够合理解释并运用老礼有着重要关联。

第二，村民们的信仰传统本就是“礼”的重要部分。从信仰主体的角度看，民众所进行的信仰实践是在传承一种惯习，布迪厄认为，惯习是特定场域中存在的特定的性情倾向系统，它“来源于社会结构通过社会化，即通过个体生成（ontogenesis）过程，在身体上的体现，而社会结构本身，又来源于一代代人的历史努力，即系统生成（phylogenesis）”②。因此，惯习是历史的产物，其存在是具有连续性的，它通常以无意识的方式扎根在人们身上，人们通过具体的行为来实践和维系这种惯习，并在一定程度上拒绝惯习的突变。村民们能够非常清晰地描述出村落里消失已久的庙宇的地理位置，并以其为支点构建起严密的信仰空间体系；村落中各式各样的信仰活动在特定的历史年代中遭遇了数次毁灭性的打击，一度完全消失了数十年，但在政策开明的今天几乎如雨后春笋般迅速生长起来，究其原因，正是因为信仰传统早已经成为村民们的生活惯习。信仰空间可以被毁弃，信仰活动也可以被禁止，但寓居于村民身体中的生活惯习具有非常牢固的稳定性，是无法被消解的。

---

① 村里人认为，狗肉煮熟以后看起来烂乎乎的，不雅观，因此有“烂狗肉不上席”的说法。

② ［法］皮埃尔·布迪厄、［美］华康德著，李猛、李康译：《实践与反思——反思社会学导引》，中央编译出版社1998年版，第184页。

在各种传统信仰活动得以恢复的同时，一些新的信仰活动同样建立了起来。这些新信仰活动并不是对信仰传统的直接承袭，但是与民众的信仰惯习同样有着密切的关联，单从活动的程序来看，它们与传统信仰活动并没有什么不同，完全由信仰惯习来确定，所以参与者们几乎不用提前排练，就能非常熟练地参与到活动中。也正因为如此，参与者会在潜意识里有一种延续传统的感觉，在访谈过程中我们经常会听到民众非常固执地将一些新出现的信仰活动认定为延续了几百年的传统，学者也总会从实证的角度去否定他们的说法，用上层知识的理论去阐释民众“说谎”的原因，甚至批评民众的好古与无知。实际上，如果我们在进入地方世界的同时，能够真正“移情”到他们的经验世界与感觉世界，或许会有与此完全不同的看法。

第三，“礼”是灵验的根基，人们对神灵、祖先以及仙家的信任基础更多的是来自先辈们从事信仰活动并获得成功的生活经验。民众所说的“灵验”可以理解为对“灵”或“不灵”的“验证”，比起效果不能实时显现的“灵”，民众更加关注的是先辈们对灵的“验证”。所以人们在实践中并不关心所祭祀神灵的神职、身份甚至名称，因为人们信奉的是他们依照先辈们留下来的信仰传统所做出的行为过程，所以他们才会将注意力完全集中在仪式的程序上，试图让每一个程序、每一个细节都能原原本本地按照老礼的规定进行。

在洼子村，人们可以任意调侃神灵，是因为他们并不迷信神灵，因而便不惧怕神灵；人们面对程序上不得不做出的改变，不惜冒着冲撞神灵的风险，也要战战兢兢地寻求老礼的解释，使之合理化，是因为他们惧怕因为自己行为上的疏忽而违背了先辈们积累下来的传统，从而无法像先辈们一样获得成功的体验。从这一角度来看，仪式专家张俊英错将关帝庙中关平与周仓的塑像当作了刘备与张飞，把秦桧夫妇当成曹操夫妇，村里人把送子观音殿与韦驮殿称为“大鬼殿”与“小鬼殿”，他们一边恭敬地祭拜土地爷却一边编段子调侃土地爷，在张俊英给大家普及“信仰知识”之前，大多数人都不能完全说出敬天爷爷仪式所供奉的所有神灵的名字等现象就不难理解了。

（二）围绕“事儿”展开的信仰实践

“礼”虽然构成了洼子村信仰实践的逻辑支撑，但并没有为信仰的生存与变迁提供足够的动力。从信仰之于村落共同体及个人的意义上看，“事儿”才是村民们信仰实践的主要原因和最终目的之所在，在洼子村，所有的信仰实践都是为了解决日常生活中的“事儿”。

第一，信仰实践本身就是用以解决“事儿”的直接手段。信仰实践与满足民众的基本需求相关，在他们的日常生活中有着非常实际的功能，如宅院中各个神灵的设置直接作用于家庭的平安兴旺，村落边界神灵的设置则保障了整个村落的安全；敬天爷爷的存在是家庭或社区对美好生活的向往与争取；打路斋既为了保障出行安全、道路平安，又寄托了对在外地工作、生活的家人的挂念；请家先是希望家庭得到祖先的庇佑，上坟则是希望家族能够长盛不衰；接季是村落对于五谷丰登、六畜平安的追求等。尽管它们最终能起到多大程度的功效无法预测，但遇到“事儿”时便会采取相应的信仰活动这种行为在洼子村是始终客观真实存在着的，在村民们的经验世界中，这些“虚拟性”① 的手段与现实生活中看病吃药同样重要且不可或缺。

以信仰的手段解决现实生活的问题诞生于蒙昧时代，我们一般认为它的产生与思想观念及经济水平的落后相关，但信仰的兴盛并不意味着地方经济水平的落后，信仰在当下的复兴恰恰建立在民众生活水平显著提高的基础之上。劳作模式以及经济水平的变化只能对神格和神灵的选择有所影响，社会文化的重大变迁也只会促使民众对神灵体系做出调整，而不会导致信仰活动的消失，洼子村家神由观音到财神的转变，以及山神的衰落、路神的兴起等现象即反映了这一点。

第二，信仰实践不同于其他日常行为的关键在于其具有象征意义，并且包含了长时段的、复杂的历史记忆，因此信仰是一个不断地与现实村落社会的变迁紧密联系着的象征传统，信仰实践的过程也即民众对象征传统

---

① 薛艺兵：《对仪式现象的人类学解释》（上），载《广西民族研究》2003 年第 2 期。

的运用过程。所以说信仰实践对日常生活的意义超越了它本身所具备的一对一的直接功用，而拥有着更加复杂的功能，集中表现在情感满足与秩序维护两个方面。

信仰实践的象征意义与地方性知识密切相关，信仰的象征符号只有在特定的文化系统中才会有意义。在信仰实践的过程中，频繁出现的象征符号不断地强化参与者的地方认同意识，从而使参与者获得一种身份归属感。这种归属感在处于城镇化速度不断加快，甚至全球经济文化一体化成为社会发展必然趋势背景下的乡村社会中显得更加难能可贵。村民们通过象征符号的刺激来找回乡土社会的传统记忆，体验过去的温情，满足内心的情感需求。洼子村老人们在讲述村落信仰空间格局的时候，内心里所浮现的正是他们记忆和想象中的过去——一个众神各负其责、村民安居乐业的理想世界，而他们更加急于表达的是，自己就是在这样一个世界中生活着的一员。

在传统的乡土社会，神庙与祠堂是处理公共或家族事务的重要场所，神灵与祖先则是最重要的决策者，神判是裁定对错、解决纠纷的重要依据，所以在人们的传统观念中，信仰从一开始就具有维护村落秩序的功能。当今乡村社会的村治模式与过去已经有了很大不同，村两委组织代替了过去的乡绅、族长，相对完善的法律与制度保障使他们能够不依赖于信仰的力量来行使职能。然而制度需要的是对社会全体成员的普遍约束力，因此它在制定的过程中的参照系是社会大众，并且往往以不容更改的强制力来维护其效力，提升尊严，但村落作为一个充满地方特色的复杂的熟人社会，村落秩序很难单纯依靠制度来规范，所以乡村社会中还有多种不同的传统力量如信仰、村落组织、人生仪礼、民间艺术等来补充国家制度的约束力，强化村落秩序。不同于过去的完全依赖，村民们如今更愿意把信仰当作一种文化资本，通过操控它来实现维护秩序的目的。洼子村就以接季强调时间秩序、生态秩序，以打路斋强调空间秩序，以上坟、请家先强调家族秩序，以敬天爷爷仪式来强化村落的生活秩序，而献轿仪式则着眼于村际交往秩序的建构与维护。

所以，无论是驱病禳灾的直接效用还是维护情感与秩序的间接效用，信仰所面对的都是村落中的各种“事儿”，也正是因为这些“事儿”的存在，信仰才能经常焕发出新的生机。

第三，从“礼”与“事儿”互动的角度来看，村民们将“礼”作用于当下的生活，赋予“礼”以不容置疑的权威性和不可改变的唯一性，表面看来“礼”似乎是稳定的、严肃的，但以历时性的眼光来看，“礼”是不断变化的，即便在现实生活中，人们也往往会根据村落变迁中层出不穷的新问题来重新解读和阐释“礼”以适应当下的需求。在洼子村的信仰与仪式系统中，这样的例子比比皆是，其中最有意思的是腊月三十的“请家先”仪式。

老礼规定，腊月三十，人们必须要将祖先请到家里来。但随着社会流动性的增强，同属一家支的叔伯兄弟们平时见面的机会少之又少，这就更加需要人们创造交流机会来维系本来就松散的家族组织；另外，腊月三十请家先就意味着正月初五还得送家先，很多在外地工作或者生活的村民等不到初五就要回去了。因此近年来请家先逐渐被上坟所替代。向来讲礼的洼子村面对这种已经违背了老礼但又不得不做出的改变迅速做出了反应，村里的知识分子找到了早年间挖出的“张氏先茔碑”中的一段话来为此做出合理解释，原文为：“……孝者追远之谓也。无追远之事，子孙虽繁而不见其众；无祭物之陈，祭意笃向不能见其诚……”他们据此解释：“老祖宗留下的碑上都规定好了，让后代们要带着祭物，一起去坟上祭拜，要不的话子孙再多，老祖宗也数不清有多少人。”于是在这样的解释下，人们便心安理得地放弃了请家先的仪式活动。

从这个例子可以看出，信仰仪式的主要活动看似由老礼来规定，但实际上则是根据现实的需要不断变化的，其存在的目的主要还是解决“事儿”。然而仪式程序并非可以随意变动，随意的变动往往会违背甚至践踏老礼，其结果便是老礼赋予仪式的社会约束力也随之消解。因此民众在“因事变礼”的同时，也会在特定时候抛开功利性的思维观念，不惜耗费大量财力、精力，倔强地去重现那些看起来毫无实用价值的纯粹精神方面的传统礼仪，以此来进一步强化“礼”对“事儿”的控制力。

综上所述，洼子村信仰的长期存在是“礼”与“事儿”相互作用的结果，其中“礼”作为逻辑支撑，“事儿”作为最终目的共同构成了村落信仰的存在机制，保证了信仰的有序运行，使信仰在村落日常生活与交往的各个方面都发挥出了重要作用。所以，洼子村的信仰体系与实践并不会随着社会的发展而逐渐消亡，反而还会不断地自我调整以适应社会经济与文化的变迁，从而不断焕发出新的力量。

四、结　语

从民众自身的角度来看，信仰格局并不是异于日常生活空间的另一套空间体系，而是与民众并存于生活空间之中；信仰活动也并不是生活化了的宗教追求，而本身就是民众日常生活中的一部分，与劳作、休闲、交流一样共同构成了最基本的村落生活。从这一点说，民众对庙会的感觉也无非与打路斋、敬天爷爷等日常生活中的仪式活动，以及赶集、走亲戚等社会交往行为相类似，都是日常生活中的一个方面。他们并不认为参加庙会就是脱离了日常生活，也并不会在庙会上癫狂到失去自我，而且他们对自己和村落参与庙会的目的有着明确的认知，所以与其说庙会是非常态的狂欢，还不如说是常态的狂欢更加贴切。

对洼子村民间信仰的解析表明，把握地方性知识、对民众生活细致观察、对信仰仪式的主观感受并不足以充分地认识并描述某类民间信仰及其仪式。看似简单的民间信仰实则包含了诸多内容，且勾连着生活的诸多方面，更何况民众本身对信仰的认知也并不是非常全面。因此，如其所是地描述和展现地方信仰及其逻辑实则是对研究者更高的要求，这意味着我们不能拿着访谈资料，利用自己的专业知识，依靠自己的想象去建构和完善一个地域民众的信仰生活，也不能因为民众自身的不甚了解而认定这片地域的信仰生活是碎片化的、行将消失的。我们除了像以往那样记录民众行为的同时，还要抛弃研究者的身份，摘掉专业知识的眼镜，沉浸到民众的经验世界，与他们一起感知这个世界。

另外，对乡村社会中民俗事象的深刻调查很难得出一般性的结论，正如洼子村与南韩、河东、罗村的不同一样，每个村落社会都有其特色，以“礼”和“事儿”构建村落信仰体系的分析并不适用于除洼子村之外的其他村落，包括与之相邻的三村在内，这是由中国民间信仰本身所具有的地方性、杂糅性、变异性等特征决定的。但这并不意味着这样的调查毫无意义，毕竟它作为一个村落的信仰民俗志为我们留下了较为丰富的村落信仰资料，也提供了一个了解村落的窗口，同时也对调查其他村落的民间信仰具有一定的借鉴意义。

（张帅，浙江农林大学讲师。本文原载《民俗研究》2016 年第 4 期，收入本书时有修改）

神像：民间信仰的象征与实践

——基于冀南洗马村的田野考察

引　言

乡土社会中的信仰活动多围绕神灵展开，神是一种对民众日常生活施加无形影响的幻想之物，它以不同样态的神像在现实中显现。因此，神像便成为乡土信仰的一种象征性表达，承载着人们对神灵的想象与观念，是村落信仰实践的重要载体，在民众生活中扮演重要的角色。目前学界关于神像的研究大多采用一种“事象研究”范式，即从文化史的角度来考察神像的历史源流、内容体系、造型艺术、雕刻技艺及文化意义等问题。这种范式虽以资料的翔实和考证的深入见长，但也具有“重本体、轻语境”的不足。只关注神像本身的艺术特征，却忽视它与社会要素之间的互动与关联，这容易导致原本鲜活的文化事象被硬生生地从其赖以生存的社会空间中剥离出来，经过研究者的过滤与肢解，变得支离破碎、面目全非。有鉴于此，对神像的研究只有跳出艺术分析的樊篱，从田野出发，将之放置于民众日常的信仰实践之中进行考察，以“生活—文化整体观”的视角①去解读，才能获得清晰的认知并做出合理的解释。冀南广宗洗马村是一个多神信仰的村落，村内神像形制之多、种类之繁令人惊叹！文章基于长期的田野考察，对洗马村内所供奉的神像本体进行细描，进而讨论神像在乡土中的生产与使用机制，最后指出在神像的外衣下蕴藏着民众有关“圣与

① 张士闪、耿波：《中国艺术民俗学》，山东人民出版社 2008 年版，第 6 页。

俗"的交相错综的信仰体验，以及调整生活节奏、规整社区秩序的生存智慧。

一、多神信仰的村落

作为一个约定俗成的地理名词，"冀南"泛指河北省南部地区。该区域位于华北大平原腹地，历经古黄河、古滹沱河等河流长时段的泛滥冲击，地形以沙丘、平原为主。广袤平坦的冀南大地孕育了单调均质的社会景观，相似的村落景致、类同的生活方式、共享的口述传统与相近的伦理价值一起描绘了一种同质化的生存图景。然而，在看似平淡无奇的常态表象下，却蕴含着另外一种异质化的"非常"的村落生活，那就是基于神灵而形成的信仰活动。冀南的村庄，但凡有一定的建村历史，其内部的信仰空间都比较鲜明，呈现出一种多神信仰的样貌。① 广宗县洗马村便是这样一个典型村落，它位于县城北 4 公里处，历史较为悠久。洗马之名与冀南一带广泛流传的"刘秀走国"的故事有关。相传西汉末年，王郎兵马追刘秀至此，刘秀隐匿树林，待追兵走后，在此洗马，故得名。村西旧有大坑，据传为洗马潭旧址，今渐平。② 洗马实际何时建村，今已无从考证。清嘉庆十年修郭氏族谱"序言"称本姓"自洪武年间迁于广宗县洗马村"，明万历二十六年（1598）的旧志上第一次出现"洗马"村名，据此二项可推断，洗马建村历史至少在 400 年以上。全村现约 2400 人，张姓为立地户，李、郭、孟为村里的主姓，其中李姓又分东李和西李，并不是一个家族。东李人口最多，占全村的一半左右。从村貌上看，洗马是一个普通的农业村落，错落的房屋，狭窄的街道，看似与周边村庄并无二致。古黄河、古漳河等在此地长期泛滥淤积形成百里沙丘地带，洗马即处于沙带之

---

① 参见张士闪：《灵的皈依与身的证验——河北永年县故城村梅花拳调查》，载《民俗研究》2012 年第 2 期；杨德睿：《在家、回家：冀南民俗宗教对存在意义的追寻》，香港树仁大学当代中国研究中心，2010 年；杨德睿、王建章：《事、功、斗：河北无极县某村的"迷信"的理论意涵》，见《社会理论论丛》第 5 辑，中国大百科全书出版社 2010 年版。

② 河北省广宗县地名办公室编：《广宗县地名志》，1984 年，第 114 页。

上，周边沙岗与洼地交错分布，每至风起，沙尘飞扬，生存环境较为恶劣。村中现有耕地2400余亩，但多为砂质、砂壤质褐化潮土，较为贫瘠，少量好的土地一年可种植两季，春季种小麦，秋季种玉米或谷子；其他土地则只能种一季棉花。

村落多神信仰的现状往往与村民对于灾难的记忆密不可分。历史上，洗马村一带天灾人祸频繁发生。村西不远处便是曾经泛滥成性的老漳河，处于河道拐角处的洗马村是自然灾害的常发之地，洪涝、旱灾最为频繁，风灾、霜灾、雹灾等亦时有发生。据《广宗县志》记载，明宣德八年（1433）至民国三十二年（1943）的510年间，发生旱、涝、洪灾害71次，平均7年一遇。每遇自然灾害，则颗粒无收，民不聊生，“民大饥”“民相食”“人有饿死者”等字眼在旧志中时常出现。[①] 除了天灾，当地还饱经战事之祸。历史上，广宗一带各类战事频发，农民起义更是经常爆发。据旧志记载，明以前曾有施、张、崔、董、刘五个洗马村，但明建文帝与燕王争战时，广宗正当战区，军民死伤惨重，人口锐减，五个洗马逐渐合为一个村子。在清末赵三多、景廷宾领导的多起农民起义中，广宗一带也是主要战区。频发的自然灾害、恶劣的耕种环境加之常年的战乱，使当地人居无定所、生计艰难。于是，生活安宁、风调雨顺、人寿年丰便成为当地人普遍而至高的追求。其中，最直接的方式便是求助于各路神灵，这在客观上造成了广宗一带信仰风气浓厚，儒释道交融杂生，民间信仰更是长盛不衰，村落之中基于不同神职功能而形成的多神信仰成为常态。

洗马村中现存庙宇四座（观音庙、玉皇庙、龙王庙、土地庙），佛爷会、菩萨会、醮会等信仰组织健全，信众定期举办敬佛爷、扎菩萨、打醮[②]等信仰活动。家户之中亦多供奉各路神灵。据统计，洗马村中所供奉的神灵种类繁杂，数目众多，详见下表。

---

① 河北省广宗县地方志编纂委员会编：《广宗县志》，方志出版社1999年版。

② 打醮活动在当地十分盛行，它是一种以村落或联村为单元，以祈求人寿年丰、一方平安为目的的大规模的仪式活动。洗马村打醮采取“隔年一打”的方式，醮期为二月十六日至十九日。

洗马村现有神灵统计表①

神灵类别	神名	神职/功能	信仰现状
自然神	土地神	掌管村内死者灵魂，护佑一方平安	村西有一座矮小土地庙，内无神像，仅用纸袍代表，村西人来此报庙；原村东土地庙仅存遗址，村东人仍到遗址处报庙
	雹神	主管冰雹	无庙宇和神像；立夏日和打醮时均祭雹神
农作物神	麦王娘娘	掌管小麦丰歉	二神共处一张神轴之上；每逢祭祀供于全神像的左侧
	白花娘娘	主管棉花收成	
动物神	狐仙	能给村民带来福祉，亦能带来灾祸	村东有土岗，名“圪针寨”或“枣坟”，系郭家老坟，过去柏树林立，酸枣树遍布周遭，狐狸栖居于此，遂成精怪。现植被破坏严重，狐仙信仰式微
佛道神	南海观音（俗称“老母”）	村落保护神，村内最主要的神灵	村中有庙宇一座，有些家户供南海于影壁墙侧面或屋内；据传农历二月十九日为菩萨生日，每年菩萨会均扎菩萨塑像以祭祀
	释迦牟尼佛（俗称“佛爷”）	保护神	没有单独神像，佛爷位于全神轴上；每月初八村中佛爷会摆会祭祀
	玉皇大帝	掌管天地万物，保护神	村西有庙宇一座，破旧不堪，庙内有玉皇画像
	龙王	水神，掌管雨水	村西有庙宇一座，紧挨玉皇庙，破旧不堪，庙内有龙王画像
	其他神灵（200余位）	保佑风调雨顺，人寿年丰	每逢打醮，按道教神谱，醮棚内外要安放200余位神灵，享受信众祭拜

① 本文的研究主要以目前村落中存在的、被村民广泛认可和接受的神灵为对象，那些村落历史上曾出现过的神灵或现在只在家户中被随意添加而没有进入村落信仰体系的神灵暂不做统计。

（续表）

神灵类别	神名	神职/功能	信仰现状
地方杂神	全神	保护神	集天地三界众神于一布轴之上；村中现有两幅全神轴，全村性信仰活动均供奉全神轴
	祖先神	家族保护神，庇佑子孙	村中每个家族均有家谱轴子，过年时挂出祭拜
	关帝	保佑一方安宁	供于家户影壁墙中间
	天地神	保护神	过年时贴天地像于院中，摆供祭祀
	灶神	家宅保护神	腊月二十三辞灶，三十接灶，贴新请的灶君像
	财神	保佑发财	很多家户会请尊财神，供于家中，或为画像，或为陶制塑像
	路神	保佑行车安全	村中无单独神像，全神轴上有路神像；打醮时有祭路司仪式，有的家户遇到路途不顺时也会祭路司

与众多神灵崇拜相适应的是，村中有一套完整的信仰组织机制来负责年度的祭祀活动。因遭遇天灾人祸，当地逃亡、迁徙的事情时常发生，这就导致了村落内血缘混杂，家族的力量相对薄弱，村民缺乏一个强有力的组织依靠来应对不期而至的种种灾祸。于是，各类民间结社随地缘应运而生，其中尤以信仰组织最为兴盛，佛爷会、菩萨会、天地会、阎王会、醮会等遍布乡野。① 洗马村现有佛爷会、菩萨会、醮会三个信仰组织，其规模从小到大，依次递增，而且各组织之间存在相互嵌套的关系。佛爷会是传统的老会，其组织和参与者多为老年妇女，每月初八日聚集摆会，敬奉释迦牟尼佛。② 菩萨会在当地较为普遍，供奉南海、普贤、文殊三尊菩萨，

① 当地各类信仰结社均以“会”相称，举行信仰仪式又称为“摆会”。“在会”“不在会”成为个人是否参加组织的说辞，其中，“在会”又称“行好”，即做好事、积德行善。

② 相传农历四月初八为释迦牟尼佛的诞生日，因此每月初八佛爷会成员摆会敬拜。目前在佛爷会的有五六名老年妇女，虽然人数不多，但她们熟知过去村落的仪式传统，是村落信仰知识的掌握者和信仰变迁的见证人。许多仪式知识，如经文、请神、表功、送神等，都由她们传授于菩萨会中的年轻妇女。

其中尤以南海为主。洗马村菩萨会在会人员有五六十人（包含佛爷会成员），绝大多数为妇女，她们是村中信仰活动的主干力量，不仅操办村落日常祭祀，打醮时也是主力军。醮会是村中最大的信仰组织，由村中热心行好的人组成，成员达几百人，有男有女，女性居多，菩萨会和佛爷会成员是其核心组成。醮会负责隔年一次的打醮事宜，它有一套完整的组织和运行机制，设男女会首各四名，其下设组长若干，每组负责一项具体工作。除此之外，村中还有一些“不在会的”，每逢有村落祭祀活动，他们都去祭拜，但是不参加具体的组织工作。这些人和在会的人一起构成了洗马村的信众群体，约占全村人口的95%以上。不拜神、不参加信仰活动的村民，约占5%，以年轻人和其他宗教信仰者（如基督教）居多。可见，就整个村落而言，洗马的信众人数占绝大多数，且神灵种类繁多，信仰组织严密，仪式举行频繁，风气甚为浓厚。

二、神像的生产与使用

作为一种想象幻化之物，神是一种观念中的存在，缥缈虚空，没有具体形象可言。那么，这种虚无之物又是靠何种魔力影响民众生活的呢？或者说，神是凭借什么手段树立其威严、增强其存在的真实性呢？答案之一便是神像。神像，顾名思义，为神的形象、样貌，是神在现实生活之中得以具体呈现的物质载体。作为神的象征与化身，神像在乡土信仰中发挥重要的作用，它让神明在现实中变得具体可见，让民众在仪式中有了可感知的祭祀对象。人对神的印象来源于两个方面，一是听闻其事，二是观察其像，前者靠想象揣摩，后者是视觉感知，更为直观形象，也更容易受到感染和影响。于是，神以何种形象示人便显得尤为重要了。

（一）神像的形制

就目前洗马村内所见神像而言，其形制可以笼统地划分为立体式和平面式两类。前者有陶塑、泥塑、扎制三类神像，后者主要以画轴、牌位、纸活等为材质制作而成。

立体类神像主要用陶瓷、泥土或其他材料雕塑、扎制而成，其制作成本较高，费时费力，但因是立体直观呈现，所以更能凸显神灵之威严。陶瓷神像有大有小，一般从佛店“请”来，如家户中供奉的关帝、观音、财神等。村内观音庙内供奉的老母也为陶塑，像高约 1 米，两旁伴有金童玉女，全身纯白色造型，神态庄严，雍容华贵，弯眉朱唇，目光微俯，头戴宝冠，项佩挂链，右手持柳枝，左手托净瓶，身披黄袍，端坐在莲花台上，广视众生，既有安详凝重、救苦救难的慈悲法相，又有温柔女性之优美造型，符合中国传统文化中的观音的典型形象。这尊神像是 2012 年从邢台“请”回来的，在此之前，庙内供奉的是泥塑老母像。她全身镀金，呈黄色，面容略胖，浓眉大眼，鼻梁高挑，嘴唇暗红，头戴泥塑宝冠，身披黄袍，左手拿净水瓶，右手持柳枝作洒水状，安坐莲台之上。泥塑神像出自民间艺人之手，其做工自然无法与工厂生产的陶瓷像相提并论，而每年二月十九日菩萨会人员自己扎制的神像更显拙朴。扎制的老母面容圆润，略显富态，浓眉大眼，娇小鼻子，粉红色的嘴唇和耳朵。她头戴金黄色的凤冠，两侧垂有葫芦形如意耳坠，项挂佛珠，身穿黄袍，蓝色披肩，袖口和袍底处为黑色花纹图案。威风的老母双手合并，置于胸前，手上搭一块白色手帕，怀中抱着一些金黄色的大元宝。底座处有三张用黄纸黑字写就的牌位，从左至右分别为“供奉普贤菩萨之神位”“供奉南海菩萨之神位”“供奉文殊菩萨之神位”。

就三种材质的老母塑像来看，陶瓷神像由于是在陶器工厂流水作业生产而成，这决定了其形象选择必须符合标准化的传统观音造型，只有这样才能最大限度地博取信众（即“买者”）的认同。陶瓷神像做工精致，色泽俱佳，从外观上看十分精美，村民弃泥塑像“请”陶瓷像体现了对老母形象的一种至美追求。泥塑和扎制的神像出自民间艺人之手，个人创作色彩明显，也就更富想象力和地域性特征。虽然在造型艺术上比不上陶制神像，但它们的每一次生产都包含在民众的信仰活动之中，具有重要的实践和象征意义。

平面类神像主要指在布轴、纸活中呈现的神灵形象，包括木牌、纸袍等抽象的替代品。把神灵画于布轴上作为祭祀对象是当地常见的信仰方式。洗马的玉皇庙和龙王庙分别供奉着玉皇和龙王的神轴①，据村民介绍，由于成本过高，村里没钱为二位尊神塑像，所以只能供奉轴子。打醮时，醮棚内亦会挂满200余位神像，神轴上面各路神明画像惟妙惟肖，给观众留有深刻印象。全神画像在当地颇为流行，每个村中的信仰结社都有一幅全神画轴，有的家户在过年时也会供奉印有天地全神的年画。全神轴子为布制的画轴，上面的神灵包括天神、地神、人神、鬼神，儒、释、道尊奉的神灵，众多神灵按照一定的等级排列，各得其位，共享香火。全神轴有大有小，开张不同，其神位数量也就自然不等。以洗马村神轴为例，它长7尺（约2.3米）、宽5尺（约1.7米），分11排，共计93位神灵。可见，全神轴就是包罗万象的诸神集会，是儒释道的综合体；而且它还是一种没有局限的偶像崇拜，什么时候什么地点都可以挂出供奉，让其享受香火。相较于立体类神像，神轴具有成本低廉、携带方便等特点，它可以随着仪式举办地的变化而任意挪移，尤其在打醮期间神轴的作用无可替代。

纸活，又称“功活”“功”，是当地常见的一种敬神供品。它的种类有幡、旗、伞、花、袍、元宝、灯笼、通天旗等。其中，幡中常会出现菩萨的造型，菩萨由黄纸剪成，常为坐姿，端坐在莲花台上，两旁配以灯笼、如意、花朵等吉祥图案。菩萨下方为燃着三根香的香炉，有的还有供桌。幡中的菩萨系手工裁剪而成，形象显得简朴笨拙。乡土信仰仪式有时是简单和功利的，并非所有神灵都能以活灵活现的形象出现在仪式之中，而是以一块木牌或者一身纸袍代表。以牌位代替神灵具有更强的象征性，而且它制作简单，易于携带，具有临时代表神灵的作用，如请神、送神之时，一般要抬轿前往，塑像或画轴都不便携带，把神灵牌位放在轿中是最为便捷的方法。纸袍是神灵身穿的衣物，也是民众敬献神灵的重要供品。对于当地那些不识字的妇女信众来说，在绘画神像和书写牌位不便的情况下，用纸叠的衣袍代表神灵是最为现实和方便的形式。如在洗马土地庙中即用

---

① “神轴”一词，当地读音为“shénzhù”，广宗县地方文化研究会会长李云豪先生疑为“神主”二字，他指出在当地村落中很多祖先的牌位写的就是“××神主”，此说亦有道理。

黄纸袍代表土地爷，日常摆会之时也常用纸袍代表土地、地藏等神灵。一般来讲，牌位和纸袍只在特定的时空之中才具有神性，离开了特定的场域，它的神性也随之消失。

值得一提的是，神像的形制与该神灵所受到的重视程度密切相关。作为村落保护神的南海观音不但庙内有其威严的陶瓷塑像，村民还要年复一年地为她精心扎制漂亮的塑身。文殊、普贤二位菩萨虽和观音一起出现，但因地位稍次，只获得两块牌位作为替身。至于玉皇，虽然他的地位至高无上，但香火相对冷清，只能以神轴面世。土地爷虽然很重要，但因地位卑微而不受重视，更是寒碜得只有一身纸袍。但是，威风的塑像固然代表民众敬神之诚心，但“随意而为”的牌位或纸袍未必就是怠慢神家，因为民众信奉“心诚则灵”，至于何种神像则显得不是特别重要。塑像也罢，纸袍也好，实际上都是人们根据现实需求和条件做出的信仰策略，无关乎虔诚与否，这也说明了乡土信仰的随意性和功利性。

（二）神像的生产

所谓神像的生产，指的是神像制作的方式和过程。神像的类型不同，其生产方式也不同，具体说来，洗马村的神像生产有雕塑、写画、修等几种方式。雕塑指立体类神像的生产，写画是平面类神像的生产，而修既可以是立体神像的生产，如“修菩萨”，即扎制老母像，也可以是平面类神像的生产，如“修功”中的神像剪裁。

神像的雕塑是指用各种可塑材料（如石膏、黏土等）或可雕刻的硬质材料（如木、石、玉等）创造出立体的可视可触的神灵形象。洗马村中的陶瓷神像虽为雕塑，但系陶器工厂批量化生产而成，后被村民“请”来供奉，此类生产远离村落生活，暂不做讨论。观音庙内原来的泥塑老母像由民间艺人雕塑而成。当地有许多懂雕塑的艺人，他们以塑像为生，常走街串巷给人或村里雕塑神像，收取报酬。神像尺寸多由艺人依据庙宇空间的大小而定，事主告知所塑神灵，艺人拿出一些神像的图案供其挑选。塑神像讲究慢工出细活，工期一般较长，一尊一米多高的神像要两周才能完成，所以价钱也比较贵，目前的行价 300—500 元/尺。过去塑神像要把塑像艺人请至村庙，在此期间管吃管住、热情招待，现在也有艺人在自己家中雕塑，等完工后再让事主拉走，省去不少麻烦。

写画，当地方言读作 xī huà，有描绘、绘画之意，引申义为添置、置办。对神轴或神灵画像的生产，村民常用“写画”来表述，常用固定搭配有“写画神轴”“写画一套神家”等，意思就是请人在布轴子上绘画神灵，以做祭祀对象。洗马村庙内和家户中的神轴都是写画而来。写画之时，事主自己买布轴，放到艺人的家中让其绘画。艺人一般以出版物上的神像作为底本，临摹作画。例如在广宗县赵伏城村绘画艺人赵锦河先生的家中，笔者发现了马书田著“中国神祇文化全书”四本（《中国民间诸神》《中国道教诸神》《中国佛教诸神》《中国冥界诸神》），他所画的神多是临摹书中之像。由于书中神像多为黑白色，赵先生常根据自己的经验与知识来给神像上色，（上色）“有的根据书上，有的根据传言，你比如说，关公穿绿袍，怎么穿绿袍啊？人传言哩，这个绿袍是刘备给哩，红袍是曹操给哩，红袍穿里边，绿袍穿外边，是这么个传说。（绿袍）破了还得在外边，（红袍）再好在里边套着，这是传说”①。写画神轴是一项复杂的工序，先用白面熬的糨糊把画布浆到墙上，然后在布上刷一层浆子，这样易于拉笔调。刷好浆子，先用铅笔画线条，大致勾勒一个神像的轮廓，再用毛笔描画，画好后上色，即可完成。一位艺人一天大致能画一幅半神轴，每幅神轴的价格约 80 元（2013 年）。若写画打醮所用的 200 余幅神像，要花费上万元。现在，有些村落为了节约成本，不再请人写画了，而是到县城的喷绘店去用电脑打印，一张花费约为 20 元。② 由于资金限制，洗马村没有自己的打醮神轴，每次打醮都要去金塔寨村“请神箱”，即“租用”他们的神轴。

修菩萨是洗马村每年二月十九敬菩萨时必需的一道程序，又叫“修大驾”、“给老母修身”或“扎裹老母”。在当地的语汇中，“修”

---

① 被访谈人：赵锦河；访谈人：李生柱、李子龙；访谈时间：2013 年 11 月 13 日；访谈地点：赵锦河家中。

② 广宗县城里现有两家喷绘店可以彩喷神像，他们所用的神像底片来源有二，一是网络，或下载免费图片，或花钱从专业图片网站购买；二是翻拍民间艺人所画之神轴。

为动词，既有整修、修理、修饰、装饰的意思，又有“修行”“行善积德”的内涵，如当地人把做敬献神灵的纸活叫作“修功”。“给老母修身”同时包含上述两种意思：村民利用秫秸、棉花等材料扎制老母神像，并通过粉饰使老母庄严威风，整个过程统称为“修身”；同时，这个过程又是村民在老母面前修行立功的大好时机，扎制老母的人都有功劳，把老母扎制得越漂亮功劳越大。在洗马一带，“扎裹”也具有扎制、制作、装扮、拾掇之意。①“扎裹老母”是扎制老母的另一种方言表达，和“修身”通用。

修菩萨是一项十分烦琐的工作，要提前十几天开始动工。在洗马村，一到农历的正月二十六，张秀莲②老人便带领两三个帮手开始动手刻佛面——制作老母面部。扎裹神像，关键在面部，老母的威严全靠面部来表现，所以刻佛面关乎神像制作的成败。洗马村有自己的老母面部印模，制作时要先在印模上面涂上糨糊，然后再一层层地贴上牛皮纸，每糊几层都要假以时日晾干，然后再糊几层，如此反复，直至糊完。这样做的好处是老母面部不会起皱，否则便十分难看。糊好牛皮纸，再糊几层白色的水帘纸，这样老母的面部轮廓便显现出来了。刻完佛面，便要给老母的面部抹粉、描眉、涂眼、画唇、修鼻，样样都是技术活。老母的五官都是由剪纸能人裁剪而成，其中眼睛、眉毛为黑色，耳朵、鼻子、嘴唇为粉红色，眉中饰有粉红色的圆痣。整个面部做完差不多到了二月十日左右。扎制身躯时，菩萨会大部分成员都过来帮忙。老母的身躯用玉米秸秆做成骨架，再用棉花填充而成。

---

① “扎裹”是北方常见的方言词汇。《汉语大词典》（罗竹风主编，上海辞书出版社1986年版）中作“扎固”、“扎古”或“扎顾”，张士闪先生曾对它做过分析，“‘扎固（zhā guō）’……具有特别丰富的含义，大致相当于‘拾掇’、‘修理’、‘治疗’、‘打扮’、‘化妆’等……具有‘使……完好如初’之意，‘扎固’一词有时意味着要对人进行‘整治’，使其付出代价，隐含让对方改恶从善之意。”参见张士闪、张佳：《“常”与“非常”：一个鲁中村落的信仰秩序》，载《民俗研究》2009年第4期。

② 张秀莲，女，81岁，洗马村人，行好多年，菩萨会的老成员，每年刻佛面均由她主持完成。

值得一提的是，神像生产与民众的生活经验密不可分。扎裹老母中难度最大的一个环节便是刻佛面，它与日常生活中制作鞋底的工序颇为相似。当地妇女用糨糊把一层层的布糊在木板上，晒干后便变成厚而硬的布层，揭下来，几块布层摞在一起，用粗线纳好，做成鞋底。有了这种经验的积累，刻佛面也就容易了许多。村中妇女大多会点剪纸，逢年过节做点窗花、过门钱等装饰家院，拜神祭祀时修点功活，正因如此，老母的五官才能裁剪得如此惟妙惟肖。对于经常做衣服的妇女来说给老母做身黄袍更不在话下了。

（三）神像的使用

神像一旦被生产出来，便在乡土生活中发挥作用，村落之中大大小小的信仰仪式都离不开神像的在场，因为神像是神灵的化身——像在神便在，也是人神沟通的媒介——民众祭拜神灵大多要在神像前进行。在日常生活和仪式活动中，人们求助什么样的神灵，便供奉什么样的神像，这种供奉就是神像的使用。神像的使用形式有固态和动态之分，前者多在家院和村庙内呈现，表现为空间上的固定性和时间上的持久性；后者常与仪式相关联，表现为空间上的临时性和时间上的短暂性。

洗马几乎家家供奉神灵，家院中的布局一般为：影壁墙正面中间部位留有长方形小洞，内供关帝爷塑像；侧面亦有洞，供奉南海大士塑像。堂屋或东西耳房内供奉财神塑像、观音菩萨塑像，厨房供奉灶君像。这些神灵一旦被供奉便常年伴随家户生活，不断享受香火，除非重建房舍或恭请新的神像，否则不会轻易更改。村中四座庙宇内供奉的神像也是如此，如村西的玉皇庙和龙王庙虽然庙顶长满了茅草，显得破旧不堪，但庙内的神像始终供奉如初，不曾更换。

村落信仰仪式需要神灵在场，也就需要神像在场，这便是神像的动态使用。以年度为周期，洗马村的信仰仪式大致可分为：（1）以家户为单元举行的日常信仰活动，如虔诚的人家会每天祭拜家中神灵。（2）以会为单元举行的月中信仰活动，如佛爷会每月初八日举行的摆会，菩萨会每个月的初一、十五都要到观音庙敬神。（3）以村落为单元举行的年中信仰活动，如每年一次的二月十九敬菩萨、隔年一次的打醮。当地仪式一般遵照如下程序进行：先挂神像、摆供品，再请神，然后进供、求神、娱神，最后送神。可见，神像的展示贯穿仪式的始终。下面我们将以打醮和演驾为例说明神像在乡土仪式中的动态使用。

洗马村的打醮从农历二月十六日持续到十九日。十六日上午，醮会要派人到十多里外的金塔寨村“请神箱”，即把装有神轴的箱子“请”到洗马醮棚，让众神到此安位。下午两点开始安神，道士指挥众人把神箱中的神轴一一取出，按照道家谱系中的尊卑等级悬挂于醮棚之内。① 事先扎裹的老母塑像也会被“请”到棚内安坐。十六日晚上道士举行“请神”仪式，包括“开经借地”和“武乐”两个科仪，俗称“轰坛”。开经就是众道友一同祈求诸神降临，造福一方水土，也就是请神下凡。借地，即向土地爷借用醮棚所占土地以举行这几天的法事。之后，全体道众演奏美曲，谓之“武乐”。只有请神降临醮棚并安好位，以后几天的仪式才能顺利举行，民众才能祭拜。十七日至十九日为正醮，在此期间道士每天在醮棚内外借助神像举行各种科仪，祭祀神灵，消灾祈福。表功师傅②们则守在不同的神像前③，为香客表功、还愿等。十九日下午，当人们完成全部的既定程序，便意味着神灵这一次在下界已享用完香火供奉，送神（俗称“抛

---

① 醮棚位于洗马村西南部，长约30米，宽约20米。整个醮棚好似一座宫观，分为前后两个空间，一进大门为大坛和万寿宫，大坛即道士做科仪的地方，万寿宫供奉“天地三界十方万灵真宰之神位”。后面的空间分为六大宫，位于最上层的为三宝宫，供奉玉清、上清和太清；第二层为妙严宫，供奉太乙救苦天尊；第三层为通明宫，供奉玉皇大帝；第四层为伏魔宫，供奉关帝；第五层为普陀宫，供奉南海观音；第六层为翠云宫，供奉地藏王菩萨。上述六宫神是打醮的正坛，每个坛前都摆设供桌，安排一位表功师傅值守。其余百余位神灵按照等级顺序安坐于棚内。在醮棚之外，门口响器班所在地供奉喜神；门外5米处，供奉火神，负责监察本次打醮香火，以防遭遇火灾；账房供奉财神（武财神）、杜康美味天尊、堆金积玉天尊；伙房供奉监斋、灶吒两位厨神；醮棚东北方30米处的一户人家里供奉张天师；醮棚西南方约500米处搭鬼王棚，供鬼王像。

② 表功师傅，又叫“大师傅”，是当地人对神职人员的敬称。他们会念诵各类经文，在打醮、菩萨会等乡土仪式中为信众表功（即念经升供）、还愿等，在当地威望颇高，每逢被邀请至事主村均受到悉心款待。

③ 除六个正坛外，全神、财神、送子观音、药王药圣等与民众生活息息相关的神灵前亦会摆设供桌，安排表功师傅值守。

驾”）的时刻到了。届时，先由道士念经送众神归位，然后再送别老母，这是整个仪式的最高潮。全村老少一起出动，前面锣鼓开道，后面文艺队表演，有人抬着老母的轿子，众人手拿五颜六色的功活紧随其后，一人高呼“南无——”，其他人应和“阿弥陀佛”。整个队伍浩浩荡荡，甚为壮观。醮棚内的神像则被小心摘下，仔细放回神箱，不可随意碰触。神箱的盖子要常年用两个馒头塞住，留出一条缝隙，此举是为了方便里面的神灵进出自如，以便更好地监察、护佑人间。待到第二日，再安排人把神箱恭恭敬敬地送回金塔寨村。

在二月十九菩萨会期间，最能体现神像动态展演性质的要数“演驾”了。在过去，二月初六就扎裹好老母，之后便由一行人等用轿抬着到周边村落巡演，敲锣打鼓，走街串巷，很是热闹，俗称“演驾”“演菩萨”。每至一村前，通常会有一人先进村通告，边敲锣边喊：“摆香桌咯。”村民听到锣声，便知演菩萨的来了，纷纷走出家门，在街道口摆上供桌，迎接老母的大驾。演驾的队伍前面由男士敲着大鼓，女士抬着轿子，威风地进了村子，在有供桌的地方停下来，跟随而来的表功师傅为进供的人念诵表功经文，进供者输上油钱①，一毛两毛，五角一元，数额不等。没有钱的人多用粮食替代，如玉米、谷子、小麦等。外出演驾会“化”到很多的粮食，在那个时候，倘若看到有人骑着车子驮着一布袋一布袋的粮食急匆匆行在路上，多半是把演驾得来的粮食往村里送呢。演驾是很辛苦的差事，抬着老母，敲锣打鼓，一走便是几十里的路，十分劳累。而且，外出都是自带干粮和咸菜，吃得也比较差，还要照看好家什，以防丢东西。对老母更要细心照料，“老母身边不能离人，就是吃饭的时候也要找一个人跟老母对着脸吃”②。到了后来，条件有所改善，有了拖拉机以后，就用它拉着鼓和老母像外出演驾。到了21世纪初，演驾活动基本停止了。

---

① 在当地，个人在神像前进供时，除了供品或功活（纸扎的旗幡等），还要给一定数额的钱，用以给神灵购买灯油、蜡烛，俗称“输油钱”。

② 被访谈人：周书珍；访谈人：李生柱；访谈时间：2012年3月7日；访谈地点：洗马村郭林堂家。

三、神、像出场：乡土信仰的实践

洗马村神灵种类之多、神像形制之繁、信仰仪式之盛足以让人惊叹，问题在于，村民为什么在经济条件并不富裕的情况下仍不厌其烦、大张旗鼓地“伺候”各路神家呢？其实，这关系到他们的生存秩序和生活意义。乡土社会的信仰实践一般由三个基本要素构成：观念、事物和有组织的仪式。观念是民众基于对神灵的想象和长期的信仰实践而建构的一整套观念体系。事物有很多种，但最重要的要数神像了。神与神像年复一年地存在于乡土仪式之中，三者共同创造了一个个信仰的场域。在场域之中，民众通过亲身参与获得信仰体验并形成情感来丰富内心世界，人神、人际、村际等各种关系得以展示或重塑，乡土社会的生存秩序也借此实现维持或重建。

（一）与神像有关的个体信仰体验

神像的生产与使用是一种重要信仰实践，其过程与神像本身同等重要，神像的价值和意义体现并完成于生产和使用的过程之中。对个体而言，他每参加一次生产和使用神像的活动便是一次信仰的“身体实践”，通过亲身体验来获得“信仰经验”①。直接诉诸感官的生产和使用过程会深刻影响到他的感知系统和精神世界，可以说，人们生产与使用神像就是在生产和实践他们的神灵观念、信仰体验和价值认同。以打醮为例，当一个人置身于这种“集体狂欢”的仪式之中时，他的情感不可避免且极其容易地受到影响。打醮之前，他要虔诚地修功活，仔细剪裁，认真粘贴，有时

---

① 刘铁梁先生注意到“身体经验”对村落社会研究的重要性，认为身体经验“即指在一定社会生活中个人和集体的身体实践经验。学者们只有通过对这些身体经验的体会才能全面了解一个社会中人的生活”，并从“村落劳作模式”的视角对以往研究进行了反思，指出“对于村民最为日常和普通的生活现象即生产劳动的实践，目前的村落研究还是没有给予更多的关注”。（参阅刘铁梁：《劳作模式与村落认同——以北京房山农村为案例》，载《民俗研究》2013年第3期）事实上，生产劳作的实践属于物质生产的层面，人们基于信仰活动而产生的“身体经验”属于精神生产层面，在村落生活中同样重要，也应该引起学界足够的关注。

要到邻居家串门请教技艺、借用“花样”①，有时也会和人合伙修功活。当修好的功活受到众人的赞美时，他内心十分高兴，嘴上却谦虚地否认。当他参与扎裹老母时，更需精益求精，不能有半点马虎，虽然辛苦却做了功德，成为“有功之人”，获得了内心的愉悦。这些身体经验有别于在田间的劳作，更多地表现为一种精神满足。当他来到仪式现场，高大的醮棚呈现于眼前，醮棚周遭彩旗随风而展，伟岸的扬幡直入云霄。醮棚外空旷的土地上，礼炮震耳，锣鼓喧天，文艺队尽情表演，这一切怎会不让他震撼？进入烟雾缭绕的醮棚，各路神像整齐排列，或铁冠黑脸，或绿脸赤虬，或长发披肩，或赤面长鬓，或三只眼睛，或头长犄角。千姿百态的众神像怎能不让他在情绪上受到刺激或感染？他怎会不觉得神灵可敬可畏呢？当他看到道士在做的深奥科仪，听到美妙的道乐和悦耳的经文，见到信众虔诚跪拜，这种情绪会进一步升华。当他虔诚地跪在神像前，献上精心准备的供品和油钱，燃起一炷香，烧掉一些纸活，闻着香火的味道，听着表功师傅赞颂他的功德、祈祷神灵护佑的时候，对神灵的敬畏情绪便不由自主地升华为一种崇敬之情。当仪式结束，崇敬的情感和身体体验一起形成鲜活的个体记忆，并在日常生活中发挥作用。于是，他再看家中影壁上的小洞便不觉得随意，再看供桌上代表神灵的纸袍便不觉得草率和简易，打醮时的感受通过个体的身体体验被延伸到日常生活之中。正是可视的神像、周而复始的仪式、关乎自身的灵验体验等，让一个人在长时段的信仰实践中受到感染，由最初并不稳定的情绪转化为相对稳定的崇拜情感，进而升华为一种坚定的信仰意志。

（二）基于神像建构的多种社会关系

作为神灵在现实生活中的显现，神像无疑具有一定的功用，能够表达重要的象征意义。神像的生产并不是一种简单的雕塑、扎制或写画的过程，而是乡土信仰仪式的一个组成部分——有时生产本身就是一次独立的仪式。这种生产不是对神灵“形象”的简单复制，而是与生产、使用、祭

---

① 有的人家在修功活时会保留一些用纸剪成的图案作为花样，以便下次模仿裁剪。

祀神像的人或组织的利益和需求紧紧联系在一起。神像一旦被生产出来，便被视为神灵之化身，成为人神交际的媒介和仪式操持的载体，对村落生活具有重要的互动意义。神像的生产与使用虽然表达的是一种意识形态，却牵扯乡土生活的方方面面。

神像的生产是村落身份的象征和村落认同的标识。扎裹老母是二月十九敬菩萨仪式中一个重要的环节，老母扎裹得好看与否关乎菩萨会乃至全村的荣誉。在这片几乎村村有菩萨会的乡土上，一个村子扎裹的老母不仅受到本村人的评说，外村人也会进行评价，而且乡民会对各村的神像做一个比较，威风的老母总能得到周边村民的称赞。本村人对自己老母的评价总是充满着溢美之词，如洗马村民谈起老母会说："昨天清屯（附近的一个村）那里演驾呢，扎裹的菩萨这么点点（方言，意为小）（用手比画），可没咱这里的威风，简化得不行。咱这里的老母多好，咱这里的大，他那里的小，一丁点点。"① 菩萨会的人面对外来者也会主动询问"老母扎裹得如何"，每每得到赞许的答案都让他们甚为开心。正是在对老母神像的比较与品评之中，菩萨会成员有了强烈的自我认同感与满足感，催生并强化了群体的共同情感和内部凝聚力。

基于神像制作和使用的信仰仪式与村落内部的组织协商机制相关联，往往能够影响村落的权力格局。给新修庙宇雕塑神像或写画神轴是村落中的一件大事情，因为神像一旦被雕塑或写画，其形象便定格于此，展示很多年，对民众施以深刻影响。所以，请什么样的人来塑或画什么样的像便显得尤为重要，这往往由村落能人（如会首、表功师傅等）和村民共同决定，这样村落内部的协商机制便被激活。他们通常会到处打听哪位艺人塑得好，并前往外村的庙宇察看其所塑神像，回来后众人再一遍遍地磋商，如果意见相左便意味着一方或多方做出让步，最终的选择是多方角力的结果。此外，打醮需动员和组织全村的力量参与其中，自然要兼顾到各群体的权益，这对村落内部的协商与组织能力又是一次考验，其中矛盾与冲突

① 2012 年 3 月 7 日（农历二月十五日）下午，洗马菩萨会众人在郭林堂家的院子里的谈话。

在所难免。因此，在仪式结束之后，村落往往会形成新的权力格局与协商机制。

神像的定期使用与信仰仪式的反复操演，除了求神灵、保平安的功利性目的外，还有村民规整生存秩序的隐性需求。在毫无遮挡的平原地区每个人/村如黄土般暴露无遗，这种情况下对生存秩序的强调变得尤为重要，在资源匮乏的洗马村一带更是如此。神像在整肃乡土秩序中扮演着重要的角色。人们祭祀神灵的目的是通过定期的“贿赂”来讨得神灵的欢心，以求庇佑。信仰活动的举办为调节人际关系提供了绝佳的时机与平台。对群体而言，每一次大规模的信仰仪式便是全村的一个盛大节日，犹如过年般热闹，是人与人之间沟通、交际的良机，如在会的人聚在一起，拉拉家常，交流一下学经体验和信仰知识。村里外嫁的闺女常常会在摆会、打醮期间回娘家来祭拜，借拜神之机探望父母。除此之外，打醮时，洗马醮会要给外村的醮会或文艺队广发请柬，邀请前来拜神、助兴，并在中午管外村香客一顿斋饭。外村来的醮会或文艺队一般会上一定数额的布施钱，等到他们村打醮时，洗马醮会自然也要前去拜神、上布施，谓之“还礼”。在礼尚往来中，村与村之间因此结缘，建立了友好的联谊，村和村之间的“孤立和隔膜”① 随之被打破。总之，在乡土社会，村落之神犹如织梭，通过它的生产与使用为建立村落秩序穿针引线，在时空之中编织出村落文化网络。

在乡土信仰中，神是人们为了解决问题、寻求寄托而建构的精神偶像。艰苦的生存环境与深重的苦难历史让当地村落形成一种多神共存的信仰图景。正是依托这种对多神的普遍崇拜，人们根据知识和经验在信仰实

---

① 费孝通指出在乡土社区中，村落之间普遍存在一种孤立和隔膜的状态，“孤立和隔膜并不是以个人为单位的，而是以住在一处的集团为单位的”，“乡土社会的生活是富于地方性的。地方性是指他们活动范围有地域上的限制，在区域间接触少，生活隔离，各自保持着孤立的社会圈子”。（参见费孝通：《乡土中国　生育制度　乡土重建》，商务印书馆 2011 年版，第 8～9 页）笔者认为，在当地以信仰仪式中互相拜神、相互助兴和布施往来为纽带而建立的村际互动，能够很好地打破这种孤立与隔膜的状态，有助于突破村落边界在更大的聚落范围内建立一种友好联谊的地域关系。

践中创制了形态各异的神灵形象，并为其设置了一套完整的生产与使用机制。在这套机制之中，虚无的神灵变得可见、可触、可摸，其存在的真实感得以增强，仪式的操作也变得顺利，村落认同实现强化，村落个性得以展示。可以说，神像的活动机制指向的是一个地方性的生存与延续的问题，人们借助神像完成年复一年的仪式操演，以此解释未知世界，使个体身心愉悦、调整生产节奏、重建村落秩序、延续乡土传统，使自身生存获得了一种期待中的节奏感与安全感，为平淡的生活增添了无尽的滋味与意义。

（李生柱，贵州师范学院副研究员。本文原载《民俗研究》2014 年第 2 期，收入本书时有修改）

南洋华人的清明节：承先礼而成其理

南洋先民留传给后人的当地清明文化，渊源于各地先民以歃血为盟成立组织维续彼此生死道义，以武装自治对外防御开拓新土地，并在持续扩展力量之同时坚持原乡慎终追远价值观。各地方华人组织在每年清明节举办集体“春祭”，祭祀原乡祖先和开拓过程中死难的先人，既是为了延续祖先记忆，也是证明自身参与当地历史的归属感。各地华人开拓区经营的义冢，推动与方便了地方上各家各户祭拜先人，既能缩小大众对祖先和原乡的心理距离，又能令大众感觉当地生活就是异地重构中华，巩固彼此对待新土地的主权意识。

可是，南洋本土华人的清明习俗由社会集体历经几世纪艰难传承，从社会组织到个别家庭在没有二十四节气的热带继续过节，大众拜祭的对象却不仅是自家亲人。南洋华人的清明节除了鼓励家庭延续孝道传统，以及带动整体地方社会强调慎终追远，尤其重视象征民族历史文化的原乡列祖列宗与当地死难先辈。当地清明节可以不再持续原乡文娱习俗和农业需要，却更加重视儒家礼俗如何能因地制宜演变，因此宗乡组织每年清明前后主办集体扫墓和祠祭的“春祭”，演练“礼”的内涵，在在表现南洋华人清明节在家庭孝道以外更加强调全体社会理应服膺“恩”与“义”的价值理念。随着东南亚华人宗教信仰多元化，清明节的概念，尤其是它所承载的价值观，也成为地方清明传统与宗教神学对话的议题，让清明节可以进入各宗教组织成为教内庆典。

周而复始：域外重构认同的实践

《礼记·乐记》有段说法长期影响着中华传统的节日活动与祭祀观念：

“大乐与天地同和，大礼与天地同节。和，故百物不失；节，故祀天祭地。明则有礼乐，幽则有鬼神。如此，则四海之内，合敬同爱矣。”由此说，在诸多中华传统节日当中，仅有清明和冬至两个节日，是渊源于计算天时历数的节气，拥有天时与人事相对应的内涵，并由节气调节着民俗活动内容，其祭祀部分尤其能体现出《礼记·祭义》说的“君子合诸天道，春禘秋尝”的概念。以此对比南洋热带，当地并不存在二十四节气，南洋华人要生活在这一大片其他族群作为主流人口的土地上，延续祖先原乡传统的清明节日，虽然可以通过先辈口述以及中华历朝文献追溯各籍贯祖先曾经的节日记忆，却又显然不可能持续祖辈依循天时对应人事内涵的清明节俗。可是，不能否认，南洋华人普遍过清明节是个事实，南洋华人的宗亲组织与乡团会馆至今仍流传着清明时节举行集体“春祭”的习俗。半个世纪以来，随着历代南洋华人陆续移民到澳大利亚和新西兰，迁居异国的子孙后人依然不理天时地理的不同，跟随中国清明时节的时间标准，大众在南半球的秋天继续遵守先辈“春祭”拜祖的习俗。

热带过清明节，发生在不以华人为主流的地方，特点又是绝对遇不上清明节气，其礼俗形态肯定不可能全然重复各籍贯原乡清明那一系列以人事对应天时的内容。因此，南洋清明节是否还能符合“君子合诸天道，春禘秋尝”的原则，是值得思考的。

可事实上，南洋清明节既然是祖籍地区清明节日的延续与演变，就不见得完全可以脱离原乡祖辈从体会天时对应人事发展出来的“天人合一”的观念。再说，就人类的存在意义而言，天时与人事对应关系，不能仅是生理实存的现象，必须升华到精神层面的解说，才能显现人类存在的价值意义。而在儒家立场，一旦现象的认识能够提升为道理论述体系，正如《易·系辞上》说的“天地变化，圣人效之；天垂象，见吉凶，圣人象之”，天人关系就得确定在《礼记·礼运》所谓“人者，天地之心也……圣人作则，必以天地为本”，一切人事定夺也必须追求通感天理的境界，将天人关系的认识重心提升，视为天理与人心的关系，方为有度。而节日是否能合理体现“天人合一”的启示价值，也在于节日活动能否表现与流露出天理与人心的相契。

根据以上视角，南洋华人延续清明传统，不能说不是大众认可节日文化符合大众继承的祖先信仰，认为过节符合天理和人心的需要，其主要表现，就在家族年年重复为先人扫墓，以及宗祠或同乡组织年年奔走联系同人，为了祭祀与告慰先人，展开集体扫墓或其他各种活动。这使得大家可以感受彼此为一大共同体，从接受系列清明节日符号围绕的氛围，感受到自己生命经历承载与流传祖先文化的心灵联系，并因此凝聚群体互相认同。如果说，人类是通过语言文字在脑海里构造社会关系，并且由此分别与归类自己所处的环境与事物，那么，节日符号是同时包括语言文字以及非语言文字，同时起着影响人们认知的作用。这众多符号，在特定的时空构成了“场”，让相处在同样场景的人们对同“场”整体符号体系共同认识、反应、感觉，唤起平日记忆里淡化或忘掉的社群认同感。① 当南洋华人普遍重视清明节敬天法祖，家庭祭祀从中国到南洋的历代先人，宗祠以及同乡、同业集体祭祀原乡与当地先人，活动以“春、禘、秋、尝”四祭的“春祭”名之，习俗集体态度的背后，显然以自身生命作为祖先文化历时性过程的载体，也强调生长在异地犹能共时性同处节日氛围。这种依然传承着“君子合诸天道，春禘秋尝”文化传统的群体态势，可视为域外重构中华认同的努力，乃至是“天人合一”理念的域外重构。

在缺少二十四节气变化的热带地区，尤其是与中国清明时节日期一致的南洋公历四月，是西南季风和东北季风的交替季节，日常都会发生阵雨和雷雨，影响大众生活作息。然而，当地华人不受天气左右，日子一到，仍旧自动自发，依照中华大地的传统过节，这种对节日的执着，足以反映节日是祈愿、习俗、仪式等文化元素复合而成，落实为群体成员各自本身独有的生命礼仪现象。它的流传和散布，也反映着它的文化遗传基因可以超越时空。以南洋华人过清明、过端午、过中秋，乃至冬至等节日为例，不管节日的真实时空是否确如以往，时空不再是构成节日存在的重要因

---

① 王琛发：《马来西亚华人民间节日研究》，马来西亚艺品多媒体传播中心 2002 年版，第 166 ~ 167 页。

素，而节日作为一再循环的特定日子，无疑就是承载与输送文化意识的经络。[①] 吾人面对这样一种无声宣示华人文化顽强落地生根的现象，也许应更深入观察南洋华人有史以来如何通过逢年过节在当地继承与处理祖先之“礼”，由此也认知传统文化因地制宜的持续之“理”。

不易其教：热带异乡如何复制清明记忆

从历法角度看，“清明”本属于中华古人共守的时间序列概念。古人按照北斗每年在星空循环一圈所需的时日，分割出时间节点，以地面自然现象作为对照，定出二十四节气。在古代文献中，“清明”最早出现在刘安主编的《淮南子·天文训》，文中说，北斗一年到头都在黄昏后出现天上，斗柄会按时节变化旋指不同方向。斗柄指向古人以地支“子”代称的正北方，就表明“冬至”的节气到来；转指以地支“卯”代称的正东方，就到了“春分”，春分以后“加十五日指乙，则清明风至，音比仲吕”。再根据《春秋》与《战国策》屡有引用的《逸周书》，自然界相应清明季节的特征是“清明之日桐始华，又五日田鼠化为鴽，又五日虹始见”[②]。而且，《逸周书》的记载也反映，早在它成书以前，古人已经将清明气候不正常的经验联系上国事民情的危机：“（清明）桐不华，岁有大寒；田鼠不化鴽，国多贪残；虹不见，妇人苞乱。”[③] 根据这样一种知识传承，中华先民在春耕时节怎敢不按环境规律办事？人们遇到清明气候有变，总会加强忧患意识，除了努力求克服，还祈求祖先与鬼神有灵，渡过一年难关。

到近现代，文人学者多能从文献研究节日面貌的来源与演变，而一般老百姓则重视农耕利益，特别关注节气的气候特征，以致各地流传着许多结合清明节气提醒农耕要求的口诀。若按学界对节日历史文化的考证，清明节既然是计算与分割时日派生的时间节点，本身本不会有太多文化内涵；只是唐朝以前原有“寒食”和“上巳”两个具备文化内容的节日，遇上“清明”

---

① 参考王琛发：《马来西亚华人端午节的历史与内涵》，载《 民俗研究》2011 年第 4 期。

② 黄怀信：《逸周书校补注译》，西北大学出版社 1996 年版，第 275 页。

③ 黄怀信：《逸周书校补注译》，西北大学出版社 1996 年版，第 275 ~ 276 页。

这个具备指导与稳定农业作用的节气符号，前者作为因应时代变迁的文化节日，却和日子相近的清明节叠合交融，让中华各地清明节带上许多三个节日的原来内容，以及加上后来衍生的内容，导致“寒食”和“上巳”后来偶尔也成为文人笔下对“清明”的代称。[①] 但是，回归历法计算，地面看见斗转星移年年循环，真相是地球绕着太阳转完一周；而按照一般老百姓的观念，尤其是农民的立场，这套太阳历是看天吃饭、按照气候规律照料农业生产的依据。“清明”日作为太阳位于黄经15度的时间节点，各地民间出现许多相关节日的农谚，如天津农谚提醒“清明前后，种瓜点豆”[②]，说明日子是对应着农耕文化的需要，才显出较大的实际意义。对农业群众来说，清明节确能表达天时与人事之间的“天人相应”乃至“天人合一”，任何被纳入清明节的文化内容也许可以因时或因地制宜，唯有农耕活动按天时而难以废改，并且人们应节到宗祠和祖祠上坟拜祭，亦是为了祈求农耕顺利、生活安定，清明作为约定俗成的“春祭”时间因而不能贸然取消。

早期先民带着家乡记忆下南洋，也是带着家乡的农耕经验到达当地。然而，就南洋热带地区气候以及先民异地开拓的境遇而言，南洋不同于原乡的气候，缺乏许多制作过节产品的原料资源，地方华人社会有很多时候还要依靠集体武装对外防御争战，更难于复现原乡许多配合清明节出现的文娱活动。到了热带，原乡那些对照清明节时间节点的自然界变化特征，也不见得适用于热带气候的农业，如还按照家乡流传的农谚办事，恐怕会带来灾祸。因此，南洋华人过清明节，延续清明节，主要还是延续认同的表态，是依靠当地气候与资源重复原乡文化记忆的行为。

这当中，不应忽略明末清初以来散居南洋各地的群体，他们多以明朝遗民自居，有组织地居住在南海与马六甲海峡之间，互相又是声气相通。笔者个人的田野调研，发现不论是在越南的“明乡”人，或是从马六甲到缅甸的华人，都曾经在各种碑记上使用《资治通鉴》等文献惯用的“龙

① 施爱东：《清明》，见刘魁立主编：《中国节典——四大传统节日》，安徽教育出版社2008年版，第61～96页。

② 尚洁主编：《天津民俗》，甘肃人民出版社2004年版，第41页。

飞”两字，冠于干支纪年之上为年号，意即以此形容天运（干支）虽然继续流转，但天命正朔暂时消失隐退。这时，历史正统的正常进程陷入停滞，就只能等待前朝后裔在民间再现，如张衡《东京赋》形容昔日刘秀“龙飞白水”，新君上位。马六甲青云亭现存1685年的《甲必丹李公济博懋勋颂德碑》，使用着意味等待明朝新帝登基的“龙飞”年号，称颂了甲必丹李为经购买三宝山义冢安顿在地死难者的仁心义举，提到其生平说：“公讳为经，别号君常，银同之鹭江人也，因明季国祚沧桑，遂航海而南行，悬车此国，领袖澄清。保障著勋，斯土是庆。抚缓宽慈，饥溺是兢。捐金置地，泽及幽冥。”以后各地经营华人开拓区的组织，多属标榜源于自认天地会正宗的洪门五房分支，自称“公司”。其成员入会盟誓，则一再自认洪门五房就是明军遗部，原本就是按明朝军制分五行旗，以方便一旦转入战斗的分合调度。所以南洋各地由洪门主导的“公司”，作为武装自治的生产团体，也是地方权力社会组织，长期接引不同年代的南下先人，内部不能没有纪律，并且要拥有文化凝聚力，才能让聚落居民融入原来的组织文化，自觉本身是在中原沦陷以后在南海延续华夏传统。洪门也是要通过神道设教的入会仪式，以推动大众在当地恢复日常信仰生活，才能反复印证异地重建汉族衣冠的重要，合理化与神圣化群众依托“反清复明”理想的海外开拓理由，并且鼓舞大众一再扩展开拓其他地区。①

按照华南各宗姓族谱各种版本《迁流诗》，他们的先辈是以强调文化播迁作为常态，而强调开枝散叶，由此形成各地的互相认同；《迁流诗》重视的则是“任君随处立纲常”“日久他乡作故乡”“晨昏须荐祖宗香”等说法。根据这系列文字，后人互相亲近的原则，显然不在地方远近，甚

① 王琛发：《东南亚生死五常》，载《看历史》2013年1月号；另参王琛发：《先贤、神圣香火、开拓主权：华南原乡与南洋信仰版图的互相呼唤——以马来亚客家先民为主例》，载《客家研究辑刊》2012年第1期；王琛发：《南洋天地会的关帝信仰》，见萧登福、林翠凤主编：《关帝信仰与现代社会研究论文集》，台湾宇河文化出版有限公司2013年版，第277～308页；王琛发：《糖蔗、会党、许武安：潮州人开发峇都交湾的历史印象》，见许峡智、黄挺主编：《海外移民与原乡文化：第九届潮学国际研讨会论文集》，花城出版社2013年版，第334～347页。

至不在人种或语言的变化，而是依照孔子《春秋》大义确定的原则：“夷狄入中国，则中国之；中国入夷狄，则夷狄之。”以“纲常”分别“彼”与“我”的最终判断。① 目前各种论述洪门历史的书刊常会引刊洪门腰凭，但较少注意到腰凭上边以回文诗形式的“团圆诗”存有微言大义。其文字说明五房有共同缘起而各有去向，是说：“五人分开一首诗，身上洪英无人知，此事传于众兄弟，他日相会团圆时。”也是强调以集体力量分头主动开发各处土地，去不忘根源地开枝散叶、开疆拓土。这样一来，正如南洋许多地区华人集体义冢出现会党领袖或集体捐赠的碑文，环绕着义冢存在而发生的地方清明与冬至祭祀，无疑是集体记忆重构在地认同的表态。

习俗是人们自发传承地方文化性格的生活习惯，在民间发展成集体的行为规范。明末先民到达未开发的土地心怀故土，注重延续原来的文化认知，不可能为了新环境的客观自然情境，扬弃大家赖于互动也赖于凝聚认同的习俗规范。这样一来，大家在热带过清明节，还涉及如何借用新土地的有限资源，维持原来传统的重要精神内涵，就不单是个人到集体如何维持与延续家乡记忆的问题。它正如其他流传在南洋的中华文化习俗，背后涉及一整套如何使集体思想认同潜移默化的需要，既要让大众毋忘原乡与大明正朔，又要建立众人对中华文化落实在南洋开拓主权的认知。在这一过程中，从个人到集体带着家乡记忆在南洋延续习俗，就不单是缩短他们心理上的原乡距离。简言之，南洋华人过清明节，更重要的是涉及异地如何落实重构中华。

理应注意，洪门意识主导的各地社会组织，自认为明朝流亡政权的后继者，领导层当中的文人儒士也未尝会忘记依靠民族意识去维护群体凝聚力。他们对于如何在异地维持清明节，也并非没有参照的文献。南洋的清明节，既不能全然承载原乡习俗文化，也不可能跟随原乡农耕文化，但必须延续其精神内涵，其实就是一个如何既易其“俗”又存其“礼”的议题。

对长期迁徙的中华民族，先民早在《礼记·王制》中就已经建立共

---

① 王琛发：《东南亚生死五常》，载《看历史》2013 年 1 月号。

识："凡居民材，必因天地寒暖燥湿，广谷大川异制。民生其间者异谷，刚柔轻重，迟速异齐，五味异和，器械异制，衣服异宜。"所以，中华历朝对待"礼"与"俗"，也正如《礼记·王制》依据上述观察的定议："修其教，不易其俗；齐其政，不易其宜。"本就是主张"礼"和"俗"二者可以各行其是，同时互相丰富相关活动的内容。而《左传·隐公十一年》，更提到"度德而处之，量力而行之，相时而动，无累后人，可谓知礼矣"。重点既然在"修教"和"齐政"，就必须允许度德、量力、相时和无累后人的变化，但又要能继续落实"礼"中之"理"。

慎终追远：清明复原族群凝聚的作用

台湾明郑政权归服清朝后，纵然南洋华人社会对清朝的态度有了变化，各地不再坚持使用暗示等待明朝新君上位的"龙飞"年号，承认清朝"奉天承运"，又自认是对立于清朝"顺天行道"，并且一度采取和清朝合作的态度对抗西方侵略，但是承认清国为"诸夏"而洋人为"夷狄"的立场，基本上还是不离南洋华人原本要异地重构中华的努力。为了应付整个群体大多数人无法回归原乡的事实，也要把先人转化成为保佑后继者的集体祖神，各地方华人义冢都是海外重构原乡认同的社会组织，也是地区上最需要的可见建设实体，让海外超越地域重建家乡的认同，有了实在的基础。南洋墓葬，所有墓碑上都刻着逝者来自的原乡，重复了地方社会公认死者不能也不应放下的原乡记忆，方便后人有一天回去认祖归宗，碑上纵使刻着死者从荷殖、英殖甚至暹罗国取得的官衔，但大家安息共同公冢，各家先人墓碑上都把"皇明"或"皇清"冠于姓氏之上，不言而喻，各地公冢代表的那个"地方社会"，直到晚清时代犹是服膺由"家"而"乡"而"国朝"的主导意识。①

在马来亚半岛的马六甲，当地华人三宝山义冢建有宝山亭福德祠，现存有《建造祀坛功德碑》，可能保留着南洋地区迄今有文字可循最早的清

---

① 参考王琛发：《槟城闽侨的晚清记忆——从林德水的生前死后说起》，载《闽台文化交流》2011 年第 2 期。

明节记录。碑文正足以说明，地方上能延续清明节，有赖于社会的集体机构年年组织大众清明祭祀，并且考虑到如何方便与鼓励家家户户清明扫墓。三宝山现存最早墓碑，是壬戌年（1622）的“皇明”时代“维弘黄公墓”。而《建造祀坛功德碑》立碑年代是乾隆六十年（1795），碑文为所有“骸骨难归”的魂魄，感叹“先贤故老有祭冢之举，迄今六十余载，然少立祀坛，逐年致祭，常为风雨所阻”，又提到“值禁烟令节、片褚不挂、杯酒无供，令人感慨坠泪”，恰恰说明建立这座福德祠是公众需要，为了延续中华传统信仰习惯。根据这些文字，可知当时南洋华人延续着中国本土早已混同寒食禁烟与清明节令为一体的记忆，而且早有集体祭冢之举。大众正是为了延续乾隆朝以前的集体祭冢，为了不让马六甲海峡热带风雨影响大家到清明日上不了山，才决定在山下设立福德祠，方便清明时节祭祀土地神，以及招请所有魂魄接受祭祀。

由此可见，在南洋热带地区，没有清明节令的气候，每逢清明节来临的公历四月初，又是西南季风和东北季风交替的时节，常会在酷热天气的下午到傍晚忽然有阵雨和雷雨侵袭，清明农耕经验固不可行，结合原乡资源与节气情况的清明文娱活动也不见得可行，可是由集体力量共策共践，清明节的印象，是作为不存在春天的“春祭”，主要以集体祭冢带动家家户户扫墓的形式保存下来。而集体祭冢的仪式，以及会党或其成员组成的宗亲组织/乡会/行团/地方组织在祠堂聚会，他们祭拜的对象包括中国先贤以及地方上逝世先人，一再祭祀就是一再重复根源认同以及缅怀开拓先人。

正因如此，在南洋华人，有了组织性质的清明公祭，义冢埋葬的先人即便单身早殁而不再有后人崇拜，他们的地位也仿同中国先贤祠/忠烈祠一并供奉有名或无名英烈的概念，都不算一般无主孤魂。从会党立场，要确保大众互相实践对他人的义务，也为各人百年身后事的着想，其入会仪式是请来儒释道神佛圣人见证歃血为盟，以结拜兄弟的拟血缘承诺，彼此结为亲近的共同体，并确定他人下一代也会是死者的集体后人；而各宗乡组织也负担祭拜责任，设立祠堂供奉先贤神主牌，并在义冢设总坟，以备每年分别在祠堂和义冢举行春秋二祭。诚如马来西亚太平市广东会馆总务杨崇华某次接受报馆访问的说法：会馆辖下义冢有都拜区的广东义山、旧山及新山，于岭南古庙后部左侧百年坟场，埋葬拉律战争死亡的海山和义兴先贤，虽说好些坟墓没有人祭拜，但该会年年春秋二祭古庙后设有“广东十邑总坟”，以及都拜的义山也设有“广东阖省列位先灵总坟”，即象征祭拜所有的先人。① 直到今日，还是有很多宗乡组织，维持着旧时风俗，除了在祠堂念诵祭文祭拜先人，还要敲锣打鼓，抬着烧猪等祭品上山拜祭总坟。当原本没有直接亲属关系的后人集合一起，一道拜祭他们认识或不认识的先人，大家就会感受到彼此同根同脉的实在感，认识到彼此是一起感应集体先灵号召，实现继承先灵成果的共同体。

在新加坡，当地闽人社会经营的恒山亭义冢，留下道光丙申年(1836)《恒山亭重议规约五条》。这块木牌上的五条规约，其中有两条提到如何改革当地清明节盛况之弊病，足以证明地方上重视清明传统。但是，其内容也可以从侧面说明，19 世纪初，闽人领导机构经营义冢，负责为方言群集体统筹组织清明节，虽然搞得很热闹，可惜同时也要预防诸多变质，不能脱离原衷。本来，南洋华人社区领袖凡有经济能力的，大多愿意到神前掷筊请求神恩允准担任神庙或义冢祭祀的值年炉主，大众也以蒙神选拔担任炉主，认为获得服务大众的功德是光荣的事。然而，1836 年重订规约以前，恒山亭长期形成炉主在春祭期间备筵请客的惯例，常因照顾不到各方要求引起事端，以致无人敢当炉主，也导致《恒山亭重议规约五条》第一条必须规定：“清明祭祀……敬神既毕免用请客之礼，可将牲醴果品等物归付炉主头家，分派均用……”② 另外，规约第四条又规定：“凡遇清明节、七月普度、中秋佳节，一概不许闲人在亭内及亭外左右私设宝场，以乱规模；又不许亭内和尚设买鸦片烟，并不许在亭边左右设买鸦片烟馆。妄行不遵者决不容恕。”③ 可见，上山扫墓祭祀人潮极盛，竟然惹来

---

① 《会馆春秋二祭 没忘先贤孤坟》，载马来西亚《东方日报》2014 年 3 月 25 日。

② 陈荆和、陈育崧编著：《新加坡华文碑铭集录》，香港中文大学出版部 1970 年版，第 224 页。

③ 陈荆和、陈育崧编著：《新加坡华文碑铭集录》，香港中文大学出版部 1970 年版，第 225 页。

各方人马图谋私利，私设临时押宝赌场与鸦片烟馆，连带驻守义冢的僧人也不甘于仅仅为大众念经度亡，忍不住参与经营鸦片买卖。这简直是在利用也在异化传统，违背着社会集体以清明节维续民族价值观的传统意愿。

而马来亚北部一带，自19世纪50年代以后，洪门五房互为形势所逼，即将爆发牵动全马来亚北部的拉律战争。在作为各地进出港口的槟城岛上，广东暨汀州义冢留下咸丰十年（1860）碑记，题为“广东省暨汀州众信士新建槟屿福德祠并义冢凉亭碑记”，出现在战争爆发不到一年以前，还继续提到“联类聚之众心”，各冲突方都有参与捐款，亦足以说明，在当地方华人互相发生利益冲突时，各方如何认识“清明节”在“义冢”的继续运作，事关重大。这块碑文既重申了“展同心之欢愉，慰旅魂之零落”等互相认同的理想，又明确规定各馆祭祀先人必须错开时间，说明“每逢清明之日则义兴馆，前期一日或两日，则海山馆，前期三日或四日，则宁阳馆。凡各府州县及各族姓，便随订期，同祭分祭，总不离清明前十日之后十日者”，足以反映各交战派系共同捐款前夕重申缓和矛盾的盼愿，其折中方案延伸到清明扫墓的实践，避开各方人马同时大举上山“春祭”扫墓引发冲突。当年在以槟榔屿为中心的整个马来亚北部分崩离析的华人社会，这块碑文有利于提醒各方成员，内斗到最坏打算，互有死伤，也不能离开尊重节日传统，乃至还是要共同延续其内涵的民族文化认同。这若非得到所有各房势力，以及他们各自联合的乡团都一致同意，是难以做到的。如此碑文，以及各方在互相打打谈谈中继续一起出钱出力给义冢，表达出他们虽然都把更多资源用在本身“公司”，对外互斗，但彼此依然不敢遗忘“广东省暨汀州人”这类跨乡团组织的共同需要，尤其以保护大家到相同义冢举行清明节祭祀作为共同的中立认同底线，最终保留了将来和谈联手的机会。①

新加坡、马来西亚、印尼各地许多地方华人组织至今维持先辈的做

---

① 有关拉律战争，以及地方华人社会的分裂情况，可参考王琛发：《分裂的认同：重新解读19世纪槟城国际港口的客家社群》，载《客家研究辑刊》2013年第1期。

法，都会在清明节前夕请人清理义冢满山野草杂树，方便民众上山扫墓。1891 年，曾为光绪治病的力钧，在游历槟城期间编写《槟榔屿志略》，书中收录之前不少槟城文人的应节赋诗。其中，林振琦的《清明扫墓诗》写道："凄风苦雨哭声纷，儿女提壶祭扫勤，剔尽蓬蒿寻短碣，荒山无处觅遗坟。"① 阅读此诗，若对比上述史料，林振琦的诗显然是晚清年代常见原乡后人到南洋寻觅先人墓地的写实。另外，力钧在林诗后头又收载了李秩轩的"上巳"诗，说明南洋也如原乡早将上巳节混同清明，李诗提到人们身在槟城过节的心情："云飞休羡鸟，水乐亦知鱼，佳节都依旧，他乡足自娱。"②

南洋各地华人延续过清明的传统，既是回报原乡祖先，又是纪念当地开拓先人，亦是符合传统慎终追远之理。这也极其符合晚清政府宣扬儒家圣教，召唤南洋华人回归的目标。张之洞为了经略南洋，撰写《奏槟榔屿宜添设领事疏》，曾经提议利用槟榔屿位处南洋诸多地区中心的国际港口地位，其文中便建议"设书院一所并购置经书发给存储，令各该领事绅董选择流寓儒士以为之师，随时为华人子弟讲授"，其目标在教导华人子弟"习闻圣人之教、中国礼仪彝伦之正"。③ 到张之洞等人 1903 年修订《奏定学堂章程》，槟榔屿中华学校获得光绪御赐"声教南暨"题词，成为南洋最早按照癸卯学制兴办的新学堂，学校 1905 年开学，其《简章》第四章《假期》便有规定："南洋天气温和，无寒无暑，则暑假一节自宜变通。兹改定年终放学一月及星期循例停课外，惟恭逢皇太后、皇上万寿圣节、孔子先师诞，并清明、端阳、中元、中秋、冬至各放假一日，以免旷功。"④ 以后各地华人陆续创办新式学堂，都纷纷仿效中华学校规章；到 20 世纪

---

① 〔清〕力钧：《槟榔屿志略》卷一《时令》，双镜庐集字板排印，光绪十七年。

② 〔清〕力钧：《槟榔屿志略》卷一《时令》，双镜庐集字板排印，光绪十七年。

③ 张之洞：《奏槟榔屿宜添设领事疏》，转引自张煜南辑：《海国公余辑录》卷一《槟屿记事本末》，张洪钧伉俪影印再版本，2005 年，第 97 页。原书是张煜南任职槟榔屿副领事期间辑录编著，再版者为张煜南曾孙，时任印尼棉兰苏北客属联谊会主席。

④ 陈育崧：《马来亚华侨新教育的发轫——槟榔屿中华学校轫立经过》，见陈育崧：《椰荫馆文存》第 2 卷，新加坡南洋学会，1983 年，第 266 页。

初，南洋华人逢清明扫墓日，华人学校都按照清朝学部的规定放假让学生回家扫墓祭祖，节日的地位也就隐隐然含带了源自北京的勉励。

克己复礼：跨越宗教发挥的价值传承

中华民族的天人和谐观在很大程度上受到儒家的影响，先秦儒道一方面将历史上人格化的上帝转化为非人格化的“天命”或“道”，另一方面则认定每个人都可以通过自身修炼体验达到与道相通，为神为圣。依照儒家传统思维，个人安身立命，是从个人修身开始，以个人修身为本，而个人的修身，乃至人之所以安身立命，又必须是在天地人联系成一片的生命网络之中圆成；从另一个角度去说，《论语》论“仁”，从注意到如何处理“亲亲为大”的那刻，就得重视真正完整人性必须是自发与他人一道完成，而这种完成既要求自律，又是要能在人与人之间活生生的“礼”的关系中完成。据此，《论语》所谓“克己复礼”也可以说是修身的内感兼外显。

清明节，还有其他节日的实践，在讲究“礼”的社会，从意义上说，正是作为承载“礼”的载体而存在。人们在周而复始的节日活动中重复祭祀鬼神，人与人在节日中互动也是重复讲究长幼有序、父慈子孝、兄恭弟悌等伦理规范，而活动的内容则是为了让人们从体会节日的历史、传说、祭祀对象与理由，体会其中蕴含的价值观念，套用郝大维、安乐哲在《汉哲学思维的文化探源》的说法：“礼不仅允许，而且实际上要求个人参与它们的演习……必须将他们自己和谐地结合到那种能让他们表达自己独特性的关系中。”① 人们是通过清明节以及其他系列的节日活动，学习体会祖辈留传的文化与蕴藏其中的价值观。祭祀活动本身要求人们正心诚意，也是培养成长体验、社会观念和实践正心诚意的过程。尤其是节日作为公众、宗族或家族的共同日子，与节日相关的祭祀活动不可能是一个人完成的，必须是有组织，至少是家庭成员共同完成的，其中也就一再涉及人事如何才能尽“礼”的学习体验。由此推论而简言之，一个人对群体的认同

---

① ［美］郝大维、［美］安乐哲著，施忠连译：《汉哲学思维的文化探源》，江苏人民出版社 1999 年版，第 38 页。

倾向与归属感，以至这个人对自己的认同倾向与归属感的认识、在群体中与他人的共同价值观、对自己和他人的要求，很多时候都是来自自小周而复始参与一系列社会提醒大众属于“大日子”的节日活动，一再遵照其“礼”而耳濡目染、潜移默化，将其价值观内化为自身思维结构的一部分。

很多时候，人们认识清明节的价值内涵，往往直接联想到扫墓的主体是家族后人，以及清明节重视宗族或家庭的祖先崇拜，联想到“孝道”作为清明节内涵的重要价值意义。然而，在南洋社会，正因早期南来先人不一定有后人，而地方的社会组织依赖代代传承维护开拓主权，社会因此必须是通过会党歃血为盟的形式以凝聚彼此拟血缘关系，去结合所有地方上以至跨地区的各地方社会成员，由此，整体社会也世代会将所有没有后代祭拜的先人，包括他人的先人一概视为开拓有功的先贤。所以，南洋华人的清明节更多是依靠整体社会的共同组织管理义冢与祠堂，推动这些子孙尽孝的载体，但不一定强调先人彼此间必定要有真正的血缘或亲属关系，而整体社会各种组织年年举行的集体“春祭”更多是同时表达了“恩”和“义”的价值观念。于是，在南洋社会，清明节要祭祖和扫墓，但对象不一定是有直接的血缘关系，而是对先人也要“老吾老以及人之老”，尤其感恩有功先人，便成为尽礼成义的共识。这其中，还有些延续中国原来做法的例子，例如：南洋最大汉传佛寺槟城极乐寺，寺中至今尚存的光绪三十一年（1905）《张煜南颂德碑》，便记载了曾任清廷驻槟副领事的张煜南贡献佛教、布施水源土地给寺院的功劳，承诺特为张公建立生祠，以后每年“过年元旦日、元宵日、清明日、端节日、七月初七日、七月十五日、八月十五日，以上七期，历代接手职事人，年列依期照章备办素菜、果品、香烛，并虔诚诵诸品经咒，以为永远报答之敬”。如此诸种节日，皆是缘起于中华本体之传统，备受重视，自是表现由天竺佛法传统演变至汉传佛教之文化变迁。

有意思的是，随着近代南洋华人宗教信仰趋向多元，清明节不是因此而消失，相反，正如南洋各宗教的鬼神观必须回应华人民间对祭祖的态度，各宗教面对他们的华人信众，或者想要在南洋华人社会进一步传教，都必须面对当地华人清明节除了祭祖还要祭祀许多认识不认识的先辈的事实，提出他们的看法。这其中，可以发现，天主教与伊斯兰教的华人信徒，因着其宗教信仰一神论的神学立场，是把祭祀祖先视为纪念礼仪，强调将“向祖先祈求”转化为使用相关宗教经文“为祖先祈祷”。但这两个源自希伯来神学演变的宗教，因应着其一神论神学强调死者必须安息、升天、最后审判，虽说可以同意烧香致敬死者具有清理环境和熏香疗法效用，实则有益生者身心协调，也不可能会同意“烧冥纸给亡人”的“民间信仰”。无论如何，当这些宗教论述强调本身“为祖先祈祷”是超越了华人民间的“向祖先祈求”，不见得不利于清明节传承，事实上佛教、道教也有类似的教导。这反而意味着从思想上的对话到实践上的交融是可能的。即使当地华人转向某些宗教信仰，其家庭清明传承不见得因此消失，反而因华人信徒的实践，作为促成教内神学与儒家对话的因素，走进那个宗教的圈子。

此外，南洋华人长期与南海诸民族交流，尤其是因着对佛教的感情，也会支持与布施当地南传佛寺，甚至会邀请斯里兰卡、缅甸或泰国籍南传法师为自家祖先清明作仪式，久而久之，就促成了汉族传统形式的清明节不一定只是华人的节日。游客到槟城当地缅甸人佛寺游览时，也会看到佛寺立了告示牌，将华人农历新年、清明节、中秋节列为寺中重要节日。这当然还必须解释清明节传统与南传的上座部佛教理论可以相容。僧人奥智达比丘基于本身对于当代华人过清明节的观察经验，曾撰文表明：“华人农历的一个重要节日就是清明节。除了向逝世者表达孝思外，清明也是让家庭团聚的时机。华人习惯上于过农历新年时团圆，但是当双亲已故时，那团圆便通常不再实现了。但是，如果家庭成员在清明时聚集来向考妣与其他已逝亲属做供养，那么清明便取而代之为一年一度的团聚。”① 他也对清明节下结论说：“定期地（如清明期间）以供食来礼敬已逝亲属，依然是个良好又符合佛陀教导的古老华人习俗。”②

其实，不论清明节传统因华人信徒走入哪一个宗教教派，重要的是南

---

① 奥智达比丘：《礼敬逝者——一个佛教观点》，马来西亚霹雳：护法苑，2005年，第19页。

② 奥智达比丘：《礼敬逝者——一个佛教观点》，马来西亚霹雳：护法苑，2005年，第19页。第28页。

洋清明节日的中心意识——那些强调“孝”“恩”“义”的价值观不变，依旧以扫墓与纪念先人活动作为节日的体现，表达着“祭如在”的思想。只要信教的华人，或服务信教华人的非华人宗教人员，都同意教派的华人信徒继续过清明节，而且教内过清明节能保留着现有扫墓与纪念先人的形式，尤其不转变无关鬼神论述的价值观内涵，他们就毕竟还是在重视过清明节，重视如何一起过节。只不过，我们看到的现代南洋华人过的清明节，是多元的宗教信仰可以共同接纳的清明节，它传承先人之“礼”，历尽历史变迁依旧维续原来之“理”，仍然坚持着其文化价值观一脉相承的理念。

（王琛发，闽南师范大学讲座教授、闽江学者，马来西亚道理书院院长）

专题研究

教化与象征：中国古代耕织图意义探释

长期以来，中国一直是一个以农为本的国度，农业不仅是国民经济的主要命脉，亦是广大民众最主要的衣食之源。因此，从中国历史的早期开始，上至帝王、中至地方官员与士绅、下至普通平民百姓，都对农业生产极为重视，由此在几千年的历史发展过程中，形成了大量与农事活动相关的资料记载，如各种劝农文、农书、农事政令等。不过检诸相关记载我们可以发现，这些资料基本都是以文字为介质的，相比之下作为人类把握有形世界重要方式的“图像”资料却很是少见——实际上这也是中国传统文献记载的一大特点。但事实上，不论是对社会发展还是学术研究而言，“图”都是极为重要的。正如南宋大史学家郑樵所说的那样，“图谱之学，学术之大者”，“天下之事，不务行而务说，不用图谱可也。若欲成天下之事业，未有无图谱而可行于世者”。之所以如此，是因为“图，经也。书，纬也。一经一纬，相错而成文……见书不见图，闻其声不见其形；见图不见书，见其人不闻其语。图，至约也；书，至博也。即图而求易，即书而求难”，“非图，不能举要”；“非图，无以通要”；“非图，无以别要”。①

不过，虽然相比于文字记载相对较少，但并不是说就没有有关农事活动的图像资料流传于世，比如《王祯农书·农器图谱》就是非常著名的农

① 〔宋〕郑樵：《通志·图谱略》，中华书局1987年版，第837页。

事图像资料。此外，还有许多以绘画形式保存下来的农事图像资料，这其中最为著名的非耕织图莫属了。简言之，耕织图就是以农事耕作与丝棉纺织等为主题的绘画图像。耕织图在我国有着悠久的历史，其起始可以追溯到战国时期的采桑铜纹壶，此后经汉至唐，又不断充实丰富，至宋代最终形成完整的耕织图体系，此后历经元明清而一直延续下来。具体来说，耕织图有广义与狭义之分。广义的耕织图是指所有与“耕”“织”相关的图像资料，如铜器或瓷器上的纹样、画像石图像、墓室壁画等。狭义的耕织图则仅指宋代以来呈系统化的耕织图像，如南宋楼璹《耕织图》、元代程棨《耕织图》、清康熙《御制耕织图》等，通过系列的绘画形式将耕与织的具体环节完整呈现出来，并且配有诗歌对图画略作说明。相比之下，宋之前的《耕织图》还停留在分散表达的阶段①，往往只是对某一个环节的简单描画。从南宋楼璹《耕织图》开始，并以之作为基本蓝本，历经元明清700多年，我国至少出现了几十套不同版本与内容的呈系统化的耕织图。② 有些耕织图还东传日本与朝鲜，并对两国绘画、农学发展等产生了很大影响。③

那中国古人为何要创绘一系列的体系化耕织图像呢？耕织图的创作又发挥了什么作用与意义呢？传统主流观点认为，由于耕织图比较真切地反映了当时的具体农业生产技术与劳作场景，因此其目的与意义主要在于推广农业生产技术。如国内研究耕织图的集大成者王潮生就认为：“图与诗的结合提供农民仿效操作的范例，其目的是为发展农

---

① 游修龄：《〈中国古代耕织图〉序》，王潮生主编：《中国古代耕织图》，中国农业出版社1995年版。

② 关于中国古代耕织图概况，请参阅王潮生主编：《中国古代耕织图》，中国农业出版社1995年版；王红谊主编：《中国古代耕织图》，红旗出版社2009年版。当然，历史上实际创作出来的耕织图要远比两书所载为多，但或已不存，或难以搜求。具体情况，可参见王潮生：《几种鲜见的〈耕织图〉》，载《古今农业》2003年第1期；周昕：《〈耕织图〉的拓展与升华》，载《农业考古》2008年第1期，等等。

③ 对此，可参阅［日］渡部武著，曹幸穗译：《〈耕织图〉流传考》，载《农业考古》1989年第1期；［日］渡部武著，陈炳义译：《〈耕织图〉对日本文化的影响》，载《中国科技史料》1993年第2期；臧军：《〈耕织图〉与日本文化》，载《东南文化》1995年第2期，等等。

业生产服务的，是一种社会化、大众化的科普著作。”① 因此，在具体定性上，传统主流观点也基本将耕织图作为农学著作来看待，如作为我国系统化耕织图“母图”的南宋楼璹《耕织图》就被称为“我国第一部图文并茂的农学著作”②。《中国农学史》《中国农学书录》《中国古代农书评介》《中国农业科技发展史略》《中国古代农业科技史图说》《中国农学遗产文献综录》等农学与农书著作，均对耕织图有著录。但事实果真如此吗？笔者通过对历代耕织图的研读后发现，总体而言，耕织图的教化意义远大于技术推广意义，象征意义远大于实际意义，其主要目的在于教化劝农，而并非为推广农业生产技术——虽然我们不能说耕织图就完全没有技术推广的意义。虽然也曾有学者注意到了这个问题③，不过往往只是简单涉及，并没有展开详细论述。下面我们就主要以南宋以来系统化的耕织图为研究对象，采取“映现”与“再现”④ 相结合并以“再现”为主的研究思路，对历代耕织图的创作者及创作背景、原因、目的与实际意义等做具体探讨与分析。

---

① 王潮生：《清代耕织图探考》，载《清史研究》1998 年第 1 期。

② 臧军：《楼璹〈耕织图〉与耕织技术发展》，载《中国农史》1992 年第 4 期。

③ 如张家荣认为，《耕织图》最初确实是出于实用目的的，但后来流于形式，成为帝王“民本”思想的表现（张家荣：《〈耕织图〉的尴尬》，载《中国文化画报》2011 年第 9 期）；朱洪启也认为，耕织图虽然也有技术传播的意义，但更重要的功能在于传播农业文化（朱洪启：《耕织图与我国传统社会中农业技术及农业文化传播》，载《科普研究》2010 年第 3 期）。

④ 黄克武认为，对视觉（图像）史料的研究通常有两种观点，即“映现”与“再现”。“映现”的观点认为图像能忠实地捕捉并记录历史的一瞬间，有助于展现文字史料所无法呈现的过去，即主要将图像资料作为文字资料的补充与辅助来看待；“再现”的观点认为，图像的生产与消费并非中立性的，涉及观看的角度与选择，并认为图像与其说是像镜子那样反映现实，毋宁视之为一种文化产品，注重探讨这一产品是如何被生产、销售与消费的过程，从而解读其背后的文化符码与象征意涵，即将图像本身作为能发声的主体来看待。见黄克武主编：《画中有话：近代中国的视觉表述与文化构图》，台湾“中研院”近代史研究所，2003 年，“导论”第Ⅳ～Ⅴ页。

一、由谁而作、为何而作

“图像解读，首先是对图像记录者的解读，即了解这些图像是谁的想象。”① 那古代创作耕织图的都是何人？他们为何要创作耕织图这种图像形式呢？具体说来，不同时代、不同的创作者，其具体动机可能各有不同。正如张仲葛所说的那样：“这些古代农业图像，就其形成之动机言，绝不一致。”②

目前发现的战国时期与耕织相关的图像主要是青铜器上的图画，如四川成都百花潭出土的“宴乐射猎采桑纹铜壶”上的“采桑图”、河南辉县琉璃阁出土的“采桑铜纹壶”盖上的“采桑图”③ 等，但其明显是出于装饰的考虑。秦汉以后以至隋唐，在画像石、画像砖及墓室壁画、石窟壁画中，也能发现大量与耕织相关的图像，如牛耕图、耙地图、播种图、采桑图等。有学者认为，这些图像的“主要作用是宣传和推广当时先进的耕作技术，具体来说就是铁犁牛耕”④。不过这更多的只是一种想当然的认识，因为这些画像主要是在墓室中发现的，也就是说并不会为当时人所见，那试问其是如何发挥推广耕作技术的功能的呢？其实大量有关画像石、画像砖的研究已经证明，这些图像的主要作用在于装饰美化与营造氛围。如蒋英炬认为：“这些画像在一定程度上所起的作用，就是随葬品的代替、扩展与延伸。”⑤ 杨爱国也认为：“其实不只墓室画像石如此，墓室壁画和画像砖的内容也同样有此功能。这些墓室建筑装饰与墓中的随葬品一起共同

---

① 王笛：《走进中国城市内部——从社会的最底层看历史》，清华大学出版社2013年版，第56页。

② 张仲葛：《〈中国古代耕织图〉序》，王潮生主编：《中国古代耕织图》，中国农业出版社1995年版。

③ 关于这一图像的性质，一般认为是表达了女子采桑的劳作场景。但著名美术考古学家刘敦愿先生有不同的见解，他认为这类图像的题材虽是采桑，主题思想却在于表现春游与歌舞，描写青年男女间的情爱。具体见刘敦愿：《中国青铜器上的采桑图像》，载《文物天地》1990年第5期。

④ 黄世瑞：《浅说耕织图》，载《寻根》1995年第3期。

⑤ 蒋英炬：《关于汉画像石产生背景与艺术功能的思考》，载《考古》1998年第11期。

营造了一个当时人认为理想的死后世界。”①

与前代相比，宋之后出现的耕织图日渐系统化，开始注重细节的描画，也不再被封闭于幽暗的墓室之中，那其创作者又是出于何种具体动机呢？

先看南宋楼璹《耕织图》，这是我国现今有确切证据并有摹本留存下来的第一部体系化耕织图。楼璹，字寿玉，浙江鄞县（今宁波鄞州区）人，生于北宋元祐五年（1090），卒于南宋绍兴三十二年（1162）。楼璹之所以要创作此《耕织图》，主要是出于一个地方官员对皇帝“务农之诏”的响应。对此，楼璹侄子楼钥为《耕织图》所做的题跋曾言：“高宗皇帝身济大业，绍开中兴，出入兵间，勤劳百为，栉风沐雨，备知民瘼，尤以百姓之心为心，未遑它务，下务农之诏，躬耕耤之勤。伯父时为临安於潜令，笃意民事，慨念农夫蚕妇之作苦，究访始末，为耕、织二图。耕自浸种以至入仓，凡二十一事。织自浴蚕以至剪帛，凡二十四事，事为之图，系以五言诗一章，章八句。农桑之务，曲尽情状。虽四方习俗间有不同，其大略不外于此，见者固已韪之。未及，朝廷遣使循行郡邑，以课最闻。”② 对此，明代宋濂亦云：“宋高宗既即位江南，乃下劝农之诏，郡国翕然，思有以灵承上意。四明楼璹字寿玉，时为杭之於潜令，乃绘作《耕织图》。”③ 当然，这其中楼璹个人的悯农、重农情怀也应是一个重要原因。若说皇帝的提倡是“外因”的话，则楼璹个人的重农、悯农情怀应是其创作《耕织图》的“内因”。史载，楼璹是一个对民生疾苦十分关心的人。如早在其担任婺州幕府期间，当得知“州岁贡素罗数颇多，民不能输”时，他就积极向上级申请以减轻民众负担，“为州将作奏，自诣行在所，具言利害，朝廷为损其数”；看到“州县输纳至者，多不省轻重，予夺在吏”的情形时，他又“以其多寡所当出者，大书揭之”，由此“民甚悦”。④ 事实上，重农、悯农意识是

---

① 杨爱国：《幽明两界：纪年汉代画像石研究》，陕西人民美术出版社 2006 年版，第 216 页。

② 〔宋〕楼钥著，顾大朋点校：《楼钥集》，浙江古籍出版社 2010 年版，第 1334 页。

③ 罗月霞主编：《宋濂全集》，浙江古籍出版社 1999 年版，第 675 页。

④ 〔清〕陆心源辑撰：《宋史翼》卷二〇《循吏三 · 楼璹》，中华书局 1991 年版，第 214 页。

中国古代文人所固有的一种人文情怀，历史上尤其是中唐以后，文人出于对普通百姓艰辛劳作与困苦生活的同情而创作了大量文学作品，这其中最为大家所熟悉的就是李绅的《悯农》诗了。①

除此之外，据楼钥所载，楼璹创作《耕织图》可能还有更为实用的目的，即出于考课的需要。中国古代有定期对地方官吏进行巡查考课的行政制度，以对官员“政绩”进行评定，而农桑垦殖、水利兴修等又是考课的最重要的内容之一。如据《宋史·职官三》所载：“以四善、三最考守令：德义有闻、清谨明著、公平可称、恪勤匪懈为四善；狱讼无冤、催科不扰为治事之最；农桑垦殖、水利兴修为劝课之最，屏除奸盗、人获安处、振恤困穷、不致流移为抚养之最……凡内外官，计在官之日，满一岁为一考，三考为一任。”② 因此，楼钥将《耕织图》的创作完成与楼璹的“以课最闻”并述，应是以《耕织图》证其劝课农桑之绩③，尤其是考虑到楼璹所任职的地方又是都城临安下属的县份。而《耕织图》的创作，也确实为楼璹后来的一系列升迁打下了坚实基础。“初除行在审计司，后历广闽舶使，漕湖北、湖南、淮东，摄长沙，帅惟扬，麾节十有余载，所至多著声绩，实基于此。”④

元代程棨《耕织图》，现藏美国华盛顿弗利尔美术馆。据乾隆三十四年（1769）《耕织图》刻石题识中称：“《耕图》卷后姚氏跋云：耕织图二卷，文简程公曾孙棨仪甫绘而篆之。织图卷后赵子俊跋，亦云每节小篆，皆随斋手题。今两卷押缝皆有仪甫、随斋二印，其为程棨摹楼璹图本，并

---

① 鞠志强、闫涛：《谈中国古代的悯农诗》，载《文史哲》1992 年第 6 期；余颖：《中唐诗人悯农情怀的文化观照》，载《长春师范学院学报（人文社会科学版）》2011 年第 6 期。

② 关于宋代知县、县令考课制度，可参阅邢琳、李艳玲：《宋代知县、县令考课制度述论》，载《许昌学院学报》2004 年第 1 期。

③ 张万刚：《楼璹〈耕织图诗〉研究》，兰州大学 2009 年硕士学位论文，第 3 页。

④ 〔宋〕楼钥著，顾大朋点校：《楼钥集》，浙江古籍出版社 2010 年版，第 1334 页。

书其诗无疑。”[①] 由此记载可知，此《耕织图》为程棨据南宋楼璹《耕织图》临摹而成。[②] 程棨，生平事迹不详，现只知其为程琳（988—1056，谥号文简）的曾孙，字仪甫，号随斋，安徽休宁人，系当时书画名家，人称“博雅君子”。另据元陶宗仪《南村辍耕录》，可知程棨曾著有《三柳轩杂识》一书。程棨临摹楼璹《耕织图》的具体动机为何，受资料记载所限我们不得而知，但由其为书画名家的身份推断，可能主要是出于对《耕织图》的喜爱而临摹之，其本意绝非为推广农业生产技术。事实上，临摹楼璹《耕织图》或据其再创作是一种常有之举，仅在南宋就至少出现了6套与之相关的耕织图作品，如梁凯《耕织图》、刘松年《耕织图》等。程棨《耕织图》外，元代还有由诸色人匠提举杨叔谦所做的《农桑图》，并由赵孟頫奉懿旨作诗二十四首。

延祐五年四月廿七日，上御嘉禧殿，集贤大学士臣邦宁、大司徒臣源进呈《农桑图》。上披览再三，问作诗者何人？对曰翰林承旨臣赵孟頫；作图者何人？对曰诸色人匠提举臣杨叔谦……钦惟皇上以至仁之资，躬无为之治，异宝珠玉锦绣之物，不至于前，维以贤士、丰年为上瑞，尝命作《七月图》，以赐东宫。又屡降旨设劝农之官，其于王业之艰难，盖已深知所本矣，何待远引《诗》《书》以裨圣明。此图实臣源建意令臣叔谦因大都风俗，随十有二月，分农桑为廿有四图，因其图像作廿有四诗，正《豳风》因时纪事之义，又俾翰林承旨臣阿怜怗木儿，用畏吾尔文字译于左方，以便御览。[③]

---

① 转引自王潮生主编：《中国古代耕织图》，中国农业出版社1995年版，第46页。

② 据日本东京大学东洋文化研究所户田研究室所收藏的程棨《耕织图》照片可知，程棨《耕织图》与楼璹《耕织图》不论在画幅还是画目上均完全一致。现楼图亦佚，仅有《织图》的宫廷摹本《蚕织图》存世，因此借助程图，我们就能窥见楼图的基本原貌。

③ 〔元〕赵孟頫：《〈农桑图〉叙奉撰》，《松雪斋诗文外集》，《四部丛刊》上海涵芬楼影印元沈伯玉刊本。

从上述记载可知，此图主要是为进呈皇帝以示劝农、重农之意而作的。邦宁，即李邦宁，本为南宋宫廷的一名小太监，宋亡后随瀛国公（端宗赵昰）入元廷，后受元世祖重用，累官至集贤大学士，《元史》有传。大司徒源，不知为何人。杨叔谦，元代著名宫廷画家，潘天寿称其善画“田园风俗”①。另，与楼璹、程棨的《耕织图》不同的是，此图反映的是大都（今北京）而非江南一带的农作与蚕桑情形。可惜此图在国内外至今尚未发现，只有赵孟頫所作二十四首诗歌尚存。

明《便民图纂》耕织图由《便民纂》加楼璹《耕织图》合编而成，只是图有增删、改动，并非完全照搬。《便民图纂》编者一般认为是邝璠，“字廷瑞，任丘人，进士，弘治七年知吴县，听察勤政，无绩不兴，久任民和，循良称最”②。邝氏虽为今河北人，但因在吴县为官，对太湖流域的农村与农业生产均颇为熟悉，故书的内容是以江南地区为主编写而成的，涉及耕获、蚕织、树艺、杂占、祈禳、起居、牧养、制造等多个方面。《便民纂》之所以要加入楼璹《耕织图》并稍作改动，目的在于使民众更易理解，正所谓“即图而求，易；即书而求，难”③。对此，邝璠自云：“宋楼璹旧制《耕织图》，大抵与吴俗少异，其为诗又非愚夫愚妇之所易晓，因更易数事，系以吴歌。其事既易知，其言亦易入，用劝于民，则从厥攸好，容有所感发而兴起焉者。”④ 从“用劝于民，则从厥攸好，容有所感发而兴起焉者”可以看出，作为地方官的邝璠借用此图仍有教化劝民的目的，故同治《苏州府志》称其“循良称最”。

清代是制作《耕织图》的高峰期，既有宫廷御制，也有地方自制；既有综合描绘耕织的，也有专门宣传蚕桑和棉业的；既有绘画作品，也有石刻、木刻等，可谓丰富多彩。⑤ 清代耕织图的兴盛是与帝王的重视和提倡

---

① 潘天寿：《中国绘画史》，上海人民美术出版社 1983 年版，第 168 页。

② 同治《苏州府志》卷七一《名宦四》。

③ 〔宋〕郑樵：《通志 · 图谱略》，中华书局 1987 年版，第 837 页。

④ 〔明〕邝璠著，石声汉、康成懿校注：《便民图纂》，农业出版社 1959 年版，第 1 页。

⑤ 王潮生主编：《中国古代耕织图》，中国农业出版社 1995 年版，第 77 页。

分不开的，其中的第一部就是康熙《耕织图》。康熙二十八年（1689），康熙南巡时有江南士人进呈南宋楼璹《耕织图》残本，带回京城后，遂命宫廷画师焦秉贞依图重绘，于康熙三十八年（1699）刊行。① 由于由康熙帝亲撰序文并题诗，故名《御制耕织图》。不过此图虽是据楼图而绘，却并非完全照搬，而是分别有所增减。作画人焦秉贞，“济宁人，钦天监五官正。工人物，其位置之自近而远、由大及小，不爽毫毛，盖西洋法也。康熙中袛候内廷，圣祖御制《耕织图》四十六幅，秉贞奉诏所作。村落风景、田家作苦，曲尽其致，深契圣衷，锡赉甚厚，旋镂板印赐臣工”②。那康熙帝为何要命焦秉贞重绘《耕织图》呢？宣扬“农为天下之大本”及其爱民、劝民之意，应是最主要用意，这在其所作的《御制耕织图·序》中表达得一览无余：

> 朕早夜勤毖，研求治理，念生民之本，以衣食为天。尝读《豳风》《无逸》诸篇，其言稼穑蚕桑，纤悉具备，昔人以此被之管弦，列于典诰，有天下国家者，洵不可不留连三复于其际也。西汉诏令，最为近古，其言曰：“农事伤，则饥之本也；女红害，则寒之原也。”又曰：“老耆以寿终，幼孤得遂长。”欲臻斯理者，舍本务其曷以哉？朕每巡省风谣，乐观农事，于南北土疆之性，黍稌播种之宜，节候早晚之殊，蝗蝻捕治之法，素爱咨询，知此甚晰，听政时恒与诸臣工言之……古人有言：“衣帛当思织女之寒，食粟当念农夫之苦。”朕惓惓于此，至深且切也。爰绘耕织图各二十三幅，朕于每幅制诗一章，以吟咏其勤苦而书之于图。自始事迄终事，农人胼手胝足之劳，蚕女茧丝机杼之瘁，咸备极其情状。复命镂板流传，用以示子孙臣庶，俾知粒食维艰，授衣匪易。书曰：“惟土物爱，厥心臧。”庶于斯图有所感发焉。且欲令寰宇之内，皆敦崇本业，勤以谋之，俭以积之，衣食丰

---

① 王潮生：《清代耕织图探考》，载《清史研究》1998年第1期。

② 〔清〕张庚、刘瑗著，祁晨越点校：《国朝画征录》，浙江人民美术出版社2011年版，第58页。

饶，以共跻于安和富寿之域，斯则朕嘉惠元元之意也夫!①

康熙《耕织图》之后，“厥后每帝仍之拟绘，朝夕披览，借无忘古帝王重农桑之本意也”②。雍正朝图，由“雍正帝袭旧章命院工绘拟”③，共52幅。此图究系何人所绘，不得而知。现存图册分耕、织两部分各23幅，画面、画目与康熙焦秉贞图基本相同，只是排列顺序稍有改动，并删掉了楼璹原题的五言诗，增加了雍正御题的五言诗。乾隆《耕织图》是由乾隆命画院据画家蒋溥所呈元程棨《耕织图》摹本而作，不论画幅、画目还是画面内容均与程图相一致，后刻石存于圆明园内。此外乾隆还曾令陈枚据康熙《御制耕织图》绘《耕织图》46幅，每幅图均有乾隆御笔行书题其所和康熙皇帝原韵诗一首。④ 这几部耕织图均是沿袭康熙旧制而作，亦是为彰显农为国之本以及教化劝农之意。此后嘉庆帝也曾补刊乾隆《耕织图》，对于自己的动机，他亦曾言：“朕续有题咏，应补行编载，原书篇页内余幅甚宽者……以示朕祇遹成谟重民务本至意。”⑤ 总之，清代自康熙朝以至嘉庆朝，均有《耕织图》问世，其目的在于“借以宣传农业在国民经济中的重要地位，劝民努力本业，从而巩固封建政权”⑥。

与前代相比，清代不仅耕织图数量多，且有新型耕织图——《棉花图》《桑织图》的创作。乾隆三十年，“高宗南巡，观承迎驾……四月，条举木棉事十六则，绘图以进”⑦。对方观承之举，乾隆皇帝极为赞赏，并亲为之题诗，所以《棉花图》又名《御题棉花图》。方观承，字遐谷，安徽

① 《钦定授时通考》卷五二《劝课门·耕织图上》，《钦定四库全书荟要》，吉林出版集团有限责任公司2005年版，第721～722页。

② 《清雍正耕织图之一（浸种）》，载《故宫周刊》1933年，第244期。

③ 《清雍正耕织图之一（浸种）》，载《故宫周刊》1933年，第244期。

④ 王璐：《清代御制耕织图的版本和刊刻探究》，载《西北农林科技大学学报（社会科学版）》2013年第2期。

⑤ 〔清〕鄂尔泰、张廷玉等奉敕撰，〔清〕董诰等奉敕补：《钦定授时通考》（清嘉庆十三年补修），《景印文渊阁四库全书》第732册，台湾商务印书馆1986年版，第2～3页。

⑥ 王潮生主编：《中国古代耕织图》，中国农业出版社1995年版，第77页。

⑦ 光绪《畿辅通志》卷一八九《宦绩录七·国朝一·方观承》。

桐城人，曾任直隶总督20年，“尤勤于民事”①，十分重视农业生产，认为棉花有“衣被天下之利”的作用，功用不在五谷之下，故主持绘制了《棉花图》并上呈乾隆皇帝。因此，方观承绘制《棉花图》一定程度上可能与楼璹的动机相类似，既是重农与劝农的表现，也是凸显其个人“政绩”的一种表现。嘉庆十三年（1808），嘉庆帝命大学士董诰等据乾隆《御题棉花图》编订并在内廷刻版16幅《棉花图》（又名《授衣广训》），画目、画面内容与乾隆《棉花图》基本相同。董诰，字雅伦，一字西京，浙江富阳人，乾隆进士，累官至东阁大学士，工诗文，善画。《清史稿·董诰传》称其“尚书邦达子……邦达善画，受高宗知。诰承家学，继为侍从，书画亦被宸赏，尤以奉职恪勤为上所眷注”②。嘉庆帝之所以命作此图，亦应是出于继承祖制与教化劝农的目的。

光绪木刻《桑织图》刻于清光绪十五年（1889），原图24幅，册首图上有“种桑歌”，尾有跋语。其中作者在跋语中讲述了创作该图册的目的和过程：

> 桑蚕为秦中故物，历代皆有，不知何时废弃，竟有西北不宜之说。是未悉豳风为今邠州，岐周为今岐山，皆西北高原地，岂古宜而今不宜耶？历奉上宪兴办，遵信者皆著成效，惟废久失传，多不如法，不成，中止。奉发《蚕桑辑要》、《豳风广义》，或以文繁不能猝识……因取《豳风广义》诸图仿之，无者补之，绘图作画，刻印广布，俾乡民一目了然，以代家喻户晓，庶人皆知：务地利，复其固有。衣食足而礼义生，豳风再见今日，所厚望焉！是举也，书者为甘肃候补州判邑人张集贤，绘者为候选从九品邑人郝子雅。时光绪十五年岁次已丑，冬十一月吉日刻，板存三原县永远蚕桑局。③

① 〔清〕赵尔巽等：《清史稿》，中华书局1976年版，第10831页。

② 〔清〕赵尔巽等：《清史稿》，中华书局1976年版，第11089页。

③ 王潮生认为，这是“一部记录清代后期陕西关中地区从事蚕桑生产的形象资料”（《中国古代耕织图》，第169页），从《桑织图》的作者初衷来看，这一看法是错误的，因其是力图在已废弃蚕桑的关中地区推广蚕桑养殖，而不是对当时实际蚕桑养殖情况的忠实记录。

从此跋语可知，这一木刻《桑织图》是由下层官员兼地方士绅以《豳风广义》（作于乾隆年间）为蓝本绘制的，这与清代《耕织图》多由帝王倡导有所不同。而绘图的目的，则在于在关中地区宣传推广此地早已失传的蚕桑养殖与丝织生产。① 因此，与前述诸《耕织图》不同的是，此《桑织图》具有强烈的劝导及技术推广意味。

光绪《蚕桑图》作于光绪十六年（1890），由浙江钱塘（今杭州）人宗承烈据宗景藩（曾于同治年间任湖北蒲圻县知县）所撰《蚕桑说略》，请当时著名画家吴嘉猷配图而来，故名《蚕桑图说》。编著此书的目的，宗承烈在序言中说“蚕桑者，衣之源，民之命也”，“植桑养蚕之法，浙民为善”，而“楚地却耕而不桑”，他认为这是“未谙其法”所导致的。序文的最后说：

> 唯种植饲缫之法，恐不能家喻户晓，爰检朝议公（指宗景藩）《蚕桑说略》，倩名手分绘图说，付诸石印，分给诸屯读书之士，转相传阅，俾习者了然心目，诚能如法，讲求勤劳树畜，则多一桑即多一桑之利，多一蚕妇即多一养蚕之利……衣食由此而足也。②

从序言中可知，作者创作此图、编著此书的目的，在于在不事蚕桑的楚地宣传、推广浙江等地的蚕桑养殖技术，因此与光绪木刻《桑织图》相同，亦具有劝导及强烈的技术推广目的。

除上述耕织图外，1978 年在河南省博爱县一农家门楼墙壁上，还发现了 20 幅估计是作于清光绪年间的石刻《耕织图》，展现了清代晚期豫北人民男耕女织的劳动景象。但此图作者为谁，又为何而作，现均不得而知，故在此不做赘述。

二、为谁而作、影响如何

出于各自的不同目的——至少是创作者自己言说的目的，中国古人创作

---

① 转引自王潮生主编：《中国古代耕织图》，中国农业出版社 1995 年版，第 169 页。
② 转引自王潮生主编：《中国古代耕织图》，中国农业出版社 1995 年版，第 178 页。

了《耕织图》《棉花图》等诸多与农事、纺织生产相关的图像。那这些图像又是为谁而作呢？创作出来之后又发挥了何种实际功效或影响力呢？

楼璹《耕织图》的创作，很大程度上是为当世皇帝而作的，既是对其重农之策的响应，也是为了让皇帝形象而具体地知晓民众稼穑之艰难，以进一步引起其对下层民众与农业生产的重视。正如楼璹之侄楼钥所说的那样：

> 周家以农事开国，《生民》之尊祖，《思文》之配天，后稷以来世守其业。公刘之厚于民，太王之于疆于理，以致文武成康之盛，周公《无逸》之书，切切然欲君子知稼穑之艰难。至《七月》之陈王业，则又首言授衣，与夫“无衣无褐，何以卒岁”，“条桑”、“载绩”，又兼女工而言之，是知农桑为天下之本。孟子备陈王道之始，由于黎民不饥不寒，而百亩之田，墙下之桑，言之至于再三，而天子三推，皇后亲蚕，遂为万世法……呜呼，士大夫饱食暖衣，犹有不知耕织者，而况万乘主乎？累朝仁厚，抚民最深，恐亦未必尽知幽隐。此图此诗，诚为有补于世。夫沾体涂足，农之劳至矣，而粟不饱其腹；蚕缫织纴，女之劳至矣，而衣不蔽其身。使尽如二图之详，劳非敢惮，又必无兵革力役以夺其时，无污吏暴胥以肆其毒，人事既尽，而天时不可必。旱涝螟螣既有以害吾之农夫，桑遭雨而叶不可食，蚕有变而坏于垂成，此实斯民之困苦，上之人尤不可以不知，此又图之所不能述也。①

事实上，《耕织图》创作完成后不久，也确实很快就引起了高宗皇帝的注意。“未及，朝廷遣使循行郡邑，以课最闻。寻又有近臣之荐，赐对之日，遂以进呈。即蒙玉音嘉奖，宣示后宫，书姓名屏间。”② 正因为此，其后楼璹的官职也不断得以升迁——从这个角度来说，《耕织图》又是为其自己所作，以证其劝课农桑之绩。此后理宗朝时，程珌亦曾借进呈《耕

① 〔宋〕楼钥著，顾大朋点校：《楼钥集》，浙江古籍出版社 2010 年版，第 1333 ~ 1335 页。

② 〔宋〕楼钥：《跋扬州伯父〈耕织图〉》，曾枣庄主编：《宋代序跋全编》（7）齐鲁书社 2015 年版，第 457 页。

织图》之机，劝导帝王重视生产、关心民生：

> 臣近因进读三朝宝训，内农穑门一段云："太宗朝，有同州民李元真者献《养蚕经》，太宗留其书于宫中，赐钱一万。"臣读毕奏云："绍兴间有於潜令楼璹尝进《耕织图》，耕则自初浸谷以至春簸入廪，织则自初浴蚕以至机杼剪帛，各有图画，纤悉备具，如在郊野目击田家。高宗嘉奖，宣示后宫，擢置六院。绍兴帅臣汪纲近开板于郡治。臣旦夕当缴进一本，以备宴览，玉音嘉纳之。臣今已装背成帙谨以进呈，伏望陛下置之坐隅，时赐睿览，一则知稼穑之艰难而崇节俭之化，二则念民生之不易而轻租赋之敛，则高宗称赏其图之意，迨今犹一日也，天下幸甚。"①

楼璹将《耕织图》进呈之后，受到了南宋宫廷的极大重视。高宗续配吴皇后在《织图》摹本《蚕织图》每幅图画面下部亲笔楷书题注。"今观此卷，盖所谓织图也，逐段之下，有宪圣慈烈皇后题字。皇后姓吴，配高宗，其书绝相类。岂璹进图之后，或命翰林待诏重摹，而后遂题之耶。"② 之所以《织图》会由皇后题注，因古代有"皇后亲蚕，以仪范天下"的传统。另据元虞集所言："前代郡县所治大门，东西壁皆画耕织图，使民得而观之。"③其实，宋代一直有于墙壁上画农桑图以提醒当政者注意农耕的传统。据《建炎以来系年要录》记载，宋高宗说："朕见今禁中养蚕，庶使知稼穑艰难。祖宗时于延春阁两壁，画农家养蚕织绢甚详。"④ 而宋高宗之所以对《耕织图》如此重视，因为此图正契合了其重农、劝农的政策。当是时，南宋王朝

---

① 〔宋〕程珌：《洺水集》卷二《奏疏·缴进耕织图札子》，商务印书馆 1934 年版，第 98 页。

② 〔明〕宋濂：《宋学士文集》卷第一六《题织图卷后》，商务印书馆 1937 年版，第 302 页。

③ 〔元〕虞集：《道园学古录》卷三〇《七言绝句·题楼攻愧织图》，商务印书馆 1937 年版，第 512 页。

④ 〔宋〕李心传：《建炎以来系年要录》第 2 册，中华书局 1956 年版，第 1445 页。

于江南初定，外有金朝威胁，内则急于社会的稳定，故高宗皇帝“未遑它务，下务农之诏”，发展农业生产，以增强国力、安抚百姓。

程棨之所以摹楼璹《耕织图》，或许只是出于一个书画名家对前人书画的爱好之意。此图在元代的流传情况，受资料所限我们不得而知，但其为后世帝王所重是确定的。清高宗乾隆就曾在此图上“兼用楼韵题图隙”，并将图保存于圆明园多稼轩以北的贵织山堂，乾隆三十四年（1769）还命画院双钩临摹刻石。① 杨叔谦《农桑图》，从赵孟頫所作《农桑图》序来看，明显是为当世皇帝而作，目的在于劝导皇帝重视农耕，这在赵孟頫所作二十四首诗中体现得特别明显。诗作通过题咏田家一年耕作之事，劝诫农夫蚕妇要循时令，习勤劳，以获取丰收，上报皇天，同时也慨叹田家之不易，因此劝导帝王要重稼穑、珍民生。② 而之所以这样做，又与元代定鼎中原后对农业生产的重视有极大关系。元朝是由蒙古游牧民族南下中原建立的王朝，其初期并不重农桑并意欲将农地变为牧业用地，加之战乱冲击，由此对农业生产造成了巨大破坏，直到忽必烈时期才开始施行重视农耕之策。元仁宗时期，延祐二年（1315）刊印《农桑辑要》万部并颁降有司，以劝导农耕。③ 一系列劝农文的发布，显示了政府的重农之策。④ 可能源建等人深知朝廷对农政的重视，故特令绘制《农桑图》以进献仁宗。而在这一系列劝农政策的促进下，元代农业也确实获得了很大发展，正如虞集所言：

我国家既定中原，以民久失业，置十道劝农使，总于大司农，慎择老成重厚之君子而命之。皆亲历原野，安辑而教训之。今桑麻之效遍天下，齐鲁尤盛。其后功成，省专使之任，以归宪司。宪司置四佥

---

① 王潮生主编：《中国古代耕织图》，中国农业出版社 1995 年版，第 46 页。

② 单人耘：《浅谈元代赵孟頫的题耕织图诗》，载《中国农史》1988 年第 2 期。

③ 柯劭忞等：《新元史》卷六九《志第三十六·食货二·田制农政》，吉林人民出版社 1995 年版，第 1589～1590 页。

④ 关于元代劝农文的特点、实施等，可参考伊藤正彦：《元代劝农文小考——元代江南劝农文基调及其历史地位》，载《（熊本大学）文学部论丛》第 49 号，1995 年。

事，其二则劝农之所分也。至今耕桑之事，宪犹上之大农。天下守令，皆以农事系衔矣。①

《便民图纂》耕织图是为了配合《便民纂》的传播而作。作为明代“通书”类型的一部农书，《便民图纂》的主要目的在于供给一般民众日常生活所需的技术知识，其“便民”名称便是明证，故邝璠借用并删改楼璹《耕织图》有向民众介绍、推广生产知识的目的，这与前代《耕织图》主要用于“教化劝民”有所不同。“今民间传农、圃、医、卜书，未有若《便民图纂》，识本末轻重，言备而指要也。务农、女红，有图、有词，以形其具，以作其气。有耕获、蚕织，以尽其事。”②《便民图纂》的设定对象主要是普通民众，因此邝璠借用楼璹《耕织图》亦主要是面向普通大众的，这与楼璹图、杨叔谦图最初主要是为帝王而作有很大不同——虽然这些图册最终也可能会因帝王的提倡而被推向民间。与图相配的为民间形式的吴歌——竹枝词，读起来朗朗上口，浅显易懂，这必然会增强传播的效果。由于知识门类齐全、通俗易懂，《便民图纂》也确实获得了广泛传播，如时任云南布政使的吕经就曾在云南地区大力推广《便民图纂》：

民生一日不能已者，皆精择而彪分昭列焉。故它书可缺；此书似不可缺；况滇国之于此书，尤不可缺，是岂可一例禁邪？盖上之惩病民之弊，正所以为利民之图耳，岂拘拘而为之者哉？经所以将顺而干冒为之。匠用公役，梓用往年试录及历日板可者。或闻之亦悦。遂布诸民。③

① 〔元〕虞集：《道园学古录》卷三〇《七言绝句·题楼攻愧织图》，商务印书馆 1937 年版，第 512 页。

② 〔明〕欧阳铎：《新校〈便民图纂〉序》，〔明〕邝璠著，石声汉、康成懿校注：《便民图纂》，农业出版社 1959 年版，前言第 11 页。

③ 吕经：《〈便民图纂〉序》，〔明〕邝璠著，石声汉、康成懿校注：《便民图纂》，农业出版社 1959 年版，前言第 14 页。

出于“令寰宇之内，皆敦崇本业”的劝诫农耕的目的，康熙帝命焦秉贞绘制了《耕织图》。那《御制耕织图》主要是作给谁看的呢？从其在《御制耕织图》序中所说的“复命镂板流传，用以示子孙臣庶，俾知粒食维艰，授衣匪易”来看，主要是为“子孙臣庶”而作，以提醒他们“衣帛当思织女之寒，食粟当念农夫之苦”。在此，“子孙”应主要指皇家子孙，后世雍正、乾隆等朝《耕织图》的绘制与创作，一定程度上就是对这一祖训的回应。“臣”即各级政府官员，他们既是被教化者，又是教化者。一方面，“臣”是皇帝的“附属”与“助手”，因此首先要在他们内心树立起爱民、重农的观念，才能真正将各项劝农政策落到实处；另一方面，作为皇权在各地的“代理”，“臣”是皇帝“牧民”与政策推行的具体执行者，因此相对于“庶”，他们又是教化者。“庶”是平民百姓，是教化施行的最终目标主体。

康熙是中国历史上一位颇有作为的皇帝，勤于政事，对农业生产也极为重视，正如他在《御制耕织图》序中所说的那样：“朕每巡省风谣，乐观农事，于南北土疆之性，黍稌播种之宜，节候早晚之殊，蝗蝻捕治之法，素爱咨询，知此甚晰，听政时恒与诸臣工言之。”① 那他为何要在1696年命焦秉贞绘《耕织图》呢？1689年他南巡而得宋楼璹《耕织图》残本应是一个直接诱因，而当时的社会环境则是最主要原因。1644年清军入关，开始实行圈地运动，大量民田被侵占，此后与残明势力的战争又持续了十数年，加之清入关之前农民起义军与明政府军的多年战争，致使社会经济遭受严重破坏，人口大量死亡流徙。如一直到康熙十年（1671），四川等省仍旧是“有可耕之田，而无耕田之民”②。于是安抚民众、恢复并发展农业生产，成为清政府的重要任务。1669年康熙铲除鳌拜集团并亲政后，先是下诏停止圈地，又先后平定三藩之乱（1681）、收复台湾（1683）、击败沙俄侵略（1686）与平定噶尔丹叛乱（1690），终于实现了

---

① 《钦定授时通考》卷五二《劝课门 · 耕织图上》，《钦定四库全书荟要》，吉林出版集团有限责任公司2005年版，第721页。

② 《清实录 · 圣祖仁皇帝实录》卷三六。

国家的和平与安定，由此“经济发展”便成为重中之重。于是，绘制具有象征意义的《耕织图》并以示“子孙臣庶”也就自然而然了。同理，雍正、乾隆朝创作《耕织图》，也都有以经济发展为重、稳定社会秩序的意思在里面。故白馥兰评价说：“清朝三代帝王在 18 世纪下令重新绘制了新的耕织图，并亲自题诗赞扬农民的辛勤劳碌。这不是在更新技术细节，而是在重申——在另一个长期的冲突和道德无常的周期过去后，农民和皇权国家的物质繁荣和按照宇宙法则建立秩序之间必然存在有机的联系。”①

虽实质上亦是为重农、劝农而作，但雍正《耕织图》的直接目的可能是为讨好康熙皇帝而作。此图具体创作年代不详，但根据画上“雍亲王宝”与“破尘居士”的印章来看，应是创作于康熙四十八年（1709）之后、雍正登基之前（1722 年）。由于是为讨好康熙而作，雍正《耕织图》的画面布局与康熙《御制耕织图》完全相同。此外，每图除雍正配诗一首外，并未添加楼璹之诗，主要是因为此图是为进呈康熙之用，因此题楼璹诗也就没有必要了。清代所有皇帝中，以乾隆朝《耕织图》作品最为丰富，不仅摹了大量康熙《御制耕织图》、雍正《耕织图》书画作品，还新创作了以棉花与棉纺织为主题的《棉花图》，并且摹刻了前代的耕织图像。② 除图像、石刻外，乾隆帝还命人在颐和园的清漪园创建了一个以耕织为主题的、有江南风韵的田园景观，体现其对农桑之本的重视与耕织之道的宣教。③ 乾隆命人摹刻《耕织图》，既有对先祖传统的延续，以显示其重农之道，同时一定程度上也应该与其对古代书画的喜爱有很大关系。④因此，这些作品既是为其自己所作，也是为天下臣工与百姓而作，同时也可能有讨好的意味在里面，因其和康熙原韵的 46 首《耕织图》诗也是创作于其为皇子之时。

---

① ［英］白馥兰著，呼思乐译，吴彤校：《帝国设计：前现代中国的技术绘图和统治》，李砚祖主编：《艺术与科学》（卷九），清华大学出版社 2009 年版，第 10 页。

② 王璐：《清代御制耕织图的版本和刊刻探究》，载《西北农林科技大学学报（社会科学版）》2013 年第 2 期。

③ 王潮生：《乾隆创建的耕织图景区》，载《紫禁城》2007 年第 7 期。

④ 刘迪：《试析乾隆帝书画鉴赏活动之特征》，载《文史杂志》2014 年第 3 期。

由直隶总督方观承所主持绘制的《棉花图》，从其创作完成即进呈乾隆皇帝来看，似是专为乾隆皇帝而作，其目的可能在于引起皇帝对棉花种植及棉纺织生产的重视。在进呈的奏文中，他如是说：

太子太保、直隶总督臣方观承谨奏为恭进《棉花图》册仰祈圣鉴事。窃惟五十非帛不暖，王政首重夫蚕桑，一女不织则寒，妇功莫亟于丝枲，然民用未能以遍给，斯地利因之而日开。惟棉种别菅麻，功同菽粟，根阳和而得气，苞大素以含章，有质有文，即花即实。先之以耰锄被襫，春种夏耘，继之以纺绩组纴，晨机夜杼。盖一物而兼耕织之务，亦终岁而集妇子之劬，日用尤切于生民，衣被独周乎天下。仰惟我皇上，深仁煦育，久道化成，巡芳甸以劝农，播薰风而阜物。揽此嘉生之蕃殖，同于宝稼之滋昌。臣不揣鄙陋，条举棉事十六则，绘图列说，装潢成册，恭呈御览。夙在深宫之咨度授衣，时咏豳风，冀邀睿藻以品题博物，增编尔雅，为此恭折具奏，伏祈圣鉴。①

并且，为了能引起乾隆重视，方观承还将康熙御制《木棉赋》一并上呈。嘉庆年间，嘉庆皇帝又命董诰重刊乾隆《棉花图》，并更名为《授衣广训》，以彰显其继承祖训及爱民之意。正如他在上谕中说的那样：

朕勤求民事，念切授衣，编氓御寒所需，惟棉之用最广。其种植纴纺，务兼耕织。从前圣祖仁皇帝曾制《木棉赋》，迨乾隆年间直隶总督方观承恭绘《棉花图》，撰说进呈。皇考高宗纯皇帝嘉览之余，按其图说十六事，亲制诗章，体物抒吟，功用悉备。朕绍衣先烈，轸念民依，近于几暇敬依皇考圣制原韵作诗十六首，诚以衣被之原，讲求宜切，生民日用所系，实与稼穑、蚕桑并崇本业。著交文颖馆，敬

---

① 方观承向乾隆进呈《棉花图》奏文，据王潮生主编《中国古代耕织图》（中国农业出版社 1995 年版）第 115 页拓片整理而来。

谨辑为一书，命名《授衣广训》。①

《棉花图》的创作，源于棉花在人们生活中重要性的日益突出。虽然棉花早在东汉时即已传入中国，但长期以来，受棉花加工技术的限制，一直未能得到全面推广，只在西北及西南地区有少量种植。直到元代，黄道婆改进棉纺织技术后才大大促进了棉花在中国的种植，其后明太祖朱元璋更是通过政令的形式在全国推行棉花种植，“凡民田五亩至十亩者，栽桑、麻、木棉各半亩，十亩以上倍之。……不种桑，出绢一匹。不种麻及木棉，出麻布、棉布各一匹”②，大大促进了棉花在我国的种植。至明代中叶以后，棉花已是“地无南北皆宜之，人无贫富皆赖之”③。至清代中叶，棉花更是成为“衣被天下”的重要之物。“三辅（直隶）……种棉之地，约居什之二三。岁恒充羡，输溉四方。”④ 正是在此大背景下，乾隆三十年（1765）直隶总督方观承以直隶一带棉花种植与棉纺织情况为参照，主持绘制了《棉花图》。

清代中前期创作的耕织图（含《棉花图》在内），或由皇帝发起而作，或由大臣所作再进呈于皇帝。这些图册完成之后，其本意在于教化劝农，因此并没有收藏于内宫秘不外传，而是进行了大量刊刻并向民间推广。从著述形式来看，清代内府所藏耕织图主要分为四类，即书法、绘本、刻本与拓本。通常先由宫廷画师绘制耕织图画册，再由帝王御笔题诗，再由工匠将御制诗文装裱于画作之上，最后再以之为底本进行版刻。或将耕织图刻于石上，再据石刻做成拓本传世。这其中对民间影响最深的是刻本，具体如乾隆二年与嘉庆十三年的《钦定授时通考》本以及嘉庆十三年的《授衣广训》等。这几种刻本流传广泛，流布到民间后又经民间书坊大量翻

---

① 〔清〕董诰等编：《授衣广训》，浙江人民美术出版社 2013 年版，第 5 页。

② 〔清〕张廷玉等：《明史》，中华书局 1974 年版，第 1894 页。

③ 〔明〕丘濬著，蓝田玉等校点：《大学衍义补》第 1 册，中州古籍出版社 1995 年版，第 333 页。

④ 《棉花图》第 7 图《收贩》所载文，王潮生主编：《中国古代耕织图》，中国农业出版社 1995 年版，第 122 页。

刻，普通市面上多有售卖流传，许多还流传海外。这必然会使耕织图在民间发挥诸多的影响力。“流传到民间之后，第一次使帝王敕修的农业文献用通俗易懂的形式在民间呈现，使极难窥见的宫廷艺术在民间传播，是连接上下层社会的桥梁。它以特有的通俗易懂的图说形式被官方发行，被民间所接受，故其西洋新画风得以在宫廷与民间两个阵营流传，同时官方赋予其的农本务实思想在民间以耕织图各种艺术变体的形式呈现。”①

光绪木刻《桑织图》与《蚕桑图》均创作于19世纪晚期，而之所以要在此一时期推广蚕桑生产，与当时的社会经济环境有极大关系。第一次鸦片战争后，随着中国沿海港口的迭次开放，大量机织棉纺织品进入中国市场，加之19世纪70年代之后中国本土城市轻纺工厂的纷纷建立，传统乡村棉纺织生产遭受严重冲击，先是纺纱继而是手织布日益走下坡路。②加之一系列战争赔款的赔付与太平天国等战事的冲击，使中国经济呈现出一片破败之象。但与这一趋势相反的是，五口通商之后，江浙一带的蚕桑生产却因出口增加而获得迅速发展并出现了“辑里丝”（湖州南浔）等在国际上享有盛誉的名优产品，由此植桑养蚕收益丰厚，成为地方民众收入的最重要来源。如在吴兴：“民国十年前后，蚕桑产销最盛时代，吴兴农户，蚕桑与种稻比较，蚕桑收入占七成，种稻收入占三成。”正因为如此，所以广大人民“对于其他农作物，多不重视，地虽肥美，每年禾稻，仅一熟而已”。③ 一直到20世纪20年代末、30年代初，在日本生丝及人造丝，尤其是资本主义世界经济危机的冲击下，这种盛况才告结束。④ 正是看到了江浙一带蚕桑生产的高收益，人们才萌生了在各地推广蚕桑的动议，《桑织图》与《蚕桑图》正是因应此背景而被创作的。

---

① 王璐：《清代御制耕织图的版本和刊刻探究》，载《西北农林科技大学学报（社会科学版）》2013年第2期。

② 刘华明：《近代上海地区农民家庭棉纺织手工业的变迁（1840—1949）》，载《史学月刊》1994年第3期。

③ 刘大钧：《吴兴农村经济》，中国经济统计研究所，1939年，第29、15页。

④ 章楷：《江浙近代养蚕的经济收益和蚕业兴衰》，载《中国经济史研究》1995年第2期。

《桑织图》与《蚕桑图》的创作目的在于推广蚕桑生产，因此其推广受众是推广地的广大民众。为了实现此一目的，两图都曾被刊刻并加以推广，“绘图作画，刻印广布，俾乡民一目了然”，“分绘图说，付诸石印，分给诸屯读书之士，转相传阅，俾习者了然心目……‘择人指授机宜，当可尽得其法’”。① 不过虽然创作之人做了一系列努力，但从实际效果来看并不理想。历史上，关中确是我国著名的蚕桑盛地。但唐代之后，受气候及行政中心转移等因素的影响，关中蚕桑业日益衰落。此后到清乾隆年间，杨双山著《豳风广义》，以图重振关中蚕桑业，也确实出现了短暂的回光返照，却只是昙花一现。此后关中一带的蚕桑生产就再未获得实质性发展，以至于到新中国成立后几十年，仍有人在极力呼吁重振关中蚕桑业。② 至于《桑织图》的刊刻，也是未产生任何实际效果。而《蚕桑图》的推广效果，我们不得而知。王潮生认为，“《蚕桑图说》在传播推广蚕桑生产的先进经验方面一定起过有效的作用”，因为他认为“《蚕桑图说》画面内容丰富，绘制精当，以文解说，以图示意，图文并茂”③，但这更多只是理想与臆断之词，并无真凭实据。实际上，一项技术能否在一地推广，并不是简单说教就能成功的，也并不是有高收益民众就一定会接受的。因为技术传播不只是一个技术问题，更是一个社会问题，与当地的自然环境、社会条件、传统惯习、民众心态等都有直接关系，正如第二次世界大战后杂交玉米在法国西南部的推广所显示的那样。④

三、讨　论

“讨论图像其实很大程度上就是讨论图像与人的关系，不可能有脱离人而有存在价值的图像，也不可能有图像可以脱离人而有价值”，“因为大

① 转引自王潮生主编：《中国古代耕织图》，中国农业出版社 1995 年版，第 169、178 页。

② 陈浮：《复兴豳原遗风　发展关中蚕桑》，载《陕西蚕业》1981 年第 1 期。

③ 王潮生主编：《中国古代耕织图》，中国农业出版社 1995 年版，第 178 页。

④ 参见［法］H. 孟德拉斯著，李培林译：《农民的终结》之第四章，中国社会科学出版社 1991 年版。

多数图像是由人为了某些个人的或集体的某种（宣传的、信息的、宗教的、教育的，总之是意识形态的）目的而制造出来的”。[①] 因此，对耕织图的解读也必须要将其放到具体的社会情境中去才能真正加以理解。

长期以来，中国一直是一个“以农为本”的国家，农业在上至国家政治、下至民众生活中占有极其重要的地位。“与其他近代帝国一样，中华帝国是以农业为经济支柱的。大约早在公元前5世纪的孔子时期，‘以农为本’的农业帝国宇宙论和政治原则，就已经在早期中国建立起来了，并一直延续到19世纪……因此，‘促耕’是统治阶级的首要任务，从皇帝的宫廷到地方官的府衙，无一例外。”[②] 为了“促耕”，从早期中国开始就建立起一套有关农业生产的仪式或礼仪活动，如郊祀、社稷之祀、大雩礼、籍田礼、先蚕礼等，以祈求神灵保佑风调雨顺、五谷丰登，或显示统治阶层对农业的重视，意在劝民力田。[③] 与一般的农祭仪式不同的是，这些祭仪活动都被纳入国家正式祀典之中，是名副其实的国家之“礼”。

耕织图的创作与推广，应该也是古代“重农”之礼的一种体现，也可被看作是一种重要的仪式性活动，虽然其并没有被列为正式的、常规性的国家之“礼”。耕织图的创作者，或为地方官员与士绅，如南宋楼璹、元代杨叔谦、明代邝璠、清代方观承等；或由皇帝命宫廷画师而作，清代各朝耕织图基本均如此。虽然创作主体多样，但在流传、推广过程中都受到了最高统治者——皇帝的重视，并往往以皇帝或中央政令的形式被推向民间。因此从这个角度来说，耕织图的创作与推广就是一种国家之“礼”。只是这一“礼”在内容上是以非常“俗”的形式体现出来的，即看似最普遍、最平淡无奇的农桑活动。俗，即大众的、普遍流行的风俗传统、行为惯习等。因此，作为基本技术体系的耕织活动，如同衣食住行等，应该是

---

① 韩丛耀：《图像：一种后符号学的再发现》，南京大学出版社2008年版，第177页。

② ［英］白馥兰著，呼思乐译，吴彤校：《帝国设计：前现代中国的技术绘图和统治》，李砚祖主编：《艺术与科学》（卷九），清华大学出版社2009年版，第3页。

③ 李锦山：《中国古代农业礼仪、节日及习俗简述》，载《农业考古》2002年第3期。

传统中国社会最普通、最常见的“俗”了。① 只是虽然耕织之“俗”极为普通与常见，但地位极为重要，不仅关乎人们的衣食温饱，还直接决定着整个社会与国家秩序的稳定与否，于是以平常之“俗”来践行国家之“礼”也就顺理成章了。因此，耕织图创作与推广的技术推广意义可能并不大，而更主要体现出的是一种隐喻或象征意义。

绘画作品一般都有作品内容本身所表达的意义与作品在具体语境中所表达的意义之分：作品本身内容表达的意义是固定的、唯一的，而具体语境中的意义是随语境变化而变化的。对于绘画在不同语境中的意义表达，范美霞称之为“绘画中的隐喻”。她认为，绘画是否使用隐喻以及使用何种具体的隐喻手法与绘画履行的功能密切相关，而绘画功能的表达又是由绘画隐喻的行为主体决定的。绘画隐喻的行为主体是多元的，可以是画家本人，可以是绘画创作的赞助者，还可以是绘画的使用者与鉴赏者等。② 就耕织图而言，历代虽多有绘制，基本都是以楼璹《耕织图》为“母本”的，因此在作品本身内容上基本保持不变，但由于所处时代及行为主体的多元性，使得历代耕织图在具体的创作原因或动机上各有不同，也就是说具体的“绘画隐喻”有所不同：有的为响应帝王号召、凸显个人政绩（如楼璹《耕织图》）；有的意在劝谏皇帝重视农桑（如元杨叔谦《耕织图》）；有的则在于劝诫臣庶重视农桑（如康熙《御制耕织图》）；有的是为了讨好老皇帝（雍正《耕织图》）；有的在于遵从祖制（如嘉庆《耕织图》）；有的在于宣传、推广某项技术知识（如光绪《桑织图》）。但不管具体动机如何千差万别，其最终目的或者说功能是一致的，即宣扬“农为天下之大

① 奇怪的是，以“俗”为研究主题的民俗学却很少将农事技术体系作为研究的对象，或者根本就不认为农事活动为“俗”。吊诡的是，与农业生产相对应的、在传统社会被界定为“副业生产”的各项手工生产，如酿酒、条编、年画制作等，其技术却通常被作为“手工技艺”而广受关注，并被认为是重要的“传统”而被刻意保护与传承，成为当前热闹的非遗保护运动的一个重要门类。相反，作为传统中国农耕文明之根的“农事活动”，虽然当前也面临着快速消失的窘境，受到的关注却远没有那么多。个中原因，或许是因为农业生产太过普遍、太为人熟悉了。

② 范美霞：《绘画中的隐喻——中国古代绘画中的隐喻现象研究》，民族出版社2015年版，第1、2、21页。

本”的重农理念并劝课农桑。具体来说，又可分为三个层面：彰显最高统治者重农耕、尚蚕织的统治理念，体现帝王对农业、农民的重视与关心；鞭策、劝诫各级官员重视农业生产、永怀悯农与爱农之心；教化百姓专于本业、勤于耕织。

“非图，不能举要”；“非图，无以通要”；“非图，无以别要”。① 在传播知识与表达意义方面，图像具有文字无可替代的重要功用与价值，“它们能够传播意义、陈述力量、规定位置”②。尤其是考虑到传统时代，民众识字率低下，因此直观的图像更是有极大的“用武之地”。如在基督教的传播过程中，为了使绝大多数不识字的穷人得到教诲，教会就曾发行了许多图画本的《圣经》，即“穷人的《圣经》”，或在修道院、大小教堂的墙壁上画满有关基督教的图画，并均发挥了极其重要的作用。③ 正是考虑到图像所具有的这种重要意义，历代王朝都将其作为一种施行教化规鉴的重要媒介与手段来加以应用与推广。这种教化规鉴作用，又可具体分为这几个方面，如对帝王的规鉴讽谏，对属僚功臣的“旌表”，对吏民百姓“劝善戒恶”的教化作用，等等。④ 这其中对吏民百姓的“劝善戒恶”又是最为主要的作用。以此相对照，中国古代耕织图以普通民众的日常生产与生活实践为基本主题，以图像为基本载体，用诗歌以达其志，通过国家仪式与政府行政的方式加以创作与推广，根本上体现出“官”对“民”的“教化”“爱护”“认同”（虽然也有臣下对帝王的规鉴意义）。正所谓“夫画者：成教化，助人伦”⑤。而这样做的根本目的，则在于宣扬、创造并维持一种各安其业、各担其责的和平安定的稳定社会秩序。故康熙在《御制耕织图·序》中说：“庶于斯图有所感发焉。且欲令寰宇之内，皆敦崇本

① 〔宋〕郑樵：《通志》，中华书局1987年版，第837页。

② 韩丛耀：《图像：一种后符号学的再发现》，南京大学出版社2008年版，第29页。

③ 〔新西兰〕史蒂文·罗杰·费希尔著，李瑞林等译：《阅读的历史》，商务印书馆2009年版，第182～184页。

④ 贺万里：《鹤鸣九皋——儒学与中国画的功能问题》，南京艺术学院2002年博士学位论文，第38～44页。

⑤ 〔唐〕张彦远著，俞剑华注释：《历代名画记》，上海人民美术出版社1964年版，第1页。

业，勤以谋之，俭以积之，衣食丰饶，以共跻于安和富寿之域。”而对这种社会秩序，康熙在其亲撰的《农桑论》中亦曾有过明确表达，“尝躬行三推以率天下农矣，而敦实崇俭之令绳督有司，靡不加意”，希望做到“薄海以内，袯襫之众比肩于野，杼柚之声相闻于里，庶几古初醇朴之风”，“使天下之民咸知贵五谷，尊布帛，服勤戒奢，力田孝悌而又德以道之，教以匡之，礼以一之，乐以和之，将比户可封而跻斯世于仁寿之域”。①

事实上，保持并维护社会的稳定，一直是中国传统社会控制体系的基本目标。中国传统社会，农业生产是整个国家的经济命脉，农民大众为最主要的社会主体与生产主体；农民往上，是人数较少却占统治地位的官僚阶层与高高在上的皇帝，他们及整个国家机器要依赖于农民的供养才能生存与运转。在这一社会分层下，农民的职责在于安于生产、服务上层并聆听教化，皇帝及官僚阶层则应勤政爱民，行“善政”，承担好自己“保护者”与“教化者”的角色。只有民众安于耕织，才能衣食有保、安居乐业，才会不易为匪，进而利于国家的编户齐民与理想社会建设；统治阶层只有爱民、怜民并时时表现出对“农”的重视，才能得到下层民众的爱戴与认同。因此，耕织图的绘制与推广，具有维护道德准则与社会秩序的深层意义，有利于国家大一统观念的贯彻，同时兼具文化认同与社会治理的作用。而这才是历代耕织图之所以创作不停的最根本原因。正如白馥兰在谈到楼璹《耕织图》时所说的那样：“楼璹的绘图流行的原因并不在于它所包含的实践讯息，而在于其所反映的道德准则和社会秩序。”②

传统中国是一个非常强调道德伦常的社会③，反映在社会控制上，虽然传统中国有着发达、成熟的行政官僚体系与制度，但在具体的行政管理

---

① 〔清〕玄烨：《康熙帝御制文集》卷一八，台湾学生书局1966年版，第293页。

② ［英］白馥兰著，呼思乐译，吴彤校：《帝国设计：前现代中国的技术绘图和统治》，李砚祖主编：《艺术与科学》（卷九），清华大学出版社2009年版，第8页。

③ 对此，费孝通先生提出了“差序格局”的概念，而“伦常”道德秩序是其根本支撑；梁漱溟先生提出了“伦理本位”的概念，强调道德伦理在维护人与人之间关系时的重要作用。分别参见费孝通：《乡土中国》，北京出版社2004年版；梁漱溟：《中国文化要义》，上海人民出版社2005年版。

过程中，道德教化发挥着至关重要的作用。实际上，支撑中国官僚体系运转的不是关于职业化管理的系统知识，而是发达的伦理道德：道德是官员任命的依据，推行道德或实施道德教化是为公共管理的具体内容，在复杂精细的公共管理结构中，充斥着的是道德知识和践行道德的要求。① 这一传统在中国有着悠久的历史，正如黄仁宇所言："以抽象的道德代替工作的效率，以仪礼算为实际的行政，都有两千年以上的历史作根据。"② 而历代耕织图的绘制与推行，目的即在于对民众施行道德教化，故而就本质而言，其正是传统中国这一道德化行政的一种体现。虽然这一行为本身并不能如中央政令那样发挥直接的行政功用，但具有丰富的象征意味。正如格尔茨对巴厘"剧场国家"的研究所展示的那样："国家藉由演出一套秩序的意象来规范社会，这组意象对旁观者而言是一个模范，它内在于国家本身，亦是国家据以自鉴的典型。"③ 所以，历代体系化《耕织图》的编绘，并不只是发行一册图画那么简单，也不单纯是为了推行先进农业生产技术，而是具有深远的象征与社会治理意义。

（王加华，山东大学教授。本文原载《文史哲》2018 年第 3 期，收入本书时有修改）

① 黄小勇：《传统社会的道德化行政及其当代影响》，载《中国行政管理》2010 年第 12 期。

② 黄仁宇：《蒋介石的历史地位》，《现代中国的历程》，中华书局 2011 年版，第 204 页。

③ ［美］克利福德·格尔茨著，杨德睿译：《地方知识——阐释人类学论文集》，商务印书馆 2014 年版，第 48 页。

礼俗融会的书院文化空间

书院是中国传统社会独具特色的文化教育组织形式。作为社会大系统的组成部分，书院承担着培养人才、创新知识、传播文化、施行社会教化等一系列功能。其中，社会教化是作为儒家文化象征的书院所不可或缺的重要功能。许多儒家士大夫创建书院，都标举施行社会教化的宗旨。而所谓教化的实质，就是以君子之德影响小民，风行草偃，化民成俗。换言之，就是将居于当时社会主流地位的儒家价值观念传播、渗透到社会各阶层尤其是民间社会，塑造社会成员共同的价值观念，进而影响社会生活习俗乃至整个社会风气。这一过程的主要目标，是以知识分子阶层文化层面的儒家思想观念去影响、规范民俗层面的大众文化，“化其民为君子士夫，易其俗为礼义廉耻”①。为了实现这一目标，书院注重营造充满儒家气息的文化空间，从书院教学内容的选取、教学原则的确定、学规的制定，到书院中的匾额、楹联、碑刻、亭台楼阁、斋舍的命名，再到建筑的选址布局、祭祀对象的确定和祭祀活动的进行，都力求体现儒家的价值理念和精神追求。

然而，在书院施行教化的过程中，儒家思想观念的影响并不是纯粹单向的，在书院这一文化空间中，我们可以看到不同层次文化的共存、融合和互动。在书院文化空间中，反映知识分子阶层的思想观念和价值理想，以希圣希贤、修齐治平为职志的文化，与基于社会大众的世俗生活，追求趋利避害、功名利禄的俗文化，二者呈现出共存与互动的状态。本文主要

---

① 〔元〕赵长翁：《湖广通志·儒林书院记》，《文渊阁四库全书》第534册，上海古籍出版社1987年版，第719页。

从书院建筑与书院祭祀两个方面考察书院文化空间中的礼与俗。

一、书院建筑中的礼与俗

书院的选址、单体建筑的建立及建筑的布局，都体现了特定的价值追求、思想观念、审美情趣。在书院的文化空间中，建筑实体、形式以及空间格局是最重要的内容，其中儒家的价值理念有充分的体现，而民俗文化的影响也不可小视。

（一）书院建筑中的儒家价值理念

就书院的选址而言，宋代的著名书院多坐落于风光雅致、环境幽静的山林名胜之区。岳麓书院位于湘江西岸、岳麓山谷中，“清泉流经堂下，景意极于潇湘”①；“湘山负其背，文水萦其前，静深清旷，真士子修习精庐之地也”②。石鼓书院所在的石鼓山，“据烝湘之会，江流环带，最为一郡佳处”③。白鹿洞书院，“四面山水清邃环合，无市井之喧，有泉石之胜”④。嵩阳书院、泰山书院也分别位于居“五岳”之列的嵩山、泰山。这也就是朱熹在《衡州石鼓书院记》中所谓“相与择胜地，立精舍”⑤，吕祖谦《白鹿洞书院记》中所谓“往往依山林、即闲旷以讲授”⑥。

之所以选择这种自然环境，目的在于远离城市的种种纷扰喧嚣，而在山林幽静之地洗心涤虑、怡情养性、潜心向学。我们知道，宋明以来的儒家学者追求一种“孔颜乐处”的精神境界，希望能够赞天地之化育，与天地上下同流，置身大自然的怀抱中颐养性情、陶冶情操，因此书院的选址

---

① 〔宋〕张舜民：《画墁集》卷八《郴行录》，《文渊阁四库全书》第1117册，上海古籍出版社1987年版，第52页。

② 〔宋〕胡宏：《与秦会之书》，《胡宏集》，中华书局1987年版，第105页。

③ 〔宋〕朱熹：《晦庵先生朱文公文集》卷七九《衡州石鼓书院记》，《朱子全书》第24册，上海古籍出版社、安徽教育出版社2002年版，第3782页。

④ 〔明〕郑廷鹄：《白鹿洞志》卷七《白鹿洞牒》，李梦阳等编：《白鹿洞书院古志五种》（上），中华书局1995年版，第236页。

⑤ 〔宋〕朱熹：《晦庵先生朱文公文集》卷七九《衡州石鼓书院记》，《朱子全书》第24册，上海古籍出版社、安徽教育出版社2002年版，第3783页。

⑥ 〔宋〕吕祖谦：《东莱吕太史文集》卷六《白鹿洞书院记》，黄灵庚等主编：《吕祖谦全集》第1册，浙江古籍出版社2008年版，第100页。

对环境要求很高。同时，在很多学者看来，读书求道，需要“静”的工夫，需要在静中体悟天道，甚至朱熹还有“若浑身都在闹场中，如何读得书！……用半日静坐，半日读书，如此一二年，何患不进”① 之说。对于这些学者而言，坐落在远离尘嚣的幽静丛林之中的书院，无疑是静坐读书的最佳场所。因此，书院选址多在山水之间，显然并非纯为山水之乐，而是为了使书院士人更好地读书著述，怡情养性，追求一种与天地上下同流的境界，所体现的正是儒家的价值理想。

书院建筑的整体布局及祭祀建筑都较为直观地体现出儒家的价值理念。在此以岳麓书院建筑为例加以说明。② 岳麓书院整体布局采用“左庙右学”的布局规制，左为文庙建筑群，以大成殿为中心，三进三院落；右为书院建筑群，以讲堂为中心，四进四院落，二者形成了两条明显的中轴线。这里遵循的是《考工记·匠人营国》“左祖右社”和《礼记·祭义》“建国之神位，右社稷而左宗庙”的原则。正如有学者所指出的，礼的意识“融会到古代大部分的建筑制式中去，从王城到宅院，无论内容、布局、外形无一不是来自‘礼制’而做出的安排，在构图和形式上以能充分反映一种礼制的精神为最高的追求目的”③。岳麓书院文庙是祭祀孔子的重要场所，经过历代书院创建者的重建、改建和扩建，成为建筑规模完备的书院文庙：三进三庭院组成一个完整的建筑群，中轴线依次为照壁、石牌坊、大成门、东西两庑、大成殿、明伦堂和崇圣祠，整个建筑群以大成殿为中心，以崇圣祠为最高点，因势而建，错落有致，一方面体现了书院尊师重道的传统，一方面体现了儒家亲亲尊尊的基本原则。岳麓书院建筑正是儒家的礼制精神的集中体现。

书院建筑中的许多符号性建筑，也熔铸了儒家的价值追求。《论语·先进》中记载了曾点“浴乎沂，风乎舞雩，咏而归”的志向，在朱熹等理

---

① 〔宋〕黎靖德编：《朱子语类》第7册，中华书局1986年版，第2806页。

② 参见柳肃：《儒家祭祀文化与东亚书院建筑的仪式空间》，载《湖南大学学报（社会科学版）》2007年第6期。

③ 李允鉌：《华夏意匠——中国古典建筑设计原理分析》，天津大学出版社2005年版，第40页。

学家看来，“曾点之学，盖有以见夫人欲尽处，天理流行，随处充满，无少欠缺”，其中蕴含了一种“胸次悠然，直与天地万物上下同流”的理想境界。① 正因如此，许多著名书院如岳麓书院、白鹿洞书院、白鹭洲书院、石鼓书院等都有与“曾点之学”相关的风雩亭、咏归桥、浴沂亭等建筑。如岳麓书院在宋代即有风雩亭、咏归桥，白鹿洞书院在宋代也建有风雩亭，至今还留下了“风雩石”、摩崖石刻“风雩”“吾与点也之意”等反映“曾点之志”的主题符号象征物。白鹭洲书院宋代也建有浴沂亭，到清代道光年间重建。②石鼓书院宋代也建有风雩亭。③

这些符号性建筑，所寄寓的是书院士人对圣贤之志的渴慕与千载舞雩精神的向往。朱熹咏归桥诗云：“绿涨平湖水，朱栏跨小桥。舞雩千载事，历历在今朝。”④ 明代理学家胡居仁题白鹿洞书院风雩石诗云：“五老峰南鹿洞前，和风满袂暮春天。道随日用无他慕，何独当年点也贤。”⑤ 在儒家士人看来，徜徉游息于书院的林间泉下与这些符号性的亭台楼阁之间，有利于学者求学问道、涵泳义理、优游读书，达至与天地万物上下同流之境：“与二三有道之士息焉，游焉，以传其义理之趣，涵泳从容，陶和毓粹，必真见夫万物之皆备于我，而天地之用皆我之用也。”⑥

（二）书院建筑中的独特建筑格局

书院建筑在体现知识分子阶层文化价值追求的同时，也多有体现民俗文化层面的内容。如在岳麓书院的建筑中，就包含了很多民俗文化的因

---

① 〔宋〕朱熹：《四书章句集注》，中华书局 1983 年版，第 130 页。

② 〔清〕刘绎：《白鹭洲书院志》卷一《沿革》，《中国历代书院志》第 2 册，江苏教育出版社 1995 年版，第 570 页。

③ 〔清〕李扬华：《国朝石鼓志》卷一《事迹》，《中国历代书院志》第 4 册，江苏教育出版社 1995 年版，第 94 页。

④ 〔宋〕朱熹：《晦庵先生朱文公集》卷三《咏归桥》，《朱子全书》，上海古籍出版社、安徽教育出版社 2002 年版，第 316 页。

⑤ 《胡居仁题风雩石》，李梦阳等编：《白鹿洞书院古志五种》（上），中华书局 1995 年版，第 416 页。

⑥ 〔明〕吴道行：《重修岳麓书院图志》卷三《续：山水》，邓洪波等点校：《岳麓书院志》，岳麓书社 2012 年版，第 41 页。

素。建于清代乾隆年间的赫曦台为书院戏台，前后开敞，前台正对书院大门和讲堂。赫曦台左右两壁书有“福”“寿”二大字，外墙画有《张良进履》《老子出关》《加官进禄》《拾玉镯》等戏曲故事图案，台内藻井图案有太极八卦图，也有蝙蝠图案（寓“福”）、“寿”字等。岳麓书院正门两侧的汉白玉抱鼓石所雕刻的图案纹饰为三狮戏球（吉祥如意）、梅兰竹菊（君子风度）、芙蓉锦鸡（锦上添花）、鹭鸶清莲（一路清廉），其文化含义既涉及知识分子阶层文化层面，也涉及民俗文化层面。

我们可以对书院的建筑格局略作探讨。笔者以为，中国传统建筑群落就是借助传统的宇宙化生观念，以自然山水风气为媒介，附会灾祲福祸等意识，以趋利避害、获取功名利禄为目的的思想观念，这属于民俗文化范畴。如果说书院建筑所体现的价值观念是为了体察天地之道，获取天地生气，进而达到天人合一的圣贤境界，那么书院建筑的格局则与现实生存的趋利避害、利禄追求直接相关。

书院建筑的格局可以从“龙脉”与“方位”（主要是朝向）两个方面来说明。龙脉常指一组连绵不断、蕴藏生气的山脉，如清人认为岳麓书院之脉自衡山而来，“衡岳位离，为文昌之府，而岳麓终之，七十二峰至此结聚矣”①。在此以岳麓书院为例，考察历代书院学者对龙脉的看法。从宋代开始，即有涉及书院格局的记载，但很少涉及龙脉概念。张栻在给朱熹的信中谈到当时有人觊觎书院的格局，企图占用：“书院相对按山，颇有形势，屡为有力者睥睨作阴宅。昨披棘往看，四山环绕，大江横前，景趣在道乡碧虚之间，方建亭其上，以风雩名之，安得杖履来共登临也。”② 张栻所谈书院地理形胜的意义，显然在于登临游览与体悟道义，而非灾祲福祸、功名利禄。直到明末，山长吴道行主持修撰的《重修岳麓书院图志》中，仍批评将形胜与福祸相附会，认为书院立疆界，是为了抗拒睥睨风水者据书院地盘为一家之私。他批评当时“缙绅之士多汩没于风水”，“因野

① 〔清〕周召南：《长沙府岳麓志》卷八《康熙戊申修复岳麓书院疏引》，《中国历代书院志》第 4 册，江苏教育出版社 1995 年版，第 380 页。

② 〔宋〕张栻：《南轩集》卷二一《答朱元晦秘书》，杨世文、王蓉贵校点：《张栻全集》，长春出版社 1999 年版，第 852 页。

师神郭璞之术，屡掘其亲之棺而改迁之，逆理甚矣”。① 但到了清代，格局龙脉所包含的文运、福祸等观念则已经为书院士人所吸纳。这一点从清代山长丁善庆《长沙岳麓书院续志》、周玉麟《岳麓续志补编》关于岳麓书院龙脉受到破坏案件的记载可以看得很清楚。据记载，嘉庆十九年，“绅士丁礼门等赴院、司、道、府各宪呈控”善化县龙王坑、刀背仑、大地岭等处有人违禁凿石烧灰，“有伤岳麓来脉”。后来官方下令禁止，并在书院二门内立“岳麓来脉宪禁开凿勒石”。② 此后，同治七年，官方又出告示，在岳麓山“禁止私砍私葬”。③ 同治十年，官方又出“岳麓来龙禁止开煤手简”的通告，把与龙脉相关的山地“割售岳麓书院管理”。④ 其理由都是避免损毁岳麓山地气，“以培岳脉”。这些官方禁令所反映的正是书院士人的诉求。透过这些禁令，人们可以看到书院士人对于龙脉的重视。《书院志》的这些记载说明，民俗文化中的这些观念已经渗透进了书院士人的观念世界之中，龙脉有利于培文运、助科名等福祸名利观念已经被书院士人有选择性地吸收。

除了龙脉越来越受到重视，书院朝向所蕴含的意味也得到了书院士人不同程度的认可。在明代，岳麓书院曾因福祸观念改变朝向。据吴道行《重修岳麓书院图志》记载，明正德年间，有长沙府县生员称“岳麓书院风水背戾，所以屡兴屡废，今欲修理，必须略移向址，方可长久”，湖广行省参议吴世忠认可这种说法，认为“修建书院乃斯文盛事，当差风水人前去书院踏看山脉，委的风水背戾，应与那改”⑤。在清代，岳麓书院有三

---

① 〔明〕吴道行：《重修岳麓书院图志》卷三《续：疆界》，岳麓书社 2012 年版，第 47 页。

② 〔清〕丁善庆：《长沙岳麓书院续志》卷一《岳麓来脉宪禁开凿勒石》，《中国历代书院志》第 4 册，江苏教育出版社 1995 年版，第 439 页。

③ 〔清〕周玉麟：《禁止私砍私葬示》，邓洪波等点校：《岳麓书院志》，岳麓书社 2012 年版，第 709 页。

④ 〔清〕周玉麟：《岳脉山契》，邓洪波等点校：《岳麓书院志》，岳麓书社 2012 年版，第 702 页。

⑤ 〔明〕吴道行：《重修岳麓书院图志》卷六《兴复书院札付》，邓洪波等点校：《岳麓书院志》，岳麓书社 2012 年版，第 74 页。

次改向，且都与福祸、科名有关。岳麓书院山长王文清曾经谈到，书院在癸未甲申间有一次改向，“依朱子所定向，两山交会，大江横绕，路从古牌坊下而出，大修后连科贤书叠荐”①。此次书院依朱子之说改向，连连科甲得中。第二次是戊子年，“当事以术士祸福之言，忽改书院头门偏对麓右”，结果导致“白虎高昂千尺，院中灾病大作，几致撤散”。因此，书院又按旧制把书院头门的朝向改回，于是“院中渐次安堵如故”。② 从王文清在文中强调此事“皆予亲历其事”的语气来看，他对书院头门朝向不同引起的灾祲福祸事件是深信不疑的。王文清是清代朴学大家，堪称代表主流价值观念的大儒。像王文清这样的大儒，也已经潜移默化地吸收建筑格局意象里福祸名利等核心观念，可见此观念在书院已经产生了一定影响。

当然，王文清对建筑格局观念的认可是有限度、有选择性的。在《风俗论》一文中，王文清就对丧葬风俗追求利禄表示不可接受，他说：“坟墓所以安亲体，非以利生人也。今则惑形家之说，图谋风水。”③ 从王文清的这种态度可以看到知识分子阶层文化传统和民俗文化传统之间既融合又排斥的微妙而复杂的关系。

关于保护书院龙脉、改变朝向以培文运、求科名、得富贵的记录在其他书院文献中亦甚多。如据李扬华《国朝石鼓志》载，石鼓书院在光绪年间曾经因大门改向而科考大兴。石鼓书院大门原以北谯楼为朝向。嘉庆末，书院首事将大门改为东南向，正对湘水，以取旺财之意，“自是而后，科举衰替，且多变故”，记录者认为“湘水直冲而下，势汹汹不可当，幸其地势高，且系公所，无久居者，故杀气较减，否则祸不可胜言也”，于是在光绪年间，又把朝向改回原样。有意思的是，书院此次改向后科名大兴。记录者不厌其烦地记下了科考得中的人名：“己卯秋榜，则安仁谭荧

① 〔清〕王文清：《岳麓书院四公德政纪略》，〔清〕罗汝怀编纂：《湖南文征·国朝文》（4），岳麓书社 2008 年版，第 2074 页。

② 〔清〕王文清：《岳麓书院四公德政纪略》，〔清〕罗汝怀编纂：《湖南文征·国朝文》（4），岳麓书社 2008 年版，第 2074 页。

③ 〔清〕王文清：《风俗论》，〔清〕罗汝怀编纂：《湖南文征·国朝文》（3），岳麓书社 2008 年版，第 1674 页。

魁南省矣。五十三年来始见此一元也。庚辰会试，中进士四人，衡阳祝松云、衡山谭鑫振、杨依斗、陈鼎，殿试则谭鑫振点探花，朝考则陈鼎选庶常。"① 从中我们可以看出在当时书院士人的观念中，书院建筑格局与科名的关系非常密切，书院建设者也热衷于寻求好的建筑格局以图吉利的科名运气。

从书院发展史的角度看，本来宋代大儒创建书院，旨在明人伦，行教化，倡行儒家仁义礼智的价值观念，以希圣希贤为目标，培养德性充盈、兼济天下的士人学子，而不是单纯追求科名、渴慕荣华富贵的利禄之徒。历代书院教育家在这方面阐述甚多，如张栻在主教岳麓书院时就明确提出书院教育不是为了科举，不是为了利禄，不是为了辞章华丽，而是为了"传斯道而济斯民"②。然而到了清代，追求科名利禄的思想竟能借助建筑格局观念在书院建筑中堂而皇之地出现，得到书院士人的认可，足见民俗文化传统在书院中的巨大影响。

二、书院祭祀中的礼与俗

祭祀是指向神灵、祖先等崇拜对象行礼，以示崇敬或祈求保佑。祭祀是书院的"三大事业"之一，是体现书院文化教育功能的重要方式。祭祀空间，是书院文化空间最重要的组成部分。

书院祭祀的文化内涵颇为复杂，其主要方面是体现道统意识、反映时代学术风尚的内容，如祭祀儒家的先圣、先师、先贤，祭祀与书院学术传统、学术旨趣相关的历代儒学大师等；但其中也包括与功名利禄相联系、追求多发科第、祈望平安福报的内容，如祭祀文昌帝君、魁星、关帝、土地神、岳神等各种神灵。这两者体现了书院祭祀中礼与俗的互动与融合。在此，主要从儒家道统意识的彰显与文运祈禳的角度来加以考察。

---

① 〔清〕李扬华：《国朝石鼓志》卷一《事迹》，《中国历代书院志》第4册，江苏教育出版社1995年版，第101～102页。

② 〔宋〕张栻：《南轩集》卷一〇《潭州重修岳麓书院记》，杨世文、王蓉贵校点：《张栻全集》，长春出版社1999年版，第693页。

（一）书院祭祀的道统意识

书院祭祀的一个重要宗旨，就是崇仰道统，通过祭祀以感性直观的形式宣示儒家道统，使其道统观念深入人心。在朱熹等大儒看来，书院祭祀就是要从精神实质、理论趋向上表明对祭祀对象的认同及对其精神方向的继承，是一种道统意识。朱熹曾指出，“惟国家稽古命祀，而礼先圣、先师于学宫，盖将以明夫道之有统”①。在《江州重建濂溪先生书堂记》中，朱熹非常明确地从弘扬、接续道统的角度来对周敦颐进行定位，理解祠祀周敦颐的意义，道统意识表现得相当明显。② 朱熹曾在竹林（沧洲）精舍祭祀中将周敦颐、二程、邵雍、张载、司马光列为祭祀对象。在《沧洲精舍告先圣文》中，他着重标举道统，以传承道统为线索，将祭祀对象纳入传承谱系，将他们视为道统在不同时期不同阶段的接续者、体现者，所表现的是自己对道统的理解。③ 朱熹所要彰显、光大的是儒家的道统，希望以书院作为倡扬、光大道统的重要基地。在朱熹看来，书院祭祀就是宣扬道统的一种手段。

朱熹通过书院祭祀以宣扬道统的做法，在宋末就已经得到后学的继承与认同。宋末理学家王柏在《上蔡书院讲义》中谈道：“恭惟圣天子尊崇道统，表章正传，学校之外，书院几遍天下。”④ 宋末元初理学家熊禾在《建阳书坊同文书院疏》中也说到，书坊同文书院之建，“于以尊崇往圣之道统，于以培植昌运之人才”⑤。宋端平二年（1235），江苏平江官员曹氏等“并祠筑室以舍学者，买田收谷以食之，而储和靖与其师若友之书于

---

① 〔宋〕朱熹：《晦庵先生朱文公文集》卷八〇《信州州学大成殿记》，《朱子全书》，上海古籍出版社、安徽教育出版社 2002 年版，第 3806 页。

② 〔宋〕朱熹：《晦庵先生朱文公文集》卷七八《江州重建濂溪先生书堂记》，《朱子全书》，上海古籍出版社、安徽教育出版社 2002 年版，第 3740 页。

③ 〔宋〕朱熹：《晦庵先生朱文公文集》卷八六《沧洲精舍告先圣文》，《朱子全书》，上海古籍出版社、安徽教育出版社 2002 年版，第 4050 页。

④ 〔宋〕王柏：《鲁斋集》卷九《上蔡书院讲义》，《丛书集成》初编本，商务印书馆 1936 年版，第 171 页。

⑤ 〔宋〕熊禾：《勿轩集》卷四《建阳书坊同文书院疏》，《文渊阁四库全书》第 1188 册，上海古籍出版社 1987 年版，第 800 页。

中”，建成虎丘书院，供祀理学学者尹焞（和靖），刘宰作记称曹君建祠筑室之举意义重大，“上而光昭我高宗皇帝圣德之大，下而迓续我和靖先生道统之传”。① 宋宝祐五年（1257），湖南宝庆府建成濂溪书院祠周敦颐，“中为先生祠堂，祠先贤于东西序以侑焉。其后为讲堂，直舍、斋庐、门庑、庖湢皆备”②。学者高斯得为之作记，称颂周敦颐“卓然特立于群，圣人绝响之后，亲承洙泗道统之传”③。显然，在朱学后学看来，书院祭祀与宣扬道统是紧密联系在一起的。

这种通过书院祭祀以阐扬道统的做法，在后世成为共识。徐梓在《元代书院研究》中指出，元代书院广为祭祀朱熹，就与当时人们对朱熹在儒家道统传承谱系中的重要地位的认同有关。④ 如元人王恽《饶州路创建书院疏》称，“于饶州路择湖山胜地创建书院，中起文公祠堂，教诲子弟，奉承香火，上祝圣寿无疆，次为宗族朋从，续考亭道脉之传”⑤。清康熙三十一年（1692），汪晋征在《还古书院祀朱文公议》中更明确地指出，“书院祀先贤，所以正道脉而定所宗也”，“凡讲学之区，皆当祀朱子以定道脉之大宗也”⑥。为祠祀朱熹而建于康熙六十年（1721）的汉口紫阳书院，表现出强烈的道统意识。《紫阳书院志略》卷二首揭道统源流，认为“宋濂溪周子得孟子不传之统……周子传之二程……二程传之杨子……杨子传之罗子……罗子传之李子……李子传之朱子”。⑦ 在祭祀朱子的《春祭文》《生日祭文》《秋正祭

---

① 〔宋〕刘宰：《漫塘集》卷二三《平江府虎丘山书院记》，《文渊阁四库全书》第1170册，上海古籍出版社1987年版，第612页。

② 〔宋〕高斯得：《耻堂存稿》卷四《宝庆府濂溪书堂记》，《文渊阁四库全书》第1182册，上海古籍出版社1987年版，第53页。

③ 〔宋〕高斯得：《耻堂存稿》卷四《宝庆府濂溪书堂记》，《文渊阁四库全书》第1182册，上海古籍出版社1987年版，第54页。

④ 徐梓：《元代书院研究》，社会科学文献出版社2000年版，第158～159页。

⑤ 〔元〕王恽：《秋涧集》卷七〇《饶州路创建书院疏》，《文渊阁四库全书》第1201册，上海古籍出版社1987年版，第63页。

⑥ 〔清〕汪晋征：《还古书院祀朱文公议》，《休宁县志》卷七，台湾成文出版社有限公司1985年版，第1299页。

⑦ 〔清〕董桂敷：《紫阳书院志略》卷二《道统》，《中国历代书院志》第3册，江苏教育出版社1995年版，第479～482页。

文》《忌日祭文》中分别提到，“夫子道统，远绍洙泗”，“维我夫子，日照月临，扶道统于将绝”，“於惟夫子，仁熟义精，继道统于千圣”，“夫子之生，为千秋之道统而笃其生”。① 乾隆初年，《还古书院志》卷四《祀典》中还明确指出：“建院必先所尊，祀孔子、配朱子，尊道统也。”②

书院祭祀中的道统意识，在书院祭祀对象的选择中体现得相当明显。孔子作为儒学创始人，在儒家的道统传承谱系之中具有确然不拔的地位，因此书院祭祀首重祭孔。所有书院都有祭祀孔子的礼殿或文庙。如长沙岳麓书院的祭祀孔子活动，就始于北宋开宝九年（976）朱洞创院之时。③到咸平二年（999）李允则重修书院后，书院的祭祀活动不仅恢复旧制，还得到了进一步的发展，有了专供祭祀之费的“水田”。到北宋末学者张舜民游岳麓书院时，仍见“岳麓书院有孔子堂、御书阁，堂庑尚完”。④ 白鹿洞书院在宋初也有祭孔活动。咸平四年（1001），宋真宗诏令给全国各地学校、书院发送国子监印本经书并修缮孔子庙堂。咸平五年，白鹿洞书院得以修缮，“又塑宣圣十哲之像”⑤。此后历代书院中，对孔子的祭祀一直是最重要的内容。

除孔子之外，书院还祭祀历代著名的儒学大师。上文提及，南宋绍熙三年（1192），朱熹建竹林精舍于考亭，祀周敦颐、二程、张载、邵雍、司马光、李侗七位学者。其中前六位为北宋理学家，朱熹对他们相当尊崇，曾作《六先生画象赞》称颂他们在理学发展史上的地位与贡献。⑥又如

---

① 〔清〕董桂敷：《紫阳书院志略》卷四《春祭文》《秋正祭文》，《中国历代书院志》第 3 册，江苏教育出版社 1995 年版，第 529～530 页。

② 〔清〕施璜：《还古书院志》卷四《祀典》，《中国历代书院志》第 8 册，江苏教育出版社 1995 年版，第 559 页。

③ 陈谷嘉、邓洪波主编：《中国书院制度研究》，浙江教育出版社 1997 年版，第 585～594 页。

④ 〔宋〕张舜民：《画墁集》卷八《郴行录》，《文渊阁四库全书》第 1117 册，上海古籍出版社 1987 年版，第 52 页。

⑤ 〔清〕王应麟：《玉海》卷一六七《白鹿洞书院》，《文渊阁四库全书》第 947 册，上海古籍出版社 1987 年版，第 352 页。

⑥ 〔宋〕朱熹：《晦庵先生朱文公文集》卷八五《六先生画象赞》，《朱子全书》，上海古籍出版社、安徽教育出版社 2002 年版，第 4001～4003 页。

宋淳祐元年（1241），知军江万里兴建白鹭洲书院，“立文宣王庙、棂星门”，“又建祠祀二程夫子，益以周、张、邵、朱为六君子祠”。① 又如元延祐元年（1314），岳麓书院开始祭祀朱熹、张栻于诸贤祠中，到明弘治年间，又建崇道祠专门祭祀朱、张二人。② 此后数百年间，岳麓书院对朱、张的祭祀一直延续。又如康熙年间，云南崇正书院祭祀周敦颐、程颢、程颐、张载、朱熹五位理学家。明代大儒、白沙心学传人湛若水更是“生平所至，必建书院以祀献章”。③ 在白鹿洞书院历代的祭祀对象中，周敦颐、二程、邵雍、张载、朱熹、陆九渊、黄榦、蔡沈、林择之等儒学大师占有相当大的比例。这些儒学大师，被认为是传承圣人之道的重要力量，对他们的祭祀实际上是从道统角度着眼的。元人黄文仲在讨论祭祀先圣和祭祀先贤的关系时曾说：“凡书院，皆为先贤作也。先贤能传先圣之道，以植世教，故师之。先贤之上祀，先圣祖之也；先圣之下祀，先贤宗之也。祖一而宗分，是以所祠或不同焉。”④

书院对孔子与历代儒学大师的祭祀，最为集中地体现出书院祭祀的道统意识。道统观念涉及儒家学者对儒学的本质与精神内核的理解，是儒家文化的核心内容。书院是儒学的象征，是儒学知识生产、价值观念传播的场所。书院祭祀中的道统意识，是书院文化空间中知识分子阶层文化传统的体现。

（二）书院祭祀中的文运祈禳

文昌帝君是民间和道教共同尊奉的掌管士人功名禄位之神。有学者指出，“‘文昌帝君’系由道教将古代巴蜀民众对‘梓潼神’的崇拜与先秦以来对‘文昌’的信仰结合而成”⑤。魁星是中国古代民间文化中主宰文章兴衰的神。中国古代天文学二十八宿中有“奎星”，东汉时期的纬书

---

① 〔清〕刘绎：《白鹭洲书院志》卷一《建置》，《中国历代书院志》第 2 册，江苏教育出版社 1995 年版，第 568 页。

② 〔清〕丁善庆：《长沙岳麓书院续志》卷一《庙祀》，《中国历代书院志》第 4 册，江苏教育出版社 1995 年版，第 414 页。

③ 〔清〕张廷玉等：《明史》，中华书局 1974 年版，第 7267 页。

④ 〔元〕黄文仲：《顺昌双峰书院新建四贤堂记》，《全元文》第 46 册，江苏古籍出版社 1999 年版，第 144 页。

⑤ 孟彦：《首届文昌文化研讨会综述》，载《中华文化论坛》1996 年第 2 期。

《孝经援神契》中有“奎主文章”之说，后世因此附会为神并加以崇祀，后来又将“奎星”改为“魁星”。自宋代后期，就有一些书院建魁星楼、文昌阁等，祭祀文昌帝君和魁星。[①] 如宋淳祐间，江西高安西涧书院祭魁星，希望“邀灵于星，文刃恢恢”，“春榜蜚英，禹门之雷。昨庭唱胪，百花之梅。万里荣途，瑞庆大来”。[②] 江西南昌豫章书院自南宋开始，即建有文昌阁，祭祀文昌帝君。[③] 到书院发展后期，对文昌帝君与魁星的祭祀已成为各地不同类型书院中比较普遍的情况。一些影响较大的书院都建有魁星楼、文昌阁，在一些规模影响较小的书院，祭祀文昌帝、魁星以求多发科第的情形也相当常见。

书院对文昌帝君和魁星的祭祀，以追求科名利禄、祈禳文运为目的。清人唐昌恺在《补修凤山书院文昌阁碑记》中说道：“夫地以人灵，人以地杰，凡峙流拱卫之处，有不足者尚宜补修。矧帝君掌人间禄秩，司科甲权衡，其居歆之神宫较培地脉文笔为更急矣。”[④] 对文昌帝君和魁星的祭祀，是民俗文化渗透进书院的表现。各地书院对文昌帝君、魁星祭祀的情况怎样？文昌帝君与魁星祭祀以追求科名利禄、祈禳文运为目的，而对儒家先圣先师、历代大儒祭祀则以倡扬道统为目的，二者是如何共存于同一文化空间的？

现以岳麓书院为例说明清代省城书院的情况。据丁善庆《长沙岳麓书院续志》卷一载，岳麓书院在康熙七年建文昌阁于讲堂之后，供奉文昌帝君。到乾隆五十七年（1792），湖广总督毕沅又捐金百两建魁星楼于岳麓书院。[⑤]如果把书院文庙祭祀和对文昌帝君祭祀加以比较研究，从中可以看

---

① 丁钢、刘琪《书院与中国文化》（上海教育出版社 1992 年版）一书指出，书院祭祀文昌帝君、魁星、关帝等，是儒、道文化的交融在书院中的表现，参见该书第 41～42 页。

② 〔宋〕姚勉：《雪坡集》卷四七《祝文·西涧书院祭魁星》，《文渊阁四库全书》第 1184 册，上海古籍出版社 1987 年版，第 329 页。

③ 赵与鸿：《豫章书院文昌阁记》，魏元旷辑：《南昌邑乘文征》卷一八，民国二十四年（1935）重印本。

④ 〔清〕唐昌恺：《补修凤山书院文昌阁碑记》，《中国书院史资料》，浙江教育出版社 1998 年版，第 1739～1740 页。

⑤ 〔清〕丁善庆：《长沙岳麓书院续志》卷一《庙祀》，《中国历代书院志》第 4 册，江苏教育出版社 1995 年版，第 414 页。

到一些耐人寻味的现象。乾隆时期书院在文庙和文昌阁的祭祀是合规制的。据罗典《新增丁祭公费记》记载，书院春秋丁祭和其他祭祀府署共拨银十四两，祭祀规格则是文庙用太牢礼，文昌阁用少牢礼。① 到了嘉庆时期，情况发生变化，文昌阁祭祀由院长袁名曜领头，筹措捐银壹仟零陆拾伍两正，并购置专门的祭田，祭祀时间改在每年二月初三日，祭祀规格用太牢礼，祭祀经费有银二十两。② 与此形成对比的是，嘉庆元年孔子春秋二祭和书院另十几处祭祀，每年经费只有银十四两，加上学生等捐银二百两每年生息的经费，也不会超过二十两。③ 从上列数据可以看到，在岳麓书院，文昌祭祀经费和规格都超过包括孔子在内的历代大儒，这说明以弘扬儒家道统为主的文庙祭祀，已受到以追求科举功名、祈禳文运为主的文昌帝君、魁星祭祀的侵蚀和排挤。

更有甚者，在有的书院中，以追求科举功名、祈禳文运为主的民俗文化传统已经独占了书院的祭祀空间。创建于同治八年（1869）的广东应元书院，在当时广东书院中是层次最高的，但从书院祭祀支出的规定上看，其祭祀对象仅仅包括文昌帝君与大魁星君，而无其他。④

在府县书院，也可以见到对文昌、魁星的祭祀不断受到重视的情况。湖南宁乡的玉潭书院，建于明嘉靖二年（1523），是以大儒胡五峰和张栻为道脉传承的。在乾隆时期，书院祭祀仪注记述的顺序是先祀胡、张，然后祀五侯（有功于书院之人），最后是文昌、魁星。⑤ 到了嘉庆年间，却是

---

① 〔清〕丁善庆：《长沙岳麓书院续志》卷四《新增丁祭公费记》，《中国历代书院志》第4册，江苏教育出版社1995年版，第489页。

② 〔清〕丁善庆：《长沙岳麓书院续志》卷一《文昌田契》《佃稿》《佃规租谷章程》，《中国历代书院志》第4册，江苏教育出版社1995年版，第426~427页。

③ 〔清〕丁善庆：《长沙岳麓书院续志》卷一《附录：公襄祀典呈词》，《中国历代书院志》第4册，江苏教育出版社1995年版，第424页。

④ 〔清〕王凯泰：《应元书院志略·章程》，《中国历代书院志》第3册，江苏教育出版社版1995年版，第271页。

⑤ 〔清〕周在炽：《新修宁乡县玉潭书院志》卷九《礼文》，《中国历代书院志》第4册，江苏教育出版社1995年版，第576~577页。

先祭祀文昌、魁星，再是胡、张，最后是五侯。[①] 从这一祭祀顺序可以看出，清代玉潭书院的祭祀仪式有一个有以道学人物为重到以文昌、魁星为重的发展过程。

此外，从玉潭书院祭祀的规格看，这种轻重转移也表现得很明显。乾隆时，文昌帝君没有单独的祭祀礼仪，魁星祭祀不仅顺序排后，祭祀礼仪也简单，“按凡乡试，行一跪三叩”礼。而到了嘉庆年间，则文昌祭祀仪式单独列出，其祭祀规格行太牢礼，比胡、张二人的祭祀规格高。而胡、张的祭祀规格的变化则恰好相反，先是以少牢礼，且分诵祭文，到嘉庆时虽仍为少牢礼，但只有一篇祭文，理由是“两贤在一祠，难以分祭，故易以合飨文”[②]。显然，这一理由并不充分，从中可以看出对胡、张祭祀的重视程度下降了。在张思炯《重修玉潭书院辑略·礼文》中有一段议论，从中可以略窥当时书院儒者重视文昌、魁星祭祀的原因：“近世各书院皆以祀文昌、魁星为主，良以二神默司科名，祀之亦功宗之意欤!”[③] 在县一级的玉潭书院，民间求取功名利禄的观念慢慢地渗透到书院之中，并且取得了明显的优势。

在一些书院，祭祀中的知识分子阶层文化观念与民俗文化观念之间呈现出反复的此消彼长的状态。四川方亭书院建于乾隆年间，书院初创时，孔子圣像“迎安于中堂，并设有祭器”。后来，书院极其重视文昌帝君的祭祀，将孔子圣像先移至魁星阁楼下，后又移至文昌祠后殿：“邑令石君迁奉于魁阁楼下，继有道人张礼清者请奉于文昌祠之后殿，已历有年矣。”到邑侯任思正时，认为“以圣人居于文昌祠后，固未安妥”，于是在书院后建圣像楼以供祀孔子。圣像楼建成后，书院建筑布局为“登楼（圣像楼）瞻瞩，前标魁阁，左翼文昌，书院在中”。[④] 孔子圣像在书院祭祀空间

---

① 〔清〕张思炯：《重修玉潭书院辑略》卷上《礼文》，《中国历代书院志》第 4 册，江苏教育出版社 1995 年版，第 637 页。

② 〔清〕张思炯：《重修玉潭书院辑略》卷上《礼文》，《中国历代书院志》第 4 册，江苏教育出版社 1995 年版，第 638 页。

③ 〔清〕张思炯：《重修玉潭书院辑略》卷上《礼文》，《中国历代书院志》第 4 册，江苏教育出版社 1995 年版，第 637 页。

④ 〔清〕任思正：《移建圣像楼记》，《中国书院史资料》（中），浙江教育出版社 1998 年版，第 1744 页。

位置的变化，反映的是不同文化观念在书院祭祀空间中影响力的消长。

三、结　语

书院是儒家的象征物，寄寓了儒家士人的价值理想。为了教化民众、作育人才，儒家士人倡扬儒学，传播儒学价值观念，希望“一道德，同风俗”，以主流的知识分子阶层文化覆盖民俗文化。然而在书院的文化空间中，实际存在的是礼俗的互动与融合，这并不符合许多儒者化民成俗的理想，但在思想观念的传播过程中，高扬的理想也不得不迁就现实。现实的情况是，民俗传统观念具有深厚的社会心理基础，根深蒂固。尽管许多儒家学者都立足知识分子阶层文化观念对此进行批判，但仍然不可能改变现状。如戴钧衡在《桐乡书院志·祀乡贤》一文中批判世俗崇祀文昌、魁星，认为“世俗多崇祀文昌魁星，建阁居像，岁时敬礼，以谓主文章科名之事。昔之通儒已辨其谬，昭昭然不可诬矣”，主张各书院“各就其地奉一大贤以为之主”，“而不敢为非礼悖义之事，是岂文昌魁星之祀所可同日语哉”。然而面对现实，他又颇感无奈：“文昌魁星之祀，而杜学者苟且侥幸之心，吾知必为君子之所许也，而惜乎今之未能遽行也。”① 可见当时书院的文昌、魁星祭祀之影响深远。

与戴钧衡等立足知识分子阶层文化观念批判民俗文化的思路不同，一些儒家士人则试图在礼俗二者之间进行调和，消解二者之间的对立。如光绪年间岳阳慎修书院重修时，建有奎光阁，取奎宿耀光之意，为文运昌明、开科取士之兆。钟英《重修岳阳书院记》称此举“非直用术家言以培风，诸生息游亦得舒眺之助”②。这番话带有某种辩解的意味，一方面并不否定“用术家言”建奎光阁的行为，另一方面又希望从有利于诸生息游的角度肯定此举的正当性。这说明，民俗文化中的某些观念虽已渗透到书院的文化空间之中，占据了一定地位，但并非光明正大，需在另外的解释框

① 〔清〕戴钧衡：《祀乡贤》，《中国书院史资料》（中），浙江教育出版社 1998 年版，第 1724～1726 页。

② 〔清〕钟英：《重修岳阳书院记》，《中国历代书院志》第 5 册，江苏教育出版社 1995 年版，第 81 页。

架中显现其存在的合理性。

实际上，对于更多士人而言，虽然知识分子阶层文化与民俗文化分属不同的文化范畴，但实实在在地并存于其观念世界中。书院士人希圣希贤、以修齐治平为职志，追求儒家的价值理想，但他们不是生活在纯粹洁净的理想世界中，而是受到民俗文化的浓重影响，乃至产生认同。书院文化空间中礼与俗的互动融合，是书院士人内在观念世界的外化表达。

（肖永明，湖南大学岳麓书院教授；郑明星，湖南大学岳麓书院副研究员。本文原载《民俗研究》2015 年第 4 期，收入本书时有修改）

礼俗互动传统中的徐复观农本政治观

一、徐复观的“道德政治”观及其局限

在对殷周之变的独特阐释中，徐复观提出了为中国思想史研究界所广泛肯定的“忧患”概念。徐复观在中国思想史研究方面创获颇多，但使其卓立于20世纪新儒家之林而不被埋没的，正是其所提出的“忧患意识”。在《中国人性论史·先秦篇》中，徐复观从周人与殷人的区别处入手，说道：

> 周人在宗教方面，虽然是属于殷的系统；但在周人的领导人物中，却可以看出有了一种新精神的跃动。……周人革掉了殷人的命（政权），成为新地胜利者；但通过周初文献所看出的，并不像一般民族战胜后的趾高气扬的气象，而是《易传》所说的“忧患”意识。①

所谓“忧患意识”，“乃是从当事者对吉凶成败的深思熟考而来的远见；在这种远见中，主要发现了吉凶成败与当事者行为的密切关系，及当事者在行为上所应负的责任”②。在《中国人性论史·先秦篇》这一集中表述“忧患意识”的文本的别处，徐复观将周人的“忧患意识”进一步明确为“宗教的人文化”。在《中国人性论史·先秦篇》中，徐复观对“忧

① 徐复观：《中国人性论史·先秦篇》，上海三联书店2001年版，第18页。
② 徐复观：《中国人性论史·先秦篇》，上海三联书店2001年版，第18～19页。

患意识”的论述，注重强调其人文主义特征。但徐复观的卓越之处，是他由其所发现的“忧患意识”沿着内圣而外王的思路，衍生出对儒家政治观的独特疏释，即道德政治，或“德治”。他说："儒家的政治思想，从其最高原则来说，我们不妨方便称之为德治主义；从其基本努力的对象来说，我们不妨方便称之为民本主义。把原则落到对象上面，则以‘礼’经纬于其间。”①“所谓‘德’，‘乃是内外如一的规范性的行为’。‘为政以德’，即是人君以自己内外如一的规范性的行为来从事于政治。”② 徐复观由“忧患意识”出发对儒家政治疏释而提出道德政治，在政治文化上无疑具有重要意义，概而言之，可以说是在专制政治与自由政治之间提出了第三条政治途径，对中国儒家政治文化做了重要发皇。

在上述引文中，徐复观说“把原则落到对象上面，则以‘礼’经纬于其间”。“礼”为何是其道德政治的经纬？在徐复观政治思想中，“忧患意识”之所以会作为道德政治的内圣前提，其原因在于，“忧患意识”的核心在于当事者对自身行为责任性的省悟，此行为责任并非是指被外部给予的责任，而是指自身所应担当的天然责任；在人所具有的诸种“天然责任”中，由血缘关系而产生的宗法关系又是最重要的，“礼”正是人类宗法关系的显在形态。“礼”作为人之自然责任为何会成为一种政治？进一步，“礼”如何成为一种政治？第一个问题，可以做这样的解释：人在宗法关系中的天然责任自身不会成为政治，但政治需要人之宗法责任。因为政治关系作为人类社会中的非自然关系，具有昭然若揭的功利目的与反人性特征，因此，几乎所有成功的政治，只要它不是公开宣布要实行赤裸裸的暴政，首要冲动就是为自己的非自然性寻求自然的疏解论证，因此，“礼”之所以会成为政治，关键是被需要！这就是在《论语》中孔子之所以底气十足地说出下面一段话来的原因：“或谓孔子曰：‘子奚不为政？’子曰：‘《书》云：孝乎惟孝，友于兄弟，施于有政。’是亦为政，奚其为为政？”

第二个问题，“礼”如何成为一种政治？“礼”作为人从天然的宗法关

---

① 徐复观：《学术与政治之间》，九州出版社 2014 年版，第 47 页。

② 徐复观：《中国思想史论集》，九州出版社 2014 年版，第 254 页。

系中所获得的一种天然责任，这种天然责任在政治需要的引导之下必将发生微妙的转化，这一转化的内涵是：在天然宗法关系中，父辈比之后辈所具有的历史时序价值（即“父父子子”），将在政治的引导下而发生价值微转，转向“先觉觉后觉”的人格层次价值（即“圣人”体系），而人格价值层次上的圣愚之分奠定了政治上的统治与被统治关系（即“君君臣臣”）。因此，“礼”而政治化，关键在于“先觉觉后觉”的人格层次价值的发生，这是政治作为非自然关系向自然关系实现贴附的中介，而在儒家的政治设计中，从天然宗法的历史时序价值向人格层次价值的转向，其关键又在于“工夫”。中国儒家传统的“工夫”，在儒家经典中被表述为在日常生活实践中发生对现实自身之超验关系的领悟，但如果将之放在“礼治”政治中，可以认为，所谓“工夫”乃是对天然宗法关系的人格价值的升华。

“工夫”需要体贴涵泳，因此“工夫”即“功夫”，也就是“工夫”需要完整的时间来组织进行，这决定了“工夫”只能由经济上较为优渥的士人阶层来进行，而普通大众因为汲汲于劳作，在根本上是缺乏“功夫”的，因此也无从涵泳“工夫”，这就是《礼记》所谓“礼不下庶人”的含义。故此，儒家传统的道德政治，也就是“礼治”政治就其实质而言其实是舍弃了普通民众参与的政治设计。

思路推导至此，我们将徐复观的道德政治观放到儒家礼治政治传统中来观察，其政治观中的隐义一层层被发掘出来，显出了道德政治的关键，在于天然宗法价值体系与人格层次价值体系的微妙转换，而此一转换的发生，端赖于士人之“工夫”。这一深层隐义的发现，补全了徐复观的道德政治思想，但同时也导向了对徐复观道德政治观的批判性反思。

徐复观从其道德政治观出发，对专权政治给予了积极抨击，这从某种意义而言是值得肯定的，但从上面我们所梳理出的道德政治的深层意涵来看，这一批判其实并没有完全触及根本。专制政治固然值得抨击，但专制政治何以可能？政治的本性是要寻求对自然价值体系的附会，在儒家的政治设计中，士人通过“工夫”实现了天然宗法价值向人格层次价值的转化，而满足了政治之需要；但普通大众呢？士人设定了自己所经历的“工夫”也必然会是普通大众所经历的，即所谓“人同此心”，但实际情况恰恰是：普通大众因缺乏“功夫”，因此也就很难有“工夫”，这直接导致了普通大众在道德政治的实践中是完全被设定的，道德政治中的积极要素只有士人与君王。因为缺乏民众实际的在场与制衡，“礼治”政治中的君王之虐与君权专政就得以泛滥开来，而士人又借此在对君主的批评中实现了自己的政治身份。在君主专制与士人抗争的反复纠缠中，儒家建立在“工夫”论基础上的政治设计，实际是以恶性循环的方式实现了一种奇特的共存。

徐复观以“忧患意识”为基础的道德政治观，实际上没有脱离这种恶性循环的政治结构，这导致了他对专制政治的激烈批判与对儒家政治传统的过分肯定。徐复观对这种君权与士人恶性纠缠的政治生态，其实也有所察觉，他提到在中国政治传统中存在“二重主体性矛盾”，即在政治现实上国君是政治的主体，但在政治思想中人民才是政治的主体。徐复观从此观察出发，为其抨击“一人专制”而呐喊，但并未思及“一人政治”其实只是表象，更深层的原因，其实在于士人即中国知识分子政治传统中的“以己意而为民意”的根本问题。徐复观的道德政治观是对儒家政治传统体贴而得出，因此，他的深刻与局限也同样都是来自流传几千年的儒家政治传统。

二、徐复观对“殷周之变”阐释的偏颇与中国政治传统中的礼俗互动

重新回到徐复观“忧患意识”提出的原始思想史语境，我们尝试从其思考的源头处与其一同思考。徐复观“忧患意识”的提出，来自对“殷周之变”这一重大史实的深入解读，下面我们的解读将对以下结论给予揭示：殷周之变中，士人群体“忧患意识”的发生只是一方面，与“忧患意识”同时发生的是农民群体的“崇敬意识”；“忧患意识”形成了礼治传统，而“崇敬意识”则形成了民俗传统，礼治传统与民俗传统相互结合，形成了周代政治传统的内涵。

在中国历史上，武王克商，以西鄙的蕞尔小国而攻陷商朝，引发了后

世许多思想家的思考。武王克商之后，这个新王朝面临的最大难题是殷遗民问题。周代之前夏、商两代，原始祭祀文化高度发达，尤其是商代，更是无鬼不敬，孔子所谓“殷人尚鬼”，就是对商代原始祭祀传统的准确概括。商人因对自然神秘力量的崇敬而发展出了人格神“帝”，天地四方也被想象成人格神给予崇祀，还有其他大大小小数之不尽的自然神祇也在商人的崇祀之列，这显示出商人浓厚的“尚鬼”传统。但商人传统并非全是“尚鬼”，他们也崇祀祖先神，认为祖先是其上帝以及其他自然神祇之间的中介。因此，在商人传统中，“尚鬼”与“敬祖”其实同时存在，但后者没有前者根深蒂固，这是事实。

武王克商之后，殷遗民给新王朝带来了直接威胁。在当时的周王朝中，传统上的周人仅占极少数，大部分是原始氏族部落的后裔与殷遗民，而殷遗民所占人数尤多。一开始，周王朝采取对殷遗民原地监控的方式，但发现效果很不理想，因为殷人在自己原先的土地上，虽然已然亡国但信仰未曾消失，因此仍有很大的凝聚力量。后来，在武王讨伐东夷归来之后，就改用移民策略，将殷遗民大量迁离其原来居住地，迁移到洛邑与周姓诸侯的属地，使其离土离乡，加以监管。

当时周王朝基本的城乡组织形式是“乡遂”制，即以诸侯与贵族所居的“国”城为中心，成同心圆，而在外层的是“乡”，居住的是周人后代、没落的殷贵族遗民及因军功而受封的农民，他们被称为“士”。“乡”之外层是“野”，所安置的就是那些被迫离土离乡的殷遗民，他们作为诸侯附庸被安排在乡“野”中劳作。周王朝通过移民而实现对殷遗民的统治的目的，不再是要强制殷遗民卑服，而是要使殷遗民先离土离乡然后重新乡土化，使其在新的乡土生存环境中重建信仰传统，从根本上做到使民自治。殷遗民在新的乡土环境中展开了深刻的文化适变。这种文化适变包含两个层次：一方面，他们从基本的生存需要出发，发展出各种满足生存欲望的因地制宜之生活样态；另一方面，生存欲望本身所产生的自我困扰，必然又使其寻求对自身欲望的克制，但对殷人而言，移民迁徙已大规模破坏了血缘关系，因此祖先崇祀不再具有足够的自我约束力量，而其文化传统中的“尚鬼”传统即原始崇祀传统，本来就产生于对自然神的崇拜，因此，在新的乡土环境中得以保留并成为殷人实现自我克制的重要文化资源。这样，在新的乡土环境中，殷遗民因地制宜变通并经原始崇祀自我约束而形成了一种民俗传统，这种民俗传统是在其离土离乡中生成的一种自治形式。

与此同时，另一种文化适变也在发生着，其主体是居住在“乡”中的“国士”。西周时期，“国士”主要由周人、殷商破落贵族及因战功而获得土地封赏的农民组成，“国士”的主要社会职分是卫戍国家。“国士”们居住在“国”与“遂”之间，他们的政治地位也处于作为统治者的王侯贵族与作为被统治者的乡民之间，而这在根本上又是由他们的经济地位决定的。在西周，殷民，也就是乡民，没有自己的土地，而“国士”有地。国士的土地一开始是由君王封赐，但随着后期土地兼并买卖的盛行，许多国士的土地其实是由兼并买卖而来，但“溥天之下，莫非王土”，国士的土地在名义上仍然属于周王朝。一方面，国士们的土地来自国家，他们的职分又是保卫国家，这决定了他们要为当政者着想，要为政治统治寻求贴合的自然价值体系；另一方面，国士们的土地受封于君王，但帮其耕种的人是“乡”民，而且在土地兼并买卖大兴之后，国士们的土地就更依赖于“乡”民们的主动付出，所以国士们与“乡”民之间具有经济同盟关系。

在此冲突中，国士同样发生文化适变，其文化适变的内容是：国士兼顾并汲取“乡”民们的文化传统，但并非是其文化传统中的“尚鬼”方面，而是其敬祀祖先的宗法崇祀方面，即抬高殷人传统中的宗法崇祀而对其神秘崇祀给予淡化。国士对待殷人传统的选择性利用，其实包含深意。“尚鬼”传统，建立于人与大自然往还中的神秘体验之上，有鬼而无人，偏向宗教超验而难以被纳入专权政治；宗法崇祀，崇敬的对象是自身包含历史时序价值的祖先体系，由此可以顺利过渡而入专权政治，故国士们扬彼抑此。但扬彼抑此并非去彼取此，在其所推扬的宗法崇祀中依然为神秘崇拜留下了空间。

国士群体从其时代境遇出发而进行的文化适变，是徐复观提出周代“忧患意识”发生的具体语境。如前所言，“忧患意识”的核心乃是人们在现实危境中而对自身之“天然责任”的醒悟，宗法崇祀以与自己具有血缘关系的祖先之神为崇祀对象，“自我”与“祖先”先天的关联就是最重要的“天然责任”，落实下来就是“礼”。

徐复观提出的“忧患意识”，其实是从国士群体的文化适变中产生，这一结论也暴露出其对殷周之变之阐释的偏颇之处。正如我们在前面所指出的，殷周之变的文化适变发生在两个层面，分别是乡民群体之民俗传统的产生与国士群体之礼治传统的产生，但徐复观“忧患意识”的考察仅仅顾及了一个方面，而这个两面文化适变的互动，即礼俗互动，才真正构成了西周礼治政治的全幅含义。

这里简要阐明“礼俗互动”何以应是礼治传统的全幅含义。礼俗互动，即乡人群体建立在原始崇敬基础上、以神秘体验为核心的民俗传统，与国士群体的宗法崇祀，必然结合在一起并互为保障：一方面，于国士群体的“宗法崇祀”而言，由“宗法崇祀”所产生的人格价值秩序、君权秩序，要在民俗传统的“神秘崇祀”中实现崇敬化，才能真正在俗民中成“敬”，落实下去，成为现实政治；另一方面，于乡民群体的“神秘崇祀”而言，则要通过“宗法崇祀”而获得人间化落实，实现对自身功利欲望的克制，由对鬼神之“畏”而产生对圣人、君王的“敬”，认识到自我的社会职分，安居乐业，完成社会凝聚，作成政治。因此，“礼俗互动”之礼治政治的首要前提，是宗法崇祀被“崇敬化”与神秘崇祀被“安分化”或“社会化”；然后，在乡民与国士经此互动而实现社会性缩结的前提下，君主政治才顺着由国士群体开辟出的宗法崇祀而进入礼俗互动的结构中，实现乡民群体（民）、国士群体（士）与君主统治（君）的政治共舞。此政治共舞的核心认同是共同的“敬”，乡民由“畏”而“敬”，国士由宗法崇祀而“敬”，君主只是作为三种力量中的一极，自然而有“敬”意。以此“礼俗互动”角度切入对周代礼治政治的理解，尤其是切入对“三礼”的解读，可得到明确的印证，在此不赘。

礼俗互动，即在“崇敬化”与“社会化”的互动逻辑中乡民群体与士人群体联合而与君主政治共舞，这是周代礼治政治的整全含义，此一含义在春秋战国“道术为天下裂”中逐渐湮没，而在孔儒学术中得以保存其大概，但孔子对乡民之鬼神传统也已经开始“不欲观”了。孔子之后，礼俗互动传统在孟子学术中彻底丧失，但在荀学中保存了完整性。

礼俗互动的失落，于徐复观而言，又有其具体原因。徐复观生长于农家，于乡土感情尤其浓厚，对乡民群体更是念念不忘。但乡土感情深厚与将乡土感情转化为学术信仰之间毕竟是有间隔的。徐复观的乡土感情转化为学术信念，经历了一个耐人寻味的转折过程。大略言之，在其45岁自述“乃渐悟孔孟思想为中华文化命脉所寄”之前，徐复观虽出身行伍，但他从自身的乡土感情出发，在文章中表达了在政治架构中对乡民的重视。45岁开始研究新儒学传统之后，从大陆来台湾，入职大学专心中国传统文化研究，以一个知识分子的身份参与各种论争，直到1963年《中国人性论史·先秦篇》出版，徐复观的政治观念几乎完全是在儒家政治传统的影响下得以发展，这是其提出“忧患意识”的时期，在这一时期的研究与论争中，乡土与乡民在其观照视野中并不具有重要意义。但就在1963年，他写了《谁赋豳风七月篇——农村的记忆》，这可视为其乡土感情的复活。因此，将徐复观所提出的“忧患意识”放到这样一个考察谱系中，我们可以明白，徐复观政治思想中的乡土本位，也就是“乡土政治”并非完全是缺席的。

三、徐复观“农本政治”观的提出历程

黄俊杰在《东亚儒学视域中的徐复观及其思想》中，提出了徐复观所描绘的中国文化图像三个方面，分别是：“（1）中国文化中的政治传统以专制政体为其主要特征，以‘君主主体性’为其本质，对农村社会压榨，并扭曲先秦儒家政治理想；（2）中国文化中的社会以农村为其特质，中国文化之精神具体表现在农民生活之中；（3）中国文化中的思想主流是以经世济民为取向的儒家思想，在历史过程中不断地与专制政体进行战斗。”①黄俊杰对徐复观的阐释包含着重要的创造性。在此前徐复观思想研究中，徐复观思想中的人文主义传统是被着重强调的，尤其是在大陆学者的研究中，虽然关注到徐复观的人文主义思想与西方自由主义思想有区别，但往往依然被混淆。黄俊杰的阐释，不仅仅抓住了徐复观人文主义思想与儒家

---

① 黄俊杰：《东亚儒学视域中的徐复观及其思想》，台湾大学出版中心2009年版，第48页。

传统的血脉相连之处，更重要的是，凸显了徐复观思想中的乡土面向。我们应该知道，即使回到徐复观的思想文本中去，徐复观对农村社会与乡土传统的论述在数量上也是很少的，并且只是在不多的几篇文章中带着很强的感性成分将之与中国社会的理性思考联系在一起。黄俊杰却将之作为徐复观中国文化图像的三方面之一，实际上揭示出了徐复观思想中更深的层面，是具有独创性的。

顺着黄俊杰的揭示，我们回过头来重新梳理徐复观对乡土社会的强调，可以发现在其显见的道德政治构架中其实有一种建立在乡土社会基础上的“农本政治”的信念。

1943 年，徐复观从重庆回到鄂东家乡，决意隐居种田，他说：“希望能从可以预见的世变中逃避出去。但因偶然的机会，引起一种愿望，想根据自己所得的一知半解的社会思想，和中国的社会现实，结合起来，把当时庞大而渐趋空虚老大的国民党，改造成为一个以自耕农为基础的民主政党。”① 所谓“偶然的机会”，是指在 1943 年，徐复观奉命到延安去担任联络参谋，时间达半年之久。在延安的半年，徐复观除系统研读克劳塞维茨的《战争论》外，更对中国共产党的政治实践给予关注，并有了自己的深入体会。回到重庆后，徐复观根据自己的观察，于 1944 年 3 月写了一篇报告，这份报告虽被递入国民党高层，但并未引起重视。在这份报告中，徐复观正面提出了“农本政治”。他说：“本党党员团员之成分，仅以知识份子为对象，于是党团之组织，亦自然仅以上层为对象。历史上，必书生与农民结合，（如谭戚、曾左之练兵，）都市与农村相结合始能发生真正之力量，造成巩固之基础。……且必须能与农民以同志关系相结合之书生，乃为真正有用之书生，否则为百无一用之书生，甚且为敲脂吸血之书生矣。故本党今后组织之方向，必须为书生与农民之结合。”②

徐复观在此所提出的“书生与农民之结合”基础上的政治，正是周代以

① 转引自黄俊杰：《东亚儒学视域中的徐复观及其思想》，台湾大学出版中心 2009 年版，第 105 页。

② 转引自黄俊杰：《东亚儒学视域中的徐复观及其思想》，台湾大学出版中心 2009 年版，第 106 ~ 107 页。

礼俗互动为核心的政治传统。但特别应注意的是，在写此报告之前，徐复观确然是没有研习“三礼”的，甚至其对中国传统文化的深入研读都是在此后的一年。1944 年，徐复观在重庆北碚金刚碑勉仁书院拜谒熊十力，之后才开始矢志研读中国传统文化。因此，在此提出的“书生与农民之结合”的农本政治，合乎礼俗互动，但绝不是出自学术研究，而应是其本身所具有的深厚乡土情怀在经中共政治实践之观察后的直觉感兴。事实上，在徐复观的治学中，纯粹的学理研究所道出的结论，其真正动力往往是价值直觉。

1944 年之后，徐复观投入对中国传统文化的研读中。此后，在熊十力、牟宗三等学者的提拔下，徐复观入学术之堂奥渐深而偏离政治愈远。1955 年，他入职东海大学，完成了从军人、政治家向学者的转变。在完成学者身份转变后，徐复观对现实的关注从未减弱，他以自己从中国传统文化尤其是儒家传统中所领悟到的人文主义而对现实给予热烈关注，在各种有关中国传统文化未来去向的论争中与胡适、钱穆、殷海光等人争得不可开交。但是，正如我们上文所指出的，徐复观此时的思想与此前相比，却呈现出单极化特征，就是仅仅关注知识分子与君主专制之间的对抗，对乡土社会的政治意义却在有意无意间忽视了，这正造成了徐复观政治思想中的问题。究其原因，我们认为，关键在于徐复观自我身份认同的变化。在 1943 年时，徐复观的自我认同是从农民向军人、政治家奋斗的个体形象，因此，他能在对中共的观察中从自己的乡土身份出发而对乡土的政治意义给予认同。但在 1944 年之后，他从军人、政治家变成了学者，大学校园里的朋友同事，尤其是与其进行论争的他的对手们，天然地都从知识分子前提出发谈论问题，正是在这种综合性的氛围中，徐复观的自我认同开始倾向于知识分子，这导致他对知识分子的政治意义给予了更多关注。

1963 年，徐复观发表了学术散文《谁赋豳风七月篇——农村的记忆》。这篇文章感性十足，充满了徐复观特有的一往情深，回顾自己所走过的路，咏叹中国渊深的乡土社会。首先，这篇文章的写作契机与原因值得关注。在此前一两年，比较重大的事情是，徐复观与胡适就中国文化的问题发生激烈论战，而胡适在此论战的后一年（1962 年）突然去世。徐复观后来对此次论战的一个总结就是，此次论战其实是产生了消极的后果，它使当时的知识分子受到了更为严重的摧残。另外，1963 年，徐复观 61 岁，按照民间纪年是 60 岁整了。60 岁是中国人生命传统中的一个节点，这对于感性而充满人生整体意识的徐复观来说，不能不有所触动。可以认为，年届六十而对自己的一生做短暂回顾，应是徐复观写作《谁赋豳风七月篇——农村的记忆》的直接原因，而与代表西方自由知识分子传统的胡适的论争，则是写作这一篇文章的一个反向契机。其次，这篇文章所申发的对乡土社会的积极肯定特别值得关注。在这篇文章中，徐复观写道："我的生命，不知怎地，永远是和我那破落的湾子连在一起；返回到自己破落的湾子，才算稍稍弥补了自己生命的创痕，这才是旧梦的重温、实现。"① 徐复观对乡土社会在中国社会发展的积极性给予高度肯定，他说："我们说农村是落后，这是拿外在的东西作尺度说的。若就一般农民作人作事的基本精神而论，则我觉得不仅不是落后，而且是中国能支持几千年的一种证明；也是中国尚有伟大的潜力，尚有伟大的前途的一种证明。"② 这已不完全是感情用事，而是包含了深刻的理智思索。肯定乡民主体在中国社会传统中的积极意义，这在 1944 年的相关文章之后，《谁赋豳风七月篇——农村的记忆》是最能正面、完全体现的作品，应特别给予重视。但可惜的是，此文之后，徐复观的思路又在知识分子氛围的总体拖曳之下重回道德政治之途，而使此文中所包含的接续 1943 年"农本政治"思考而使其光大之可能性于此夭折，甚为可叹。

四、从"农本政治"观重新理解徐复观思想

黄俊杰对徐复观中国文化图像三个方面的论述，凸显了乡土社会在徐复观总体思想中的重要地位，实际上使对徐复观政治思想的理解，从较为单纯的道德政治而深化到礼俗互动的中国政治传统中去，具有调整研究起点的重要意义。如以徐复观的"农本政治"，即其在思想发

① 徐复观：《旧梦·明天》，李维武编：《徐复观文集》第 1 卷，湖北人民出版社 2002 年版，第 333 页。

② 徐复观：《谁赋豳风七月篇——农村的记忆》，李维武编：《徐复观文集》第 1 卷，湖北人民出版社 2002 年版，第 342 页。

展前期所提出的“书生与农民之结合”的政治建构，来重新理解徐复观所提的道德政治，可发现其在道德政治这一前提下所作出的许多论断可做多元理解。

首先，对君权专制的理解具有可做多元理解的空间。徐复观在道德政治的大前提下，对中国传统政治中的“一人专政”给予了深入的批判，并且在《两汉思想史》等著作中详细梳理了“一人专政”的社会发生史。“一人专政”之专权性与人性自由相逆，理应检讨并批判，但从礼俗互动的政治传统而言，“一人专政”在政治实践中同时又有积极意义。从礼俗互动而言，成功的政治实践既需要宗法价值秩序向人格价值秩序、政治价值秩序的升华，更需要人格价值秩序与政治价值秩序在民众中的再落实，而这种落实能够真正实现，却需要民众本身的崇敬心理。民众的崇敬心理，在根本上来自原始崇祀中神秘体验的遗留，即“尚鬼”传统，但“尚鬼”毕竟空虚，而半神化的君主人格为民众崇敬提供了现实认同，从而实际上有助于政治实践。从这个角度而言，中国传统政治中的“一人专政”有其负面性，但并非全部毫无价值，钱穆对中国集权政治所做的正面辩护是包含真理的。

其次，对知识分子政治的理解同样具有可做多元理解的空间。同样是在道德政治的前提下，徐复观在否定君权专制的同时，充分肯定儒家政治传统，为知识分子政治张目。在中国传统政治实践中，士人所扮演角色的重要性毋庸置疑，不少论者将中国政治传统称为“士人政治”的确有道理。但知识分子政治是否完全靠得住？徐复观在其前期政治思想中表达了对现代知识分子政治的失望。在谈到国民党的问题时，徐复观认为，其问题正在于整个党以知识分子为主体，但这些知识分子又完全不能深入下去，造成了党与农村社会的割裂，他说：“国民党早便成为由传统知识份子所集结的一个在社会不生根的党。”① 来到台湾后，通过对国民党所推行的台湾土地改革运动观察，徐复观认为，国民党的许多党员并未把自己的

① 黄俊杰：《东亚儒学视域中的徐复观及其思想》，台湾大学出版中心 2009 年版，第 105 页。

精神与土地改革熔铸在一起。所以，徐复观所肯定的知识分子政治，按其本意，不应是现代自由知识分子政治，而是礼俗互动传统中“与农民结合在一起”，并以此结合关系而与君主政治相对待的传统知识分子政治。

徐复观的知识分子政治，应是指传统知识分子政治，其本质其实是“农本政治”的自然延伸。黄俊杰顺着徐复观“农本政治”的思路做了一项极为有意义的工作，他对20世纪50年代台湾土地改革中的农民政治进行了深入调查。他指出：“我们的研究显示：1950年代初期，台湾土地改革政策的实施，塑造了当时农民的农业意识的基本面貌，其中最为突出的就是农民对土地的强烈认同感，以及以务农为生活方式之心态。土地对农民而言是生死以之的安身立命之所，农业则是他们的生活目的。不过，这种‘神圣感’到了1970年代以后，已为‘世俗性’所取代；农业只是一种谋生的手段，而土地也逐渐商品化了。”① 黄俊杰追踪观察，最后考察出农民对土地“神圣感”的消失。首先，可以肯定这种观察是准确的，事实上，在中国及不少东南亚国家，在现代化进程中农民经由土地生产而建立起来的“神圣感”日趋弱化，这是大趋势。然而，我们是否可由此确认黄俊杰在下文得出的结论的正确性？他说：“徐复观对自耕农阶层在现代政治经济学脉络中的脆弱性，未能给以足够的重视。”其实，从礼俗互动的政治传统而言，自耕农（即乡民）的自觉性，本身就是一个潜在存在、待击而发的状态，他们的“神圣感”不可能凭空实现，必须有将其唤醒的因素出现才能焕发其“神圣感”；因此，黄俊杰所观察到的台湾农民在获得土地20年后“神圣感”“消失”，并非是消失，而是失去了激发对象。

黄俊杰的考察继续深入指出，台湾自耕农阶层的政治影响力，只有在经过多年发展后，从自身产生出“中智”“中产”阶层后才得以实现。按照我们上面的解释思路，“中产”“中智”阶层的出现，其实是使原先与“上层”政治毫无互动之可能的自耕农阶层有了可能性。自耕农阶层从此可获得现代民主政治意义上的话语权其实还是小事，更重要的是，他们由

① 黄俊杰：《东亚儒学视域中的徐复观及其思想》，台湾大学出版中心2009年版，第117页。

此可表达他们的“神圣感”。结合台湾政治的现状，我们更深入的结论是，民众的这种“神圣感”有正面表达的样式，比如对真相、正义的寻求，另一方面以对政治人物大声喊出不信任的样态而实现。

（耿波，中国传媒大学文学院副教授。本文原载《中国政法大学学报》2014 年第 2 期，收入本书时有修改）

附　录

“礼俗互动与近现代中国社会变迁”三人谈

赵世瑜：“礼仪中国”：礼俗互动问题的历时性建构

礼俗互动是一个很大的问题，也是一个很复杂的和不断变动的问题，因为“中国”是个不断变化的概念，礼与俗也各种各样，不同的人群对礼与俗又有各自不同的定义。要想深入地理解这个问题，不能仅仅停留在一种理念的层面上加以探讨，而需要做大量实证研究，需要将其置于具体的社会生活实践层面来讨论。我们做区域性研究的人，即以区域为单元研究中国的整个历史，就是试图从与以往研究历史者不同的角度去认识中国，同样需要以非常具体、微观的实证研究为前提。

在此之前，我们必须认识到，礼与俗的二分，以及这二者之间的互动关系（比如人们常说的“礼失求诸野”），是一个不断变动、不断建构的问题。

在一般的意义上，礼是中国传统的儒家士大夫特别强调的东西。我们知道春秋战国时期有很多学术流派，其中孔子特别强调礼，但是并不见得当时所有的人都认同。到汉代的时候，无论是在学术还是在意识形态的层面，都开始将儒家学说提升到了一个很高的地位，以后大家才慢慢地对孔子学说，尤其是强调礼的这一套学说特别重视起来。当然，也不是说在孔子那个时代就完全没有一个事实的依托，孔子之所以那么强调周礼，是因为在他看来，在西周时代周公制礼作乐是个非常伟大的创举，“国之大事，在祀与戎”，当时的国家大事莫过于礼仪与军事的问题。祀是祭祀，实际上就是礼的问题，就是如何安排合理的政治和社会秩序的问题。到了春秋时期“礼崩乐坏”，孔子看了很生气，因为他觉得原有的比较稳定的整个社会秩序崩解了，不再存在。可以说，在传统时代以礼乐制度作为表征的一套礼的系统，经过儒家的大肆弘扬，在中国文化中一直占有非常重要的地位。

我在另文中曾经指出，“礼失求诸野”并不见于孔子的原话，可能是后人假托在孔子身上的。① 但这恰好说明有人认为，或者他们觉得孔子也这样看，礼和俗之间存在密切的关系，甚至是源与流的关系。孔子编纂《诗经》，里面既有表现礼的《雅》，也有代表俗的《风》，两者是共存于一体之中的。虽然孔子“不语怪力乱神”，但还是会去看“乡人傩”，体现了一种同情理解的态度。两汉时期的谶纬，魏晋南北朝时期的崇尚佛教，从先秦一直到今天都存在的祭社，都是全社会上下共享的文化。

当然这并不是说在传统社会，就没有人主张礼俗相分。一些知识分子也会批评俗的鄙陋，这是由他们的社会身份不同所决定的。朱元璋确定礼制的时候，也是要拒绝偶像，认为用木主替代偶像就是变俗为礼了；唐代的狄仁杰、宋代的真德秀、明朝的魏校、清朝的汤斌等毁淫祠，都代表了某些知识分子的思想，是主张移风易俗的代表。不过，在这些事件的背后，又都有具体的社会、政治原因，必须具体分析，不能笼而统之地认为就是一种道德上的批判。同时，朝廷也一直通过赐匾、赐额、赐封号等手段，把民间信仰正统化，反过来却又鼓励了民间信仰的繁荣。在许多修建寺庙的碑记中，撰写碑文的士大夫总要找借口说明老百姓修建这个寺庙或拜这个神灵的合理性，说明他们既要显示自己的不同，又不得不承认社会现实，承认他们也同样处在这个社会现实当中。

---

① 赵世瑜：《国之大事在祀与戎·礼失求诸野·进村找庙》，见黄平主编：《乡土中国与文化自觉》，生活·读书·新知三联书店2007年版。

到了20世纪，以“俗”作为主要研究对象特别是以“民俗”作为主要研究对象的中国民俗学，作为一个现代学科兴起之后，就更加强调了礼与俗的二元对立性，其背后所依托的意识形态就是“五四新文化运动”。在民主思潮之下，民俗学的学科存在及其发展，无疑是将原来的礼与俗之间的对立关系更加强化了。也就是说，礼俗分立是一个历史的产物，是一些特定的学者在那样一个特定的时代所做的工作。今天我们脑海里所存在的一种礼与俗的观念，背后有一个层累的历史过程。那么，是不是在中国几千年来的社会发展过程中，就像“五四”人物所描述的那样，当下就应该用老百姓的“俗”来替代、改变、改造传统社会的所谓“礼”，用一种新的代表广大人民群众根本利益的社会秩序来取代甚至改造原来士大夫所制定、营建的那样一种社会秩序？我们应该将这视作是一种有意与传统社会有关亦有别的“发明”，这本身就是一个历史的过程。反过来说，像包括礼与俗在内的这类范畴，是不是就可以和上与下那么严格地画上等号，我觉得这是一个可以商量的问题。这是我所强调的第一个前提。

刚才张士闪教授所做的论坛开篇语，是把礼、俗的互动和近现代社会的变化联系在一起来讨论的。中国近现代社会有很大的变化，但这样的一个变化又是以现代性为旨归的。也就是说，中国近代和现代其实是同一个概念，没有什么区别，那么为什么还要加一个“近代”呢？这与中国自身的思想脉络和政治环境有关，对此我不细说，大家都很清楚。既然是以现代性为旨归，那么人们在思考所面临的一系列问题的时候，就会有一个价值上的判断。比如，“移风易俗”的话语在传统时代一直是有的，但将“陋俗”“封建迷信”等话语那么集中地加在传统上，是近现代以后才有的现象。当现代性被凸显出来以后，人们都以这样的价值体系去评判原则是非问题，这就把现代性本身推向了它的反面，推到现代性初起的时候它所反对的那种存在方式去，以它的是非为是非，以它的好恶为好恶。

实际上，对所谓的“近现代”究竟具备什么样的表征，应该持一种怀疑的或批判的态度，不是把所谓近代的或现代的所努力倡导的一种价值标准，放到“礼”或“俗”的讨论里面就可以了。所谓近现代分期本身就成问题，现代性也不是预定的、命定的概念，所以礼与俗的东西都不能根据已经读到的什么权威所写下来的东西，没有弹性地或者去历史地理解和运用。这是我对士闪教授所提的两个观点、两个概念所做的一点回应。

要对我所理解的“历史人类学”做一点阐发。现在不同学科的很多学者都在用“历史人类学”这一概念，但使用的目的是不一样的，想解决的问题也大都是与本学科相关。对我们做的区域社会史研究来讲，我把所谓的“历史人类学”研究概括为三个基本概念：一是“结构过程”，即方法论平台或者研究目的（structuring，参见萧凤霞和刘志伟的文章），二是“礼仪标签”，即研究的切入点（ritual markers，参见科大卫的文章），三是“逆推顺述”，即历史叙事的方式。最后一点是我根据大家的研究实践总结的，还没有写文章专门来讲它。

什么是“逆推顺述”式的研究呢？过去历史学家研究历史，是按照时间轴沿着顺序往下讲的，但我们倡导的历史人类学不是。当我们走进一个具体的空间之中，会在当今的社会生活中去观察那些重要的表现，就是从历史上传下来，在今天还存在，还有生命力的东西，不管是物化景观、社会制度性的、社会结构性的，还是人群的、语言的、信仰的等方面，这与人类学、民俗学是一样的；然后我们就会追溯这些方面大体上可以从什么时代开始出现，这就是“逆推”。我们的问题意识从哪里来？是从今天观察到的现实生活中来，这是与传统的历史研究不同的；但第二步就回到历史学了，因为我们要找到现实生活中的这些重要的方面是从什么时候开始的，要找到最近的那个源头，然后再从那个源头叙述下来，看它发展到今天经历了一个怎样的变化过程，它是由怎样的一种机制导致了从那个时候出现，并一直发展到今天，这就是“顺述”。因为我们是从当下入手，而不是从史书上的某一个感兴趣的时间点入手，所以这种出发点绝对是人类学的；不过我们并不会像人类学那样止步于分析当下，而是要追踪那些“结构要素”的源头，然后再从这个源头讲下来，这个工作又绝对是历史学的。

做这样的研究，所针对的是哪一方面的问题呢？我们在这个方面也要有具体的界定。现存的社会结构，是由若干非常重要的我称之为“结构要素”的东西组成的。若干个不同形式的人群，在很多地方的表现是不一样的，比如说宗族在很多地方就表现得很不一样，此外还有一些重要的结构要素存在。总体来讲，这些结构要素是什么时候出现的？那么就需要对这些结构要素的发展过程进行溯源和描述，即逆推顺述。“结构”是一个社会学或人类学的概念，但是“过程”则是一个史学的概念。英文的表达就是把“structure”变成一个动名词“structuring”，翻译过来就是“结构过程”。我们区域社会史的研究或历史人类学的研究，就是研究这样的一个“结构过程”。这个“结构过程”在各个地方是不同的，当然也有很多一样的东西。总体上来说，为了与我们以往的同质性研究——把中国的各个地方当成在是同一个符号下，都是一样的——剥离出来，就能够发现多样性，这是毋庸置疑的。

现在有很多学者，依然在做这样的同质性研究，比如一种民俗事象、一个民俗符号，可能在全国各地都存在，就放到一起来写一本书。这样的著作也还是需要的，不过作为人文研究，我们可能更需要关注的是民俗符号或事象背后的人的问题，看似一样的民俗符号或事象，其背后的创造者人群是不一样的，其动机也是不一样的，会体现出很多很多的不同。看似是均质化、同质化的东西，其实并非如此。其实，揭示区域文化的多样性，也已经变成了一种老生常谈，尽管现在这方面工作做得还不够。我们还要更加关注的是，明明知道区域性的文化多样性有这么多，但是到了今天，还在用“中国”这样一个民族国家的概念——或者宽泛一点的超越民族国家的一种文化概念如“中华文明”，即多样性的文化主动或被动地整合成一个整体。为什么如此多样的东西，被统合到了一个整体当中了呢？背后的机制又是什么呢？这是我们思考的一体两面。

这样，就回到了我们今天讨论的本题上。礼俗问题，是中国的多元文化被统一到了一个整体之中的关键性问题。通过礼仪制度的设置，礼与俗就在很大程度上被紧密地结合起来，越来越密不可分。比如说，我们看地方社会中的一些仪式，不管那些仪式是为过年过节还是为生老病死等原因而举行，当那些道士做仪式的时候，以及与周围人群发生互动的时候，究竟他们做的是“礼”的部分还是“俗”的部分呢？其实我们很难分清楚的，道士认为他们做的就是“礼”。道士所摆弄的那些科仪本，是一种有知识有文化的权威性象征，如果没有那些科仪本，人家会怀疑他是野路子，不信他，他的效能就会大打折扣。当然，一般道士会有他自己的传承，他的家里有自备的用具，但更重要的是他的科仪书。但在实际上，他做仪式的时候根本不看那些科仪书，他只是摆在那儿“唬人”。他基本上是按着他师傅教的一套东西在做，然后再传给他的徒弟；徒弟经过在多少场的仪式中打下手，多少年之后也就练成了师傅。在这个过程中，礼与俗在很大的程度上是合一的。

此时，礼仪就扮演了一个特别重要的角色，以“中国”的名义把各种各样的人群结合在了一起。从历史上来看，中国过去的宗法关系只是局限于贵族的，比如在春秋战国制礼作乐的时代，那些青铜礼器属于特定的群体，不是人人都有的，大约除了周天子以外只有那些大宗才能看到，从诸侯到大夫、士的阶层中“与有荣焉”的数量就非常少了，至于普通大众就根本没有这些东西。但是从宋代开始——北宋是一个非常关键的时代，明代中叶是第二个关键时代——这套东西被士大夫推广演化，变成了所有老百姓都要做的事情，成为皇帝做、老百姓也做的一个共同的文化纽带。作为仪式，它们的原则基本一样，其中不仅是儒家的一套东西，宗教也扮演了很重要的角色。儒家的这套东西，不仅是祭祖、编族谱、修祠堂，甚至为了宗族的延续，通过各种各样的仪式来维系公共田产等。道教、佛教都扮演了重要的角色，虽然它们的做法在表面上看来稍有区别，但实际上是类似的原则。比如说佛教做水陆法会、水陆道场，道教则是打醮。他们可以各有分工，哪些部分是道士来做的，哪些部分是和尚来做的，但这只是一个权力和利益的分配问题，在本质上都一样。到了清代初期特别是康熙以后，这种办法被广泛推广到了各个少数民族当中，他们学会这套东西以后，跟主流意识形态比较接近了，自己觉得也是汉族人了。所以我后来就提出一个概念，套用费孝通先生的“乡土中国”概念，把中国概括成“礼仪中国”。因为在中国，上下阶层的、各地不同的这样一套东西，通过礼仪的形式联系到了一起，而礼仪的形式中又同时包含了“俗”的内容，所以既可以把它理解成是一种“礼俗互动”，或者就干脆看成是同一个东西，其中既有士大夫的设计，也有丰富的乡土资源，这就是为什么科大卫将

“礼仪标签”作为我们工作的一个重要概念的原因。

以上是把这个有点像共时性的问题，放回到历时性的脉络当中去认识。到了近现代以后，礼与俗确实是发生了一些疏离。张士闪教授非常敏锐，把这个问题提了出来，并把它推为中国社会传统在近现代语境中的一些特别变化。我认为，这样的一些变化，主要是由部分接受了西方思想的现代知识分子提出来的，因此又生出来一些新的问题。这些新派的、西化的知识分子，毕竟与中国传统的士大夫有些不同——我是说那些与乡民从同一块土壤中生长起来的传统士大夫。

李松：国家民间文艺政策及实践中的“礼俗互动”

我没有做过这方面的专题研究，只能结合我的工作经历谈谈对礼俗互动中一些现象和问题的理解。从近代史上看，中国共产党领导的革命文艺工作，从苏区到延安时代，主要的诉求，就是要用俗文化唤醒民众推翻三座大山，是为实现革命目的，在移风易俗的过程中，把经过遴选后的民间文艺定位于一种“礼”，或者改造为“礼”，就发动、组织、教育群众的功能需要来说，配合了当时民族国家的独立和社会变革过程，是相当成功的。从延安采风，到新秧歌、戏曲改造等文艺工作，伴随着中华人民共和国成立和其后的建设过程，在“大跃进”和“文化大革命”时期，都有类似群众诗歌、新民歌等群众文化工作概念下的许多实践，总体上是把民间文艺传统与国家政治需求放在一起操作，目的是为政治服务，主要表现为以动员、组织、教育群众为主要政策导向的国家意志诉求。

自20世纪80年代起，文化领域和学术界，处于“文革”之后百废待兴的状态，钟敬文、周巍峙、吕骥、马学良、孙慎、李凌、吴晓邦、张庚、贾芝、罗扬等一批文化学者和老革命文艺工作者先后发动了对传统艺术表现形式的大规模收集和整理，其中包括：中国戏曲及其音乐、曲艺及其音乐、民间歌曲、民间器乐、民间舞蹈、民间故事、谚语和民间歌谣，总称为“十大文艺集成志书”工程。包括中国社会科学院持续进行的三大“英雄史诗”等收集整理、编纂出版工作，可算是对民间口头传统最大规模的收集整理工程了。之后的30多年，赶上经济高速发展期，促使整个社会对于文化担当作更深刻的思考，特别是传统文化与未来的社会是一种什么关系，于是有了国家层面推动的“民间文化保护工程”，有了与国际接轨的“非物质文化遗产保护制度”，这里面依然有强烈的国家意识在内。准确地来说，这都是在全球化背景下，国家意识在国际文化竞争层面上的考虑。既有中华文化传统与革命文艺传统相互融合的时代特征，又有强烈的现代性意识。国家出面组织并提供保障条件，伴随改革开放、经济建设、融入全球化的进程，加强国家哲学和社会科学研究的学术追求和贯彻革命文艺路线的原则要求相融合，同时在国际文化和经济竞争的语境中，文化安全（凝聚力）和文化资源（经济价值）的价值日益得到国家和社会的认同，丰富了“礼俗互动”的内涵，在延续组织、动员、教育群众的主要诉求之外，融入了抢救记录、研究保护的价值理念，总括起来，其实具有强烈的“采风”成“礼”的文化属性。

我说的这些都是所谓“礼”的脉络，尽管都是以民间文艺为对象，国家意识形态试图通过“取其精华，弃其糟粕”对之进行选择和升华。国家在做“集成”的时候，实际上是一个搜集、选择、整理的过程。比如在20世纪80年代，对收不收宗教音乐有非常大的争论，这些其实在民间音乐中占有较大的比重。本来在按学术分类时，有一类是所谓的“青楼艺术”，艺术形式极其精彩，但在“礼俗互动”的过程中被过滤掉了。这种倾向实际上一直延续到现在，延续到我们今天的非物质文化遗产保护工作。非物质文化遗产保护立法的时候，为这事讨论了很久。比方说民间舞蹈，几乎所有民间舞蹈的起源与祭祀仪式有关，牵扯到民间信仰观念。在做“集成”的时候，就已经对民间文艺的社会语境做了切割，近年来做非物质文化遗产保护工作时，又将艺术的一部分抽出来。我们现在进入的“后集成时代”“后非遗时代”，所做的一些民俗研究、民间文艺研究、非遗研究，也还是如此。

与此同时，伴随改革开放的思想解放进程和社会物质生活的丰富，国家也释放了更大的社会文化空间，包括祭祀在内的传统民俗活动处于一个民间自发恢复的过程中。尤其是各地区、各民族的传统节日，自20世纪80年代中期以降，在民间、知识分子（特别是地方知识分子）、地方政府、国家的多方参与下，传统节日的复兴（有些是重新建构）呈现出一种“礼俗互动”、快速发展的状态，从具有国家时间制度意义上的清明、中秋、端午等传统节日放假制度的确立，到地方性、民族性节日的恢复，从黄帝、炎帝、孔子、妈祖的公祭仪式，到民间的庙会、傩仪、转山等民间信仰仪式，多方的参与呈现出多样性的“礼俗互动”方式。民间和知识界的能动性获得较大的发挥空间，国家在“礼俗互动”的价值取向上，满足人民群众的基本文化需求和加强社会建设的诉求逐渐凸显。应当引起注意的是，当国家提出了非物质文化遗产保护，开始对民间，特别是经济欠发达而传统文化资源丰富的地区的文化遗产进行抢救性的保护，随之而来的一种倾向就是文化遗产被各级地方政府甚至包括遗产传承人和社区自身当作一种可以直接利用的资源。

乡土社会的组织系统原本是传统社会运作的机制和保障，是民众在长期的社会生活中产生、传承的一种集体性智慧。比如在四川彝族的祭龙仪式、赛装节和贵州的侗族大歌活动中，民间自治组织将艺术、信仰和日常生活高度整合在一起，建构了一个完备的组织体系，并用各种符号来加以完善，具有主动性、公共性、低成本、高效能的特征，在解决社会问题方面很有优势，对于整个社区生活至关重要。表面化、碎片化的资源利用，使文化的可持续发展能力受到制约。

礼俗互动，总是有利益诉求方的多元存在，这其实经常是一个博弈的过程，是关于文化权力的博弈过程。这里边，各方面都有利益诉求，这也是一种常态。以民间歌曲为例，国家组织的集成工作历经 30 年，全国各地搜集了传统民歌 40 多万首，然后突然发现，在 30 年之内，一个城市民歌的声音全都没有了，北京人彻底不会唱民歌了，上海也没了，凡经济发达地区这些传统都所剩无几，只剩下一些老人会几声叫卖东西的吆喝调。学术界意识到我们面临的是传统断裂的风险，应该有所作为，试图去建构一个文化传承与保护的合法性语境，所以想放到主流媒体上去做这个事。我们民族民间文艺发展中心坚持做了 12 年的全国原生民歌比赛，看重的是让民间声音登上大雅之堂，因为民歌是大众生活文化传承发展的重要载体。这是“原生态”唱法（民歌）进入央视青歌赛的文化背景，学术界力主把民歌引入央视平台的想法非常明确。但在这个过程中你会发现，一个民间生活文化传统引发社会广泛关注，多元的参与主体之间的利益诉求是非常不同的，“一厢情愿”和“众口难调”纠结在一起，很大程度上常常使事情的发展出人意料。就连学术界和主流媒体内部，也远未就此达成一致的文化认知和价值认同，艺术教育和研究领域内部还存在明显的分歧和激烈的争论。叠加在此事之上的现代社会的个人主义倾向十分明显，文化保护的公共利益最大化表现为多方参与、多方付出等多元状况。

我以为，礼与俗的互动大致是三种方式，限于时间，我在这里谈两种：一种是礼与俗之间渗透、糅合得好的，互动得比较好的，呈现出一种政通人和、得大自在的社会文化生态，此状态谓之“和谐”。另一种是礼与俗双轨并行，各行其是的状态。在这样的礼俗互动框架中，民俗学者的角色应该是更关注民生，更有人文关怀，更关注大众生活改善的合理性，这是其功德所在。最重要的是，要真正了解民众的切实需求，要站在以人为本的立场上与各方相协调。许多问题在本质上就是文化的问题，对于村落文化了解得不够透彻、不够深入，容易导致认知的误区和许多无用功的出现。

最后想说的是，如何使“俗”动起来。这一点，我在从事与非物质文化遗产相关的文化资源整理与数字化建档保护工作中深有感触。比如近十年来国家开展的《中国节日志》项目，有着明确的国家文化保护意识。在项目启动之初我们就意识到，以中国全地域、多民族的节日活动为目标的这项工作，涉及节日所连带的社区生活，如果不能广泛调动国内多学科的学术力量参与，就无法确保该项目高质量完成。在这项研究工作的实施过程中发现，非物质文化遗产保护制度以外的民俗文化，虽然也会受到政府与其他社会组织、产业开发集团的干预，但与成为“非遗”的民俗文化有所不同的是，它们并不特别依赖外界的扶持，也较少受到经济利益的管控，政府可以引导却难以主导，它是与民众生活密切相连的汪洋大海。民俗文化的各种表达形式和价值体系，都是民众结合自身的生活经验，熔铸了反复的身体实践和身体记忆，在长期的社会历史变迁中逐渐成形，这恰恰应该成为国家非物质文化遗产保护工作进一步惠及民生、服务社会的扩展性工作，其中的关键问题是发现和运用民间运行文化事象的机制、方法和关联性因素、风险，掌握其生机勃勃、不断发展的规律，避免保护性、建设性的破坏，尊重乡土社会的文化传统和创造性能力，这应当是避免进入现代性发展误区，为后现代社会发展奠定良好文化基础应该秉持的基本文化态度。

刘铁梁：礼俗互动：国家与社会之间的政治文化运作

主持人张士闪对“礼俗互动”的意思给予了一个基本的说明，认为这是对中国历史上国家政治与民间自治二者联合运作过程的一种概括，指出这也是“中华文明内部的一种自我制动、制衡机制，是理解中国传统社会运行与近现代变迁的可能路径，可能是中国有别于西方的本质性所在”。我以为，这些认识是非常重要的，需要利用已有的学术思想和研究成果给予多角度的探讨，我也同意赵世瑜所指出的，这种认识还特别需要通过大量的实证性研究来不断加以检验和充实。

我想说的第一点是，由民俗学者来提出“礼俗互动”的问题，应当说还有一层特别的意义，就是它是一个需要跨学科研究的问题，将带来一些学术之间的对话。

钟敬文先生在20世纪90年代提出建立“民俗文化学”的主张，就是希望打破民间文化研究与文人文化研究之间的隔阂。一方面是期待民俗学者能够主动与研究中国“大历史”“大传统”的学者们加强对话与交流，另一方面是期待民俗学圈外的学者们能够更多去了解和研究中国民间社会和民间文化方面的问题。这一主张又与他稍后提出的建立“中国民俗学派”的主张相互衔接，说明了他晚年特别关心的一个问题，就是怎样才能全面和整体地认知中国文化与社会的传统。我曾在《钟敬文“民俗文化学”的学科性质及方法论意义》① 一文中说明过这种理解。钟敬文先生作为学界大家所提出来的这些主张或者期待，应当由后继者们来给予实现，

① 刘铁梁：《钟敬文“民俗文化学”的学科性质及方法论意义》，载《北京师范大学学报（人文社会科学版）》2002年第2期。

特别是进行一些具体化的讨论，而“礼俗互动”问题的提出应该说就是这样一种作为。再比如，赵世瑜作为钟敬文的学生，在他有关大历史与小历史相联系的研究中，似乎也与先生的主张有内在的一致性。

我要说的第二点是，礼俗互动，这是在将中国社会与西方社会进行比较的视野下所提出的一个问题。

与此问题相关，中国作为“礼俗社会”，已被国内外人类学家、社会学家比较早地给予指出。所谓“礼俗社会”，不同于一般以“礼仪之邦”而自豪的说法，是在对中西社会进行类型比较中而得出的一个认识。

费孝通先生在《乡土中国》一书中将德国社会学家滕尼斯的“共同体”与“社会”这一对概念，转译成中文的“礼俗社会”与“法理社会”，指出中国的乡土社会就是属于礼俗社会。费老是想说明中国与西方的近代文明社会，也就是工业文明社会，有一个很大的不同，中国的乡土社会在维持秩序时所用的力量和所依据的规范，是礼俗（礼），而不是法理。也可以说中国的乡土社会是“礼治社会”，而西方社会则是“法治社会”。费老不太同意用“人治”来说明中国的乡土社会，因为这会引起歧义，好像中国只靠人来统治，而西方的“法治”就可以离开人似的。谈到中国是一个礼俗社会，主要是在中国社会与西方社会的比较中，从政治制度和权力文化的类型来说的。当然，在这种比较中，尚没有对国家与社会上下互动的历史过程给予更多的关注。

西方人类学家最初在讨论中国问题的时候，不得不突破他们原有的研究所谓野蛮社会的经验，提出如何去认识一个文明国度的问题。弗里德曼在进行中国研究时就意识到，他是在研究一个有国家的社会，所以必须要注意到国家与社会如何衔接这个维度，否则就不能理解这个社会。他的研究路线是，在这个有国家的社会中找到一些基层的地方，然后去理解国家制度怎样渗透到基层，基层又通过怎样的制度来回应国家。他的答案是都需要通过宗族的组织和制度。弗里德曼的宗族范式研究与我们这里所说的“礼俗互动”，特别是在仪式制度层面上下互动的意思，有很大的关联。

如果对不同的文明做比较，当然不只是政治制度的比较，我更愿意指出，中国是一个由礼乐制度上下贯通起来的国家与社会。这个礼乐制度既是政治的，又是文化的。就中西方社会在文化上的根本差异而言，中国是一个“有礼乐制度的社会”，而西方大致是“有教会的社会”。西方国家在历史上曾将教会作为控制整个社会的一种组织，利用宗教的精神文化手段来掌控社会。虽然教会并不等于国家制度，即使是在中世纪也不等于王权，但是那时的国王也是要由教会来加冕的。最重要的是，教会进入到他们的每一个村落，村村都有教堂。我们也注意到在当今中国，凡是信了基督教的教民，一般都只会进入教堂，而不再进入我们乡土社会中那些祭祀活动当中，不再接受那些在地化的礼乐制度了。我还要顺便说明一点，某些学者以西方社会构成和变革的历史经验为根据，强调某些所谓普世的价值和发展模式，这并不能说明中国社会变革的历史轨迹与发展模式特殊性的问题。

我要说的第三点是，民间的礼俗作为基层社会中用于维持生活秩序的政治文化传统，对于国家礼治目标的实现具有决定性作用。

礼俗的核心表现就是礼乐制度，中国任何一个地方的基层社会都有落地的礼乐制度。国家的礼乐制度在民间有下沉的表现，但民间的礼乐不都是下沉来的。古代国家之所以要采风问俗，就说明了民间的礼乐极具自由生发的能量和不断出新的创造力。我们在田野中发现，各村各镇都有民间庙会、宗族祭祀、节日演剧、婚丧嫁娶等仪式活动，我们姑且把这些仪式活动的规制都看作是在地化的礼乐制度，是与国家主导的礼乐制度相互衔接并相互作用的。这些仪式活动构成了一个个具有政治象征性的文化场域，以其强大的惯性和感染力，深深地影响着广大村民、市民的生活节奏与文化认同感，有力地维系了由国家统一管辖下的地方社会的生活秩序。

在当今的中国社会里，我们依然能够感受到传统礼乐制度的影响。除了传统的节日、宗族和庙会等祭祀活动还顽强地保留在乡村，我们也会看到传统礼俗的精神以及一些组织形式也渗入今天的城市生活当中。比如，我好几次看到在一个公园的场地上，有上百人在一起唱歌。他们的歌唱是跟从一位非常专业的指挥，还有很棒的管弦乐队。歌唱的曲目大部分都是体现生活理想的主题，这些美好的音乐表演给了所有游园的人们，而有些观众说不准哪天就会加入歌队的行列。我认为，这种聚会也带有仪式的因素，特别是在凝聚社会的作用上，与传统社会中的礼乐没有什么两样，尽管参与其中的人已经是现代的城市居民。我甚至想到，城市的广场舞之所以会首先流行于中国，恐怕也与我们的礼乐传统有关系。

国家礼治理想的实现，从根本上来说，必然要依靠民间大众的认可和践行。中国基层社会中的一些礼乐制度，之所以能够在维系生活秩序上有巨大作用，是因为它直接与亲属制度和乡里关系规范契合，与体现尊卑、远近关系的各种交往习俗相联系，与日常待人的礼节也是难解难分，所以在习惯上都被称作“礼俗”。例如在河北省的一些农村，人们把庙会期间各个村庄香会之间的互相走动和敬神献礼的过程都统称为“讲礼”，而平时也会把参与婚丧嫁娶的行动叫作“讲礼”。这说明，礼不只是在庙堂之上，也在民间的你来我往之中。而且，民间的礼俗也跟“风”连在一起，跟大地上的歌唱、舞蹈连在一起。这使我想起刘宗迪在《惟有大地上歌声如风》一文中讲到“民俗”和“风俗”这两个词的差别，他认为只有后者才能真切地表达中国人对于自身文化的感受，也提醒民俗学者应该保有这种身处其中的感受。同样，民间的礼乐由于具有非常贴近生活的内容，其表演能够使人心领神会，所以就非常具有效力。

第四点，李松刚才叙述了关于民间文艺在进入国家文化体制过程中所发生的一些变化，说明礼俗互动的机制也发生了现代性的变化。这样的观察与思考也促使我提出一个问题：某些学术研究，特别是民俗学的研究，是否正处在现实的礼俗互动的场域当中？我们该怎样去应对？

的确，关于礼俗互动的想法是以礼俗二元对立的认知为前提的，而这种认知很大程度上是根据我们处于现代的政治与文化变革中的体验，这些体验不能简单地套用在现代化以前的中国历史上。不过，我们仍然可以说，礼俗互动，或者说国家的政治文化与民间的政治文化的脱节与衔接，作为历史现象应该不是在中国进入现代化变革以后才出现的，出现的只是话语与实践方式的变化。在这些变化中间，现代的学术起了很大的作用，因此，我们有必要反思学术建构背后的问题，这种学术建构是否配合甚至支配了礼俗互动的新格局。李松的发言实际上就牵涉这种反思。

很多现代学术的建立，都是出于现代民族国家建立的需要，不消说，最明显的一种就是民俗学。民俗学在发掘和发明民族文化之根的过程中，在追求科学体系化的努力当中，对于礼与俗的理解未必就比古代文人高明，也未必比现在的老百姓高明。这是因为研究生活文化的学者，一旦把自己摆在高高在上的或局外人的位置上，就会缺失在礼俗之中才会有的对于礼俗的真切体会，难免隔靴搔痒还自作聪明。在学术话语与日常生活话语之间日渐疏远，甚至难以沟通的情况下，这种学术研究就会脱离现实的礼俗互动过程，我怀疑，有时还可能会给正常的礼俗互动添乱子。这样的民俗学，对国家、对社会的作用是要被打上问号的。

礼俗互动，不只是简单的官与民的关系，还应该包含全社会中多元主体之间的文化对话，这也是在公众社会兴起过程中凸显出来的现象。在这种多元主体的对话当中，民俗学者不能孤身在外，只能是自觉和积极地去参与。比如我们发现的一个现实问题是，随着社会群体的分化、新生和地位升降的过程，某些群体还没有获得应有的话语权，是在文化上还没有完全站立起来的群体。所以，当代的民俗学者尤其需要去了解老百姓正在想什么做什么，特别是去体会代表各种不同主体利益的文化之间正在进行怎样的博弈与磋商。这才是我们民俗学者特殊的学术使命。民俗学者应当利用自己的调查和书写，为当前和未来社会的和谐发展，搭建起各种主体文化之间有效对话的平台。我以为，这是礼俗互动的话题所给予我们自身的启示。

（赵世瑜，北京大学历史学系教授；李松，文化部民族民间文艺发展中心主任；刘铁梁，山东大学人文社科一级教授。本文原载《民俗研究》2016 年第 6 期，收入本书时有修改）

后　记

本书能够完成，首先要感谢山东大学儒学高等研究院重点课题“礼与俗：近现代民间儒学传统与传承——以山东百村田野考察为中心”的资助。围绕这一课题，我邀请北京大学赵世瑜教授共同召集了三个会议：“礼俗互动中的近现代中国社会变迁”（2013 年 10 月），“礼俗互动：历史学与民俗学的对话”（2014 年 11 月），“礼俗互动：近现代中国社会研究”（2015 年 5 月）。该书大致是上述会议成果的结集，所讨论的时段已不拘于近现代，地域范围也大大超越了“山东百村”，不过话题还是围绕着“礼与俗”而展开。

自 20 世纪 80 年代末进入华北乡村田野，我对“官民文化交错”的问题甚感兴趣。2005 年末，我曾向所在的山东艺术学院提交申请，认为“华北地区因为开化较早，历史积淀复杂，王朝更迭频繁，官民文化交错，更具中国社会与文化研究的范式意义，希望以此推进对于中国社会与文化的深入研究”，建议举办“乡民艺术与近现代华北社会”学术研讨会。会议在 2006 年“五一”长假后召开，研讨涉及多种田野个案，跨越大江南北，很是丰富，不过我设想中的聚焦讨论并未展开。会终人散，困惑依然。

近年来在山东大学举办的系列会议聚焦礼俗，在某种程度上说是我对“官民文化交错”问题的持续关注。让人高兴的是，这一话题引发了不同学科学者的浓厚兴趣，讨论中引发了一些有意思的话题，如中国传统社会中的礼、俗是二元还是一元（赵世瑜），各社会阶层如何表述与运用礼俗话语（张士闪），《周礼》的缺乏执行“细则”，《宋书》关于乡里设置“各有旧俗，无定制”的概括，是否意味着中国历代政权青睐某种“大率”的弹性政治风格（罗志田），近世中国是否真的有“秘密社会”，如果没有，为什么要制造，怎样制造（科大卫），等等。尤为可喜者，会议邀集了以博士、硕士为代表的一批年轻学者，使用各类田野与文献资料，发掘本土社会生活事实，显示出实证研究的鲜活。如龙圣关于杨家埠明清家堂画多元祭祀仪式活动中的礼俗互动性质的揭示，李海云关于孙膑崇拜的正统化脉络与地方化过程的研究，任雅萱关于地方礼俗教化权利的分享与边界的研究，还有李生柱、李向振、张兴宇、张帅等的研究，都体现出这一学术风格。上述话题的引发，开启了对于中国“社会性”研究的开阔空间，也显示出搭建这样一个礼俗研讨会议平台的必要。我希望，本书的出版，有助于这一研讨平台的延续与升级，能够推进对于中国社会基本性质的理解。

我相信，“礼俗”也是当代话题。民间生活中“俗的存在”，与国家政治中“礼的运用”，是一种普遍存在的人类社会现象，内在于迄今已知的任何一种社会中，尤其是在当今中国社会中仍然深刻而持久地发挥着作用。“礼”与“俗”之间，或互益互补，或互制互斥，而更多地处于犬牙交错的杂糅状态。换言之，礼俗分立是一种常态，二者之间不可能完全通约，这或许正是礼俗互动话题的恒久价值所在吧。

还记得是在2007年春夏之交，赵世瑜教授来济南参加山东省民俗学会成立20周年纪念活动，忙里偷闲来山东大学做“历史人类学与民俗研究”的讲座，其中有几句话耐人寻味：

> “礼”就是精致化了的“俗”，上层人士通过“礼失求诸野”，把“俗”变成“礼”再向民间贯彻，又会相沿成“俗”，所以“俗”和“礼”之间是没有鸿沟的。实际上，中国的社会是被“礼仪”或者说“俗”所约束的一个社会。

我以为，不妨将这句话视作本书的“导读词”吧。

张士闪

2019年4月20日